21世纪高等学校
**经济管理类**规划教材
高校系列



# 财政学

杜振华◎编著

# PUBLIC FINANCE

人民邮电出版社
北京

**图书在版编目（CIP）数据**

财政学 / 杜振华编著. -- 北京 : 人民邮电出版社,
2015.8（2018.7重印）
21世纪高等学校经济管理类规划教材. 高校系列
ISBN 978-7-115-39547-4

Ⅰ. ①财… Ⅱ. ①杜… Ⅲ. ①财政学－高等学校－教
材 Ⅳ. ①F810

中国版本图书馆CIP数据核字(2015)第154183号

## 内 容 提 要

财政学是研究以国家为主体参与社会产品分配活动和向社会提供公共产品行为及其发展规律的学科。全书以公共财政理论为主线，以现代财政制度为方向，对财政基本理论和我国财政基本制度及其相应政策进行阐述和分析。具体包括：公共财政基本理论、财政支出理论、财政收入理论、国家预算和财政管理体制、开放经济下的财政以及财政政策与货币政策的协调等。

本书可以作为普通高等院校经济管理类和公共管理类等专业的教材，也可作为相关人员的参考用书。

◆ 编　　著　杜振华
　责任编辑　武恩玉
　执行编辑　刘向荣
　责任印制　沈　蓉　彭志环
◆ 人民邮电出版社出版发行　　北京市丰台区成寿寺路 11 号
　邮编　100164　　电子邮件　315@ptpress.com.cn
　网址　http://www.ptpress.com.cn
　北京七彩京通数码快印有限公司印刷
◆ 开本：787×1092　1/16
　印张：19　　　　　　　　2015 年 8 月第 1 版
　字数：458 千字　　　　　2018 年 7 月北京第 2 次印刷

定价：42.00 元

**读者服务热线：(010)81055256　印装质量热线：(010)81055316**
**反盗版热线：(010)81055315**

# 前言

## FOREWORD

从摇篮到坟墓，政府的职能已经渗透到人们生活的方方面面。人们的生老病死，都同政府与财政息息相关。财政学是一门以政府经济活动特别是中央政府部门的经济活动为研究对象的学科。作为一门与政府职能相适应的学科，其发展随着政府职能的转变而处于不断发展和变革之中。本书力求将国内外关于财政学研究的最新理论成果，通过系统化和逻辑化的编辑整理，使其成为人类知识宝库中最璀璨的明珠为学生所掌握，以造福于整个社会。当然，这其中也包含着编著者在浩瀚的财政学知识海洋中对于各种瑰宝的取舍以及自己对财政学的理解与探索。

### 一、本书主要内容

财政学是研究以国家为主体参与社会产品分配活动和向社会提供公共产品行为及其发展规律的学科。全书以公共财政理论为主线，以现代财政制度为方向，对财政基本理论和我国财政基本制度及其相应政策进行阐述和分析。

全书内容具体分为5部分。第1部分，公共财政基本理论，主要包括：第1章导论、第2章财政职能、第3章财政学基本理论。第2部分，财政支出理论，主要包括：第4章财政支出的基本理论、第5章财政经常性支出、第6章财政投资性支出与补贴及税收支出。第3部分，财政收入理论，主要包括：第7章财政收入理论、第8章税收基本理论、第9章税收制度、第10章公债。第4部分，国家预算与财政管理体制，主要包括：第11章国家预算和财政管理体制。第5部分，开放经济下的财政以及财政政策与货币政策的协调，主要包括：第12章开放经济下的财政。

### 二、本书主要特点

执教生涯中，每当给新的学生上“财政学”这门课时，总为学生在这方面知识的欠缺而吃惊。本来财政学是关系到每个人切身利益和福祉的最一般的知识的科学，但学生对这方面的知识几乎是空白，甚至连最基本的税收知识都知之甚少。大学生尚且如此，整个社会其他社会成员又该如何呢？如何在全社会树立纳税人意识，形成对政府的监督？因此，希望“财政学”不仅是经济类、管理类学生的必修课，最好能成为所有大学生的必修课。但在目前还不可能实行的情况下，希望写一本有特色的教科书来弥补缺憾。不仅经济类、管理类本科生学起来方便易于掌握，而且对于那些对“财政学”感兴趣的无论什么专业的大学生都可以学习和掌握。

本书主要特色：

（1）以公共财政理论为线索，以中国财政制度为内容，以案例分析为应用，集目前主要财政学教学成果之精华，体现财政学的核心与精髓；

（2）每章附有案例分析，启发学生深入分析和思考现实问题。同时每章附有小结、关键术语和思考题，以便学生对每一章知识的整体把握和深入思考；

（3）与大学不断缩减的学时相适应，全书章节安排紧凑，在最短的学时中将最主要的财政理论、财政思想的核心内容传授给学生。

## 三、课程辅助材料

为使学生了解到最新的财政研究前沿问题，把握我国政府职能与财政改革、发展的脉络和动向，这里介绍一些相关期刊和网站，作为学生课后辅助学习资料。

**1. 相关学术期刊**

（1）《财政研究》

（2）《中国财政》

（3）《税务研究》

（4）《中国税务》

（5）《财贸经济》

（6）《财经问题研究》

（7）《财经科学》

（8）《当代财经》

（9）《中央财经大学学报》

**2. 相关网站**

（1）www.fec.com.cn（中国财经网）；

（2）www.cei.gov.cn（中国经济信息网）；

（3）国家发展机改革委、财政部、中国人民银行、国家税务总局、国家统计局等官方网站。

**3. 养成关注两会习惯**

学习财政学，必须关注一年一度的全国人民代表大会和中国人民政治协商会议，学习政府总理所做的政府工作报告，注意研读当年的国家预算和上一年度的预算执行情况或决算。对国家总体财政状况及相应的管理制度有一个大致的了解，养成关注两会习惯，对于政府所做的事和即将做的事有一个总体了解，并形成对政府的监督。

## 四、致谢

本书的完成是大家共同努力的结果。很多人都给了我以很大的帮助，以期能为学生提供更好的资源，我非常感谢他们每个人对此付出的努力。

本书在写作和编写过程中，得到了我的同事陈岩教授的支持和鼎力相助；同时还得到了茶洪旺教授的悉心指导和方向性建议，在此特别表示感谢！此外，我的丈夫焦玉良博士以其财经管理方面的实践经验在我写作的过程中给予了一些中肯的建议，对此也表示感谢！

在本书的编写过程中，参阅了大量的已经出版的同类教科书和许多学者的著作、讲义、研究成果，并从诸多官方网站中获取了大量有价值的数据和资料，这些在本书的参考文献中也已体现，在此表示衷心的感谢！

除了第1章、第3章、第4章、第7章、第10章、第11章由本人撰写外，第2章由陈雷撰写，第5章由张伟撰写，第6章由刘智颖撰写，第8章由李玮、周家欣撰写，第9章由和佩珊撰写，第12章由姜梦静撰写。对他们的认真和专注以及全力投入表示真诚的感谢！全书最后由杜振华教授进行了统一修改、编辑并定稿。

本书在编写过程中，可能存在一些缺点和错误，不当之处，恳请广大读者给予批评指正，我们将进一步修改和完善。

杜振华

2015年6月20日于北京邮电大学

# 目录

CONTENTS

## 第1部分　公共财政基本理论

# 第3部分 财政收入理论

# 第4部分 国家预算与财政管理体制

# 第5部分 开放经济下的财政及财政政策与货币政策的协调

# 第 1 部分

# 公共财政基本理论

# 第1章 导论

财政学是研究以国家为主体参与社会产品分配活动和向社会提供公共产品行为及其发展规律的学科。**财政（public finance），即公共财政，是以国家为主体，通过政府的收支活动，集中一部分社会资源，满足社会公共需要的经济活动。**财政学主要研究：政府如何为满足社会公共需要而筹集、使用和管理资金。内容包括财政理论、财政制度和财政管理方法。财政学以市场机制和政府机制都有缺陷为理论前提，以公共产品的需求和供给为核心内容，以市场经济运行法则与公共选择理论相结合为基本方法。本章从财政的产生和发展出发，阐明了财政学的研究对象、研究方法、研究的主要内容等。财政向公共财政的发展，标志着财政学开始把公共部门特别是政府部门纳入自己的研究视野，从公共财政学视角来解释、分析和规范政府的职能和作用，从而提高整个社会的福利。

## 1.1 财政的产生和发展

### 1.1.1 财政的产生及其内涵

财政是社会生产力发展到一定历史阶段的产物。在国家产生以前，原始公社末期已经存在着从有限的剩余产品中分出一部分用于满足社会共同需要的经济现象。国家产生以后，为了维持国家机构的存在并保证实现其职能，必须依靠政治力量，强制占有和支配一部分国民收入，以保证国家机器的运行和社会的发展，从而从一般经济分配中分离出独立的财政分配，于是产生了财政。

财政是一种经济行为或经济现象，这种经济行为和经济现象的主体是国家或政府，因而财政是国家或政府的经济行为。从起源上考察，财政是伴随国家的产生而产生的。人类社会随着生产力的不断发展，出现私有财产，社会分裂为阶级才产生了国家。国家一旦产生，就必须从社会分配中占有一部分国民收入来维持国家机构的存在并保证实现其职能，于是才产生财政这种特殊的经济行为和经济现象。

**财政内涵包括2个方面：**一方面，财政是一个经济范畴，是以国家为主体的经济行为，是政府集中一部分国民收入用于满足社会公共需要的支出活动，以达到优化资源配置、公平分配及经济稳定和社会发展的目标。**财政的本质是：国家为实现其职能，凭借政治权力参与国民收入分配和再分配所形成的一**

**种特殊分配关系**；另一方面，从实际意义来讲，财政是“理财之政”，是指国家（或政府）的一个经济部门，即财政部门，它是国家（或政府）的一个综合性部门，通过其收支活动筹集和供给经费和资金，保证实现国家（或政府）的职能。

“财政”作为一个经济过程，包括财政收入和财政支出两个部分。财政收入主要来源于税收和国债，财政支出主要包括社会消费性支出、财政投资性支出和转移支出。

由于社会生产方式及由此决定的国家类型不同，财政经历了奴隶制国家财政、封建制国家财政、资本主义国家财政和社会主义国家财政的历史演变。

根据财政功能和性质的不同，在不同历史阶段，人们又把“财政”称作“国家财政”“公共财政”等。

财政是伴随国家的产生而产生的，财政活动是一种历史悠久的经济现象。我国历史上，一般用“国用”“国计”“度支”“理财”等来说明财政，也就是政府理财之道；用“治粟内史”“大农令”“大司农”等来记载当时的财政管理部门。在中国财政学著作与教科书中，“财政”一词一般被认为是在清末由日本移植过来的。由此说来，财政活动虽然是一个古老的经济范畴，但是“财政”一词出现在中文词汇中时间并不长。但根据史学家万明考证，实际上，我国早在明代就已开始出现“财政”一词。明代内阁权臣严嵩文集中有《赠李运司序》云：“《易》曰：何以聚人，曰财。夫财者，王者所恃以合天下之众也。《周礼》一书，理财居其半，圣人思理财之难，故制为法，纤悉备密，择吏而慎守之。故吏者，天子所恃以守天下之法也。吏不良则法废而莫守，法不守则财弊而莫理，财莫理，则天子不得。今之盐课，国用所需，财政之大者也，特置运司以领之。其长曰使，曰同知，皆秩高而位宠，常选诸吏有材谞劳绩者表用之。”又云：“户部郎中新城李君擢为两浙运司同知。君初为令、为州守、为扬州同知，以入户部，前后皆有财政，君皆优为之。”上述严嵩所云“今之盐课，国用所需，财政之大者也”中的盐课，是中国古代的盐税，是古代国家财政中的重要税收项目，也是中国历代王朝财政收入的重要来源①。孙中山先生在辛亥革命时期，宣传三民主义曾多次应用“财政”一词强调财政改革，民国政府成立时，主管国家收支的机构命名为财政部。美国政府相应机构的英文用词为“department of treasury”，本来的意思是金库或国库，在我国则译为财政部。

20世纪40年代中华书局出版的《辞海》对“财政”的解释为：财政谓理财之政，即国家或公共团体以维持其生存发达之目的，而获得收入、支出经费之经济行为也。例如，管理国家收支的工作名之曰财政工作，管理机关名之曰财政部、财政厅、财政局等，研究财政的学问名之曰财政学，已经约定俗成，为社会所公认。

### 1.1.2 财政的发展及财政学的产生

“赋税是政府机器的经济基础”②。英国的威廉·配第1662年发表的《赋税论》是最早的财政学专著，他主张财政支出按国家职能划分为军事、行政司法、宗教、教育、社会事业和公共土木工程等项目，并认为国家支出应以提高生产率、振兴产业为目标，削减非生产性支出，增加生产性支出。赋税是将人们的一部分财产转移给政府，人们所纳赋税应以其在公共秩序中所享受的权益而定。他提出了“公平”“简便”“节省”的征税标准。在税收制度上，他主张以地租为主要税源，以单一国内消费税取代其他税种，并倾向于实行比例税制。

被恩格斯誉为创建了财政学的亚当·斯密，1776年发表的《国富论》，被认为是古典经济学派的非财政学专门著述中较为系统描述财政学理论的代表作，是第一部从理论上系统阐述财政理论的著作。亚

① 万明．“财政”一词并非舶来品．中国社会科学报，2014-12-17（681）．

② 马克思恩格斯全集第19卷．32．

当·斯密创立了古典政治经济学理论体系和财政学体系，被誉为“政治经济学之父”和“财政学之父”，标志着自由贸易、自由放任的古典政治经济学的形成。斯密在《国富论》第五篇“论君主或国家的收入”中论述了政府义务、公务、收入和支出，认为应将政府的职能限于一定的范围之内，如国防、司法、行政、公共秩序的维护等，资源配置的任务应在“看不见的手”——市场的供求和价格机制的引导下完成。

斯密之后，李嘉图、穆勒、萨伊、马歇尔、瓦尔拉斯等经济学家进一步发展了市场经济及自由放任的理论。大卫·李嘉图发表的《政治经济学及赋税原理》为古典经济学的终结。大卫·李嘉图继承和发展了威廉·配第和亚当·斯密的财政思想。其财政思想主要包括：（1）赋税的来源。李嘉图认为税收来自劳动产品的价值，赋税是一个国家的土地和劳动的产品中由政府支配的部分，它最后总是由该国的资本中或是由该国的收入中支付的。但税收不论来自收入还是来自资本，都是对积累的减少。（2）税收原则。李嘉图的税收原则没有像亚当·斯密那样比较系统和全面地对税收原则进行分析。他认为社会一切收入都应征税，人们应按自己的财力来负担税收；政府税收只要负担合理，为了公平地征收税收，应该建立以工资税、利润税和农产品税组成的税收制度。另外，李嘉图认为政府财政支出是非生产性的；政府税收是用于政府支出，因而也具有非生产性；税收具有妨碍生产和耕种的通病，给生产带来负担。此后，约翰·穆勒所著《政治经济学原理》一书中，专门论述财政问题的第五篇的标题是“政府的影响”。

财政学名称的最先提出，是在德国旧历史学派学者卡尔·劳（1792—1870 年）1826 年出版的《政治经济学》第一版中，该书明确提出了财政学作为一门独立学科存在的条件已经成熟，应该给这门独立的经济学科新分枝冠以财政学名称。1832 年他出版了书名为《财政学基本原理》的专著，确定了财政学的研究对象，定义了财政学的概念，强调财政学的应用科学性，论述了财政学与政治经济学、国家经济政策等范畴之间的联系和区别。他使财政学脱离了政治经济学母体，并成为一门自成体系的独立学科。

后来，各种财政学专著不断涌现。1892 年巴斯塔布尔（Bastable，C.F.）的《公共财政学》出版，紧接着，普兰（Plehn，C.C）1896 年出版了《公共财政学导论》，阿当斯（Adams，H.C）1898 年出版了《财政科学：公共收支探索》等。1936 年英国经济学家约翰·梅纳德·凯恩斯（John Maynard Keynes）的《就业、利息和货币通论》被认为是当代西方财政理论形成的标志。这些专著系统地反映总结了当时财政研究的成果，又以自身理论体系的建立和发展，反过来促进了财政研究的发展和深化。

财政学科通常被命名为“财政学”（public finance）；之后，学者们更喜欢用“公共部门经济学”（public sector economics）的名称；也有学者采用“政府经济学”（government economics）或“公共经济学”（public economics）的名称。

## 1.2　财政学是以政府财政活动作为研究对象的学科

财政学是以政府财政活动作为研究对象的学科。具体包括如何通过政府的财政活动实现政府的职能，如何通过财政活动实现社会资源的优化配置，公平社会财富分配，提高人们的社会福利，熨平经济波动，实现经济社会稳定发展。不同时期，由于政府职能不同，财政学的研究对象也就有所不同。理论界公认的财政学创始人亚当·斯密，在其《国富论》中，有关财政学的内容包括三部分：支出论、收入论和国债论。20 世纪 30—60 年代，除了古典学派的公共支出及其效果、税收理论以外，财政政策已经成为最重要的研究内容之一。现代财政学研究对象范围继续扩大，从公共财政学的研究扩大到公共经济部门，重视对公共产品及公共服务的研究，在研究方法上充分借鉴了现代经济学研究的所有方法。

这里必须说明一下对国家和政府二者的理解和用法。国家和政府是既相联系又有区别的两个概念。

国家是政治权力机构和公共服务机构，国家具有政治、社会和经济职能，而财政是为国家实施并实现其职能提供财力的，因而说财政是国家的经济行为或以国家为主体的经济行为，无疑是正确的。而政府是国家的执行机构和行政机关，国家是通过它的执行机构和行政机关来实施并实现其职能的，我国全国人民代表大会是国家的最高权力机构，全国人民代表大会及其常务委员会行使国家立法权，国务院即中央人民政府是最高国家行政机关，由最高权力机构产生，具体贯彻执行由最高权力机构制定的法律和通过的决议，并受最高权力机构的立法监督。因此，财政是政府经济行为和财政是国家经济行为两种说法的涵义是一致的，说财政是政府经济行为，并不意味着忽视财政法制化和立法监督。特别是在市场经济体制下，政府和企业、居民共同构成市场的经济实体，在分析政府与市场关系时，说财政是政府的经济行为，对表达财政的涵义则更为明确。

财政学是研究政府如何为满足社会公共需要而筹集、使用和管理资金的应用学科。**政府是国民经济中唯一通过政治秩序建立的在特定区域内行使立法、司法和行政权的实体。**政府除对辖区内居民负有政治责任外，还参与非市场性社会生产活动，从事非市场性财富分配。政府包括 4 个层次：第一个层次是狭义政府，主要是中央政府，包括中央政府的各部、委、办、厅、局及其附属机构，是公共部门的核心层次；第二个层次是广义政府，包括中央政府和地方政府；第三个层次是统一公共部门，包括中央政府、地方政府和非金融公共企业；第四个层次是广义公共部门，包括中央政府、地方政府、非金融公共企业和政策性金融机构。值得注意的是：金融性的政府企业超过了个别政府机构的职能，对整个社会的资源配置直接起作用，对国民经济有着极大的影响。

现代市场经济条件下，任何国家都不是纯粹的市场经济，也不是纯粹的国家直接干预下的计划经济，而是一种混合经济体。**混合经济体制是当代国家以社会目标补足私人目标，以政府经济政策补足个人经济决策，以政府调节补足市场调节的一种经济体制。**在这种体制下，国家与市场、政府与企业和个人通过职能分工与合作以实现国家经济的稳定增长和社会福利的最大化。

作为财政学研究对象的政府，与非政府部门主要有以下两个基本的区别。首先是向谁负责，是向选民负责，还是向投资者负责。一般来说，在民主政治体制下，政府对经济的干预行为主要是向选民负责；而非政府部门（企业）的行为则主要是向投资者负责。其次是有关强制权的问题。政府部门的行为对于其行为接受者来说通常具有强制性，而非政府部门的行为对于其行为接受者来说则不具有强制性。

财政学研究从财政现象入手，其研究对象包括以下 4 个方面的内容。

（1）财政与经济的关系。作为局部的财政与作为整体的国民经济之间存在何种关系，这是财政学的一条根本线索。

（2）财政收入与支出的原理。各个财政收支项目得以成立的根据、特点、影响及财政收支平衡与否如何影响总供求平衡，这是财政学的主要内容。

（3）规范财政收支活动的制度安排。政府的各项财政收支活动应通过哪一些制度来规范约束，这是财政学的重要内容。

（4）财政政策背后的规律。涉及财政政策的目标及其选择、政策手段或工具、政策作用机制或传导过程、政策实施的效果及其评价，这也是财政学的重要内容。

## 1.3 财政学研究的主要内容

一般可以把政府行使职能的总体目标归纳为 3 个方面：有效配置资源，增进人民福利，维护社会稳定。在市场经济条件下，为实现这 3 个目标，政府必须以建立适当的制度、采取适当的政策等方式，对市场经济活动进行参与、干预、调节和监督。

财政学的理论体系是一个有机统一体，各环节之间存在着内在的、有机的逻辑联系。财政基础理论主要是阐述政府活动的经济理论基础，财政支出理论主要是阐述政府活动的合理范围，财政收入理论主要是阐述如何为政府活动融资，财政管理和调控理论主要阐述政府活动的体制和政策框架。中国传统财政学大致形成了一个“先收后支”的理论体系，而西方财政学自亚当·斯密以来一直是“先支后收”的理论体系，由于“先支后收”的理论体系包含着比较先进的民主理财思想，即先确定合理的公共支出范围与水平后，再向人民征收相应的公共收入，所以，我国财政学也越来越多地采取了“先支后收”的理论体系。本书内容按照“先支后收”的体系分为：基础理论—支出理论—收入理论—管理理论—开放经济下的财政问题。基础理论包括第 2 章、第 3 章，主要阐述财政职能、财政学基本理论——公共选择理论、公共产品理论和外部效应理论；支出理论包括第 4 章、第 5 章、第 6 章，主要阐述财政支出的基本理论、经常性支出、投资性支出和转移性支出；收入理论包括第 7 章～第 10 章，主要阐述财政收入、税收基本理论、税收制度和国债；第 11 章管理理论，主要阐述国家预算和财政管理体制；第 12 章为开放经济下的财政问题，包括国际税收、关税、出口退税和开放经济条件下财政政策与货币政策的协调等。

### 1.3.1 财政学研究的基本内容

（1）政府经济职能的界定。市场经济中，政府应在哪些领域必须参与市场经济活动，应该在什么范围及在什么程度上对市场活动进行干预等。

（2）政府行使经济职能的方法和手段，包括以什么方式参与市场经济活动，制定什么样的制度、政策和措施来调节市场经济活动，采取什么样的手段对市场活动进行监督等。

（3）政府行使经济职能的效率，即政府以一定的方法和手段参与、干预、调节和监督市场经济活动的效果如何，如政府实行某项制度、政策或措施是否达到了预期的目标等。

（4）政府行使经济职能的环境和条件及政府职能的调整和转换，即如何根据国际国内经济形势、环境的变化，根据现实的主客观条件及时调整和转换政府职能，以实现政府的各项目标。

财政学既是理论经济学又是应用经济学，它一方面要从理论上说明政府行为、政府活动、政府职能的性质、特征和一般规律；另一方面，又要研究政府如何行使职能、如何开展活动、如何规范行为，才能达到预期的目标。

### 1.3.2 政府的经济行为

（1）非市场性社会生产活动。政府为满足居民的公共消费需要，通过向社会成员征税或强制转移财富的办法来筹措资金；同时以不营利为目的，从事生产和提供如国防、治安、教育、卫生、文化等公共产品。

（2）非市场性社会财富分配。为了保证辖区内全体社会成员的公平与公正，维护社会稳定，采取税收制度和其他强制性手段对社会成员的财富进行重新分配。

（3）政府干预经济的行为及其效应分析也是财政学的研究内容。财政学作为研究经济政策的学问，特别关注分析一种政策可能产生的正面效应和负面效应。研究经济政策理论涉及的政策目标主要包括 4 大问题：第一，效率，主要是指资源配置的效率。第二，公平，主要指收入分配的平等。第三，稳定，主要指经济、社会和自然环境的和谐增长。第四，安全，主要指经济增长要避免和克服宏观经济失衡造成的不稳定，实现经济安全。财政学的“公共”两字决定了它特别关注效率、公平、稳定、安全的政策目标。财政学既关注“市场失灵”问题，同时也关注“政府失灵”问题。财政学就是要在其中寻找政府干预和市场调节之间的最佳组合点，将两者的失灵降到最低限度。

因此，**财政学是研究政府经济政策的学问，是以公共部门经济行为、政府职能及其对资源配置和社会福利影响为研究对象的一门经济科学**。从这一意义上说，财政学是政府经济学。

### 1.3.3 政府经济行为研究的具体范围

政府经济行为研究的范围包括：①公共部门从事经济活动的种类和范围；②公共部门经济活动的后果及影响；③政府经济政策的评估；④政治程序的经济效应；⑤政府政策取向对国民经济的影响和作用。

政府经济行为的研究角度从以下方面来进行：①财政收支；②财政收支对资源配置优化的影响；③公共经济部门的合理性与必要性。

与私人部门一样，政府部门的存在也会产生一系列相似的经济问题，它们主要有以下 3 方面。

第一，生产什么？这个问题首先涉及公共产品生产与私人产品生产的均衡问题。在社会总产品一定的条件下，公共产品与私人产品存在着此消彼长的关系。其次还涉及各种不同类型的公共产品的均衡问题。在用于配置社会公共产品的资源一定的情况下，不同公共产品的结构和比例是通过复杂的政治选择过程来决定的。

第二，如何生产？首先，公共产品是由政府来组织生产还是由私人企业去生产，公共部门必须选择生产主体。许多人认为由政府来组织生产公共产品，可以减少大公司对消费者的剥削。其次，公共部门必须选择生产技术。这里牵涉到公共部门的效率问题与激励机制问题。一方面，公共部门所提供的公共产品的价值由于缺乏市场价格而难以估计；另一方面，公共部门的目标事实上是综合目标，这样，公共部门所选择的生产技术或管理方式可能不能保证是经济意义上最有效的。而最重要、最复杂和难以处理的是激励机制问题。公共部门还可间接影响私人部门生产方式的选择。政府可以通过税目和税率结构的变化，以及相关法律、法规和政策的变化影响私人企业生产方式的选择。

第三，为谁生产？这是一个有关公共产出的利益分配问题。政府关于税收与福利计划的决策将直接影响人们的收入分配。除了极少数公共产品，如国防、公共安全等外，大部分公共产品只为一部分人提供便利。政府决定生产什么样的公共产品也就同时决定了哪些个人与利益集团可以从中获益。对公共产品进行分配除了遵循大多数人受益的原则外，主要受不同利益集团所支配。公共产品分配的不公可能比私人部门收入分配不公在社会公平原则上看来更为恶劣。这也可能导致对公共产品的滥用。

## 1.4 财政学的研究方法

财政学是从经济学的角度解释、分析和规范政府部门和公共部门职能和作用的科学。从性质上看，财政学属于一门应用性理论学科。一方面将一般经济理论从政府经济行为的角度进一步深化，另一方面以一般经济理论为基础，对政府经济活动进行理论性分析和阐述。同时，它也是一门从政府经济行为实践中探索政府经济活动运行规律并上升为理论，继而又将理论应用于实践，为实践活动提供科学的理论依据、指导实践活动的理论学科。由于财政学既是理论经济学又是应用经济学，同时又属于边缘学科，因而在研究方法、分析方法和叙述方法上必须采用各种行之有效的方法。财政学在研究方法上吸取了现代科学哲学的成果，已经形成了一套科学的研究方法。

### 1.4.1 唯物辩证法

唯物辩证法是马克思主义创立的科学研究方法，是研究自然科学和社会科学所必须遵循的科学的方法论。根据唯物辩证法，物质世界发生、发展、变化过程无不体现以下 3 大规律：对立统一规律、质量互变规律、否定之否定规律。按照唯物辩证法方法学习和研究财政学，就是以唯物辩证法所揭示的物质世界运动的三大规律为基本线索，来把握和研究政府经济活动过程的内部联系及政府经济活动与其他社会政治经济活动之间的联系，进而了解和掌握政府经济活动的规律性。

运用唯物辩证法的方法学习和研究财政学，首先应当正确理解掌握财政学中的一些基本概念、基本范畴，这是理解财政学一般原理的前提条件。例如，如果我们不理解"政府"的涵义，就无法进一步理解财政学的内容、财政学的主要研究对象等问题。其次，学习和研究财政学应当理论联系实际。财政学作为一门新兴的应用性理论学科，与实践有着密不可分的关系，它的一切理论与原理，都是从实践中总结出来，并且经过在实践中的应用、再应用而趋于完善。因此，学习财政学应当密切结合实际，运用经济学理论去分析实际问题、解决实际问题。

### 1.4.2 实证分析法与规范分析法

实证分析法和规范分析法实际上是两种相互联系、同时又相互区别的研究方法。一般来说，财政学研究方法就是这两种具体研究方法的统一。

**所谓实证分析，是指按照事物的本来面目来描述事物，说明研究对象究竟"是什么"，或者究竟是什么样的。**实证分析方法的主要特点，是通过对客观存在物的验证，即所谓"实证"，来概括和说明已有的结论是否正确。它的主要作用是"说"清楚事物的来龙去脉，进而做出事物究竟是什么或者是什么样的结论。将实证分析法运用于财政学，就是通过对公共经济活动实际情况的分析与描述，讲清楚政府经济活动实际上是一种什么样的活动，它对经济已经产生了什么样的影响以及将来会产生什么样的影响，讲清楚在各级政府之间政府职责、政府收入和政府支出究竟怎样划分，这种划分对经济、社会及政府本身产生了什么影响，讲清楚有关政府的经济政策是怎样发挥作用的以及作用的结果怎样等。

**规范分析是经过一定的价值判断提出某些标准作为分析处理经济问题的标准，通过分析，所要回答的问题是"应当是什么"。**规范分析方法的主要特点是在进行分析以前，要先根据一定的价值判断确定相应的准则，然后，再依据这些准则来分析判断研究对象目前所处的状态是否符合这些准则，如果不符合，那么，其偏离的程度如何，应当如何调整等。将规范分析方法运用于财政学，就是要根据一系列准则，来分析和判断现行政府经济活动是否与既定准则相符合，如果不符合，那么应当如何调整。至于如何运用规范化分析方法研究政府经济行为，则要视具体的研究对象而定。例如，如果我们将规范分析方法用于对现行税制的研究，就需要根据"效率""公平"等税制设置原则，来分析和判断现行税制是否符合这些原则，如果不符合，那么究竟在哪些方面存在偏离，今后应当如何调整税制使之与上述原则要求相一致等。

实际上，对财政学乃至所有经济科学来说，实证分析方法和规范分析方法具有同等重要的作用。作为研究和叙述的方法，两者只是适用的条件、服务的目的不同而已。换一个角度看，两种方法又是相互联系、相互补充的。在财政学研究当中，一方面，在运用规范分析方法研究某些问题时，常常需要运用实证分析方法论证研究对象与给定规则之间的符合程度；另一方面，在运用实证分析方法研究某类政府活动问题时，常常需要运用某些既定准则来验证分析结果。此外，某些规范分析准则实际上也是在实践探索的基础上，运用实证分析方法概括和总结出来的。

### 1.4.3 博弈论分析方法

博弈论（game theory）在财政学中被广泛应用。博弈论最早是由德国数学家莱布尼兹于 1710 年提出的。1713 年詹姆斯 · 瓦尔德格雷夫首次提出了博弈论中的极大中的极小定理，即损失的大中取小法，也即“两害相权取其轻”。1838 年和 1883 年，古诺和约瑟夫·伯特兰分别提出了关于产量决策的古诺模型和关于价格决策的伯特兰模型。1944 年数学家冯·诺伊曼和经济学家摩根斯坦通过长达 8 年的合作，在《博弈论和经济行为》一书中首次把博弈论应用于经济，并取得了成功。这一研究在以后的纳什、泽尔腾和海萨尼等一批数学家和经济学家的努力下又获得了进一步的发展。

**博弈论有时也称为对策论，或者赛局理论，是研究决策者在某种竞争下，当成果无法由个人完全掌握，而结局需视局中人共同决策而定时，个人为了取胜应采取何种策略的一种数学理论和方法。**它是应用数学的一个分支，也是运筹学的一个重要学科。目前博弈论在生物学、经济学、国际关系学、计算机科学、政治学、军事战略和其他很多学科都有广泛的应用。

博弈可以分为合作博弈和非合作博弈两种类型。**合作博弈亦称为正和博弈，假设存在一种制度，其对局中人之间的任何协议都有约束力，博弈的结果是使博弈双方的利益都有所增加，或者至少是一方的利益增加，而另一方的利益不受损害，因而整个社会的利益有所增加。**合作博弈研究人们达成合作时如何分配合作得到的收益，即收益分配问题。合作博弈采取的是一种合作的方式，或者说是一种妥协。妥协之所以能够增进妥协双方的利益以及整个社会的利益，就是因为合作博弈能够产生一种合作剩余。**非合作博弈是指一种参与者不可能达成具有约束力的协议的博弈类型。非合作博弈研究人们在利益相互影响的局势中如何选择决策使自己的收益最大，即策略选择问题。**负和博弈和零和博弈统称为非合作博弈。合作博弈和非合作博弈的区别在于相互发生作用的当事人之间有没有一个具有约束力的协议，如果有，就是合作博弈；如果没有，就是非合作博弈。

博弈论更加突出理性人假设，以个人理性为基础。博弈论对个人理性和集体理性的矛盾进行研究，探讨在决策个体内在个人理性基础上如何达到集体理性。它强调的是设计一种激励相容的机制，这种机制对个体理性具有自我实现的机能，即在这种机制中，个人理性自我实现并自发地达到集体理性。作为一门方法论科学，博弈论还提供了分析和解决经济问题的独特的和新颖的具有战略思维的思想方法。财政学作为研究公共部门经济行为及其效应的学科，也包含对个人理性与集体理性的矛盾与相容的研究，因此，在财政学的分析方法中采用博弈论的方法将为研究各种经济现象开辟出全新的视野。

### 1.4.4 历史与逻辑相结合的分析方法

历史法其实就是历史的归纳，是通过对历史的事实和经验的概括与抽象，从而归纳出本质和规律来。逻辑法其实就是逻辑的演绎，是以基本假设或基本概念为前提或起点，通过严密的逻辑分析，推导出一定的结论来。

当然，除了以上研究分析方法之外，演绎和归纳分析方法、比较分析方法、成本收益分析方法等都是研究分析财政学的基本方法。随着社会经济的发展，还会有新的研究方法不断涌现。

总之，财政学已经形成比较完整的学科体系，与传统的财政学相比较，财政学增加了 2 大领域的内容：一是该学科增加了政府决策的内容；二是增加了公共部门支出的经济分析。在学科体系上，传统财政学无法把市场机制和非市场机制的资源配置统一到帕累托状态，而在财政学中则建立了两者一致的理论模型。

## 本章小结

1. 财政，是以国家为主体，通过政府的收支活动，集中一部分社会资源，满足社会公共需要的经济活动。财政学是研究政府经济政策的学问，是以公共部门经济行为、政府职能及其对资源配置和社会福利影响为研究对象的一门经济科学。

2. 财政是社会生产力发展到一定历史阶段的产物。财政的本质是：国家为实现其职能，凭借政治权力参与国民收入分配和再分配所形成的一种特殊分配关系。

3. 财政内涵包括两个方面：一方面，财政是一个经济范畴，是以国家为主体的经济行为，是政府集中一部分国民收入用于满足社会公共需要的支出活动，以达到优化资源配置、公平分配及经济稳定和社会发展的目标。另一方面，从实际意义来讲，财政是“理财之政”，是指国家（或政府）的一个经济部门，即财政部门，它是国家（或政府）的一个综合性部门，通过其收支活动筹集和供给经费和资金，保证实现国家（或政府）的职能。

4. 威廉·配第，1662 年发表的《赋税论》是最早的财政学专著。亚当·斯密，1776 年发表的《国富论》，被认为是古典经济学派的非财政学专门著述中较为系统描述财政学理论的代表作。亚当·斯密被誉为“政治经济学之父”和“财政学之父”。德国旧历史学派学者卡尔·劳使财政学脱离了政治经济学母体，成为一门自成体系的独立学科。

5. 1936 年英国经济学家约翰·梅纳德·凯恩斯（John Maynard Keynes）的《就业、利息和货币通论》被认为是当代西方财政理论形成的标志。

6. 财政学以公共部门经济行为、政府职能及其对资源配置和社会福利影响为研究对象。

7. 政府是国民经济中唯一通过政治秩序建立的在特定区域内行使立法、司法和行政权的实体。

8. 财政学研究的主要内容包括：基础理论、支出理论、收入理论、管理理论和开放经济下的财政问题。

9. 财政学研究方法包括：基本研究方法是唯物辩证法，此外还包括实证分析法和规范分析法、博弈论分析方法和历史与逻辑相结合等分析方法。

## 案例分析

### 国家的存在

公元前 1030 年，犹太部落长期以来一直在没有中央政府的状态下生活。《圣经》里有这样的记载，人们要求先知塞缪尔（Samuel）“像所有的国家一样，给我们一个能统治我们的君主吧”。塞缪尔描述了在君主统治下的生活状况，试图打消犹太人建立国家的念头：

在国王统治你们的时候，事态就会这样：他会夺走你们的儿子，安排在他的身边，做他战车的马夫，跑在战车的前面……他们会夺走你们的女儿，替他喷香水、做厨娘、烤面包。他会夺走你们的土地、你们的葡萄园和你们的橄榄园，甚至夺走你们最好的园地，赏赐给他的仆人……他会强征你们 1/10 的羊群，你们将沦为他的奴仆。那时，你们将为自己有了国王而痛哭不已。

然而，犹太人并没有被这令人沮丧的言语所震慑，“人们拒绝倾听塞缪尔的劝告，他们说：‘不，我们应该有一个国王，那样我们才能像其他国家一样，国王会统治我们，走在我们前面，带领我们去战斗’。”（《塞缪尔记》，第 8 章，第 5 节，第 11 节～第 20 节）

**分析讨论**

国家的社会意义何在？它对人们福利的影响是怎样的？

## 关键术语

财政　政府　混合经济体制　实证分析和规范分析　博弈论　合作博弈　非合作博弈　财政学

## 思考题

1. 如何理解财政学的内涵？
2. 财政学的主要研究对象和主要内容是什么？
3. 政府部门要解决的与私人部门相类似的经济问题有哪些？

# 第 2 章 财政职能

财政是政府的经济行为，财政职能本身是政府职能的重要组成部分，与国家有着本质联系。市场经济体制下，社会资源的配置一般通过两种方式来实现，即市场机制和计划机制。市场机制对资源的配置起基础性和决定性作用，计划机制即政府对经济的干预是建立在市场失灵的基础上的。由于存在垄断、外部性、公共物品、不完全信息、收入分配不公等，使市场机制不能有效发挥作用，这就需要政府的干预，以实现资源优化配置、公平收入分配、稳定经济和社会发展。但政府干预本身也可能造成经济活动的扭曲和缺乏效率，因此，政府干预经济活动的效率目标要求包括两个方面：一是干预经济活动不能妨碍市场机制促进效率提高的功能；二是政府实现公平目标的调节同样要有效率。这样，政府干预经济就应本着以下规则：一是根据效率要求确定政府行为边界；二是根据效率要求建立政府行为规则。

## 2.1 财政的基本特征和原则

### 2.1.1 财政的基本特征

财政是以国家为主体，通过政府的收支活动，集中一部分社会资源，满足社会公共需要的经济活动。其主要特征包括以下 4 个方面。

**1. 公共性**

**财政的公共性是指财政活动的目的是为了满足社会公共需要，维护社会公共利益。社会公共需要是指向社会提供安全、秩序、公民基本权利和经济发展的社会条件等方面的需要。**人类社会的需要尽管多种多样，但从最终需要来看无非有两大类：私人需要和社会公共需要。在现代市场经济条件下，由市场提供私人物品用于满足私人个别需要，由代表政府的公共部门提供公共物品用于满足社会公共需要。社会公共需要包括以下 3 个方面。

（1）保证执行政府职能的需要。包括执行政权职能和社会职能的需要。主要是提供社会公共产品和服务的需要，如国防、外交和社会安全等。

（2）混合产品需要。即介于公共需要与私人需要之间在性质上难以严格划分的一些需要，其中一部分或大部分也要由国家集中分配来满足。例如，大学教育。这种需要并非全体成员都可以享用，进入大学学习具有竞争性和排他性，并且还要对享受人员索取一定的费用。从这点来看，大学教育具有个人需要的特征，但由于大学教育是为国家培养高级人才的，所以在许多国家尤其社会主义国家都是由政府出资兴办的。享受大学教育的人员，只需付少部分费用，这种需要具有公共的性质。西方资本主义国家的公立大学也是如此。另外，像抚恤、救济、社会保险、价格补贴等也属于这类需要。

（3）大型公共设施和基础产业的投资需要。如广播电视、通信、民航、铁路市政建设，这些产品在使用上具有共同性的特点，不可能被单个企业独占，具有公共产品的特征，社会主义国家这部分建设由政府出资，即使在资本主义国家，某个企业集团也负担不起，大部分仍然由政府投资兴建。

社会公共需要具有共同的、特殊的和历史的特点。“共同的”是指任何社会形态下都存在社会公共需要，它不会随着社会形态的更迭而消失。“特殊的”是指社会公共需要总是具体地存在于某种社会形态之中，如奴隶社会、封建社会、资本主义社会和社会主义社会，都有自己社会公共需要的内容。“历史的”是指社会公共需要随着生产力的发展不断变化，如对农业、工业和社会教育投资，在不同历史时期，它们占财政支出的比例是不同的。

**2. 强制性**

**财政的强制性是指财政这种经济行为及其运行是凭借国家政治权力，通过颁布法令来实施的。**当国家产生以后，对社会产品占有的过程中存在两种不同的权力：所有者权力和国家政治权力，前者依据对生产资料和劳动力的所有权占有，后者则凭借政治权力占有。例如，政府对公民征税，就意味着政治权力凌驾于所有权之上，依法强行征收，任何形式的抗税都是一种违法行为。恩格斯在谈到征税时曾指出：“纳税原则本质上是纯共产主义的原则，因为一切国家征税的权利都是从所谓国家所有制来的。的确，或者是私有制神圣不可侵犯，这样就没有什么国家所有制，而国家也就无权征税；或者是国家有这种权利，这样私有制就不是神圣不可侵犯的，国家所有制就高于私有制，而国家也就成了真正的主人。”[①]同样，财政支出也具有强制性特征。在财政支出规模和用途的安排中，众多的公民可能有这样和那样的不同意见，有的要求建一条公路，有的则可能要求建一个公园，但公共支出不能按某一公民的意见做出决策，而是通过一定的政治程序做出决策并依法强制实施。在民主政治下，财政的强制性体现为财政的民主化和法制化。

财政的强制性意味着财政运作过程存在一定的风险。从收入角度看，存在收入不能合理筹集的风险。通常政府倾向于多筹集收入，从而加重微观经济主体负担，损害纳税人的利益。从支出的角度看，支出纳入预算，政府部门必须按照预算来分配资金，这固然有利于加强预算支出管理，但同时也会使支出的灵活性受到影响，不能随着客观情况的变化提高资金运用的灵活性和效率。

**3. 无偿性**

**财政的无偿性是指政府的财政收支具有无代价取得与无代价支出的特点。**政府征税之后，税款即归政府所有，对纳税人不需要付出任何代价；政府的财政支出一般也具有无常拨付特征，不需要偿还。财政的非直接偿还性是和它的强制性相一致的。从财政收支的整体过程来看，我国的税收是“取之于民，用之于民”，就这个意义上说，税收具有间接的偿还性，但是，每一个纳税人都无权要求从公共支出中享受与他的纳税额等值的福利，也就是说，对每一个纳税人来说，他的付出和所得是不对等的，这是财政运行的一个重要特点。

① 马克思恩格斯全集. 中文1版，第2卷. 北京：人民出版社，1957. 615.

财政形式上的无偿性表明：第一，公共产品效用的获取和成本的分担在时间上和空间上是分离的。对于社会成员来说，政府提供的公共产品似乎是免费的，这会在一定程度上弱化其监督政府行为以促使政府运行效率提高的意识和要求。因为毕竟对于免费的产品或服务，人们通常对其质量、性能并不怎么苛求。对于负责向社会提供公共产品的政府官员来说，由于财政形式上的无偿性，往往忽视公共产品供给的成本，造成财政资金使用效益的低下。第二，财政活动形式上的无偿性与实质上的有偿性是内在统一的。在资源稀缺条件下，政府财政活动也要考虑成本问题。税收是政府向社会提供公共产品的成本，也是社会成员消费公共产品的代价或支付的“价格”。这表明，社会成员表面上消费了免费的公共产品，但实际上是支付了特殊的价格——税收。在政府供给公共产品背后所掩盖的是政府按照税法规定的标准征税，社会成员免费消费公共产品背后所掩盖的是按照税法规定的标准向政府缴税。因此，形式上的无偿性与实质上的有偿性是统一在一起的。

**4. 对称性**

**财政的运行过程是有收有支，即通过“收入—支出、支出—收入”过程运行的，因而收入与支出的对称性构成财政运行的一个重要特征。**关于财政收入与支出的关系，我国历来就有“以收定支”和“以支定收”的争论，不管是收入决定支出或是支出决定收入，这种争论说明收入与支出是财政运行过程中相互制约的两方，收支是否对称或平衡构成财政运行的主要矛盾。收支是否平衡，表面上是一种收支关系，而背后反映的是政府和企业与居民之间的关系，反映社会各阶层之间的利益关系，反映中央政府与地方政府及政府各部门之间的利益关系，因而收支平衡也成为财政运行和制定财政政策的轴心。

综观古今中外，收支的绝对平衡几乎是不存在的，有时收大于支，有时支大于收。收大于支意味着财政盈余，财政运行似乎稳妥，但常年形成大量盈余则说明政府集中的资源没有充分运用，会抑制社会经济的发展。支大于收意味着出现财政赤字，如果出于政策需要，运用得当，会有利于社会经济的发展；但连年不断形成大量赤字，则说明财政运行失控，影响市场经济效率，甚至最终导致通货膨胀。因此，围绕收支平衡这个轴心，合理安排支出规模和结构并提高使用效益，制定合理的税收和收费制度并保证收入的及时、足额入库，发挥公债的积极作用又防止赤字和公债发行的失控，制定财政管理体制合理调节中央与地方关系，依据政治经济形势的发展及时调整财政政策等，就构成财政学的一条主线。

### 2.1.2 财政的基本原则

财政原则是指导和规范财政行为过程，处理和协调各种财政关系的基本准则。财政行为过程是政府为了实现一定的社会经济目标，参与社会财富分配，并对社会经济运行进行调节和控制的过程。这个过程的核心和实质是对各种利益关系的处理和协调。在这个过程中，涉及的社会经济关系是相当复杂的，为了使这个复杂的过程能够按照社会经济发展规律的要求进行，使各种社会经济关系的处理能够协调有序，必须在正确认识和把握财政运行规律及相应的社会经济规律的基础上，总结和归纳出指导财政工作的一般准则，并以此作为政府制定政策、完善财政制度、进行财政活动的基本依据和规范。

作为财政活动的依据和规范，财政原则首先是财政运行规律和相关社会经济规律的理论抽象。换句话说，财政原则应该隐含着上述规律对财政活动的基本要求，反映着在财政活动过程中处理各种关系时的基本方向和规范。同时，也应该看到，财政原则是人们主观见之于客观的东西，它是政府意志的具体表现，本身属于意识形态的范畴。

由于不同时期财政活动的社会经济环境和条件不同，财政原则除了要体现财政经济规律的一般要求，也要体现特定时期财政经济规律的特殊要求。因此，在不同的历史条件下，财政原则要求的侧重点也可能有所不同，原则实现方式也有所差异。只有正确认识和把握这种区别和差异，才能在不同情况下增强财政原则的可操作性，使财政原则更能体现社会经济和财政实践的要求，对社会经济实践产生更好的指导作用。中西方财政原则都涉及妥善处理财政与经济的关系，协调社会分配关系及提高财政分配效率等问题。公平与效率的关系是经济学的永恒主题，也是政府解决经济和社会发展矛盾的两大准则。

**1. 公平原则**

（1）公平原则的定义。财政公平原则是指政府通过财政分配对市场分配结果的调节，缩小市场分配中客观存在的收入水平差距，使这种差距被控制在社会能普遍接受的限度内，进而实现从社会意义上界定的收入分配公平。

之所以在财政分配中提出公平原则，是因为在市场分配中客观存在着社会意义上的收入分配不公，这种不公是社会意义上的，即从伦理和道德的角度进行判断的，因而为社会所不能接受，如不加以调节，可能会形成或激化社会矛盾，成为社会稳定的重大隐患。在市场经济条件下，收入按要素价格在充分竞争条件下进行等价交换，必将产生分配不公的结果。由于充分竞争和等价交换正是市场机制有效配置资源的基本条件，因此，当市场越是处于有效运行的状态，则其分配结果越是难以改变国民收入的初始分配状态。这样市场效率与市场分配并不必然保持一致，并不都能自动达到人们所希望的结果，也就产生了社会分配不公的状况。信息通信技术迅速发展的今天，互联网已渗透到社会生产与生活的方方面面，数字技术的发展与数字鸿沟的出现，进一步加剧了社会分配的不公。法国经济学家托马斯·皮凯蒂（Thomas Piketty）在《21世纪资本论》中提出：如果资本的收益率大于经济增长率，财富就会集中。长期来看，这将导致财富集中和经济不稳定。如果所有人的初始禀赋是相同的，如在体力、智力、财产、机会等方面均无差别，那么，结果将是合意的或公平的。竞争市场可以保证对所有人而言有一个公平的过程，但也仅此而已，它不能矫正初始禀赋不平等的分配。因此皮凯蒂建议，设立一个全球累进财产税系统可以促进平等，避免大多数财富集中到极少数人手里。

这里说的社会分配不公主要表现为财产收入与劳动收入之间的分配不公，以及财产收入和劳动收入内部的分配不公。社会意义上的分配不公是市场分配的必然结果，这种分配不公带来的社会矛盾和问题是市场分配机制本身难以克服和解决的，因此需要政府介入社会分配过程，对市场分配结果进行必要的调节，以缩小收入分配差距，缓解因分配不公可能产生的社会矛盾，保持社会的稳定，促进社会发展。这是作为社会管理者的政府应该履行的社会职责。

（2）公平程度的衡量。经济学家们从公平即描述社会成员收入分配结果的状态出发，给出了洛伦兹曲线（如图2-1所示）和基尼系数等分析工具，以便于对公平程度进行衡量。

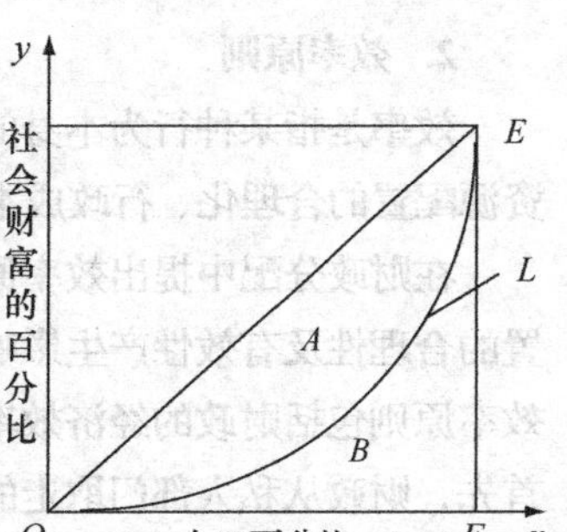

图2-1 洛伦兹曲线

洛伦兹曲线的弯曲程度反映了收入分配的不平等程度。弯曲程度越大，收入分配越不平等，反之亦然。特别是，如果所有收入都集中在一人手中，而其余人口均一无所获时，收入分配达到完全不平等，洛伦兹曲线成为折线 *OFE*；另一方面，若任意人口百分比均等于其收入百分比，从而人口累计百分比等于收入累计百分比，则收入分配是完全平等的，洛伦兹曲线成为通过原点的45°线 *OE*。

一般来说，一个国家的收入分配，既不是完全不平等，也不是完全平等，而是介于两者之间。相应的洛伦兹曲线，既不是折线 *OFE*，也不是45°线 *OE*，而是像图中这样向横轴凸出的弧线 *OLE*，尽管凸出的程度有所不同。

将洛伦兹曲线与45°线之间的部分A叫作“不平等面积”，当收入分配达到完全不平等时，洛伦兹曲线成为折线 *OFE*，*OFE* 与45°线之间的面积 *A*+*B* 叫作“完全不平等面积”。不平等面积与完全不平等面积之比，成为基尼系数，是衡量一国贫富差距的标准。基尼系数 $G=A/(A+B)$。显然，基尼系数在 0（绝对平等）到 1（绝对不平等）之间变动。

（3）公平原则的内容。财政公平原则包括以下 2 方面内容。

一是横向公平。横向公平表现在税收方面主要指税收负担公平，即相同经济条件的纳税人承担等量税收，使税收对全体纳税人有普遍的公正性；表现在财政支出方面则要求对同等条件的支出对象，财政支出的标准应该统一，特别是在实施转移支出时，标准应该统一；同时，财政公共支出提供的社会福利应惠及全体社会成员。

二是纵向公平。纵向公平表现在收入方面要求量能纳税，不同纳税能力的纳税人承担不同的赋税，即纳税能力强者多纳税，纳税能力弱者少纳税，无纳税能力者不纳税。目的是使赋税水平与纳税人的收入水平保持平衡，通过税收来调节收入水平，缩小收入差距；表现在财政支出上则要求对不同生存条件的支出对象确定不同的支出标准，并据此来调节社会成员的福利水平，使不同收入水平的社会成员享受到最基本的社会福利和公共服务。

关于财政分配的公平性，理论界目前存在以下两种公平标准。

① 受益准则。**受益准则指纳税人以政府提供的公共产品和服务的受益程度为依据确定其应该缴纳的赋税。**这时财政公平的含义是受益程度与赋税水平对等；相同受益，相同纳税；不同受益，不同纳税。这种标准对那些受益和付费相对应的应税行为是适用的，并且它可以按照受益与义务对等原则比较合理地分摊税收，形成财政分配中成本与效益的相互关联，使公共产品的成本有明确的补偿来源。但受益准则不适用于政府转移支付以及具有受益不可阻止特征的公共产品，它无法体现和实现公平原则对收入再分配及通过再分配缩小社会成员收入差距的要求，要解决这一问题，就要使用支付能力准则。

② 支付能力准则。**支付能力准则以纳税人的支付能力来衡量和判断其对因纳税而导致福利水平下降的忍耐和承受能力。**衡量税收公平的具体标准是等量边际牺牲准则，即纳税必须使全体纳税人因纳税而牺牲的效用最小，同时，纳税后每个纳税人因最后一单位纳税而牺牲的边际效用相等，这时即实现了税收公平。达到这种公平状态必须以按支付能力纳税为前提，而衡量支付能力的标准和依据又主要有收入、消费和财产，从世界上大多数国家的财政实践看，一般以收入为衡量支付能力的标准，并通过以收入为税基的累进税制来体现和实现公平税负的原则要求。

**2. 效率原则**

效率是指某种行为本身的有效性，它是一个动态概念。财政的效率原则是指政府财政活动要有利于资源配置的合理化、行政成本的最低化和社会福利的最大化。

在财政分配中提出效率原则是因为政府财政行为会对经济活动和资源配置产生影响，进而对资源配置的合理性及有效性产生影响；同时政府财政行为本身也有一个行政效率问题。换句话说就是，财政的效率原则包括财政的经济效率和财政的行政效率。具体说来，财政行为的效率可以从三个方面来概括：首先，财政从私人部门取走的资源和要素总量应当是最适当的，从而保证整个社会资源在私人部门和公共部门之间形成最佳配置状态；其次，财政在从私人部门取走收入的过程中，应避免引起市场活动的扭曲，避免损害市场效率；最后，财政在安排使用归自身支配的那部分资源时，也要实现资源的有效配置。因此，必须在财政活动中贯彻效率准则的要求。

从经济学的角度来界定效率的概念，主要是指资源配置的有效性，对这种有效性评价的标准，在西方是以帕累托效率为依据的。帕累托效率，是 19 世纪末意大利经济学家帕累托围绕最适度条件来说明经济福利时所使用的概念。帕累托对资源配置效率有过这样的定义，**即生产资源的重新配置已不能使任何一个人过得更好，又不使任何其他人过得更坏，此时资源配置处于最佳状态（最有效率）。**即在不损害其他人福利的条件下，已不可能通过改变资源配置来增进另一个人的福利。通俗地说，帕累托效率是指资源配置的状态已达到了对此进行任何改变都不可能出现“利己不损人”的结果。这也就是经济学中所说的“帕累托最优”（pareto optimum）。当然，**若通过改变资源配置可以得到有人受益而无人受损的结果，则这种改变称为“帕累托改进”（pareto improvement）。**

财政效率原则包括以下2方面内容。

（1）经济效率原则。财政经济效率原则是指政府的财政活动要有利于优化资源配置，促进经济行为的合理化和社会经济效率的提高。市场经济条件下，市场机制的有效运作是提高经济效率的重要条件，财政效率原则的核心是在财政活动过程中，尽可能保证市场机制的正常运作。具体要求包括：①保持财政行为中性。**财政中性是指在市场机制有效运作的领域，财政行为尽可能不偏不倚，保持中性状态，尽可能不超越市场对资源配置和对微观经济决策产生干扰。**在市场机制能正常运作的领域，要保持财政分配的中性。财政分配不管是收入还是支出都可能对市场和经营者行为产生影响。财政行为的非中性，有可能误导资源错配，降低资源配置效率。②在市场失灵领域发挥财政调节功能。在市场功能扭曲和市场机制失灵领域，要充分发挥政府财政的调节功能，弥补市场缺陷，提高资源配置效率。

（2）行政效率原则。**财政行政效率原则是指财政作为分配活动，在收入筹集和支出安排过程中要保持高效率。**财政收入的行政效率是指筹集和管理财政收入的有效性，这种有效性是以财政收入征收成本最少为标准判断的，要求以尽可能少的征收成本取得尽可能多的财政收入。**征收成本是指政府为征收财政收入而支出的费用。**它有广义与狭义之分。**狭义的征收成本是指政府为筹集财政收入而花费的行政管理费用。**主要包括征管机构人员的薪金、行政办公费用、办公设备和设施的购置费用，征收制度、征收办法设计和改革所支付的费用，以及其他政府开支的与征管有关的费用。**广义的征收成本除上述费用外，还包括缴纳者在缴纳过程中发生的与财政收入收缴有关的费用和为此付出的代价。**包括为此支付的各种费用、花费的时间和精力等。

财政支出的行政效率是指组织和管理财政支出的有效性，这种有效性在量上往往用财政支出的行政管理费用占财政支出数额的比率来衡量，比率越低说明效率越高。财政支出的行政效率要求以尽可能少的行政管理费用支出来实现尽可能多的财政资金配置。

**3. 公平与效率的协调**

在市场经济条件下，分配不公是遵循市场效率准则的结果，因此，要实现公平准则，只能采用非市场等价交换的方式，这无疑会或大或小地产生损害市场效率的结果。但从另一方面来看，如果公平原则没有得到较好的贯彻，社会分配不公发展到超出社会可容忍的程度时，激烈的社会矛盾与社会冲突将影响市场良好运行所需的外部环境，使得市场活动越来越难以正常进行，市场效率也必将下降，进而又会影响公平原则的长远实施。公平与效率尽管属于不同范畴，但两者间却存在着密切的关系。公平与效率存在既统一又对立的关系。社会分配的最佳结果是社会目标与经济目标的统一。这种结果必须通过对公平与效率关系的协调来实现。

在市场经济条件下，市场分配机制和政府分配机制具有职责范围上的分工。市场在资源配置中起决定性作用，全社会大部分的经济活动和基本的经济运行过程都是由市场机制决定的。但是市场机制天然地不可避免地存在着或大或小的失效范围。在市场失效的范围内，只能由政府以计划、行政的手段加以配置，这就是市场经济中资源的政府配置部分。这种市场分配机制和政府分配机制职责范围上的分工，从分配准则的实现上说就是“效率经由市场，公平经由政府”。从这个意义上看，公平与效率关系的协调不可能由市场或政府单一的分配机制来完成，而必须经由两种机制相互配合和相互补充来实现。

效率和公平是发展社会主义市场经济中，不可或缺的关系。实现公平与效率的协调具有积极意义。社会主义初级阶段，我国处理二者关系上秉承“效率优先，兼顾公平”的原则。首先，效率优先，就是要优化资源配置，实现效益的最大化，这是保证公平的前提条件，没有效率就没有公平。其次，公平是社会主义所追求的根本目标。公平指的是在效率优先的基础上，注重国有资源第二次分配时按照按劳分配原则进行再分配，只注重效率而忽视公平，将导致穷者越穷，富者越富。所以，要在强调效率优先的前提下，更加注重公平。如此，才能够均衡高效可持续发展。

## 2.2 政府与市场的关系

### 2.2.1 政府的职能

#### 1. 政府职能的内涵

**政府职能（government function），也称行政职能（administrative function），是国家行政机关依法对国家和社会公共事务进行管理时应承担的职责和所具有的功能。**政府职能反映着公共行政的基本内容和活动方向，是公共行政的本质表现。公共物品对于人类生存和发展有着重要作用。但在市场经济条件下，由于资本追求利润最大化的本质特征，根本不可能通过市场运作的方式来为社会提供无利可图的公共产品，或者准确地说，是无直接利益可图的公共物品。那么，公共物品生产的重任就只能落在了政府的肩上。人们普遍认为，政府对于人们实现公众利益和获得公共服务是必要的。从社会结构、社会分工和政府所承担的公共职能及公共义务分析，政府的存在是必要的、合理的。为了使政府更好地履行自己的职责，公众赋予政府一定的公共职能和公共权力。从政治角度看，政府职能是国家机器的集中体现，在代表公共利益、公共意志和公共权力方面具有广泛性，在维护公共利益、公共意志和公共权力方面具有强制性。正是由于这种代表公共利益的性质，决定了政府的职能首先应当是公共职能，政府职能的基本任务应当是努力满足公众的公共需要，为他们提供公共物品和公共服务。从经济角度看，政府拥有任何机构和个人所没有的公共资源和依法对社会的经济活动进行宏观调控的职能和手段。

总体而言，政府职能是政府依法对国家社会生活各领域进行管理和服务所具有的职责与作用。但由于各国国情差异，政府在管理社会事务，特别是在经济建设中所发挥的作用也就不尽相同，所以不存在完全意义上的标准政府职能。随着全球经济一体化步伐的加快，人们对政府职能的理解和定位逐步趋向一致，既然政府是人们为了实现公众利益和获得公共服务而存在的，那么政府的根本任务就是为公众提供优质的公共物品。例如，使公民享有充分的民主和自由；提供优美便利的生活环境、良好的社会秩序和完善的社会保障体系；建立快速应急机制，确保公共安全；捍卫国家主权和领土完整；促使社会经济快速稳定发展和支持、繁荣文化事业等。就我国政府而言，经济的全球化也要求我国政府职能不断转变，以便提供更好的公共物品。这些职能包括：加强和改善宏观调控；促进经济和社会协调发展；为改革开放和现代化建设创造良好的社会环境；加强法制建设，创造统一、规范、公平竞争的市场环境和秩序等。这些政府职能实际上就是中国参与经济全球化所必须提供的公共物品。

与公共利益和需求直接相关的公共产品是指公共享有的消费品，例如，国防、大型基础设施等。公共产品的基本特征是消费的非竞争性和非排他性。非竞争性是指一个消费者对一种公共产品的消费不影响其他消费者对该产品的消费和使用；非排他性是指公众的任何一员都不能被排除在对该公共产品的消费之外，都可以享受这种产品。公共产品的特性导致了其供给的稀缺，因而只能依靠政府出面组织生产和供应才有可能得以解决，这是政府职能的基本依据。

**2. 政府职能的属性**

（1）公共性。政府职能涉及国家大量日常公共事务的处理，根本目的是为所有社会群体和阶层提供普遍的、公平的、高质量的公共服务。

（2）法定性。政府职能的法定性是指政府的一切活动都要在宪法和法律规定的范围内进行，宪法和法律规定了一国政府职能的边界，使公共行政有法可循。

（3）执行性。政府作为贯彻和执行国家意志的机关，其职能具有明显的执行性。

（4）强制性。政府职能的强制性是指其以国家强制力为后盾，行政相对人不得阻碍政府职能的正常行使。

（5）动态性。政府职能始终是变化的，这取决于市场经济条件下政府与市场关系的动态性、政府与社会关系的力量对比。

（6）扩张性。政府职能的扩张性是指随着现代社会中公共事务、公共问题日益增多且日益复杂，公众需求的日益个性化、多样化，政府承担了越来越多的职能，并逐渐扩展至社会各层面。

在公共治理中，政府、市场、社会的职能是相互补充的。政府作为国家公共权力的执掌者，在公共治理中居于主导地位。没有政府对整个公共治理的主导权，就难以保证公共治理的合理和有序运行。

**3. 政府职能的主要内容**

（1）政治职能。也称统治职能，是指政府为维护国家统治阶级的利益，对外保护国家安全，对内维持社会秩序的职能。中国政府主要有以下4大政治职能。

① 军事保卫职能。即维护国家独立和主权完整、保卫国防安全、防御外来侵略的职能。

② 外交职能。即通过政府的外交活动，促进本国与世界其他各国正常的政治、经济往来，建立睦邻友好关系，促进国与国之间互惠互利，反对强权政治，维护世界和平等方面的职能。

③ 治安职能。即维持国家内部社会秩序、处理叛国和危害社会安全的活动、保障人民的政治权利和生命财产安全、维护宪法和法律尊严的职能。

④ 民主政治建设职能。即通过政府活动，推进国家政权完善和民主政治发展的职能。

（2）经济职能。**经济职能是指政府为促进国家经济的发展，对社会经济生活进行管理的职能。**随着中国计划经济体制向社会主义市场经济体制的转变，中国政府主要有以下3大经济职能。

① 宏观调控职能。即政府通过制定和运用财政税收政策和货币政策，对整个国民经济运行进行间接的、宏观的调控。

② 提供公共产品和服务职能。政府通过政府管理、制定产业政策、计划指导、就业规划等方式对整个国民经济实行间接控制；同时，还要发挥社会中介组织和企业的力量，与政府一道共同承担提供公共产品的任务。

③ 市场监管职能。即政府为确保市场运行畅通、保证公平竞争和公平交易、维护企业合法权益而对企业和市场所进行的管理和监督。

（3）文化职能。**文化职能是指政府为满足人民日益增长的文化生活的需要，依法对文化事业所实施的管理。**它是加强社会主义精神文明，促进经济与社会协调发展的重要保证。中国政府的文化职能主要有以下4类。

① 发展科学技术的职能。即政府通过制定科学技术发展战略，加强对重大科技工作的宏观调控，做好科技规划和预测等工作，重视基础性、高技术性科学技术及其产业化研究。一般的科技工作主要依靠市场机制来推动。

② 发展教育的职能。即政府通过制定社会教育发展战略，优化教育结构，加快教育体制改革，促进

社会教育事业的发展。

③ 发展文化事业的职能。即政府通过制定各种方针、政策、法规等，引导整个社会文学艺术、广播影视、新闻出版和哲学社会科学研究等各项文化事业健康繁荣地发展。

④ 发展卫生体育的职能。即政府制定各种方针、政策、法规等，引导全社会卫生体育事业的发展。

（4）社会职能。社会公共服务职能，即指除政治、经济、文化职能以外政府必须承担的其他职能。政府的社会职能主要有以下4个方面。

① 调节社会分配和组织社会保障的职能。即政府为保证社会公平、缩小地区发展差距和个人收入差距，运用各种手段来调节社会分配、组织社会保障，以提高社会整体福利水平，最终实现共同富裕。

② 保护生态环境和自然资源的职能。即政府通过各种手段，对因经济发展、人口膨胀等因素所造成的环境恶化、自然资源破坏等进行恢复、治理、监督、控制，从而促进经济的可持续发展。

③ 促进社会化服务体系建立的职能。即政府通过制定法律法规、政策扶持等措施，促进社会自我管理能力的不断提高。

④ 提高人口质量，实行计划生育的职能。计划生育是中国的一项基本国策，也是关系到国家长远发展的一件大事，因此中国政府应加强对计划生育工作的管理，包括计划生育的法制建设，方针、政策的制定，规划组织计划生育科学研究，加强计划生育的宣传、咨询和技术服务工作。

（5）运行职能。政府职能必须通过各个管理环节才能实现，从管理过程来看，政府职能又包括一系列的运行职能。

① 决策职能。决策贯穿于管理的全过程，决策职能是行政管理过程的首要职能。

② 组织职能。为有效地实现既定行政管理的目标和任务，通过建立行政组织机构，确定职位、职责和职权，协调相互关系，将组织内部各个要素联结成有机的整体，使人、财、物得到最合理的使用，即是组织职能。

③ 协调职能。协调活动是行政管理过程的重要环节。因为行政管理归根到底就是要设计和保持良好的行政环境，使人们能在组织内协调地开展工作，有效地完成行政目标。

④ 控制职能。控制职能是政府按行政计划标准，来衡量计划完成情况并纠正计划执行中的偏差，确保目标实现的管理活动。

⑤ 监督职能。政府在社会中应当起到一个掌舵人的作用，按照符合社会道德法律、规范标准，引导、监督社会各个生产生活环节。当然，政府的监督必须是在一定范围内的，不能无限地扩大。

## 2.2.2 生产效率与市场失灵

### 1. 市场与市场效率

市场是商品、服务、信息交换关系的总和。完整的市场系统是由家庭、企业和政府三个相对独立的主体组成的。在市场经济条件下，政府构成市场系统的一个主体，这是毋庸置疑的。例如，政府为市场提供诸如基础实施、教育和社会保障之类的公共物品和准公共物品，同时从市场采购大量的投入品和办公用品。但政府又是一个公共服务和政治权力机构，具有与市场不同的运作机制，因而在市场中又具有特殊功能和特殊的地位，可以通过法律、行政和经济等手段，介入和干预市场。因此，为了说明政府与市场的关系，需要先分析没有政府介入的市场，这时市场只有两个主体，即家庭和企业。

家庭是社会生活的基本单位。它为市场提供劳动力、资本和土地（在土地私有的条件下）等生产要素，并通过提供生产要素获取收入，而后用收入到市场上购买生活消费品或从事投资，家庭的基本目标是满足需要和效用水平的最大化。企业是商品生产和商品交换的基本单位，它从家庭那里买进生产要素，通过加工转换为商品或劳务，而后将商品或劳务又卖给家庭并获取收入和利润，企业的基本目标是利润最大化并实现扩大再生产。市场，从日常生活来看，就是商品和生产要素交易的场所，如百货商场、汽车市场、证券市场等，但从经济学的角度来看，市场不仅是商品交易的场所，也是指在无数个买者与卖者的相互作用下形成的商品交易机制。市场机制的基本规律就是供求规律：供大于求，价格下降，库存增加，生产低迷，求大于供，价格上涨，库存减少，生产增长；通过价格和产量不断的波动，达到供给和需求的均衡。

市场是一种结构精巧而且具有效率的商品交易机制，这已经为各种经济学说所论证和肯定，也被发达国家几百年的经济发展史所证实。亚当·斯密将市场规律形容为"看不见的手"，认为不需要任何组织以任何方式的干预，市场可以自动地达到供给与需求的均衡，而且宣称当每个人在追求私人利益的同时，就会被这只"看不见的手"牵动着去实现社会福利。马克思同样赞叹市场机制的效率，并将价格规律提升为价值规律，认为商品的价值是由生产商品的社会必要劳动时间决定的，而价格围绕价值上下波动来调节生产和流通，并促进技术进步和经济发展，同时，马克思也指出了市场波动是导致经济危机的可能性因素。帕累托效率标准或帕累托最优状态，可以作为我们分析经济效率和财政效率的一个规范性参照标准。

**2. 市场失灵**

市场是一种有效率的经济运行机制，这是毋庸置疑的。但市场配置效率是以完全的自由竞争作为严格假设条件的，而现实的市场并不具备这种充分条件。所以，市场的资源配置功能不是万能的，市场机制本身也存在固有的缺陷，这里我们统称为"市场失灵"。**市场失灵，就是说完全依靠市场机制的作用，无法达到社会福利的最佳状态。**它主要包括两层涵义：其一是单靠市场机制不能达到优化社会资源配置的目的；其二是市场机制对那些以公共目标为主的活动市场无能为力。市场失灵为政府介入或干预提供了必要性和合理性的依据。

市场失灵主要表现在以下6个方面。

（1）垄断。市场效率是以完全自由竞争为前提的，然而当某一行业在产量达到相对较高水平之后，就会出现规模收益递增和成本递减的情况，这时就会形成垄断。当一个行业被一个企业或几个企业垄断时，垄断者可能通过限制产量，抬高价格，使价格高于其边际成本，获得垄断利润，从而丧失市场效率。自然垄断是竞争失灵的重要表现之一。

（2）信息不充分和不对称。竞争性市场的生产者和消费者都要求有充分的信息，特别是在现代信息社会的条件下，信息构成商品生产、消费和营销的最敏感的神经系统。生产者要知道消费者需要什么，需要多少，以及需求的变化；消费者要知道产品的品种、性能和质量；生产者之间也需要相互了解；商品营销是生产与消费之间的连接环节，更需要灵敏地掌握生产和消费的信息。在市场经济条件下，生产者与消费者的生产、销售、购买都属于个人行为，掌握信息本身也成为激烈竞争的对象，而信息不充分和信息不对称也是影响公平竞争的重要因素。由于买卖双方信息不对称，便会产生道德风险和逆向选择，这都降低了市场效率。所谓**道德风险，指买主不能分辨由卖主实施的可控制行为，或者当签约一方不完全承担风险后果时所采取的使自身效用最大化的自私行为。**在信息不对称的情形下，市场交易一方参与人不能观察另一方的行动或当监督成本太高时，一方行为的变化导致另一方的利益受到损害。所谓**逆向选择，买主不能分辨会对卖主产生影响的重要外部特征或偶发事件，会产生对好的物品或服务的驱逐。**目前，随着大数据分析的出现，一些商品和服务供求之间在量上和结构之间的矛盾逐渐趋于缓解。

（3）外部效应与公共物品。完全竞争市场要求成本和效益内在化，产品生产者要负担全部成本，同时全部收益归生产者所有。外部效应是指在市场活动中没有得到补偿的额外成本和额外收益，分为正外部效应和负外部效应。正外部效应是指经济主体从事经济活动时，不能够得到由此活动产生的一切收益，而是将总收益的一部分外溢给了他人，私人收益小于其全部收益。负外部性是指经济活动主体不承担由于其经济活动所产生的全部成本，私人成本小于它的全部成本，而将成本的一部分转嫁给他人。如上游水库可以使下游地区从中受益是正的外部效应，造纸厂对河流造成污染是负的外部效应。当出现正的外部效应时，生产者的成本大于收益，利益外溢，得不到应有的效益补偿，市场竞争就不可能形成理想的效率配置；当出现负的外部效应时，生产者的成本小于收益，受损者得不到损失补偿，同样市场竞争也不可能形成理想的效率配置。外部效应典型的例子是"公共物品"，因为大部分"公共物品"的效益是外在化的，市场对提供纯公共物品是失灵的。

（4）收入分配不公。市场机制效率是以充分竞争为前提的，而激烈的竞争不可能自发地解决收入分配公平问题。市场经济的初次分配是要素分配，个人收入取决于生产要素投入的数量和质量，即投入的劳动、资本、技术、信息等的多少和好坏，即承认个人天赋、受教育的程度及私人财产所有权，因而必然形成收入差距，而且差距会越来越大。效率和公平是矛盾的统一体。效率是前提，没有效率，即使是公平的，也是低水平的平均主义；但公平不仅是经济问题，也是社会问题，收入差距过大，会带来社会不安定，反过来又会影响效率。

（5）偏好不合理。个人偏好的合理性是市场竞争结果合理性的前提条件。但在现实市场中，并不是每个人的要求、愿望都是合理的。可能某种产品给个人带来的利益较大，但消费者本人并未意识到这一点，便给予它较低的评价，且只有在低廉的价格下才愿购买；或者相反，某种物品给人们带来的好处并不大，甚至有害无利，但消费者却给予较高的评价，愿意以高价购买。

我们把消费者的评价低于合理评价的物品称为优值品（如教育，有人不愿为子女上学付出代价，导致学龄儿童弃学经商等）；将消费者评价高于合理评价的物品称为劣值品（如烟、毒品等）。这两种情况也都决定了政府干预的必要性。

（6）失业、通货膨胀和经济波动。市场机制是通过价格和产量的自发波动达到需求与供给的均衡，而过度竞争不可避免地导致需求大于供给与供给大于需求的不断反复。需求大于供给，物价上涨，会导致通货膨胀；需求小于供给，压缩生产，会导致失业率上升，这是市场机制不可避免的弊端。因此，市场机制的自发性和盲目性，不可避免地造成失业、通货膨胀和经济波动。另外，市场主体为实现利润最大化而追求技术进步和节约劳动力成本的行为也可能导致失业现象。

按照古典经济学家的观点，市场也可以对经济波动进行调节和矫正，但是事后调节，是采用经济危机的方式。这种方式对社会经济的破坏太大，调节的代价太高。因此，需要政府对市场进行干预和宏观调控，以保持国民经济的稳定和发展。

### 2.2.3 政府干预与政府干预失败

**1. 政府的经济作用**

在现代社会经济生活中，政府的作用几乎是无处不在的。政府广泛地执行政治、社会和经济等的职能。财政学关注的是政府的经济职能，而且主要是关注市场经济条件下政府的经济作用。事实上，政治职能、社会职能等是以经济职能为依托的。一个简单的事实是，政府必须从社会产品分配中集中一部分公共产品，才有可能实施并实现其全部职能。这里需要说明的是，财政学是研究财政运行规律的一门学科，而财政部门作为政府的一个经济部门，首先是直接执行政府的经济职能，并通过执行经济职能来保证政治职能、社会职能等职能的有效实施。

在市场经济体制下政府的经济作用是什么？西方经济学的新凯恩斯主义学派综合西方经济学多年关于政府和市场关系的观点，提出一种新型的政府—市场观，认为现代经济是一种混合经济（指私人经济和公共经济的混合），政府和市场之间不是替代关系，而是互补关系。这里我们用中国的思维和语言来说明这个问题。我国明确提出我国经济体制改革的目标是建立社会主义市场经济体制，党的十八届三中全会提出："经济体制改革是全面深化改革的重点，核心问题是处理好政府和市场的关系，使市场在资源配置中起决定性作用和更好发挥政府作用。"这简明地概括清楚地说明了市场和政府的关系，也说明了社会主义市场经济体制下政府的经济作用。在所有经济活动中，最根本的问题是如何最有效地配置资源。市场之所以能够使资源配置以最低成本取得最大效益，是因为在市场经济体制下，有关资源配置和生产的决策是以价格为基础的，是生产者、消费者、劳动者和生产要素所有者在市场自愿交换中发现和形成的。市场机制作用的发挥是价值规律的表现形式。市场决定资源配置，主要通过市场价格自动调节供给和需求，在全社会形成分工和协作机制；通过市场主体之间的竞争，形成激励先进、鞭策落后和优胜劣汰机制。因此，使市场在资源配置中起决定性作用，其实质就是让价值规律、竞争规律和供求规律等市场经济规律在资源配置中起决定性作用。这有利于促使经济更有活力、更有效率和更有效益地发展。但同时也要看到，市场调节具有自发性、盲目性、局限性和事后性等特点，不能把资源配置统统交给市场，不能使全部社会经济活动市场化。

市场经济要有政府介入，在资源配置中弥补市场的失灵，而不是替代市场。政府作为公共权力的行使者、社会经济活动的管理者，最重要的职能是从宏观上引导方向，保持整个经济社会持续健康稳步发展。政府可以自觉地依据对客观事物的认识，能动地观察和反映国内外发展变化，按照包括市场规律在内的客观经济规律，对重大社会经济活动做出战略规划与宏观决策，进行有目的、有计划的引导和调控。发挥政府作用，是从社会整体利益和长远利益来引导市场和社会经济发展方向，从宏观层次和全局发展上配置重要资源，促进经济总量平衡，协调重大结构和优化生产力布局，提供非竞争性的公共产品和公共服务，保障公共安全，加强社会建设和环境保护，维护市场和社会秩序，促进社会公平正义，逐步实现共同富裕，弥补市场缺陷和失灵的方面。但政府也有信息掌握和认知能力的局限性，也会有偏颇、僵滞甚至决策失误的情况，以至于束缚经济社会的活力，不利于微观上优化资源配置和提高效率。

在处理政府和市场的关系时，需要注意以下 3 个方面。一是要明确认识两者各自的功能和长处，使它们在不同社会经济层次、不同领域发挥应有的作用，都不能越位、错位和不到位。二是要充分发挥两者功能作用，"两只手"都要用，并有效配合。"两只手"配合得好，可以起到"1 + 1 > 2"的效果。反之，市场作用的正效能就会下降，负作用就会扩大；同样，政府的正效能也会下降，政府形象和公信力也会受到损害，甚至造成重大经济损失。三是政府和市场应当有机结合而不是板块连接，政府应尊重市场经济规律，自觉按经济规律办事，市场要在政府引导、监管和制度规范下运行。只有这样，才能实现政府与市场各自长处的充分发挥以及两者之间的良性互动。

我国目前仍处于经济体制转换过程中，而建成社会主义市场经济体制的核心问题之一，就是正确处理政府和市场的关系，转变政府职能，规范政府行为，其中包括转换财政职能。有政府介入的市场，政府与家庭、企业之间的收支循环流程可以通过图 2-2 来表示。

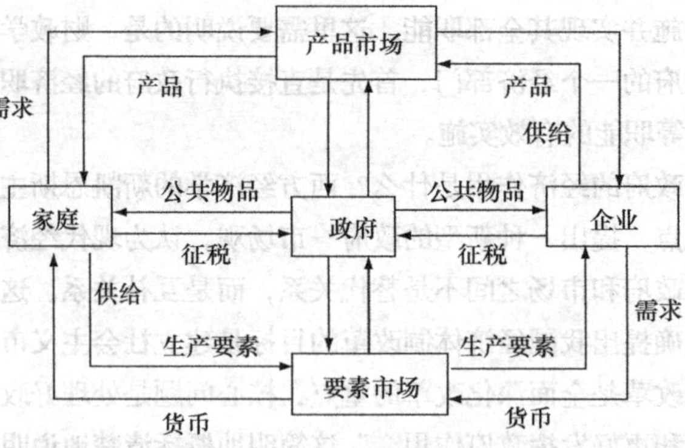


图 2-2　政府与家庭、企业之间的收支循环流程图

**2. 政府干预程度和干预手段**

政府干预程度是和政府规模相联系的，而政府规模一般是以财政支出（或财政收入）占 GDP 的比重这一综合性指标来表示。一般而言，随着经济发展和人均收入的提高，政府规模呈逐步上升的趋势，达到一定阶段则相对稳定。但是，由于各国的经济制度、政治体制、意识形态、历史传统及经济发展阶段的不同，市场经济体制自然有所不同，政府规模也存在很大的差别。因为社会经济运行是错综复杂的，所以，不可能有一种精确的计量方法和模型能够准确地计算出一个比重，用于确定每个国家不同时期的政府规模。就各国之间的差别来说，一般而言，经济发达国家高于发展中国家，集权化倾向的国家高于分权化倾向国家。例如，类似英国那样的多数欧洲国家实行"新自由主义"的市场模式，但其中有些国家政府仍支配钢铁、煤炭、铁路、空运等垄断行业及公用事业，政府集中的 GDP 达 50%以上。美国也属于这种类型，但政府的集中度较小，经济运行的自由度较大，政府集中的 GDP 大体为 30%。德国实行所谓的"社会市场经济"，主要是将自由竞争机制和一套完整的社会政策相结合，政府集中的 GDP 相对较低，但要高于美国。北欧国家号称为"高福利国家"，政府承担大量的社会服务和社会福利负担，政府集中的 GDP 达 60%以上。以日本为代表的市场经济被称为"东方模式"或"亚洲模式"，一方面主张充分自由竞争，另一方面又通过政府计划、发展战略、产业政策引导等控制市场的运行。东南亚的新兴国家大体都仿效这种模式。

我国是由计划经济体制转向市场经济体制的，当前仍处于体制转轨过程中，所以，我国以财政支出占 GDP 比重表示的政府规模形成本身特有的变化轨迹，即从 1979 年开始逐年下滑，到 1997 年开始逐年回升，2012 年达到 23%，至于符合我国国情的适度的政府规模，还需要通过经济改革和经济发展的实践来探索。政府干预手段可以概括为以下 3 个方面。

（1）立法和行政手段。主要是制定市场法规、规范市场行为，制定发展战略和中长期规划，制定经济政策，实行公共管制、对垄断产品和公共物品价格进行监管等。例如，为了对付垄断，政府可以制定《反垄断法》，实行公共管制，由政府规定价格或收益率；对负外部效应大的物品，政府可以采取行政手段或法律手段，例如，强制排污工厂停产，限期治理，或对受损单位给予应有的补偿。

（2）组织公共生产和提供公共物品。**公共生产是指由政府出资兴办的所有权归政府所有的工商企业和事业单位，主要是生产由政府提供的公共物品，也可以在垄断部门建立公共生产，并从效率或社会福利角度规定价格。**政府组织公共生产，不仅是出于提供公共物品的目的，也是出于有效调节市场供求和经济稳定的目的。按广义的生产概念，公共生产既包括生产有形物品的工商企业，也包括提供无形物品的服务机构，如学校、医院、文艺团体、气象部门及政府机关和国防部门等。为了弥补市场信息的不充分和不对称，政府的有关部门要定期向社会提供有关商品供求状况、价格趋势及宏观经济运行和前景预测的资料，而政府提供经济信息，是一种社会性服务，也属于公共物品和公共服务的范围。

（3）财政政策与货币政策。财政政策和货币政策是政府进行宏观调控的主要政策。财政政策主要是通过税收增减和政府支出总量与结构的变化，满足社会公共需要，同时配合货币政策来实现宏观经济目标。货币政策主要是通过法定准备金率、再贴现政策和公开市场业务等货币政策工具来稳定经济增长、充分就业、物价稳定和国际收支平衡等宏观经济目标，以政府的干预弥补市场机制的缺陷。

**3. 政府干预失效**

应当指出，市场经济需要政府干预，但政府干预并非总是有效的，市场机制存在失灵问题，政府机制同样会带来政府干预失效的问题。政府的运行是以政治权力为基础和前提的，而经济是政治的基础，政治权力不能创造财富，却可以支配财富，甚至凌驾于经济之上支配经济，这正是政府干预失效的根本原因。恩格斯论述暴力在历史中的作用时曾指出："在政治权力对社会独立起来并且从公仆变为主人以后，它可以朝两个方向起作用。或者按照合乎规律的经济发展的精神和方向去起作用，在这种情况下，它和经济发展之间就没有任何冲突，经济发展就加速了。或者违反经济发展而起作用，在这种情况下，除去少数例外，它照例总是在经济发展的压力下陷于崩溃。"①政治体制和经济体制是相辅相成的，政治体制改革和经济体制改革必须相互适应，政治体制改革迟滞，必然会导致经济改革效率的损失并制约经济的发展。因此，建立"统一、高效、公正、廉洁"的政府，健全政府机制，转变政府职能，是经济改革的内在要求，也是社会经济发展的重要保证。

政府失效的主要表现，一是政府干预未达到预期的目标；二是虽然达到了干预的目标，但成本太高，造成了资源的浪费；三是未达到干预目标或虽实现了干预目标，同时又产生了未预料到的副作用。

政府干预失效的原因主要有以下5个方面。

（1）政府决策失误。大的方面包括发展战略和经济政策失误，小的方面包括一个投资项目的选择或准公共物品提供方式选择不当等，而政府决策失误会造成难以挽回的巨大损失。例如，提供居民出行便利的城市交通是地方政府的一项重要职责，但公共交通属于准公共物品，可以由政府提供，也可以由企业提供，这里可以有多种决策选择：是提倡私人购车还是发展公共交通，何者更有利于缓解交通拥挤和居民便利；发展公共交通，是建设地铁还是建设地上轻轨，何者成本更低，效益更高；是由政府包办，还是吸引企业参与等。每种选择都关乎效率。

（2）寻租行为。根据布坎南的定义，租金是支付给要素所有者的报酬中，超过要素在任何可替代用途上所能得到的报酬的那一部分。而寻租则是为了获得政府特许而垄断性地使用市场短缺物资或任何其他方面的政府庇护，所寻求的政府对现有干预政策的改变，用以保证寻求租金者能按自己的意愿进行生产，或防止他人对这类活动的侵犯。在市场经济体制下，几乎不可避免地会产生由于滥用权力而发生的寻租行为，也就是公务员特别是领导人员，凭借人民赋予的政治权力，谋取私利，权钱交易，化公为私，受贿索贿，为"小集体"谋福利，纵容亲属从事非法商业活动等。

（3）政府提供信息不及时甚至失真，也可能造成政府干预失效。政府提供的经济信息有可能失真或不及时从而带来损害，其他方面的信息，如气象预报、自然灾害预测等都是引导经济运行的重要信息，一旦失误，都会带来不可估量的损失。

（4）政府职能的"越位"和"缺位"。这种政府干预失效，主要可能发生在经济体制转轨时期的国家。经济体制转轨的一个核心是明确政府与市场的关系，规范政府经济行为，转变政府经济职能，其中

① 马克思恩格斯全集. 中文1版，第20卷. 北京：人民出版社，1971. 199.

包括转变财政职能。如前所说，政府干预是为了弥补市场失灵，而政府干预失效，是指政府干预非但没有弥补市场失灵，而且还干扰了正常的市场规则，损害了市场效率。**财政职能的“越位”，是指应当而且可能通过市场机制办好的事情，政府却通过财政手段人为地参与，例如，政府热衷于竞争性生产领域的投资，代替了市场职能。财政职能的“缺位”，是指该由政府通过财政手段办的事情而财政没有办或者没有办好。**例如，公共设施、义务教育、公共卫生、环境保护等投入不足等，这些都是政府干预失效或财政失职的表现。当然，政府职能和财政职能的规范和转变，要靠经济体制和政治经济体制整体改革的逐步到位来实现，需要一个相当长的过程。但可以说，规范政府经济行为，转变政府职能和财政职能，是建设社会主义市场经济体制的一个基本理论和实践问题，政府的经济行为缺乏规范，政府职能和财政职能没有真正转变，就不能说已经建成社会主义市场经济体制，从而政府干预效率也就不可能达到理想状态。

## 2.3 财政职能

所谓财政职能（fiscal function），**就是财政作为一个经济范畴所具有的内在功能。**财政职能是对财政在社会经济中的地位与作用的理论概括。财政职能具有以下 3 个属性。

一是固有性。只要存在财政，财政作为一个经济范畴所具有的特定功能就不会消失。

二是历史性。在不同的历史阶段和政治经济条件下，财政在国民经济中的地位与作用并不完全相同。

三是特殊性。财政作为一个经济范畴在国民经济中的地位与作用不同于其他经济范畴。

财政职能与政府职能都具有固有性、历史性和特殊性，而且财政职能要服从和服务于政府职能。由此可以推论，随着经济、社会、政治条件及经济体制的变化，政府职能从而财政职能必然发生变化。这种变化也会在理论上反映出来。正因为如此，自从 20 世纪 50 年代后期，我国建立社会主义计划经济体制并在 20 世纪 70 年代末对其进行渐进式改革以来，理论界对财政职能的概括也发生了一些变化。

20 世纪 50 年代末，我国财政学界普遍认为，财政具有分配、监督两种职能，其中，分配职能是财政的基本职能，而监督职能则是作为财政的派生职能延伸出来的。这种认识反映了当时高度集中的计划经济体制对财政的客观要求。

20 世纪 70 年代末和整个 80 年代，我国财政学者大多认为，财政具有分配、调节、监督 3 大职能。这也反映了当时集中统一的计划经济体制逐渐被打破，政府需要运用包括财政在内的多种手段对经济实行间接调控的客观要求。当然，这一时期，有的学者还将财政的分配职能进一步分解为筹集财政资金和供应财政资金职能，从而有“四职能说”。

20 世纪 90 年代后，随着我国经济体制改革目标的明确以及市场化改革进程的加快，如何转变政府职能、理顺政府与市场的关系，成为重大而紧迫的现实课题，重新探讨财政职能也就在所难免。从现有的探讨看，越来越多的人认为，在社会主义市场经济体制下，财政具有配置、分配、稳定 3 项职能，但是，也有人认为还应在此基础上加上监督职能。

研究财政职能的任务，是从理论上概括财政在国民经济中的地位和作用，因而财政职能的概括与分类对构建财政学的理论体系，确定财政学研究的内容、方向和目标有至关重要的意义。我国财政理论界对财政职能的研究有不同的思路，因而有不同的表述。本书总的思路是，财政是政府的一种经济行为，是履行和实现政府经济职能的手段，所以财政职能就是政府的经济职能，包括资源配置、收入分配、经济稳定和发展等内容。这里要研究的问题，主要是分析和研究财政在履行和实现政府经济职能中的地位和作用，以及财政履行和实现政府经济职能的特殊机制和手段。

经济学研究国民生产总值或国民收入决定及分配时采取部门法，将整个国民经济分为政府、企业（集体）、家庭（个人）和对外 4 个部门，研究财政同其他经济活动的相互关系，也就是研究政府、企业、家庭和进出口之间的关系。因而从 4 个部门的相互关系出发，也是分析财政职能的另一种思路。财政涉及微观的个量，也涉及宏观总量，财政学是采取微观与宏观相结合的方法研究政府同其他经济活动的相互关系。这里含有作为经济活动的量的关系，也含有由量的关系所体现的利益关系。

## 2.3.1 优化资源配置

资源配置，广义上是指社会总产品的配置，狭义上是指生产要素的配置。**资源配置即运用有限的资源形成一定的资产结构、产业结构及技术结构和地区结构。**财政的**资源配置职能**是指财政通过其收支活动以及相应的财税政策制定、调整和实施，可以对人力、物力、财力等社会资源配置结构进行调整和引导，从而提高全社会资源配置效率的功能。财政资源配置职能是由政府的介入或干预所产生的，其特点和作用是通过财政收支活动，为政府实现职能提供财力，引导资源的流向，弥补市场失灵。其目标是最终实现全社会资源配置的最优效率状态。

世界上所有国家都将高效地配置资源作为头等重要的经济问题，而资源配置的核心是效率问题，效率问题又是资源的使用方式和使用结构问题。市场经济体制下，市场在资源配置中起决定性作用，在充分竞争的市场条件下，会通过价格与产量的均衡自发地形成资源配置最佳状态。西方经济学中的“帕累托标准”就是论证资源配置的最佳状态。但由于存在市场失灵，市场自发形成的配置不可能实现最优的效率状态，因而需要政府介入和干预。财政的资源配置职能要研究的主要问题是：资源配置效率用什么指标来表示，如何通过政府与市场的有效结合提高资源配置的总效率，以及财政在配置资源中的特殊机制和手段。

从理论上讲，当社会总资源配置到政府部门的那一部分的边际收益递减至等于因社会总资源由非政府部门转移至政府部门引起的边际负效用（假设可以用价格衡量）时，就可以认为社会总资源在两大部门间的配置达到了合理状态。图 2-3 中，曲线 *MU* 为政府支出 *G* 的边际效益，曲线 *MD* 为纳税 *T* 的负边际效益。在 *E* 点，为纳税的边际效益 *BE* 等于纳税的负边际效益 *bE*，政府预算恰到好处，最具效率。

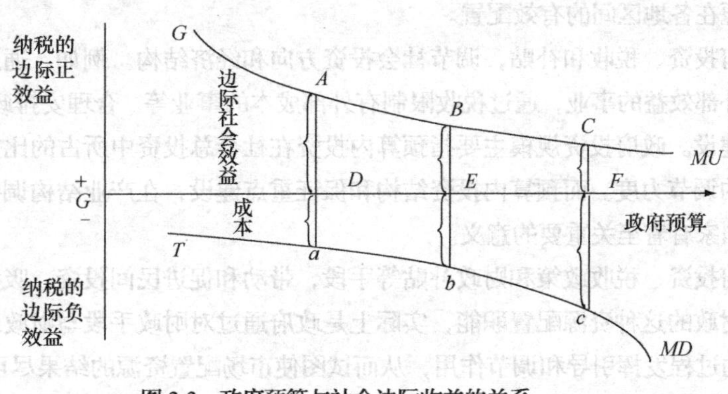


图 2-3　政府预算与社会边际收益的关系

对于社会经济资源在两大部门之间的合理配置，也可以用社会生产可能性曲线 *P* 与社会无差异曲线（$S_1$，$S_2$，$S_3$）从理论上加以说明（见图 2-4）。无差异曲线 $S_2$ 与最大生产可能性曲线 *P* 相交于 *E*，*E* 点为公共产品 *OM* 与私人产品 *ON* 最佳组合点。

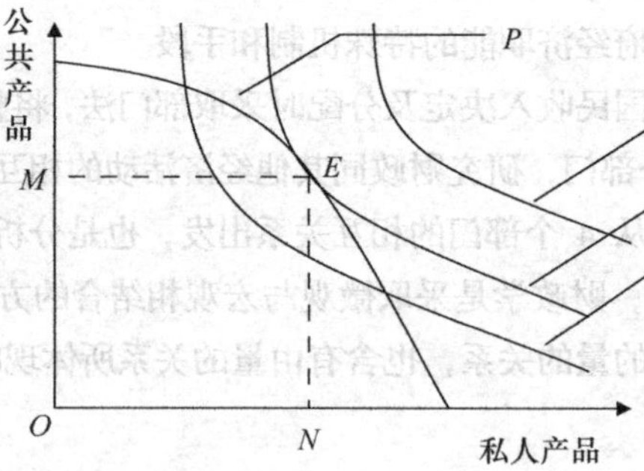


图 2-4　社会经济资源在公共与私人部门之间的合理配置

财政主要是通过支出和税收等财政措施决定或影响资源配置的数量和方向。

（1）通过确定财政收入占国民生产总值或国民收入的比例，确定公共部门和私人部门各自支配资源的规模和范围，确定公共物品和私人物品的供给能力。我国过去一段时间内，预算内的财政收支占 GDP 的比重、中央财政收入占全部财政收入的比重明显偏低，不能有效地保证理应由财政承担的重要投入，对引导社会资金的合理流动也缺乏力度，教育、公共卫生、环境保护、社会保障、科技进步、农业发展等方面的投入不足，财政在支持经济建设特别是结构性调整方面处于软弱无力的地位。这些都是财政资源配置职能弱化的表现。当前，我国财政收入占 GDP 的比重已由逐年下降转为逐年上升，但也要防止财政收入增长速度过快，财政收入占 GDP 的比重过高，以致影响市场在资源配置中的决定性作用。

（2）通过安排财政支出的规模、结构，确定整个社会资源的配置状态和财政资源内部的配置比例。通过优化财政支出结构，保证重点支出，压缩一般支出，提高资源配置的结构效率。我国国民经济和社会发展战略规划，明确规定了当前对资源配置的要求：向农业、教育、社会保障、公共卫生和就业等经济社会发展的薄弱环节倾斜；向困难地区和群体倾斜；向科技创新和转变经济增长方式倾斜。

财政调节政府部门内部资源配置的主要手段包括：政府预算、财政投资、财政体制等，其基本机制有：①通过财政支出预算的编制和实施，优化财政支出结构，进而促进财政资源的有效利用。②通过合理选择政府投资的范围、规模、结构与项目，合理安排政府投资并提高投资效率。③通过改进财政资金的使用管理（如政府采购、项目管理等），提高财政支出本身的效率。④通过合理设计和调整政府间财政体制，促进财政资源在各地区间的有效配置。

（3）通过政府投资、税收和补贴，调节社会投资方向和经济结构。例如，通过财政投资和补贴，兴办或大力支持有外部效益的事业，通过税收限制有外部成本的事业等。合理安排政府投资的规模和结构，保证国家的重点建设。政府投资规模主要指预算内投资在社会总投资中所占的比重，表明政府集中的投资对社会总投资的调节力度。而预算内投资结构和保证重点建设，在产业结构调整中起着重要作用，这种作用对发展中国家有着至关重要的意义。

（4）通过政府投资、税收政策和财政补贴等手段，带动和促进民间投资、吸引外资和对外贸易，提高经济增长率。财政的这种资源配置职能，实际上是政府通过对财政手段与财政政策工具的合理运用，对市场配置资源的过程发挥引导和调节作用，从而试图使市场配置资源的结果尽可能合理。

## 2.3.2　调节收入分配

如前所述，在市场经济体制下，GDP 分配的起始阶段是由市场机制形成的要素分配，即各种收入首先是以要素投入为依据，由市场价格决定，要素收入与要素投入相对称。我国实行按劳分配与按生产要素分配相结合的分配原则，各阶层居民的收入分为劳动收入与非劳动收入。劳动收入包括工资、薪金、奖金、津贴等，非劳动收入包括财产收入、租金、利息、红利和企业留利等。我国依法保护法人和居民的一切合法收入和财产，鼓励城乡居民储蓄和投资，允许属于个人的资本等生产要素参与收入分配。我国现阶段在个人消费品的分配上，实行按劳分配，个人通过诚实劳动和合法经营取得收入，个人的劳动投入与劳动报酬相对称，这既遵循效率原则，又遵循公平原则。但在市场经济条件下，由于各经济主体或个人所提供的生产要素不同、资源的稀缺程度不同及各种非竞争因素的干扰，各经济主体或个人获得的收入会出现较大的差距，而过分的收入悬殊将引发不稳定等社会问题。

财政收入分配职能的目标，就是通过收入再分配机制，重新调整由市场决定的收入和财富的分配，达到社会认为的“公平”和“正义”的分配状态，即实现公平分配。

如何衡量收入分配的“公平”？一般来说，收入分配公平包括经济公平和社会公平两个层次。经济公平是市场经济的内在要求，它强调的是要素投入和要素收入相对称，它是在平等竞争的环境下由等价交换来实现的，其基本要求是：既能激励追求收入的动机，又能吸引各种资源参与生产。**社会公平是指将收入差距维持在社会各阶层人们所能接受和不危及社会稳定与秩序的范围内。**

在我国国民经济核算体系中，将流转税视为商品价格的追加，直接构成要素收入的一个项目，而所得税则是要素收入分配的再分配。因此，财政既参与由价格形成的起始阶段的要素分配，又参与在要素分配基础上的再分配。

收入分配的核心问题是实现公平分配，因而财政的收入分配职能所要研究的问题，主要是确定显示公平分配的标准和财政调节收入分配的特殊机制和手段。

财政实现收入分配职能的机制和手段主要有以下4个方面。

（1）划清市场分配与财政分配的界限和范围。原则上属于市场分配的范围，财政不能越俎代庖，凡属于财政分配的范围，财政应尽其职。例如，应由市场形成的企业职工工资、企业利润、租金收入、财产收入、股息收入等，财政的职能是通过再分配进行调节。而医疗保健、社会福利、社会保障等，则应改变过去“企业办社会”的状况，由财政集中分配，实行社会化。

（2）税收。主要通过税种设置和差别税率（如按照支付能力原则实行累进的所得税、财产税等）调节高收入者的收入及财富占有水平，调节个人的劳动收入与非劳动收入的差距。适当提高工资水平，建立以工资收入为主、工资外收入为辅的收入分配制度。通过间接税调节各类商品的相对价格，从而调节各经济主体的要素分配；通过企业所得税调节公司的利润水平；通过个人所得税调节个人的劳动收入和非劳动收入，使之维持在一个合理的差距范围内；通过资源税调节由于资源条件和地理条件而形成的级差收入；通过遗产税、赠与税调节个人财产分布等。

（3）转移性支出，包括社会保障支出、救济支出、各种补贴等。其主要是通过提高低收入者的收入水平来改变收入分配差别的程度，使每个社会成员得以维持起码的生活水平和福利水平。

（4）公共支出。通过提供公共物品向公众分配社会福利，也可对实际的收入分配结构起到调节作用。

## 2.3.3　稳定与发展经济

在自由放任的市场机制作用下，一国经济难免出现经济波动和经济停滞。美国经济学家汉森和萨穆尔逊的“乘数与加速交互作用原理”解释了经济周期波动的必然性。汉森和萨穆尔逊认为，从长期观察结果看，消费与国民收入之间的关系大致是稳定的，但投资与国民收入之间的关系却具有不稳定的性质。他们用投资乘数理论来说明投资的变动所引起的国民收入若干倍的变动，用加速原理来说明国民收入的变动所引起的投资若干倍的变动。正是投资与国民收入之间这种不稳定的关系，以及乘数和加速数交互发生作用，就使得经济发生周期性波动。

经济稳定包含充分就业、物价稳定和国际收支平衡等多重涵义。充分就业并非指可就业人口的百分之百的就业。由于经济结构不断调整，就业结构也在不断变化，在任意个时点上，总会有一部分人暂时脱离工作岗位处于失业状态，经过一段时间培训后重新走上工作岗位，因而充分就业是指可就业人口的就业率达到了由该国当时社会经济状况所能承受的最大比率。物价稳定也不意味着物价冻结，上涨率为零。应当承认，即使在经济运行正常时期，物价的轻度上涨也是一个可以接受的事实，而且有利于经济增长；相反，物价长时间低迷并不利于经济的正常运行。所以物价稳定是指物价上涨幅度维持在不至于影响社会经济正常运行的范围内。国际收支平衡指的是一国在国际经济往来中维持经常性项目收支（进出口收支、劳务收支和无偿转移收支）的大体平衡，因为国际收支与国内收支是密切联系的，国际收支不平衡同时影响着国内收支不平衡。

发展和增长是两个不同的概念。增长是指一个国家的产品和劳务数量的增加，通常用国民生产总值（GNP）或国内生产总值（GDP）及其人均水平来衡量。发展比增长的涵义要广，不仅意味着产出的经济增长，还包括随着产出增长而带来的产出与收入结构的变化及经济条件、政治条件和文化条件的变化，表现为在国民生产总值中农业比重相应下降，而制造业、公用事业、金融贸易、建筑业等的比重相应上升，随之劳动就业结构发生变化，教育程度和人才培训水平逐步提高。简言之，发展是一个通过物质生产的不断增长来全面满足人们不断增长的基本需要的概念，对发展中国家来说，包括消除贫困、失业、文盲、疾病和收入分配不公等现象，发展的总目标就是构建共同富裕的社会。

财政实现稳定和发展职能的机制和手段主要有以下4个方面。

（1）经济稳定的目标集中体现为社会总供给和社会总需求的大体平衡。如果社会总供求保持了平衡，物价水平就是基本稳定的，经济增长率也是适度的，而充分就业和国际收支平衡也就不难实现。财政政策是维系总供求大体平衡的重要手段。当总需求超过总供给时，财政可以实行紧缩政策，减少支出和增加税收或两者并举，一旦出现总需求小于总供给的情况，可以实行积极的财政政策，增加支出和减少税收或两者同时并举，由此扩大总需求。在这个过程中，财政收支发生不平衡是可能的，而且是允许的。针对不断变化的经济形势而灵活地变动支出和税收，被称为“相机抉择”的财政政策。

（2）在财政实践中，还可以通过一种制度性安排，发挥财政的“自动稳定器”作用，如累进税制度、失业救济金制度，都明显具有这种作用。原则上说，凡是业已规定了的，当经济现象达到某一标准就必须安排的收入和支出，均具有一定的“自动稳定”作用。

（3）通过投资、补贴和税收等多方面安排，加快农业、能源、交通运输、邮电通信等公共设施的发展，消除经济增长中的“瓶颈”，并支持第三产业的发展，加快产业结构的优化和升级，扶持战略新兴产业的发展，保证国民经济稳定与高速的最优结合。

（4）财政应切实保证社会的公共需要。如为社会经济发展提供和平与安定的环境，治理污染、保护生态环境、提高公共卫生水平，加快文教的发展，完善社会福利和社会保障制度，使增长与发展相互促进，相互协调，避免出现某些发展中国家曾经出现的“有增长而无发展”或“没有发展的增长”的现象。

总之，随着市场经济的发展，财政的职能也在不断调整和完善。目前，我国深化财税体制改革，就是要建立现代财政制度，以便更好地履行财政的职能。**建立现代财政制度就是健全有利于优化资源配置、维护市场统一、促进社会公平、实现国家长治久安的科学的可持续的财政制度。**总体来讲，体系上要统一规范，即全面规范、公开透明的预算管理制度，公平统一、调节有力的税收制度，中央和地方事权与支出责任相适应的制度；功能上要适应科学发展需要，更好地发挥财政稳定经济、提供公共服务、调节分配、保护环境、维护国家安全等方面的职能；机制上要符合国家治理体系与治理能力现代化的新要求，包括权责对等、有效制衡、运行高效、可问责、可持续等一系列制度安排。

## 本章小结

1. 财政是以国家为主体的经济行为，是政府集中一部分国民收入用于满足社会公共需要的活动，以达到优化资源配置、公平分配及经济稳定和发展的目标。

2. 财政一般具有公共性、强制性、无偿性和对称性特征。

3. 财政分配过程中，必须遵循的原则为公平原则和效率原则。公平原则包括横向公平和纵向公平两个方面，强调通过财政分配对市场分配结果的调节，缩小市场分配中客观存在的收入水平差距，进而实现从社会意义上界定的收入分配公平。效率原则包括经济效率和行政效率两个方面。强调政府财政活动要有利于资源配置的合理化、行政成本的最低化和社会福利的最大化。“效率经由市场，公平经由政府”。公平与效率对立统一关系的协调不可能由市场或政府单一的分配机制来完成，而必须经由以上两种机制的相互配合和相互补充来实现。

4. 政府职能是政府依法对国家社会生活各领域进行管理和服务所具有的职责与作用。政府职能具有公共性、法定性、执行性、强制性、动态性和扩张性。政府职能主要包括政治职能、经济职能、文化职能、社会职能和运行职能。财政为政府履行其职能提供经济保障。

5. 政府和市场是现代市场经济体系中相互关联的两个重要组成部分。发展社会主义市场经济，关键是寻求政府行为和市场功能的最佳结合点，使政府行为在调节经济、弥补市场功能失灵的同时，避免和克服自身的缺位、越位、错位。

6. 市场不能配置资源或虽然可以配置资源，但是资源配置的结果却不符合社会所能接受的效率和公平标准的现象，称为市场失灵。由于市场失灵集中表现在市场不能提供公共物品、不能解决收入分配的社会公平以及不能自动地消除经济波动等方面，因此，市场经济中的财政也就相应地有优化资源配置、调节收入分配和稳定经济与社会发展 3 大职能。财政职能的发挥，必须建立在市场调节的基础上，并应遵循市场经济的内在规律，以有效发挥其职能，避免因财政政策决策和实施的失误而干扰市场功能的正常发挥，影响市场经济的正常运行，出现所谓的政府干预失败问题。

## 案例分析

### 电信监管是加强还是放松

近段时间，随着新技术、新业务的发展，监管机构在 VoIP、NGN 等的监管上陷入了一些困境，同时，随着消费者群体的呼声及一些民间资本的强烈要求，监管机构在电信市场准入以及资费管制等方面显现出放松监管的趋势。到底是应该加强监管还是放松监管，目前在理论界尚存在一些争议。一方面，电信技术的进步削弱了某些瓶颈部分的自然垄断特征，使电信产业成为基础设施领域最具有竞争性的行业之一；另一方面，放松监管、引入竞争、依靠事后管制成为电信改革的一种潮流。

以新西兰为例，新西兰在 20 世纪 90 年代初取消了所有电信监管，并撤销了相应的电信监管机构，一度被引为放松监管的极好案例。但新西兰过去几年间出现了一系列问题，特别是 Clear 公司与 Telecom 公司因为互联互通引发了长达数年的诉讼，因此新西兰政府决定重新实施电信事前监管。各国在经济体制和电信监管环境等方面存在很大的差别，在监管政策设计时必须充分考虑具体的制度因素。

（《通信业与经济市场》转型背景下的五大电信监管悬念）

**分析与讨论**

当前的电信监管是应该加强还是放松？如何实现效率与公平协调统一？

## 关键术语

财政的公共性　财政的强制性　财政的无偿性　财政的对称性　公平原则　效率原则　帕累托效率　财政中性　行政效率原则　市场失灵　道德风险　逆向选择　政府干预　财政职能　资源配置　社会公平

## 思考题

1. 如何理解财政的概念？
2. 财政具有哪些特征？其基本原则是什么？
3. 政府在市场经济体制下的经济作用有哪些？
4. 什么是市场失灵？主要表现有哪些？
5. 政府干预手段有哪些，为什么会出现政府干预失效？
6. 研究财政职能的基本思路是什么？
7. 财政优化资源配置职能的涵义、内容及其实现。
8. 财政的调节收入分配职能的涵义、内容及其实现。
9. 经济稳定和发展的涵义及财政实现经济稳定和发展职能的机制和手段。

# 第3章 财政学基本理论

政府的职能表明，政府不仅要提供公共物品，还要对市场失灵进行经济干预。由于存在垄断、外部性、公共物品、不完全信息、收入分配不公等，市场机制并不能总是有效发挥作用。但由于政府干预本身也可能造成经济活动的扭曲和缺乏效率，因此，政府干预经济活动的效率目标要求包括两个方面：一是干预经济活动不能妨碍市场机制促进效率提高的功能；二是政府实现公平目标的调节同样要有效率。这样，政府干预经济就应遵循以下规则：一是根据效率要求确定政府行为边界；二是根据效率要求建立政府行为规则。本章阐述了财政学的基本理论：公共选择理论为政府的财政支出用于生产公共产品的结构和数量提供了应该遵循的行为规则；公共产品理论则说明如何本着效率原则提供公共产品；外部效应理论说明外部效应如何导致资源配置扭曲，政府如何进行矫正。

## 3.1 公共选择理论

公共选择理论（theory of public choices）是西方经济学的一个分支。它以经济学的分析方法研究政治问题，因而也是现代政治学的一个重要研究领域。公共选择理论的主要研究对象是民主决策的过程和政治个体的行为特征，其研究重点是经济政策的制定过程。公共选择理论开创性地以经济人假设为出发点，研究政治个体、政府和国家的行为，从而使人们对政府的经济干预有了新的认识，即政府也可能失灵。

### 3.1.1 公共选择的涵义

公共选择是研究集体决策的科学。公共选择主要指在市场经济条件下，以个人利益最大化为内在动力，通过民主投票实现的对公共经济的合理决策。它是对政府决策过程的经济分析，是经济分析工具在政治领域的应用和延伸。

**公共选择包括2层含义：一是集体性。**凡是有人群的地方集体决策就不可避免，因而公共选择成为必需。**二是规则性。**决策就是制定规则，在人与人之间存在偏好差异的情况下，必须制定规则以使人们的行为协调起来，因此，人们必须进行决策以选择那些能够反映和满足一般人偏好的规则。公共选择研究的集体决策范围包括国家、政府、国防、警察、消防、教育、环境保护、财产权、分配等问题。

**公共选择理论以现代经济学的基本假设、原理和方法作为分析工具，来研究政治市场上的主体（选民、利益集团、政党官员和政治家）行为和政治市场的运行的一种理论。**是介于经济学与政治学之间的新的交叉学科。其突出特点是：将政治过程看作某种特殊的经济活动，在这个“经济活动”中，政府是“生产者”，选民是“消费者”，选票是“货币”，而选举制度则可等同于“市场制度”。

### 3.1.2 公共选择理论的研究主题范围和方法

公共选择理论产生于20世纪40年代末，但作为一个学派或思潮的兴起则是60年代末70年代初。它的产生不仅成为当代西方社会学特别是经济学、政治学中的一个重要理论学派，还成为当代西方公共管理实践特别是政府改革实践的一个重要理论基础。

第二次世界大战后的西方经济日益依赖于政府干预的现实，给经济学家和政治学家们提出了重大的研究课题。20世纪40年代末50年代初，三个年轻的美国经济学家：詹姆斯·布坎南、肯尼斯·阿罗和保罗·萨缪尔森将经济学的分析方法应用于政治领域，力求解释民主政治和社会选择、公共选择或公共政策产生的过程。他们的思想后来发展成为公共选择理论、社会选择理论和公共物品理论。在这三种理论中，影响最广泛且争论最大的是公共选择理论。

**1. 公共选择理论的研究主题**

公共选择理论所涉及的是政治或公共决策的主题领域。公共选择的主题与政治学的主题基本相同，涉及国家理论、投票规则、投票者行为、政党政治和官僚机构等，研究的重点是集体决策问题。公共选择理论研究的主题可以归纳为以下3点。

（1）公共选择规则的确定。在政治学中，又把这一过程称为立宪过程。

（2）集体决策的程序，又称为立法过程。决定是采用直接民主制（也就是每个选民直接投票决定公共产品的数量），还是采用代议民主制（即选民先选举代表，组成立法机关，由立法机关根据一定的投票规则，来决定公共产品的供给数量）。

（3）政府如何根据集体决策的结果，生产供应公共产品，并且以什么样的机制保证政府按照立法的规定，供应恰当数量的公共产品，这也就是通常所说的行政和司法过程。

总之，公共选择学者提出了各种的理论，如非市场决策论（公共决策论）、代议民主制理论、国家理论、政党理论、利益集团理论、寻租理论、官僚制理论、政府扩张论、政府失灵论、俱乐部理论、以脚投票论、财政联邦制论、立宪经济理论等。核心是公共决策或公共物品的生产与提供理论。

**2. 公共选择理论的研究范围**

皮科克（Alan Peacock）把公共选择理论的研究范围划分为三大政治市场：初级政治市场、政策供给市场和政策执行市场，如图3-1所示。

在初级政治市场上，政治家把政策卖给选民，选民则为政治家支付选票。这个市场上的供求分析构成公共选择理论的基本原理，这些原理包括分析各种不同的投票制度的结果，如一致同意的选举制度、少数服从多数的选举制度、中间投票人定理等。

在政策供给市场上，官员为了实现当选政府的政策

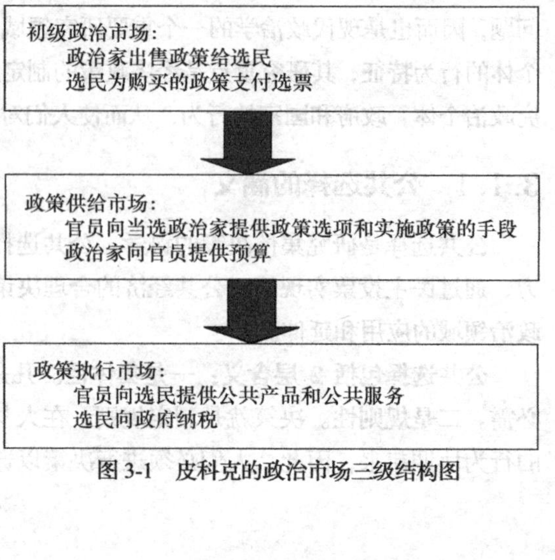


图3-1 皮科克的政治市场三级结构图

目标将提供不同的行政手段。对这些手段的供求分析构成官员经济理论、政府增长理论和政府失灵理论等。

在政策执行市场上，主要分析政策执行给一些人带来的影响。如纳税人、领取福利的人、获得行业补贴和养育补贴的人、向政府供给商品的人，这些人或多或少被动调整自己的行为来适应法律的要求。

**3. 公共选择理论的研究方法**

公共选择理论主要是运用经济学的分析方法来研究政治问题。它的研究方法归纳起来主要有以下 3 个要素："经济人"假设、个人主义和交易政治。

（1）"经济人"假设。经济学分析是建立在"经济人"假设之上的。公共选择理论坚持经济学对人性的这一概括，把适用于个人选择的理性原则，推广到集体选择的政治领域。在公共选择活动中，个体同样追求最大的个人利益，这种利益可以是效用，也可以是最大的个人财富，还可以是社会地位。在公共选择中，一般有 3 类不同的个体：投票人、议员和政治家。

投票者一般会属于一个团体，因而投票者就有个人目标和集体利益两个目标，当这两个目标存在冲突时，他会优先考虑自己的利益。投票者的理性还表现在，如果投票行为对于个人的收益小于收集候选人信息及投票行为的成本，他就会选择不投票，这也是我们经常看到西方国家选举投票率不高的原因之一。

议员是投票者的代理人，但是像所有的委托代理关系一样，议员的利益与选民的利益是不同的，他们关心自己的地位胜于选民的利益。因此，必须有相应的制度安排来保证议员代表大众的利益，从而使民主制度正常运转。这样的制度包括任期制，由于议员希望保住自己的地位，所以不得不在关键问题上为自己所在选区的民众说话，否则可能在下一次选举中失败。

作为行政人员的政治家，拥有很大的决策权，他们在很大程度上决定公共产品的供给。这些人同样是追求个人利益的，例如，因为别人尊敬而获得的满足感、巨额的在职消费等。公共选择理论认为，一个良好的政治制度，不是否认政治家存在自利动机，但它可以保证政治家对自身利益追求的结果是国家利益的实现。

总之，公共选择理论认为政治过程中的所有参与者都是以自利为动机的，这样做的优点有两个。首先是我们反复强调的保证对人的行为分析的一致性，我们不能认为人在经济领域是自利的，到了政府部门工作就变得大公无私。其次，这个假设有利于人们进行制度的比较分析。人类创造的制度千差万别，我们要找到在特定条件下的最好制度安排，就必须假设人是自利的，否则，如果人人都是"仁慈、博爱、大公无私的"，那么无论什么样的制度安排，最后取得的效果都应该是一致的，也就是人类社会早就实现了大同社会。所以理性假设在政治学和公共选择理论中起着至关重要的作用。

（2）个人主义的方法论。个人主义方法论认为人类的一切行为，不论是政治行为，还是经济行为，都应从个体的角度去寻找原因，因为个体是组成群体的基本细胞，个体行为的集合构成了集体行为。在公共选择理论将个人主义的分析方法带入政治学之前，传统的政治理论一直主要采用集体主义的分析方法，把个体看成是微不足道的，个人只不过是集体的一个有机组成部分。

公共选择理论从对决策环境的划分开始入手，认为经济社会人们所有的选择，都可以根据其决策环境的不同划分为市场环境和非市场环境两大类。图 3-2 揭示了市场环境与非市场环境的区别，表 3-1 揭示了市场决策与非市场决策的联系与区别。

公共选择理论摒弃了传统政治理论的观点，在政治学研究中加入了经济学的个体主义的方法论。布坎南解释道："集体选择应该被看成个人通过集体而不是通过个人，来实现自己最大目的的个人行动选择。"也就是说集体行动是由个人行动构成的，只有个人才能做出行动的选择，集体既没有选择的能力，也没有行动的能力。集体的作用在于，个人要借助集体才能实现自己选择行动的结果，但是行动的结果最终仍要由个体来承担。

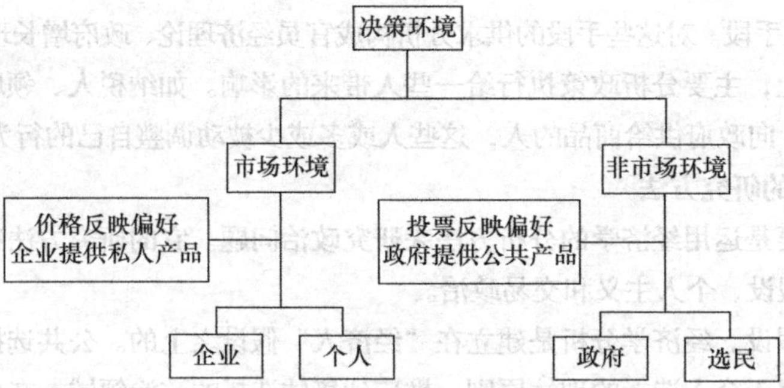


图 3-2　决策环境的划分

**表 3-1　市场决策和非市场决策的联系与区别**

| | 内容 | 媒介 | 杠杆 | 主体 | 动力 |
|---|---|---|---|---|---|
| 经济市场 | 物物交换（商品） | 钞票 | 价格（等价交换、平等自愿） | 个人之间可进行的简单交易（个人、厂商） | 个人利益最大化 |
| 政治市场 | 参与者共同认可的公共产品成本（政策、法律制度） | 选票 | 规则（不平等性和强制性、服从与统治） | 个人或集体之间进行的复杂交易（政客、组织） | |

方法论上的个人主义，其限定条件有 3 个：一是个人的选择和决策不是孤立的，它会随着制度环境的不同而不同。但是，无论是什么制度环境，选择都是个体的选择；二是个人主义和利己主义不是同义词，个人主义的目标取向也可以是利他主义的；三是个人选择的方案与选择的结果不一定一致，例如，一个市民可能希望政府建立一个圆形的街心花园，但最后投票的结果可能是建五角形的花园。

总之，公共选择理论把经济学的个人主义方法论应用到了政治学的分析过程中，采用了基于“谋求最大发展自我利益”的个人的逻辑演绎方法。

（3）交易政治学。公共选择理论用交易的观点看待政治过程，把政治过程看作是市场过程。只不过市场过程的交易对象是私人产品，而政治过程的交易对象是公共产品。进入政治领域的人们有各自不同的价值观和偏好，这些价值观和偏好都应得到承认和尊重。有效率的政策结果不是产生于政治精英的头脑，也不是产生于人们的良好愿望，而是来源于集团之间、个人与集团之间、组成集团的个人之间的协商与调整。因而，所有的政治活动应建立在政治参与者自愿合作的基础上。虽然政治活动中存在着强制性，如少数服从多数的投票规则，但是，人们应该认识到，强制性和权力的前提仍然是自愿交换，其目的是为了维护和促进人们的自由权利。只要每个人都有选择合作或者不合作的自由，政治过程可以是一个“双赢”的正和博弈，可以促进所有参与者的利益。

公共选择理论强调政治活动的交换本质，其目的是说明国家的作用是通过政治规则的制定与实施来保证人们自愿选择的自由。

## 3.1.3　直接民主制下的公共选择

对公共选择的分析，是以现代政治制度作为背景的。在民主制下，所有的政治活动的决议都是通过投票产生的，不同的投票规则会产生不同的结果。现实的民主制度可分为直接民主制和间接民主制。**直接民主制，是指集体决策中所有相关利益的人都能直接参与投票决策的制度。**许多国家在重大事项的决策中，就实行了全民公决的制度。直接民主是最原始的集体决策制度，也是最能反映全民意愿的制度。但直接民主的推行有其适用范围。

**1. 投票原则和特点**

（1）阿罗投票五原则与阿罗不可能定理。亚当·斯密“看不见的手”原理表明，市场选择的规则能够实现兼容个人利益和公共利益。但是，市场选择机制只适用于私人产品的生产和消费选择，它不适于公共产品的生产和消费抉择，对此只能采用社会选择或者公共选择的规则。

20 世纪 50 年代初，美国经济学家阿罗提出了一个意义深远的问题，即给定一些最普遍的、自然的条件，是否至少存在一种社会选择的规则，使得该选择能够以个人利益为基础推导出公共利益呢？或者说使公共利益兼容个人利益，并且实现共同的繁荣，即民富国强呢？**社会选择的规则，指的是由给定的个人偏好得出集体的或社会的偏好的规则。**阿罗列出了由个人偏好推导出社会偏好所需要的五项必备条件，也被称为**阿罗投票五原则**，具体内容如下所述。

第一，理性原则。对于任何一组给定的个人偏好来说，社会选择规则必须产生一个社会秩序，这些社会秩序具有完全性和传递性。所谓完全性，即对任何两个可供选择的社会状态 $X$、$Y$，任何一个人或者认为 $X$ 比 $Y$ 好，$X$ 优于 $Y$，即 $X>Y$；或者认为 $X$ 与 $Y$ 没有差异，$X$ 无差异于 $Y$，即 $X=Y$；或者认为 $Y$ 比 $X$ 好，$X$ 劣于 $Y$，即 $X<Y$。所谓传递性，即对任何三个可供选择的社会状态 $X$、$Y$、$Z$，如果某人认为 $X$ 比 $Y$ 好，$Y$ 比 $Z$ 好，则他一定认为 $X$ 比 $Z$ 好。可表示为：$X>Y$，$Y>Z$，则 $X>Z$。

第二，独立原则。即与选择方案无关的因素不影响选择内容的变化。假设 $X$、$Y$ 是两个选择方案，如果每个人关于 $X$、$Y$ 的相对偏好没有改变，那么不论他关于 $X$、$Y$ 以外的其他选择方案的偏好是否发生了变化，社会关于 $X$、$Y$ 的相对偏好也不应改变。

第三，帕累托原则。如果一个社会中的每个人都认为 $X$ 只要和 $Y$ 一样好，即没有什么差别，但哪怕只有一人认为 $X$ 比 $Y$ 好，则社会必须认为 $X$ 比 $Y$ 好。当然，如果一个社会中所有的人都认为 $X$ 比 $Y$ 好，则社会也应该认为 $X$ 比 $Y$ 好。

第四，非独裁原则。任何人都不是其他个人偏好的规定者，自然也不是其他个人需求曲线的规定者。它表明，任何英雄、专家、包括总统的偏好，都不能替代某一个个人的偏好，即使某一个人的偏好是多么“庸俗”和“荒诞无稽”，而英雄、专家、哲学家、总统的偏好是多么“高尚”“纯洁”“伟大”。或者说某个人多么有权力、有势力、有影响力或者有钱，其偏好也不能有机会成为整个社会的偏好。

第五，非限制原则。社会顺序必须按下列方式产生，即社会选择赖以产生的定义域必须包括所有可能的个人偏好顺序。这就是说，我们不能通过限制个人偏好顺序的定义域来产生某一个社会顺序。

以上五项原则界定了任何一种从个人偏好导出的社会或集体偏好，从而决定社会偏好，实现公共利益所必须满足的要求。阿罗研究的结果是：**任何社会选择规则，要同时满足上述所有 5 个条件是不可能的。这就是著名的阿罗不可能定理。**

阿罗不可能定理告诉我们，唯有充分竞争的市场机制，才能满足阿罗的可能定理，而任何公共选择的规则，都不可能实现公共利益与私人利益的兼容，即不可能从个人利益完美地推导出公共利益。

阿罗不可能定理并不意味着任何公共选择的规则都是没有意义的，它只是揭示出，公共选择的规则不可能实现以个人为基础的公共利益。能够利用市场规则，就应该尽可能地利用市场选择的规则，而公共选择的规则应该尽可能地少用。因此，尽可能地使人类事务沿着市场机制去运行，为市场机制创造条件，就成了首要的选择。

（2）自由投票规则的特点。一个民主社会中，公共产品的决定、议员的选择、总统的当选等都需要投票。投票行为是一种选择行为，民众通过投票行为表达他们的个人偏好。公共选择规则中最常见的规则就是投票规则。

自由的投票规则具有以下三个特点：一是投票服务于由个人偏好得出集体偏好；二是所有投票者具

有关于做出投票选择的充分的信息；三是每个投票者有权自主地做出关于自己投票选择的决策。

**2. 一致同意规则**

（1）一致同意规则的涵义。**一致同意规则（unanimity rule）是指一项集体行动方案，只有在所有参与者都同意，或者至少没有任何一个参与者反对的前提下，才能最后通过实施的一种表决方式。**一致同意规则实行的是一票否决制，每一个参与者都对将要达成的集体决策享有否决权。按照该规则取得的集体决策能够满足全部投票人的偏好，也就是该决策可以满足至少一个人的偏好而又不损害其他任何一个人的偏好。现实政治制度中，最典型的一致同意投票规则是联合国安理会的决议。任何安理会的决议，如果要得到最后的通过，必须得到安理会的 5 个常任理事国——美国、英国、法国、中国和俄罗斯的一致同意，这就是所谓的"五大国一致"原则。一致同意并不意味着每个成员国都投赞成票，而是要求没有任何一个常任理事国反对。全体一致的选择制度是一种完全符合帕累托改进条件的制度安排，因为理性的经济人在投票表决时，只有在对自己有利时才会投赞成票，如果对自己有损害，就会投反对票，如果对自己无关，那就会投弃权票，置身事外。在这一制度安排之下，只要有一方感到某一变化于己不利，就会投反对票，从而阻止该变化的实施。所以，在全体一致制度安排下，不可能发生任何非帕累托改进的变化。由于帕累托改进型的变化有利于至少一个人，并且肯定不会不利于任何人，所以这种变化不会遇到任何阻力。除非有人不符合阿罗所规定的五项原则。

（2）一致同意规则的特点。

第一，帕累托改善的选择。由一致同意规则得出的集体行动方案是帕累托最优的，因而在经济学上是有效率的。当然，这样的结果不是唯一的。

第二，参与者平等的选择。在一致同意规则下，每个参与者都拥有否决权，因而任何成员都不能把自己的意志强加给别人，也不能把自己的利益凌驾于其他人利益之上。所以，在一致同意规则下，参与人的权利是绝对平等的，因而每个参与人都有积极性说出自己的真实意愿。

第三，避免"搭便车"行为。一致同意规则可以有效避免"免费搭车"行为的发生。如果某个集体行动议案能够使部分成员不付任何代价地从中获益，这项决议就会因为损害其他人的利益而被这些人否决。

第四，交易成本高。一致同意原则需要反复讨论、修改和表决议案，要进行不断地讨价还价，需要花很大的交易成本才能实现。若当事人数目众多时，达成一个议案需要进行马拉松式的谈判。这一点是一致同意规则最大的缺点。

这里的交易成本包括：选举制度的行政管理成本、决策过程的参与成本（谈判成本等），以及投票结果与分配方面的效率成本。这些成本又可以简单区分为决策通过之前的决策成本 $D$ 和决策通过之后的外部成本 $E$。如图 3-3 所示，横纵轴分别代表决策人数和预期成本。原点表示没有人同意，$N$ 代表所有人一致同意。

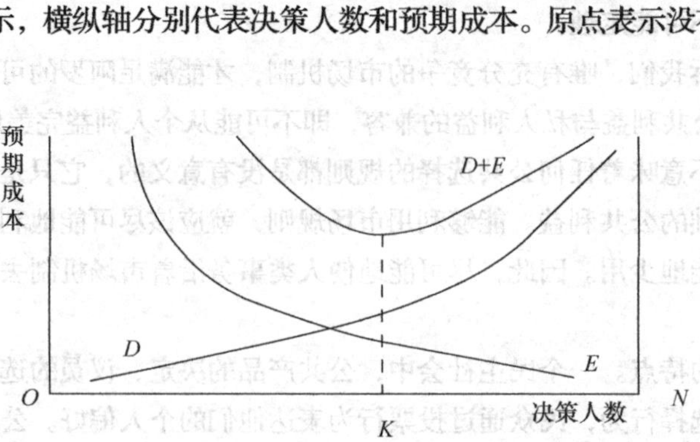


图 3-3　一致同意与多数同意的效率

一般来说，为了争取更多的人同意，决策成本 $D$ 会越来越高。决策成本曲线 $D$ 从左向右上方倾斜，外部成本 $E$ 自左向右下方倾斜递减。因为同意集体行动方案的人越多，利益受到侵害的人越少。投票过程的成本之和为 $D+E$，在 $K$ 人同意的情况下，$D+E$ 最小，因此，权衡取舍的结果，应该采取 $K/N$ 同意的规则。一致同意的规则一般只适用于重要行动和重要场合。

公共选择学派的代表人物都十分推崇一致同意规则，因为这样可以最小化政府的投机行为，从而最能够保证个人的自由和权利。但是，由于一致同意规则实施的成本高得难以置信，所以只具有理论上的意义。

**3. 多数票规则**

多数票规则，指一项集体行动方案必须经至少一半以上投票人同意才能通过和被采纳的一种投票规则。多数票规则又可分为简单多数票规则和比例多数票规则。简单多数票规则是指只要赞成票超过半数，集体选择方案就可以通过。按比例多数票规则是指赞成票高于半数以上的比例（如2／3，3／4等），方案才能获得通过。多数票规则的特点主要有以下几点。

（1）部分人利益受损。多数票规则下，最终通过的议案只是反映多数派的利益，而忽略甚至损害少数人的利益。多数票规则选出的每一项方案都具有内在的强制性，因为决策是根据多数派成员的意志做出的，但是要求所有成员服从。其结果是非帕累托改善。这种投票结果甚至可能使多数人不喜欢的方案当选。例如，对三选一方案的一次性简单多数投票而言，每一个方案所获得的票数都没有超过半数，但其中有一个获得的票数最多，这种方案就当选了，实际上，这个方案是多数人不喜欢的方案。

（2）投票交易成本相对较低。多数票规则最大的优点在于节省决策做出的交易成本。前面讨论的一致同意投票规则的最大缺陷是交易成本太大，而多数票规则可以减少这一成本。但多数票比例不同，决策的成本也就不同。一般说来，比例越高，决策成本越大，因而在现实政治中，一般采用简单多数规则，因为这样的预期决策成本是最低的。

（3）易出现弃权或投票交易现象。因为单个投票者的行为在多数票规则下是微不足道的，可以忽略不计，因而这种规则助长了选民不重视选举的行为，“既然我的选票对最后的选举结果没有决定作用，那么我为什么费力地去投票呢”。当有很多选民都这么想时，选举的结果就可能受到一些组织起来的利益集团的操作。利益集团可以通过很小的代价收买不重视选举的选民，使后者按照他们的意志投票。这就是多数票规则带来的最大问题。下面用一个非常简单的模型来说明选民为什么会放弃选举权，为什么又会受到利益集团的收买。

为了参加选举，选民会收集有关候选人的信息，而且去投票时也会耗费时间和精力，设这项成本为 $C$；一项集体行动方案的实施，能够给所有的投票人带来好处。例如，选出总统后，就有人帮助选民管理国家机构，不致使国家陷入混乱，设这项共同收益为 $D$；对于特定候选人当选，又可以给选民带来额外收益。例如，工会希望关心工人福利的候选人当选，这位候选人当选后会增加最低工资，这样可以给某个工会成员带来 $B$ 的收益，但是这位候选人不是必然当选，他当选的概率只有 $P$（$0<P<1$）。这样参加选举给选民带来的净收益是：

$$R=P\cdot B+D-C \tag{3-1}$$

这样，每个投票人只有在 $R>0$ 的时候才会去投票，否则就会选择弃权。当一个选民在 $R<0$ 准备弃权时，如果利益集团的人愿意给予补偿 $E$，使

$$R=P\cdot B+D+E-C>0, \tag{3-2}$$

这个选民就会按照利益集团的利益去投票了。当然，“收买”成功的前提是利益集团的人能够从特定候选人那里获得的好处 $B$ 足够大，使他们可以从收益中拿出一部分补偿给弃权的选民。

按照上面的逻辑分析，选民实际上有很大的动机不参加选举，因为某个候选人当选，对于普通人来

说，获得的特定收益微乎其微，而为了解候选人的人品、政策倾向等信息，投票者不得不花费大量的时间和精力，成本非常大。而且，一个个体选民会认为在多数票体制下，自己投票不会影响到选举的结果，这样理性人会因为“搭便车”不投票。如果很多人都这么想，那么民主制度就会被利益集团所操纵，从而使民主制度濒临崩溃。

解决这一矛盾还需要从模型本身出发。对于不属于利益集团的选民来说，他们从某个特定候选人政策上得到的收益 $B$，是非利益集团参加投票的选民的人数的增函数，因为只有投票者增加才能避免利益集团操纵选举。所以每个选民都知道，自己参加投票会增加其他投票者的收益 $B$，也会增加概率 $P$，如果每个人都这样做，所有人的收益都会上升。所以这可能会使选民去投票。另外，还有的学者认为选民之所以去投票，是因为大家为了避免民主制度崩溃而愿意以短期的代价换来长期的利益。

（4）易出现投票悖论（voting paradox）。**投票悖论就是存在两个以上备选方案时，多数票规则下导致议案相互循环、最终结果不存在的现象。**这种现象在公共选择理论中被称为**“周期多数现象”**或**“投票悖论现象”**或**“阿罗问题”**。采用多数投票规则，最终的选择结果也可能不是唯一的，在某种程度上取决于投票过程的顺序，不同的投票次序会产生不同的结果，我们把这种现象称为周期多数现象，这就是投票的悖论。有时甚至多次重复投票的多数规则，即对多个候选方案择一进行投票表决。如果第一次投票未能决出超过一半人支持的方案，那么每投一次票，就把投票最少的方案去掉，再对其他所有方案进行投票，投票就这样持续下去，直到最后，超过一半人支持的方案决出为止。国际奥委会决定奥运会举办城市的决策就是采取这样的规则。

多数规则的形式化表示是假定有 $n$ 个可供选择的方案：$X$、$Y$、$Z$ 等。简单多数法则就是对这些方案两两加以比较，或者在总体上进行排序，如比较 $X$、$Y$，若多数人认为 $X$ 比 $Y$ 好，则最终形成的集体偏好中也应当是 $X$ 比 $Y$ 好；如比较 $X$、$Y$、$Z$，则多数人认为 $X>Y>Z$，则最终形成的集体偏好也是 $X$ 优于 $Y$，$Y$ 优于 $Z$，并且 $X$ 也优于 $Z$。

（5）多数人专政现象。多数规则的好处是在少数人反对的情况下也能够得出集体利益，由于集体的偏好代表了多数人的偏好，因此它比较逼近公共利益。而在绝对多数规则条件下，则更为逼近公共利益。但是它也有缺陷，因为少数人的利益往往被忽略。而在具有众多方案的情况下，简单多数规则所忽略的利益可能反而是多数人的利益。因此，只要有可能，人们就会倾向于一致同意，并且还会选择绝对多数规则，只有在实在没有办法的情况下，才会同意简单多数规则。

**4. 加权投票规则和否决投票规则**

（1）加权投票规则。上面讨论的投票规则前提假设是一人一票，也就说参与者之间是平等的。但在有些情况下，这样反倒是一种不平等。例如，在股份制公司的股东大会上，并不是每个股东都应该有同样的投票权，这样对于投资多的大股东是不公平的。再例如，各国的海岸线长度是不同的，各国对于海洋资源的依赖程度自然也不相同，在通过全球保护海洋资源的公约时，承认各国的利益差别是合乎情理的。加权投票规则就是为适应这种“利益差别”而提出的一种选择规则。

加权投票规则就是根据利益差别，把投票参与者按重要性及利害关系的轻重等分类，根据分类来分配票数，然后对候选方案进行投票，得到最多票数而不是最多人数支持的议案将获得通过。加权投票规则只是多数票规则的一个变体，通常具有和多数票规则一样的优点和弊端。

加权投票规则在现实中有着比较普遍的应用。例如，世界银行是根据各国对其提供的财政援助份额的不同而按比例分配选票的，美国比阿根廷分担的“会费”高，自然在世界银行拥有比阿根廷大得多的发言权。再例如，国际货币基金组织的议事规则执行加权投票表决制，每个成员国的投票权与其向国际货币基金组织所缴份额密切相关。投票权由两部分组成，每个成员国都有 250 票基本投票权，此外根据各国所缴份额，每10万单位特别提款权份额增加一票，称加权投票权。到投票日，国际货币基金组织每贷出某成员国货币40万单位的特别提款权，则给该成员国增加一票。成员国向国际货币基金组织借款，每借40万单位的特别提款权，则减少一票。

（2）否决投票规则。否决投票规则首先让参与投票的每个成员提出自己认为可供选择的一个提案，汇总后每个成员再从汇总的方案中否决掉自己不喜欢的那些方案，最后剩下的没有被任何人否决的议案，就是集体选择的结果。例如，有$N$个投票者参与选择的话，就有（$N$+1）个提案，其中一个是现状提案（即维持现状不变的提案，这个提案可能是由上一次集体选择决定的）。然后使用随机过程来决定投否决票的次序，否决投票的次序向参与选择的所有成员公布，规定每个投票者对其他提案只能投一张否决票。每个投票者对提案集合中最不满意的那个提案投否决票。这样，第一个人从（$N$+1）个提案中否决掉他最不喜欢的那个提案，第二个人从剩下的$N$个提案中否决掉他最不喜欢的那个提案，第三个人再从剩下的（$N$–1）个提案中否决掉一个提案……直到$N$个人都分别投了一次否决票，各否决了一个提案以后，最后剩下来的未被否决的提案便是获胜提案，这个提案就成为全体成员一致接受的集体选择的结果。

否决投票规则的优点是每个成员都有机会表达自己的偏好情况，同时由于每个成员都有否决其他人提案的权利，因而每个成员为了自己的议案不被别人否决，就会在酝酿议案的时候尽量考虑他人的利益。同一致同意规则一样，这种投票规则下达成的最后结果是帕累托最优的。

否决投票制的局限性在于它要求参与集体行动的个体必须在利益和兴趣上有共同性；否则无法做出最终选择。往往参与决策的人数越多，各方的利益冲突越大，达成最终协议的难度也就越大。

**5. 投票交易和中位选民定理**

（1）投票交易。在公共政策的投票过程中，投票者很可能会不真实地表达自己的个人偏好，实际投票行为往往偏离其个人真实的偏好，这是投票者的策略行为。**投票交易是指多数投票规则中的合作行为，即一投票人在投票赞成自己强烈偏好的议案的同时，也赞成与自己关系不大甚至稍有损害而对另一投票人至关重要的议案，以换取该投票者对自己强烈偏好议案的支持。**投票交易一般有两种情况。一种是一部分人收买另一部分人，让他们投票赞成自己所赞成的方案。第二种情况是双方达成协议，在某个问题上甲方支持乙方，从而换取在另一问题上乙方对甲方的支持，即互投赞成票。这种情况多出现在同时表决几个议案，或者政党之间进行合作的情况。

投票交易实际上是一种互惠合作的交易。没有交易，多数派就会在那些对少数派具有更大相对收益的议案上进行强权压制。布坎南和塔洛克的研究表明，投票交易使得多数票规则在资源配置和福利分配方面都更有效。从福利分配的角度来看，人们认为通过投票交易好的结果被采用的可能性大于那些差的。当然，这种行为也可能被不良的利益集团所控制，给社会带来危害，这是我们需要警惕的。

下面以一个例子来说明互投赞成票的配置和分配效应。表3-2所示的两个议案X和Y，两个议案单独进行表决，A、B、C为三个投票人。A和B可以通过互投赞成票的方式使两个议案都获得通过，从而得到正的净收益。

**表3-2 提高社会福利情况下的互投赞成票**

| 投票人<br>议案 | A | B | C | 净收益总额 |
|---|---|---|---|---|
| X | 200 | –50 | –55 | 95 |
| Y | –40 | 150 | –30 | 80 |

在这个例子中，互投赞成票使得在过半数规则下理应被否决的两个议案都得到了通过，并且使互投赞成票的当事人都获得了正的收益。在这个例子中，每个议案都可以给社会带来福利的增加，因而属于应该通过并实行的政策。所以，在这种情况下，互投赞成票提高了社会福利。当然，C 是互投赞成票的受害者，他无故承担了-85 的成本。所以，政府应该出面，向 A 和 B 收税，补偿给 C，这样就可以实现帕累托改进。

但是表 3-3 所示的例子则恰恰相反，互投赞成票只会造成资源的浪费和社会福利的下降。在这个例子中，A、B 仍会合谋使 X、Y 两个议案得到通过，但是他们两个人收益之和也不能抵消 C 福利的损失，从社会角度看，福利在下降。这种结果对应于现实政治中，就是政府进行了太多本来不应该进行的公共开支项目，造成公共开支的过度，这虽然增加了政府官员以及进行公共工程的人的福利，却是以全体人民赋税的增加为代价的。

**表 3-3　降低社会福利条件下的互投赞成票**

| 投票人<br>议案 | A | B | C | 净收益总额 |
|---|---|---|---|---|
| X | 200 | -110 | -105 | -15 |
| Y | -40 | 150 | -120 | -10 |

同时应看到，互投赞成票不仅影响到社会经济的配置效率，还影响到人们的收入分配。如果没有互投赞成票现象，C 就不用因公共产品的供给而缴税，但由于 A、B 的行为带来的外部性，他就不得不承担赋税的责任。虽然国家可以通过收入转移办法补偿 C，但是，如果 C 的谈判能力不强，他的利益是不能得到保证的。所以，公共选择学派认为，应该尽量减少过半数规则的应用，以减少多数人压迫少数人现象的出现。

（2）中位选民定理。在现实政治生活中，过半数规则应用最为普遍，因而公共选择理论家对于这种投票规则的研究最为深入，中位选民定理是投票中的规律之一。

中位选民也叫中间投票人，是指对某个议案或公共产品需求量持中间态度的人。把每个投票人最偏好的议案按照公共产品由少到多顺序排列，如果投票人数为奇数，必然有一个人最偏好的议案位于所有议案的中间，则这个人称为中间投票人。如果投票人数为偶数，中间投票人会有两个。

**中位选民定理：在个人偏好满足单峰偏好的简单多数规则下，投票赢得胜利的将会是被中位投票人最为赞成的方案。**中位投票人最偏好的公共产品的数量或劳务量常常是多数规则下的政治均衡。单峰偏好，是指个人在一组按某种标准（如数量大小）排列的备选方案中，有一个最为偏好的方案，而从这个方案向任何方面的游离，其偏好程度或效用都是递减的。双峰或多峰偏好，是指一个人从最为偏好的方案游离开，其偏好程度或效用会下降，但之后会再上升。如果所有的投票者的偏好都是单峰的，则不会出现投票悖论。

中间投票人定理成立的原因在于在比较任何两个议案的时候，每个投票人都会选择最接近自己最有偏好的议案。如果把中间议案与公共产品数量高于它的议案放在一起比较，则中间投票人和希望少消费公共产品的一半投票者会支持中间议案，从而使中间议案得到通过；如果把中间议案与公共产品数量低于它的议案放在一起比较，则中间投票人和希望多消费公共产品的一半投票者会支持中间议案，再次使中间议案得到通过。偏离中间人议案的任何议案，都不能获得过半数支持，所以中间投票人的偏好总能够获得过半数票。

中位选民定理也可以用图 3-4 更直观地说明。如果有 5 位选民来决定公共产品的供给量，那么，投票人在两两的比较中会得出如下结果：投票人 1 赞同的数量 $V_1$ 和投票人 2 赞同的数量 $V_2$ 比较，由于投票人 3、4、5 在单峰偏好作用下，倾向于支持 $V_2$，所以 $V_2$ 当选。同样，将 $V_4$ 和 $V_5$ 进行比较，$V_4$ 胜出。将 $V_2$ 和 $V_3$ 进行比较，$V_3$ 胜出；$V_3$ 和 $V_4$ 比较，$V_3$ 胜出。所以最后的结果是 $V_3$ 胜出。而 $V_3$ 正是中位选民的最优偏好。

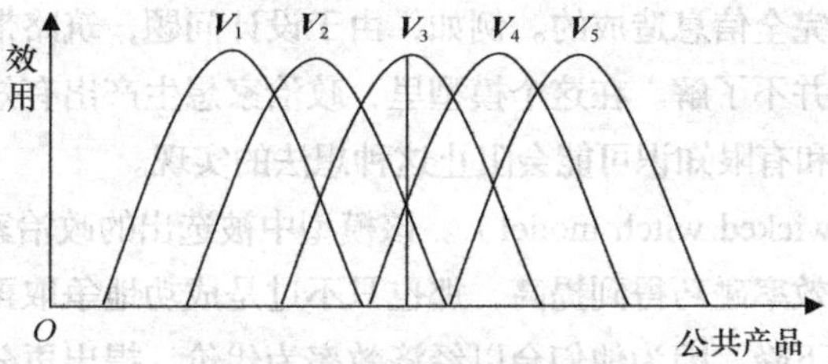


图 3-4　中位选民定理示意图

由上面的例子我们可以看出，中位选民定理成立的一个非常重要的前提是投票者都具有单峰偏好。只有这样，集体选择的结果才能是稳定而且唯一的。

中位选民定理在公共选择学派的理论中占有很重要的地位。任何一个政治家或政客，要想获得大多数的选票，就必须使自己的方案与中位投票人的意愿相一致，这样才有可能在最后的竞选中获胜。同样，在一个社会中如果中间阶层占大多数，那么这个社会的政治生活和经济生活就会越稳定。

### 3.1.4　代议制下的公共选择

民主意味着每个公民都有参与政治和管理国家的权利，作为一种理想，自古希腊雅典民主制实施以来，成了每个公民的政治追求。在当代政治实践中，民主更是人们普遍关心的政治价值。但现实中，由于多数国家不是“袖珍小国”，直接民主在庞大的国家中很难实行。在这种情况下，人们只好选择了代议制这种间接民主制作为实现民主政治的形式。**代议制民主就是人民通过由他们定期选出的代表行使最后的控制权。**一个代议制政府将通过从公民中选出的机构为中介方式，提炼和放大公众的意见。

直接民主和代议制民主在投票方式方面的区别是：直接民主是由广大民众直接对政策、方案等进行投票；而代议制民主是由广大民众中选出的代表对政策、方案等投票表决，人民的意志是通过其代表间接体现出来的。间接民主可以看作是多层次的直接民主制。这样，直接民主制下的公共选择理论，同样适用于间接民主。间接民主制下的政治主体主要包括投票人（选民）、政治家、公共雇员（官僚）、利益集团等。

**1. 政治家行为**

**由公众选举产生、代替公众行使公共权力的人是政治家。**传统政治理论假定，政治家代表着公众的利益，为公共利益服务。但公共选择理论却认为，这不是政治家的行为模式，政治家也是理性的经济人，与消费者和生产者具有同样的行为动机。这里的政治家是一种职业，而不是对某人的评价。

作为理性经济人的政府官员，可以分为两类。一类是处于国家权力顶层的政治家。他们拥有很大的权力，甚至代表着一国的形象，但他们首要的目标仍然是自身利益的最大化。第二类是处于权力中层和基层的官僚。他们在追求自身利益的过程中，同时受着上级和下级的制约和监督。

（1）政治家的 4 种供给模型。

第一种是仙女模型（good fairy model）。该模型中政治家的作用只是解决市场不能或不愿解决的问题。例如，修建公路或转移支付等，不论哪种情形，这类政治家都会带来帕累托改进，这是一般模型光谱中最为乐观的一极，但出现的概率较低。

第二种是半仙女模型（semigood fairy model）。例如，公路使用者会获得足够利益，这样他们在赔偿完损失者所受损失之后还能有一些剩余。在潜在的帕累托改进意义上，效率会通过修筑公路得到提高，但利益分配可能会不尽如人意。

第三种是不确定世界模型（uncertain world model）。在这个模型中，集体行动可能会降低效率，但这只是由于不确定性和不完全信息造成的。例如，由于设计问题，筑路带来的成本或许会超过收益，但这一点在决定筑路时可能并不了解。在这个模型里，政治家想生产出有效率的产出，或者以有效的方式使特定集团受益，但环境和有限知识可能会阻止这种想法的实现。

第四种是女巫模型（wicked witch model）。该模型中被选出的政治家可能促成任何有助于他们保住或获得官位的事情。如果效率碰巧得到提高，那也只不过是成功地争取再次当选的一个副效应。通常自利的立法者会引起效率的下降，因为他们会以经济效率为代价，提出再分配方案以争夺选票。这些政治家并不一定是坏人，但政治过程中的激励机制并不鼓励他们提高效率。政治家是再分配系统的创新者。

（2）布雷顿模型。人们之所以愿意去做政治家，是由于社会提供了相应的激励机制。一般认为，政治家的收益有：权力，为他人提供服务获得货币回报等。布雷顿（Breton）提出了一个被选出的政治家的效用公式，这个函数的变量包括：当选或再次当选的概率、个人的金钱收入、个人的权势、自己的历史形象、对崇高的个人理想的追求、个人对公共产品的看法及政治家特有的其他东西。这样得出的布雷顿模型为：

$$U_p=U_p(\pi, a_m) \tag{3-3}$$

式（3-3）中，$U_p$ 为被选出的政治家的效用，π 是当选或再次当选的主观概率，而 $a_m$ 是布雷顿模型提出的其他变量。布雷顿模型表明政治家追求任何目标首先得当选或连任，当选只是通往权力、财富、名望、服务、牺牲或职责的手段。要争取尽可能多的选民来投自己的票，就必须按大多数选民的意愿提出施政方案或做出公共政策。

在代议制下，政治家和选民也是一种交易关系。政治家提供符合选民偏好的政策方案，选民或利益集团则提供选票或基金。因此，政治家为赢得选票而制定政策，而不是为制定政策而赢得选票。由于中间投票人定理的存在，政治家总是力图了解中间投票人的偏好，以赢得中间投票人的支持。任何一个极端都会使当选的概率下降。想当政治家的人往往依托于政党。西方社会多实行两党制或多党制，政党建立之初差别很大，但为了执政，政党之间的差异越来越小。

政治家的目标是获得选票最大化，选票最大化可以使他们执政或竞选连任，从而实现其自身利益最大化。他们追求的是高薪、特权、权力等，而这些都是与财政预算规模正相关的。所以，政府官员总会千方百计地扩大预算，从而造成公共物品的生产过剩。政治家在选民和管理者的牵制和影响下，在公共决策上表现出公共部门支出过度增加，赤字规模居高不下的倾向。具有经济人特征的政治家和政府官员组成了政府，政府决策和政府行为都是由他们具体实施的，而他们的动机又支配着政府行为和政策目标。

**2. 官僚行为**

"官僚"一词通常用来指政府机构和政府官员。官僚存在的意义是为了维持公共产品的供给，他们是公共政策的直接执行者。民主政治体制下，政府的组成包括政治家和官僚。投票人选出政治家，再由政治家通过立法开展政治活动，具体计划的实施则需要通过官僚。

官僚的主要作用：他们是公共决策的执行者，公共产品的生产者、提供者和维护者，他们向政治家提供信息和选择方案，执行政治家的决策，保证公共产品的供给。官僚是维护公共部门稳定运转的重要力量，如图 3-5 所示。

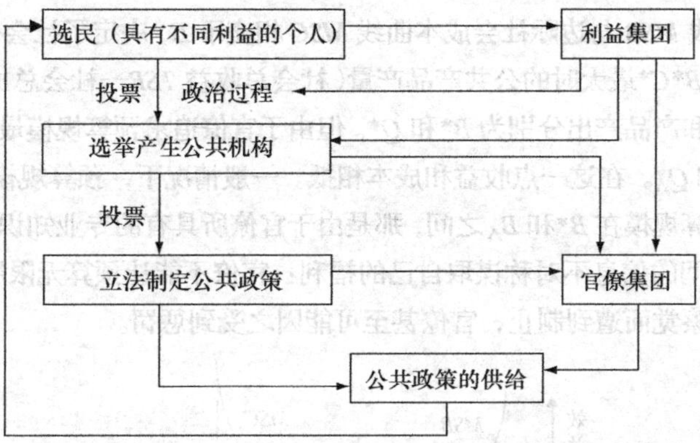


图 3-5 官僚在政治体系中的地位和作用

（1）官僚行为特征。官僚机构提供公共产品的行与市场环境下的企业提供私人产品的行为存在很大差别，其主要特征有以下 4 个方面。

第一，官僚行为具有一定的相对独立性。官僚集团的成员是实行任命制的，他们通常只对任命他们的政府机关和政治家负责，不直接对选民负责，因而并不受选民的制约。选民只能通过社会舆论、通过组成一定的利益集团或通过对政党和政府的影响来影响官员，所以选民对官僚的制约实际只是一种软约束，作用的过程也相对比较长，官僚的行为具有相对的独立性。

第二，官僚行为具有相对的稳定性，缺乏激励机制。官僚机构的成员构成一般比较稳定，机构内部有一套严格的等级制度和晋升规则，没有明确的考核指标。官僚凭借技术受到政府机构的雇佣，通常这种雇佣是终身的。私营企业一般有利润这一硬性指标，而官僚机构则因其产出都是非营利性的，没有硬性指标，机构的稳定性牺牲了效率。

第三，官僚行为具有一定特殊性，个人影响力较大。政治家与政府官僚的政策主张要转变为有条不紊的规章制度，需要通过起草政策法案才能实施。官僚还负责审议、选择议案时收集、分析和提供各种必要的信息，所以他们与社会各界的关系十分密切，官僚提供的信息情况直接影响着政治家的决策。可见官僚个人的好恶会不同程度地影响公共产品的供给量。

第四，官僚行为追求预算最大化。经济人假设同样适用于官僚。官僚们的行为动机也是利益最大化。这种利益最大化与市场行为有所不同，它不是以营利为目的，而是将利益最大化的目标通过追求公共权力的极大化来实现。

（2）公共产品供给的尼斯克南官僚模型。政府官僚追求利益最大化的动机造成了公共权力的过度运用，公共产品的供给量逐渐增多，社会资源浪费，最终增加了人民的负担。为了解释这种趋势，威廉·尼斯克南（W.A.Niskanen）提出了一个官僚模型。尼斯克南认为，作为效用最大化者的官僚也会是预算最大化者，官僚追求的个人利益是其所属部门权力的最大化。因此，官僚在预算决策过程中绝不是一个中性代理人。由于部门权力和其控制的资源规模相关，因此官僚们所做的公共预算成本必然会超出实际所需的成本，每个部门的预算成本都出现了扩大，那么整个政府的公共支出必然会增加，官僚行为必然带来政府膨胀的趋势。

官僚获得预算的 3 个前提条件为：①官僚机构是公共产品的独家垄断者；②官僚所掌握的公共产品的真实成本不公开；③制度上或技术上允许官僚提出一个不容讨价还价的预算建议。在这三个条件下，官僚对预算最大化的追求导致政府规模扩大。

如图 3-6 所示，上图纵轴代表收益和成本，下图纵轴代表预算，横轴均代表公共产品的年产量。上图中，边际社会收益曲线 *MSB* 与边际社会成本曲线 *MSC* 相交于 *E*，决定了社会公共产品的最优产量为 $Q^*$，此时也是社会净收益 $B^*C^*$ 最大时的公共产品产量（社会总收益 *TSB*—社会总成本 *TSC*=maximum $B^*C^*$），最有效率的预算规模和产品产出分别为 $B^*$ 和 $Q^*$。但由于官僚追求预算规模最大化，实际预算规模和实际产出可能分别是 $B_A$ 和 $Q_A$。在这一点收益和成本相抵。一般情况下，预算规模和产出也不会超越此规模。之所以官僚能够让预算规模在 $B^*$ 和 $B_A$ 之间，那是由于官僚所具有的专业知识，使得官僚能够利用政治家和普通民众与他们之间的信息不对称谋取自己的福利：官僚不能让预算无限膨胀，过分扩大的预算会为政治家和普通民众所察觉而遭到制止，官僚甚至可能因之受到惩罚。

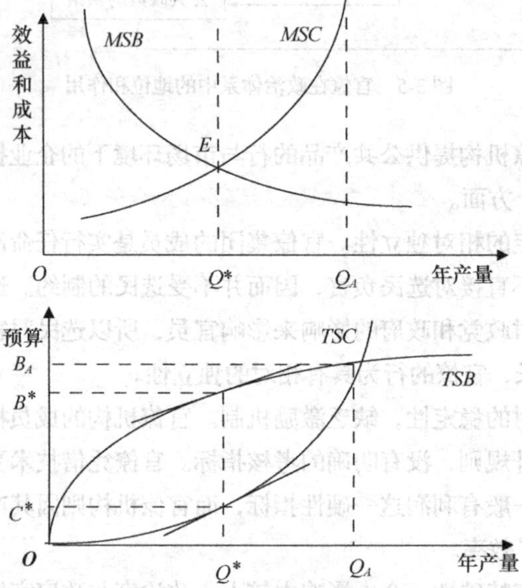

图 3-6　尼斯克南官僚模型

简单的尼斯克南模型表明，政府官僚机构具有把公共部门产量扩大到两倍于社会最适产量水平的趋势。倘若公共产量与预算规模（公共支出）之间存在着一种简单关系，那么可以认为，**政府的规模就是其社会最适规模的两倍**。尼斯克南的官僚模型从公共选择理论角度解释了长期以来为什么政府支出一直在增长。

**3. 选民行为**

**拥有选举权的公民称为选民**。在政治市场上，作为选民的经济人，其个人决策是在给定的选举规则和程序下，依据自己利益最大化的追求，从多种候选方案或候选人中选出能给自己带来最大满足的对象来。选民的选择行为可分为以下 4 个方面。

（1）目标。一方面是投票者个人所追求的目标，另一方面是投票人所在或所代表团体的利益目标。

（2）候选方案。一般来说，候选方案越多，投票人的选择余地就越大。

（3）选举规则和程序。选举规则即人们常说的投票规则，如一致同意规则、多数同意规则等。选举程序，有直接选举和间接选举两种主要形式。

（4）约束选举人的外部条件。

理性选民通过投票选举能给自己带来最大预期效用的候选人。当然，不是每个选民都会主动参加投票，这取决于预期收益是否大于潜在的投票成本。公式（3-1）中，$R=P\cdot B+D-C$，只有当 $R>0$，选民才会参加投票。

由于公共决策中收入决策与支出决策的分离使得选民的态度往往自相矛盾：在公共收入政策方面，选民们倾向于少纳税，反对增加税收；但在公共支出方面，选民们又希望政府能够免费提供较多的产品或服务。

在民主社会中，没有人逼迫选民进行投票。在西方国家，许多选举投票率甚至不超过半数。对于“投票冷漠症”有两种截然相反的理解。一种是正面的：西方社会政治制度已经非常完善，政治文明已经达到相当高的程度，人们对政治制度已经非常放心，甚至可以不用参加投票就可以保证社会的正常运转；另一种是负面的：西方社会人们已经对现有的政治制度感到非常失望，个人投票已经无法改变这种状况，因此他们选择了不投票。

公共选择过程中，有时当政治事件发生时，人们投票参与率就相当高。有时在选举中，一票会成为关键的一票。这一票投给哪一方，哪一方就可能获胜。

**4. 利益集团行为**

社会中不仅包括个体的人，也包括许多的社会组织。在公共选择中，选择主体可以分为两大类：单个主体和集合主体。单个主体是指单个的选民，集合主体主要包括政党、官僚集团和特殊利益集团。在投票过程中除了选民作为个体参与选择以外，还存在大量的利益集团的行为。

（1）利益集团涵义。**利益集团也叫压力集团，是指那些拥有某种共同目标，并试图对公共政策施加影响的具有同样偏好或共同经济利益的个人组成的团体。**它与政党的不同之处在于，利益集团的领导人并不执掌政治机构的权力，但他们却可以对政府官员、投票者施加各种压力和影响，以谋求对其成员有利提案的支持。

一般促使利益集团形成的基础有，共同的收入来源、相同的收入水平、相同的行业、同一地区、同一种族等，这些选民因为上述共同特征而拥有同样的经济利益。一般来说，选民数量较少，经济利益受政策影响较大，越容易形成利益集团。如果选民数量太多，就会有人希望“免费搭车”；而如果选民数量太少，难以形成一种势力，也不会有人有积极性组织利益集团。

（2）利益集团获取政治力量的途径。利益集团的活动主要是进行政治游说，力图使政府通过或实施有利于他们的政策或者法律。对于利益集团而言，游说的结果是一项公共产品为所有成员所共享；但是对整个社会而言，游说的结果是一项私人产品。利益集团通常力量很大，可以左右议案的通过。他们获取这一政治力量的方式主要通过两个途径：一是通过提供资金、游说和拉选票等活动影响政府的决策；二是通过选民集中程度来影响政府官员对政治经济的决策。这两个途径具体表现为以下4种方式。

① 用脚投票。通过将个人集中在各个趣味相同的政治组织里来实现帕累托最优。它将自己的信息提供给政府从而使政府决策有利于自己。②用手投票。为缺乏信息的选民提供信息，竭力说服这些选民按照集团的意愿投票，有时甚至不惜收买选票。利用组织起来的选票集中度对政府施加压力，或与其他利益集团合作，互投赞成票。③用钱投票。通过为议员和政治家提供金钱和物质上的资助，如在总统竞选中提供竞选活动的资金，或者给某一政党的日常活动提供帮助来影响政府的决策。④用嘴投票。在议会中开展游说活动，特别是在议会讨论决定某一政策方案时，各利益集团就会开展大规模的游说活动，说明自己的愿望和建议。

政府的最终决策取决于各个利益集团在力量上的对比。利益集团最大的优势在于其组织性，他们人数虽然不多，但是相对沉默的大多数，它们的声音和影响往往很大，它们的存在一般会损害其他选民的利益。

利益集团具有多样性。每一利益集团都有特定的组织目标。根据组织目标指向与受益的对象，利益集团可分为两大类：特殊利益集团与公共利益集团。特殊利益集团追求其成员自身的特殊利益，一般是以经济利益关系为基础建立起来的，是形成最早、存在最广泛的一类集团。西方国家普遍存在的特殊利益集团有：工商界利益集团、金融界利益集团、农业界利益集团，还有劳工组织。此外，还存在基于不同种族、民族、性别、年龄、宗教等的特殊利益集团。公共利益集团的目标范围非常广泛，凡是对社会具有普遍意义的公共利益都可能成为公共利益集团的组织目标。西方国家较普遍存在的公共利益集团有：环境保护组织、消费者利益协会、和平组织等。

（3）寻租。**寻租是指利益集团或个人通过合法或者非法的努力，影响公共选择和决策为己谋利的行为。**由于政治权力可以干预经济交易，很多人就会通过游说和贿赂，借助政治权力来为个人牟取利益，例如促使政府帮助自己建立垄断地位，以便获取高额的垄断利润。从寻租的定义可以看到：第一，租金来源于供给不足而产生的差价收入。第二，寻租与政府对经济活动的干预有关，与政府规制及垄断有关。因为政府干预、规制和垄断抑制了竞争，扩大了供求差额。

经济人从寻利到寻租，首先不是因为他们的道德观念有什么变化而改变了他们的行为方式，主要是因为社会的制度结构发生了变化，个人做出选择的环境也随之发生了改变。当经济从市场自发运转转向了直接的权力作用下的利益再分配时，寻租活动就会作为一种重要的社会现象出现了。

寻租产生的条件是存在限制市场进入或市场竞争的制度或政策。它往往与政府干预的特权有关。在政府干预的条件下，寻利的企业家发现寻利有困难，转而进行寻租活动，取得额外的收益。

寻租的主要特点包括以下5个方面。

第一，寻租是一种非生产性活动。间接造成了经济资源配置的扭曲，阻止了更有效的生产方式的实施。

第二，寻租是一种社会资源的浪费。利用时间、精力和金钱去游说的结果，对寻租者来说更有效率，但对社会来说没有效率。

第三，寻租往往导致其他层次的寻租活动。布坎南将寻租活动分为三个层次，一是对政府活动所产生的额外收益的寻租；二是对政府肥缺的寻租；三是对政府活动所获得的公共收入的寻租。他以城市出租车行业管制进行了说明。第一层次是直接获取执照的寻租。政府用发放有限的经营执照人为地限制出租车的数量，市场上出租车数量就少于自由竞争水平。牌照管制带来了第一个层次的寻租活动。第二个层次是对政府肥缺的寻租。既然政府官员可以对出租车牌照进行管制，那么争取这个职位就形成了第二层次的寻租活动。第三层次是对政府收入的寻租。超额收入会以执照费的形式转化为政府财政收入，那么争夺这部分财政收入，就形成了第三层次的寻租活动。

第四，寻租往往造成权钱交易，同时，政府部门工作人员为了对付寻租者的游说和贿赂，需要大量的时间和精力。

第五，寻租活动有合法与非法之分。企业向政府争取优惠待遇，利用特殊政策维护自身的独家垄断，就属于合法的寻租活动；行贿和走私就属于非法的寻租活动。

总之，利益集团的寻租行为将把努力、时间和其他生产性资源投入力求把政府所决定的利益转向自己事业的种种尝试中。

最常见的寻租行为有以下4种。

① **政府特许权，是指政府对某类商品发放的特别生产许可权或者特别销售许可权。**例如，中国的烟草专卖制度，只有得到烟草专卖局的零售许可证，烟酒零售单位和个人才能销售烟酒。这样就可以控制一个地区的烟酒零售商的数目，从而使得到许可证的单位和个人凭借垄断地位获得租金。

② **政府的关税和进出口配额。**政府的关税政策主要是为了保护民族工业免受国外企业的冲击，但如果国内的某些行业被少数几个企业控制时，为了保护自己的垄断权利，即使本国工业发展水平已经能够抵御国外冲击，并且可以通过与国外竞争促使本国该行业的发展，这些大企业也会向政府游说，希望政

府维持高关税水平，或者减少进口配额。

③ **政府订货**。在美国，不少私人企业生产政府订购的商品，或者承包政府公共工程。政府的订单一般只有那些具有政治影响力的企业才能获得，因为这些企业同时为政治家的竞选提供资金支持。美国的经济学家统计研究表明，政治家来自企业的竞选经费和企业的政府订货额有着强相关关系。

④ 发达国家的工会和农场主也是寻租的主要代表。工会一般会游说政府通过禁止外来劳动力进入国内的法案；而农场主一般会游说政府对农产品实行价格支持政策。

（4）寻租成本。寻租行为必须要付出一定的成本。对于寻租者本人来说，他要耗费一定的时间、精力、金钱以及承担由此造成的个人压力。寻租成本是垄断利润的一部分，寻租者正是将这一部分垄断利润拿去向政府购买它们所需要的政策或管制。寻租活动产生的基础是政府的垄断行为，这种垄断造成了极高的社会成本。

布坎南将寻租行为造成的社会成本分为三类：①保持垄断地位的支出；②政府部门对这类支出做出反应的努力；③寻租行为所引起的第三方的各种扭曲行为。利益集团的任何一项活动都会导致这三种社会成本的付出。如在一个实行外汇管制的国家里只有具有进出口许可证的商品才能进行进出口贸易，那么从事进出口贸易的利益集团就会游说政府部门授予其某些商品的进出口的垄断权力，必要时可能会实行贿赂。利益集团为此所耗费的时间、精力和金钱是第一种社会成本。同时政府部门在利益集团的影响下，政府决策开始倾向于利益集团所游说的那些商品领域，这使得政府官员之间展开讨论，来论证到底哪些商品可以拥有进出口许可证，政府决策效率被放慢，这是政府部门为此付出的成本。政府部门不仅接受商家的贿赂而且期盼从商家的巨额馈赠中获得高额的回报，这种不良风气对社会其他行业和个人产生了较坏的影响，造成了一些人的职业道德下降，这便是寻租行为造成的第三方所付出的成本。

通过上述分析，可以看到政府干预失灵，寻租行为猖獗，这为许多政府官员在寻租活动中追求最大化的个人利益提供了机会。同时还造成了社会资源的浪费，使寻租者和政府部门都花费了大量的人力、物力和财力，使得政府的决策效率下降，并且获得政府垄断的企业往往没有有效的激励去改进技术，提高产品质量，降低产品成本，也没有改善服务，增强市场竞争力，反而造成了他们生产活动的低效率，降低了经济效率。寻租行为还引起了社会财富分配不公，在寻租社会中生产者未必能够多劳多得，那些"设租者"不从事任何生产活动，却能够大发横财，这种现象挫伤了生产者的积极性，破坏了社会公平的原则，扭曲了社会价值观，导致了政府官员的腐败。因此，寻租所获得的租金被付出的社会成本降低，并且成本远远大于收益，对于利益集团而言，本集团的福利可能获得了提高，但却降低了社会的福利。

如图 3-7 所示，供求曲线分别为 $S$ 和 $D$，其相交的均衡点 $b$ 决定了有效率的均衡产量 $Q^*$ 和价格 $P^*$。由于关税或非价格贸易壁垒，会引起市场价格升高到 $P_r$，从而限制产量于 $Q_r$，这时国内生产者的边际成本将降到 $P_c$。在边际上，单位产出的租金或报酬 $ac=P_rP_c$。

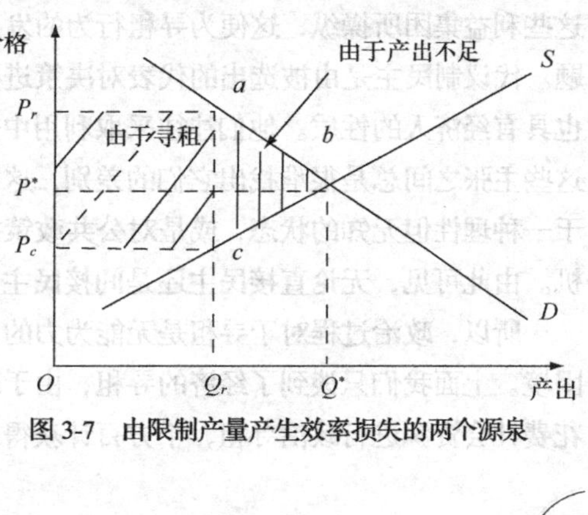

图 3-7　由限制产量产生效率损失的两个源泉

传统经济学认为，这样的生产限制将导致浪费，因为当产量从 $Q_r$ 增加到 $Q^*$ 时，社会的净经济价值可能增加三角形 $abc$ 的面积。矩形 $acP_cP_r$ 的面积仅是收入的转移，它是国内生产者由于价格提高而境况得以改善的量度，从而也是国内消费者境况恶化的量度。但寻租理论认为，三角形 $abc$ 的面积是由于产出不足而造成的效率损失，它掩盖了效率损失的真实程度。当一些受政治青睐的企业获益于产出限制时，矩形 $acP_c P_r$ 表示了寻租引起了额外的社会浪费。因此，结果并非简单的收入转移，而是一个净浪费。每个企业都要花钱以增加被挑选为少数企业之一的机会，然而多数企业都将失败。

寻租理论认为，垄断所造成的社会成本决不仅仅是产量少于完全竞争情形而造成的消费者剩余的损失，利益集团进行游说时，耗费了大量的人力、物力、财力，这些资源如果用来进行生产，也会增加社会财富。因此，寻租活动不仅因为垄断而造成社会福利的损失，寻租本身也有另外一种成本。在极端的情况下，由于寻租者众多，而经济租金有限，所有的经济租金都被浪费也是有可能的。

例如，假设在某个地方垄断养鱼业可以带来 50 万元的租金，有 10 个潜在养鱼者竞争这一特许权，设这些养鱼者是风险中性的，这样，每个养鱼者就会愿意花费 5 万元用来寻租，争取养鱼特许权，这也是他们愿意付出的最高额度。虽然最后成功的人以 5 万元的代价换来了 50 万元的收益，但对整个社会来说，也耗费了 50 万元的寻租成本，这时垄断的社会成本不仅包括消费者剩余的减少，还包括这部分寻租成本。

上述分析说明寻租过程本身也是一种收入再分配的过程。在寻租过程中，受损的是承担垄断高价的消费者、失败的寻租者及受害的厂商；受益的是成功的寻租者、各级政府官员以及拥有特殊寻租技能的人，如律师、经济学家、社会活动家等。因此，寻租本身也会造成社会的不公正，会拉大社会的收入分配差距，引起社会的不安。

（5）寻租与政治秩序。寻租对现有的政治秩序也是一种挑战。寻租活动可能浪费掉全部的潜在经济租金，也可能一点都不浪费而全部转到政府官员的腰包里，如一个垄断项目的租金是 100 万元，政府可以以 100 万元的价格拍卖这个垄断权。租金的全部被浪费固然是一种损失，但是这会减少社会上进行寻租的动机，从而减少垄断的出现；相反，如果租金全部进入政府的腰包，则会助长寻租现象，从而造成更多的垄断，如果再因此诱发政治寻租，那就更得不偿失了。

那么，如果政府认识到垄断的坏处，要收回发放的许可证，会出现什么情况呢？一般来说，又会造成新一轮的社会资源的浪费，因为现有的垄断者又会倾巢出动，游说政治家不要收回许可证，这又称为"护租"现象。例如，法国农民曾为了抗议政府减少农业补贴，把拖拉机开到了巴黎的大街上。

导致寻租活动的一个重要原因是政府失灵。一般看来，市场失灵应由政府来调控，从而对完全市场机制下的消极结果加以控制。但有时政府调控造成的消极后果会比市场失灵严重得多。在直接民主制体制下，政府决策一般由公民直接投票表决。在决策中如果实行全票通过原则，既会影响到决策效率又提高了决策成本，因此直接民主下的决策一般实行多数投票原则。然而多数投票原则下的个人作为选择主体，经常无法表现其真实的个人偏好，正像我们前面所分析的，个人有时会隐瞒其真实偏好或对投票持一种无所谓的态度。同时在公共决策中特殊利益集团本身具有优越性，直接民主下的公共决策可能会被这些利益集团所操纵，这便为寻租行为的发生提供了机会。而在代议制民主下，公共决策存在同样的问题。代议制民主是由被选出的代表对决策进行投票。代议制民主中，被选出的政府官员或议员等政治家也具有经济人的性质。他们往往采取利用中位投票人的战略，提出一些最能被中位投票人赞同的主张。这些主张之间总是很难找出它们的差别，这样就使中位投票人对这些主张发生混淆，从而对公共决策处于一种理性但无知的状态，或是对公共政策持冷漠态度，其结果是为特殊利益集团的活动提供了可乘之机。由此可见，无论直接民主还是间接民主，政府失灵是导致寻租行为发生的一个重要原因。

所以，政治过程对于寻租是无能为力的，寻租冲击着的政治秩序。这是一个寻租理论上无法解决的困境。上面我们只谈到了经济的寻租，由于政治家看到可以用政治权力获得经济利益，所以政治家也会花费社会资源进行政治寻租，千方百计获得政治地位，这又会造成社会资源的浪费。政治家和政府官员为了获得选票、捐款和其他形式的报酬，积极地为私人或利益集团创造租金，这种行为就是"政治创租"。公共选择学者认为政府干预成本太高，产生的社会成本又大，因此，应该减少政府干预。

## 3.2 公共产品理论

公共产品理论是财政学的核心内容，在财政理论中占有十分重要的地位。提供公共产品是政府参与经济活动的重要依据，是增进社会福利不可或缺的，是政府财政支出的重要方面。

### 3.2.1 公共产品及其特征

**公共产品（public goods），是指那些能够同时供许多人共同享用的产品和劳务，并且供给它的成本与享用它的效果并不随使用它的人数规模的变化而变化。**萨缪尔森于 1954 年 11 月在《经济学与统计学评论》上发表的《公共支出的纯理论》一文给公共产品下的定义为：公共产品是指每个人消费这种产品不会导致别人对该产品消费的减少。必须指出，并不是所有公共部门的产出都是公共产品。公共产品这一概念是依据其经济特征而不是管理特征、物理特征、规范特性和财务特性来定义的。

该定义表明，公共产品是不同于公共所有的资源的。为说明两者的差异，我们引进两个概念：非排他性和非竞争性。萨缪尔森认为市场不能提供公共产品，原因有两点：非排他性——公共产品不能防止未付费者的享用，因而生产者不能完全补偿成本；非竞争性——在该种商品的消费过程中，某个人的消费不会影响其他任何人的消费。

**1. 纯私人产品和纯公共产品的区别**

首先，对于纯私人产品，$X_j = \sum_{i=1}^{n} X_j^i$。

**私人产品（private goods）是指能够进行分割并可分别提供给不同的个人，且不具有外部性的产品。**这时 $X_j$ 产品的总量等于 $i$ 个消费者消费的加总 $\sum_{i=1}^{n} X_j^i$。也就是说私人产品在人与人之间是完全可分的，可分别地提供给不同的个人，也不带给他人外部的收益或成本。

其次，对于纯公共产品，$X_{n+j} = X_{n+j}^i$。

这就是说，$i$ 个消费者中的每个人都可按其意志，消费总量为 $X_{n+j}$ 的公共产品，即公共产品在人们之间是不可分的。公共产品通常是通过投票在政治上得以实现其供给，因为人们投票决定生产多少公共产品，而不是通过市场决定公共产品的产量。

**2. 公共产品的特性**

与私人产品的特性相比，公共产品有以下 3 个特性。

**（1）效用的不可分割性（non-divisibility），指公共产品一旦被提供，便有众多的受益者共同消费这一产品，要将其中的任何人排除在对该产品的消费之外是不可能的或无效率的。**即公共产品是向整个社会共同提供的，具有共同受益或联合消费的特点。其效用为整个社会成员共享，而不能将其分成若干部分，分别归属于某些个人或厂商享用。相比之下，私人产品的效用是可分割的。它是按照谁付款、谁受益的原则，效用只为付款人享用。

**（2）消费的非竞争性（non-rivalness），指一种公共产品一旦被提供，增加一个人对这种物品的消费并不会减少其他任何人对同一物品的消费机会和消费数量。**这时其边际生产成本为零，边际拥挤成本为零。公共产品的定义决定了它具有消费上的非竞争性，因为增加一个消费者不会减少或妨碍其他人对该产品的消费。例如，国防，每个社会成员都可以从政府提供的国防安全服务中获得安全保障，增加或减少一个社会成员的消费，并不会因此而影响其他人的利益。

（3）**受益的非排他性（non-excludability），指公共物品一旦提供给某个人，就不可能阻止其他人对这种物品的消费，或者要想禁止其他人消费这种物品至少要付出高昂代价。**在私人产品场合，所有权使产品的所有者能唯一地拥有对该产品的享受权，而在一种纯粹的公共产品上，排他性就被打破了。首先，公共产品在技术上就不宜于排斥众多的受益者。换言之，公共产品不仅具有非排他性，而且具有不可拒绝性。其次，某些公共产品在技术上可以实现排他，但排斥的成本极高，即排斥的成本大于排他的收益，经济上是不可行的。例如，一般的道路设施，要排斥某些消费者不让其消费，从技术上来说是可能的，但是，这种排斥所带来的技术成本会比较高昂，显然，这种排斥在通常情况下是无效的。这样，在公共产品的消费中就容易出现搭便车者，**搭便车者（free rider），指得到一种物品的收益但回避了为此而支付成本的人，或某些个人虽然参与公共物品的消费，但却不愿意支付公共物品的生产成本，**即让其他纳税人为他们付账。

公共产品的非竞争性和非排他性源于产品的不可分割性。由于产品在消费中不能按照消费者的需求进行数量上的分割，因而这类产品在消费中呈现出集体消费、共同受益的特征，或者说呈现出受益完全外部化的特征。即所有的消费者共同消费同一个产品，每一个消费者均可从该产品消费中获得利益，在自己获得利益的同时，并不妨碍他人从中获得利益，消费者之间不存在利益上的冲突。这使得这类产品在消费者中具有了非竞争性。同时，这类产品在消费中所产生的利益广泛外溢，在外溢过程中产品消费利益的边界是不清楚的。这意味着在这类产品消费中要对某些消费者进行排斥，从技术上来说是不可能的或者是很困难的。因而产品的不可分割性使得这类产品在消费中还具有了非排他性。凡是在消费中具有非竞争性和非排他性的产品即为公共产品。

在理解公共产品时，应注意以下三点。

第一，公共产品按其受益空间还可进一步分类。凡是受益范围局限于某一区域的，即为地方性公共产品，如路灯。凡是受益范围分布于全国范围的，即为全国性公共产品，如国防。凡是受益范围跨越国界的，即为国际性公共产品，如保护臭氧层。

第二，一种产品的非排他性不是绝对的。随着科学的进步，技术的变革，在过去不可排他的产品，在今天或在未来某个时间可能是排他的。有线电视、卫星电视、数字电视的产生便是一个极好的例证。

第三，不同的个人，消费等量的公共产品，并不一定获得等量的利益。不同的消费者虽然消费同一种公共产品，但是，由于个人的偏好不同，对公共产品的评价可能会有所不同。例如，城市社会治安服务，富人的需求一般大于穷人的需求。因此，虽然消费相同的公共产品——城市社会治安服务，但是，富人所获得的利益可能大于穷人。

**3. 市场机制在公共物品配置上的失灵**

市场机制无力于组织与实现公共产品的供给。市场机制的调节作用范围仅局限于营利性的经济活动，就产权关系而言也仅限于私人产品，对于环境保护、道路交通、公共福利和义务教育等公共产品，由于其建设周期长、投资规模大和成本效益不对称等，市场机制无法调节，而这种公共产品的生产和供给又恰恰是经济系统正常运行所必需的。单纯靠市场机制的调节，由私人部门生产公共物品通常不能使其产量达到合理的水平，而会使公共物品的产量低于资源最优配置水平，即帕累托最优状态的产量水平。因此，市场机制在公共物品的配置上是失灵的。

市场失灵原因与公共物品的特性有关，因此，对公共物品的供给，市场失灵几乎是不可避免。正是因为公共产品具有消费的非排他性和非竞争性特征，一个人对公共产品的消费不会导致别人对该产品消费的减少，于是只要有公共产品存在，大家都可以消费。这样，一方面公共产品的供给固然需要成本，这种费用理应由受益者分摊；另一方面，“它一旦被生产出来，生产者就无法决策谁来得到它”，即公共产品的供给一经形成，就无法排斥不为其付费的消费者，于是不可避免地会产生“搭便车者”。更为严重的是，既然如此，人人都希望别人来提供公共产品，而自已坐享其成，其结果便很可能是大家都不提供公共产品。缺乏必要的公共产品，就不能满足社会经济的客观需要，大大降低社会资源配置的效率。这就需要政府以社会管理者的身份组织和实现公共产品的供给，并对其使用进行监管。

## 3.2.2 公共产品的一般均衡分析

公共产品最优供给是指经济社会公共产品的供给应该达到这样一点，在此点，公共产品与私人产品的边际技术转换率（*MRT*）恰好等于社会成员对此两类产品消费的边际替代率（*MRS*），即消费上的边际替代率之和等于生产上的边际转换率。这也是公共产品提供的萨缪尔森条件。符合这一条件，将使整个社会资源的配置达到帕累托最优。

以帕累托最优的方式配置资源能使人们获得可能的最高效用水平。例如，图 3-8 为埃奇沃思交换箱式图。在两人交换的经济模型中，假设 A 处于无差异曲线 I 的效用水平上，一种资源配置方式使 B 获得了可能最高的效用水平 J，这时其无差异曲线 J 与 I 相切。该点将位于契约曲线 $O_AO_B$ 上。选择一个不同于 A 的初始效用水平，同样可以达到其他的帕累托最优配置状态，切点条件同样成立。

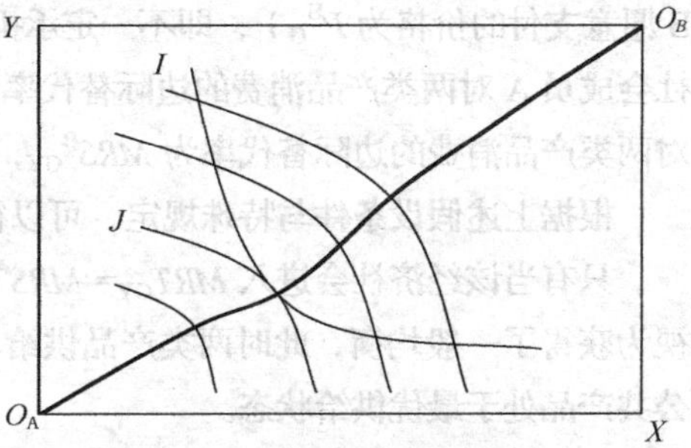

图 3-8 埃奇沃思交换箱式图

所谓的边际替代率 *MRS*（marginal rate of substitution）是指增加一单位的某种产品的消费，要减少多少其他产品能维持消费者的效用水平不变。如图 3-9 所示，*OX* 轴和 *OY* 轴分别代表两种产品 X、Y，I 为无差异曲线，增加△*X* 商品消费，必须减少相应的△*Y* 商品的消费，才能保持消费者的效应水平不变。则 *X* 替代 *Y* 的边际替代率为 ***MRS*xy=△*Y*/△*X***。边际替代率是消费者无差异曲线的斜率。如果两人的边际替代率不同，两个消费者之间继续进行交换，可以提高双方的效用水平。

所谓边际转换率是指每增加一种产品的生产必须减少的另一种产品生产的数量。对于两种物品 A 和 B，一个经济社会多生产一些 A，则必须减少生产 B 的产量。如图 3-10 所示，*PP'*为生产可能性曲线，*OA*、*OB* 分别代表两种产品 A 和 B 的产量，则边际转换率为：$\boldsymbol{MRT_{AB}=\triangle B/\triangle A}$，边际转换率是生产可能性曲线的斜率。

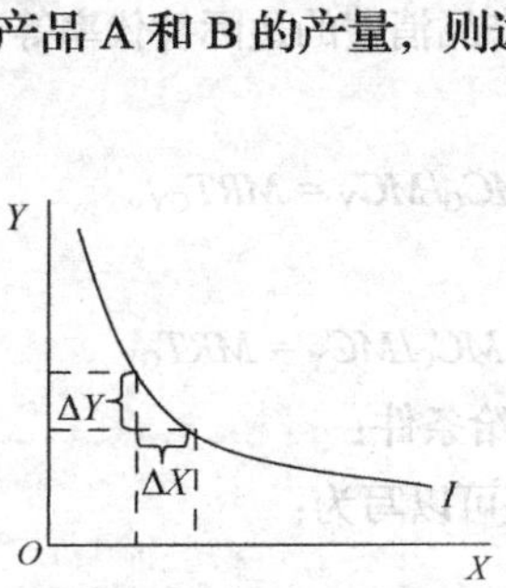

图 3-9 边际替代率示意图

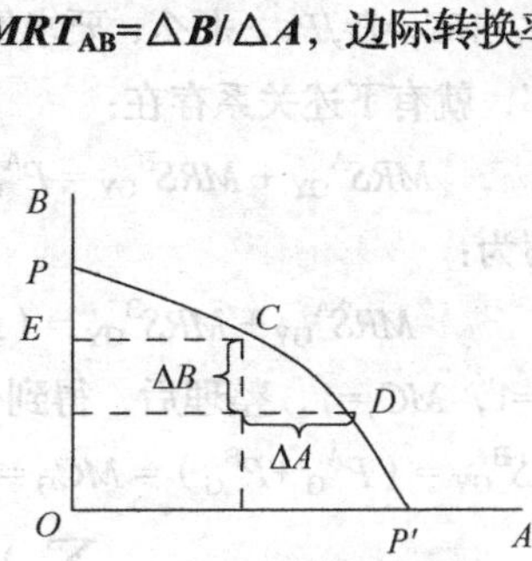

图 3-10 边际转换率示意图

公共产品有效供给理论的基本假设：

（1）经济社会只生产两种产品，公共产品 G 和私人产品 Y；

（2）经济社会可用资源为既定，据此可以确定其生产可能性边界；

（3）只有两个社会成员，A 和 B，他们同时消费两种产品，但收入水平不同，偏好不同，据此可以找到各自的无差异曲线。

除上述假设条件外，还规定以下 4 个方面。

（1）任何情况下，经济社会对公共产品的需求总量总是等于两个社会成员各自消费的公共产品数量，即 $G_A=G$，$G_B=G$，这体现了公共产品的非排他性消费性质。

（2）任何情况下，经济社会对私人产品的需求总量总是等于两个社会成员各自消费的私人产品数量之和，即 $Y_A+Y_B=Y$，这体现了私人产品的排他性消费性质。

（3）以经济社会为生产一个单位公共产品必须放弃的若干单位私人产品，作为公共产品的边际成本；以经济社会为生产一个单位私人产品必须放弃的若干单位公共产品，作为私人产品的边际成本。那么，公共产品与私人产品的边际转换率为 $MRT_{GY}=MC_G/MC_Y$。

（4）由于社会成员在消费同样数量公共产品之时，未必支付同样的价格（A 愿意支付的价格为 $P^A{}_G$，B 愿意支付的价格为 $P^B{}_G$），即不一定承担相同的政府税收，体现公共产品的非竞争性消费特点。那么，社会成员 A 对两类产品消费的边际替代率为 $MRS^A{}_{GY}$，其效用最大化条件为 $MRS^A{}_{GY}=P^A{}_G/P_Y$；社会成员 B 对两类产品消费的边际替代率为 $MRS^B{}_{GY}$，其效用最大化条件为 $MRS^B{}_{GY}=P^B{}_G/P_Y$。

根据上述假设条件与特殊规定，可以得出以下结论。

只有当该经济社会进入 $MRT_{GY}= MRS^A{}_{GY}+MRS^B{}_{GY}$ 状态，其公共产品与私人产品的供给与消费才能被视为获得了一般均衡，此时两类产品供给与消费格局决定的资源配置达到了帕累托最优状态，也标志着公共产品处于最优供给状态。

应该注意，与纯私人产品情况相比，公共产品存在的情况下，经济社会资源配置达到帕累托最优化的条件略有不同，前者为 $MRT_{XY}= MRS^A{}_{XY} = MRS^B{}_{XY}$，而后者为 $MRT_{GY}= MRS^A{}_{GY} + MRS^B{}_{GY}$。它们在本质上没有区别，所说明的问题也是一样的。它们之间产生差异的原因在于，个人从增加的私人产品消费中取得的边际效用可以充分内在化，可以直接与此增加的私人产品之边际成本进行比较；而个人从增加的公共产品消费中取得的边际效用存在着差异，只有加总后才能计算出全部社会成员从增加的公共产品消费取得的总边际效用，才能与增加的公共产品之边际成本进行比较。

在公共产品与私人产品共存的经济社会里，社会成员 A、B 对两类产品消费的效用最大化条件分别为 $MRS^A{}_{GY} =P^A{}_G/P_Y$ 和 $MRS^B{}_{GY}= P^B{}_G/P_Y$。在该经济社会使公共产品与私人产品生产得到最优化安排的条件是：$MRT_{GY}=MC_G/MC_Y=P_G/P_Y$。那么，要求经济社会对两类产品消费的边际替代率等于其生产两类产品的边际技术转换率，就有下述关系存在：

$$MRS^A{}_{GY} + MRS^B{}_{GY} = P^A{}_G/P_Y +P^B{}_G/P_Y = MC_G/MC_Y = MRT_{GY}。$$

该式可以改写为：

$$MRS^A{}_{GY}+ MRS^B{}_{GY} =（P^A{}_G +P^B{}_G）/P_Y = MC_G/MC_Y = MRT_{GY}$$

如果设定 $P_Y$ =1，$MC_Y$=1，整理后，得到公共产品最优供给条件：

$MRS^A{}_{GY}+ MRS^B{}_{GY} =（P^A{}_G +P^B{}_G）= MC_G = MRT_{GY}$，此式还可以写为：

$$\sum_{i=A,B} MRS^i_{GY} = MRT_{GY} \tag{3-4}$$

式（3-4）表明了公共产品 $G$ 的最优供给条件。消费上的边际替代率之和等于生产上的边际转换率，这是公共产品提供的萨缪尔森条件。它说明在最优点上，生产最后一单位 $G$ 所消耗的以 $Y$ 计算的边际成本（$MRT_{GY}$）刚好等于所有使用者同时消费时所获得的以 $Y$ 计算的边际利益。

根据该条件，理论上可以确定经济社会特定时期的公共产品最优供给规模及其价格，如图 3-11 所示。

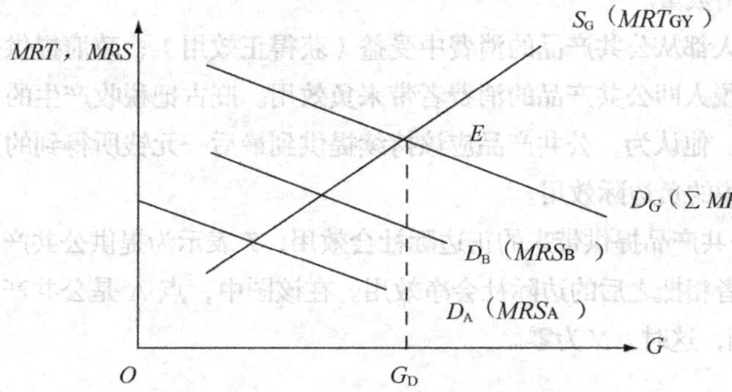


图 3-11　公共产品最优供给规模

图 3-11 中，通过生产可能性边界计算不同供给规模的公共产品对私人产品的边际转换率，它们表示不同供给规模公共产品的边际成本。绘制公共产品边际成本曲线，作为公共产品的供给曲线 $S_G$。其次，通过反映既定收入水平的社会成员 A、B 的无差异曲线，分别计算他们消费（不同供给规模）公共产品与私人产品的边际替代率。这些边际替代率表示 A、B 在不同供给规模公共产品消费上获得的边际效用，据此绘制两条边际效用曲线，分别代表 A、B 对公共产品的需求曲线。最后，将 A、B 公共产品需求曲线相加，得到经济社会对公共产品的需求曲线 $D_G$。该需求曲线与公共产品供给曲线相交于 $E$。交点 $E$ 对应的纵轴表示公共产品的边际成本（价格），其对应的横轴表示公共产品最优供给规模 $G_D$。

例如，经济社会为生产 1 单位公共产品须放弃 1/3 单位的私有产品，$MRT_{GY}=1/3$，表示 1 单位的公共产品的边际成本等于 0.33 单位的私有产品。如果此时社会成员愿意用 1 单位私人产品去换 1/2 单位的公共产品，$MRS_{GY}=1/2$，单位公共产品的交换率是 2 单位的私人产品。在此种情况下，$MRT_{GY} < MRS_{GY}$，表明增加公共产品的生产是对社会有利的。由于公共产品的生产成本偏低，而使用价值，即交换价值或交换率较高，社会处于公共产品供小于求的状态。

当然，随着公共产品供给的增加，其边际成本自然也会上升（边际成本递增原理）。如 $MRT_{GY}$ 从 0.33 上升为 0.66，表示现在社会为生产 1 单位的公共产品必须放弃 2/3 单位的私人产品（$MRT_{GY}=2/3$）。同时，（在边际效用递减原理作用下）随着公共产品供给的扩大，其边际效用出现下降趋势。例如，此时社会成员希望用 1 单位的私人产品去换 2/3 单位的公共产品，表示 $MRS_{GY}$ 从原先的 1/2 改变为现在的 2/3。于是，经济社会中公共产品供求达到了均衡状态，即

$$MRT_{GY} = MRS_{GY} = 2/3$$

同理，如果经济社会最初的公共产品供求状态是 $MRT_{GY} > MRS_{GY}$，则表示该经济社会的公共产品供大于求，此时减少公共产品的生产与提供，直到恢复 $MRT_{GY} = MRS_{GY}$ 状态对社会来说是有利的。例如，假定单位公共产品的边际成本与单位私人产品的边际成本相同，均为 10 元，即 $MRT_{GY}=1$；而对于社会成员 A，$MRS_{GY}=2/5$，表示他愿意放弃 10 元的公共产品得到 4 元的私人产品；对于社会成员 B，$MRS_{GY}=1/5$，表示愿意放弃 10 元的公共产品得到 2 元的私人产品。这样 4 元加上 2 元等于 6 元，小于 1 个单位公共产品的提供成本 10 元。那么减少 10 元公共产品的生产，相应增加 10 元私人产品的生产，拿出其中的 6 元产品先来满足 A、B 对私人产品的需求，剩下的 4 元产品平均分给二人，二人的福利实际上是提高的。同理，如果他们的边际替代率之和大于 1，我们也可以增加公共产品的生产来改善他们的福利。

### 3.2.3 庇古模型

庇古模型是英国著名经济学家庇古（A. C. Pigou）运用功利主义的方法，从基数效用论出发，提出的关于公共产品的最优供给数量。

庇古模型假定：每个人都从公共产品的消费中受益（获得正效用）；政府提供公共产品需要支付的成本为税收；纳税会给纳税人即公共产品的消费者带来负效用。庇古把税收产生的负效用，定义为放弃私人产品消费的机会成本。他认为，公共产品应该持续提供到最后一元钱所得到的正边际社会效用等于为最后一元公共产品而纳税的负边际效用。

图 3-12 中，$G$ 表示公共产品提供带来的正边际社会效用，$T$ 表示为提供公共产品而纳税所带来的负边际社会效用，$N$ 表示二者相抵之后的边际社会净效用。在该图中，点 A 是公共产品提供最佳数量所在之处。该点满足$|AC| = |AC'|$，这时，$N$ 为零。

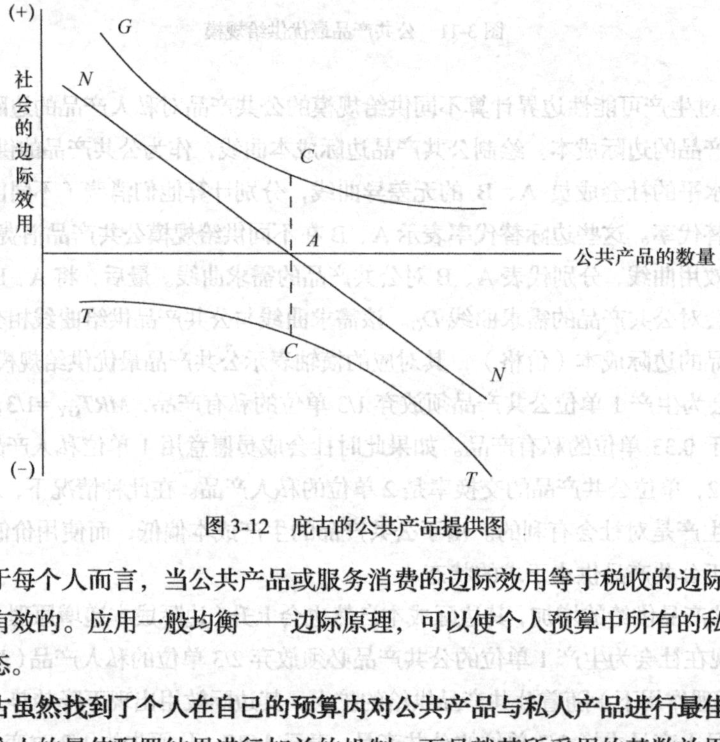


图 3-12 庇古的公共产品提供图

庇古认为，对于每个人而言，当公共产品或服务消费的边际效用等于税收的边际负效用时，这时的公共产品的供给是有效的。应用一般均衡——边际原理，可以使个人预算中所有的私人产品和公共产品都达到最佳配置状态。

必须指出，庇古虽然找到了个人在自己的预算内对公共产品与私人产品进行最佳配置的均衡点，但却并不存在将这些个人的最佳配置结果进行加总的机制。而且就其所采用的基数效用分析方法而言，由于其不能明确地找到效用强度的测定方式，因此其的研究只能是纯理论上的研究。尽管如此，庇古的发现对于研究公共产品的最优供给问题仍然做出了重要的贡献，他使公共选择理论所必须回答的几个基本问题得到了解答，如不同的个人对于公共产品与私人产品的偏好如何进行加总，边际效用和负效用如何在不同的社会成员之间进行分配。

### 3.2.4 鲍温模型

美国经济学家鲍温（Bowen）通过局部均衡分析，比较了私人产品和纯公共产品供给之间的差异。提出了公共产品有效供给数量的确定及其必须满足的条件。

假定市场是完全竞争的，消费者的偏好、收入和其他产品的价格是既定的。我们所要进行的局部均衡分析，旨在寻找能使单个产品产生均衡价格和产量的需求和供给条件。

**1. 私人产品的需求和供给**

假定一个社会中有A和B两个人，私人产品和公共产品两种产品。如图3-13所示，A对私人产品的需求曲线是$D_A$，B对私人产品的需求曲线是$D_B$，那么市场需求$D=D_A+D_B$，用市场需求曲线$D$表示。私人产品的供给曲线为$S$。$D$和$S$相交于$E$，决定了市场均衡价格$P$和数量$Q$。在市场上，个人A和个人B都是市场价格的接受者，在价格为$P$的前提下，A消费的私人产品数量为$Q_A$，B的数量为$Q_B$，且$Q=Q_A+Q_B$。对于价格而言，它等于边际成本，即$P=MC$。

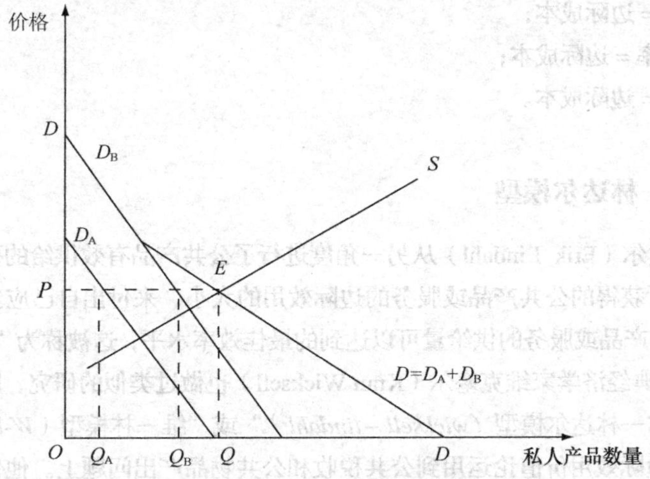


图3-13 私人产品的需求和供给

**2. 公共产品的需求和供给**

从理论上说，任何一种产品的市场均衡产量和价格由其供给曲线和需求曲线的交点决定，需求曲线应与该产品消费方的边际效用曲线相一致，供给曲线应与该产品生产方的边际成本曲线相一致，这样，社会边际收益等于社会边际成本，帕累托最优得以实现。

公共产品的需求和供给如图3-14所示。个人A对公共产品的需求曲线为$D_A$，B对公共产品的需求曲线是$D_B$，那么市场需求$D=D_A+D_B$。需求曲线$D$与公共产品的供给曲线$S$相交于$E$点，并决定了市场均衡价格$P$和数量$Q$。在公共产品需求和供给中，每个人都是数量的接受者，这样，A和B所消费的公共产品的数量都是$Q$，但A所支付的价格是$P_A$，B支付的是$P_B$，且$P=P_A+P_B$。对于公共产品的价格而言，它等于边际成本，但这个边际成本是A和B所支付的价格之和，即$P=MC=P_A+P_B$。

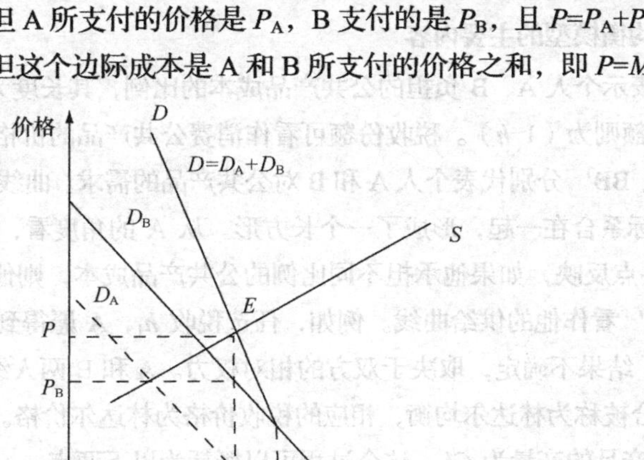


图3-14 公共产品的需求与供给

与私人产品的需求曲线不同的是，**公共产品的需求曲线是虚拟的**。萨缪尔森称其为**"虚假的需求曲线"**，因为在实际生活中，人们一般不会明确表示他们消费一定量的公共产品的边际效用是多少，愿意出多少的价格。但是，借助于这种需求曲线对分析问题还是有所帮助的。这里所假定的某人对公共产品的需求曲线，只是模拟市场做出的。这种假定的意义在于突出私人产品与公共产品需求上存在的差异。

图 3-14 中向下倾斜的虚拟需求曲线，表明个人的公共产品的边际效用也是递减的。

站在不同的角度，可以得出纯公共产品的有效供给满足以下条件：

（1）Σ 个人价格 = 边际成本；

（2）Σ 边际替代率 = 边际成本；

（3）Σ 边际评价 = 边际成本。

### 3.2.5 维克塞尔—林达尔模型

瑞典经济学家林达尔（Erik Lindahl）从另一角度进行了公共产品有效供给的研究，他认为如果每一个社会成员都按照其所获得的公共产品或服务的边际效用的大小，来付出自己应当分担的公共产品或服务的资金费用，则公共产品或服务的供给量可以达到的最佳效率水平，这被称为"林达尔均衡"（lindahl equilibrium）。同时瑞典经济学家维克塞尔（Knut Wicksell）也做过类似的研究，所以也有人称之为公共产品供给的"维克塞尔—林达尔模型（*wicksell－lindahl*）"或"维—林模型（*W-L* 模型）"。维—林模型是规范性的，是把边际效用价值论运用到公共税收和公共物品产出问题上。他们试图找出民主国家选定公共产品产出的合理水平和决定人们之间税负合理分布所需的原则和决策。

**1. 维克塞尔—林达尔均衡的基本假设**

（1）社区有两个当事人 A 和 B，分别代表各自相同收入和偏好的两组选民，且拥有的政治权力是相同的；

（2）为防止决策的先后次序所带来的投机行为，假定公共产品的产出水平与其负担份额作为一个备选方案同时决定；

（3）每个人都能准确说出自己的偏好；

（4）通过拍卖程序来得出不同的税收份额和预算支出规模。

**2. 维克塞尔—林达尔均衡模型的主要内容**

如图 3-15 所示，纵轴表示个人 A、B 负担的公共产品成本的比例，其长度为 1。当个人 A 的税收份额是 $h$ 的时候，B 的税收份额则为（$1-h$）。税收份额可看作消费公共产品的价格，横轴 $G$ 为所提供的公共产品的数量。曲线 AA′、BB′ 分别代表个人 A 和 B 对公共产品的需求。曲线 AA′ 的原点为 $O_A$，BB′ 的原点为 $O_B$。将两个坐标系合在一起，形成了一个长方形。从 A 的角度看，BB′ 相当于他面对的供给曲线，因为这条线上的各点反映，如果他承担不同比例的公共产品成本，则他可以得到相应数量的公共产品；同理，B 也把 AA′ 看作他的供给曲线。例如，任选税收 $h_1$，A 愿得到 $G_1$ 水平的公共产品，B 愿得到 $G_2$。二者存在分歧，结果不确定，取决于双方的相对权力。A 和 B 两人经过讨价还价，最后在 $E$ 点达到均衡。$h^*$ 和 $G^*$ 的组合被称为林达尔均衡，相应的税收价格为林达尔价格。双方愿意承担的成本比例加起来等于 1，这时公共产品的产量为 $G^*$。这个过程可以概括为以下两点。

（1）确定投入产出量的原则。个体对共享资源要支付（以税收形式，作为公共产品生产的投入）多少、公共产品应产出多少，如果以市场交易为参照原则，综合两者就能找到市场交易的"最佳效率"状态——体现的效率符合帕累托效率条件。这是一个确定公共产品产出的"合理水平"和与此相应的人们之间税负"合理分布"匹配的原则。该数量状态（公共投入和公共产出量）被人们称为**维克塞尔—林达尔均衡**；这个符合帕累托效率的均衡条件也称作**"维克塞尔效率"**。

（2）建议实现维克塞尔效率的程序。让个体直接参与讨价还价，作为公共决策程序和组织设计的原则。

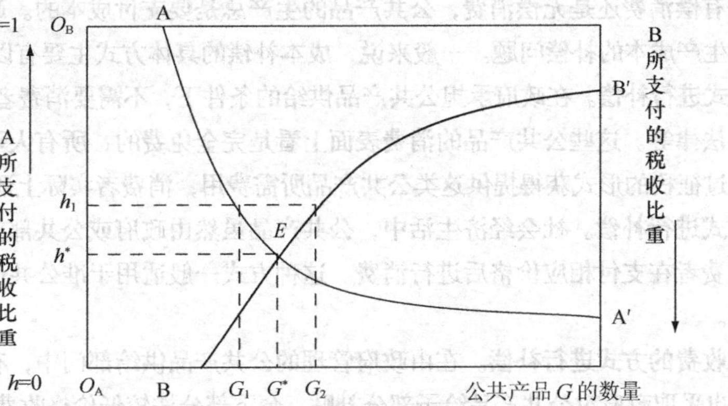


图 3-15 维克塞尔—林达尔模型

林达尔均衡模型实际上是在维克塞尔工作基础上建立的，林达尔认为公共产品价格并非取决于某些政治选择机制和强制性税收，恰恰相反，每个人都有着根据自己意愿确定的价格，并均可按照这种价格购买公共产品。处于均衡状态时，这些价格使每个人需要的公用产品量相同，并与应该提供的公用产品量保持一致。

林达尔均衡的解就是在正常利润为零的约束条件下，使公共产品的定价采取与消费者的需求弹性相关的方式来确定，即依据每个消费者对公共产品的不同评价，分别确定不同的价格。

**3. 维克塞尔—林达尔均衡模型的评价**

可以看出，公共产品有效供给的关键在于消费者按自己从公共产品消费中获得的边际效用水平真实地表示自己对公共产品的需求，从而承担公共产品的成本。然而，这也正是公共产品有效供给的困难所在。人们不管付费与否，他所能消费的公共产品量总是相同的。如果消费者所承担的公共产品成本取决于自己申报的从公共产品中获益的情况，那么他就会有隐瞒或从低申报自己真实效用水平的动机。在一个人口众多的社会里，没有人能够做到对其他所有社会成员的偏好和经济状况无所不知，因而人们便有可能隐瞒其从公共产品消费中获得的真实收益，从而在不付出代价的情况下，享受既存的公共产品的效益，于是出现了"搭便车者"（free rider）。显然，免费搭车对任何人来说都是一个理性的选择，但是，这种免费搭车行为的结果是公共产品实际供给水平远低于最优水平。再深入分析，如果所有社会成员都采取这种行为方式，公共产品就永远无法提供出来。这就是休谟早在1740年就指出过的"公共的悲剧"（public tragedy）。相反，假设当要求每个人陈述他的偏好时，事先交代清楚满足这些偏好的代价与他们所陈述的需求状况无关，他们的陈述只与公共产品的数量有联系，那么就会诱发夸大需求的现象，结果导致公共产品过度供给和使用上的浪费。

## 3.2.6 公共产品的提供方式

**1. 政府提供公共产品的方式**

公共产品和准公共产品应由政府组织和安排，政府的主要职责就是提供社会需要的公共产品，创造社会经济正常而有效运行的基本条件。但政府提供不等于政府直接经营企业生产全部公共产品。政府直接生产和经营公共产品，往往会导致效率低下。这是因为：①政府直接经营公共产品企业，由于没有私人部门与之竞争，处于垄断地位，从而导致垄断带来的种种弊端；②政府直接经营公共产品企业，由于没有利润的激励，导致生产低效率；③政府直接经营公共产品企业的支出来自预算，部门利益及重要性竞争会导致预算膨胀和失衡，损害公共部门效率。

不管消费者是有偿消费还是无偿消费，公共产品的生产总是要支付成本的。政府提供公共产品也就是解决对公共产品生产成本的补偿问题。一般来说，成本补偿的具体方式主要有以下 3 种。

（1）**以税收方式进行补偿**。在政府承担公共产品供给的条件下，不需要消费者直接支付代价，例如，国防、公共安全、法律等。这些公共产品的消费表面上看是完全免费的，所有人可以共享，并且不用付费，实际上政府通过征税的形式获得提供这类公共产品所需费用，消费者实际上还是支付了费用。

（2）**以价格方式进行补偿**。社会经济生活中，公共产品虽然由政府或公共部门提供，但却通过流通借助市场实现。消费者在支付相应价格后进行消费。这种方式一般适用于准公共产品，例如，邮电、交通、供水、供电等。

（3）**以补贴加收费的方式进行补偿**。在由政府管理的公共产品供给部门中，有时考虑到社会公平、稳定等因素，往往也采取政府对公共产品给予部分补贴，余下部分按较低价格收费的方式进行成本补偿，例如，教育、医疗等。

**2. 私营部门提供公共产品的基本方式**

对于大部分准公共产品，政府通常通过预算或政策安排给私营部门进行生产，一般有以下几种方式。

（1）**签订合同**。政府与私营企业通过签订合同提供公共产品，是提供公共产品最普遍最一般的方式，适用于提供具有规模经济性的准公共产品，如交通基础设施建设等。

（2）**授予经营权**。发达市场经济国家，许多公共领域都按这种方式委托私营企业提供和经营公共产品，如自来水、煤气和电等。此外，还有许多公共项目也是采取这种方式进行生产经营的，如电视台、广播电台、电影制作、报刊等。

（3）**经济资助**。鉴于公共产品的正外部性，政府往往对于私营企业生产公共产品进行经济资助。这种资助表面上看付给了私营企业，实际上有利于社会公众。政府资助的形式多种多样，如津贴补助、无偿赠款、优惠贷款、减免税收、直接投资等。政府补贴的主要领域是科学技术、住宅、教育、卫生等。

（4）**政府参股**。政府参股的具体方式主要有收益风险债券、收购股权、国有企业经营权转让、公共性参与基金。这种方式主要用于高速公路、堤坝、发电站、铁路、电信系统、港口等的建设和运营。

（5）**社会自愿服务**。政府应鼓励人们提供自愿服务，只要遵守宪法和有关法律，不管是个人、宗教、慈善组织、股份公司、基金会、境外公司组织等，均可提供自愿服务。自愿提供公共产品与社区人员长期形成的社区文化有关。在美国，沿海和救生艇的服务是自愿供给的，许多医疗研究是靠捐赠进行的，许多剧院、交响乐团、体育俱乐部也都是依靠捐赠维持的。

**3. 第三部门提供公共产品**

**第三部门，也称非营利性组织，是指不以营利为目的、主要从事公共产品供给、独立于政府和企业部门之外运作的私人组织**。包括志愿者团体、社会组织或民间协会等。第三部门具有组织性、自愿性、自治性和非营利性等特征。很多第三部门以社会弱势群体或边缘性社会群体为服务对象，具有减少市场机制的负面效果、增进人际和谐的优势和功能。

总之，促进公共产品供给主体多元化，可以增加社会供给、缓解供需矛盾、提高社会成员的生活水平和质量，还可以进一步减少财政在准公共产品方面的支出，将有限的资金用于更重要的领域和项目上，提高资金使用效率，促进经济的发展。

### 3.2.7 准公共产品的供给

**1. 准公共产品**

准公共产品（quasi public good）是指具有有限的非竞争性或有限的非排他性的公共产品，它介于纯公共产品和私人产品之间，例如，教育和卫生防疫等都属于准公共产品，也称为“混合产品”。受教育者学到知识和技能后，增加了获得收入和享受优越生活的能力，从这个角度看，它具有排他性与消费上的竞争性。但是，个人受教育后，有助于提供劳动能力，为社会创造更多财富和服务，有助于提高全社会的文化水平、民主水平和文明程度，因此它具有外部效益。卫生防疫既提高了接受防疫的个人的健康水平，也防止了疾病对他人的传染，同样具有外部效益。这样的产品同时具有公共产品和私人产品的某些属性。

消费品的竞争性和排他性特征并非一成不变，而是取决于特定的时空条件，具有不确定性和相对性，如果时空条件发生变化，消费品的公共性也将发生变化。

从时间上看，公共产品的公共性具有历史阶段性。①排他性技术水平的提高会改变公共产品的公共性，例如，广播电视产品曾被视为公共性很高的商品，但随着技术进步，广播电视产品和服务不断走向个性化，其公共性程度不断降低。②制度设计水平的提高可以改变公共产品的公共性，例如，公共工程特许权（BOT）的出现使私人投资兴建的公共设施可以合法地对使用者收费，从而使公共产品变成价格上排他的商品。③随着消费者收入和购买力的提高，部分公共产品逐渐成为私人产品。

从空间上看，公共产品的公共性具有一定的地域范围。第一，存在地方（如城镇、街道或社区）性公共产品，即由地方居民消费的公共产品，其受益面是地区性的而非区域性的或全国性的，如城市环境建设、社区绿化和安全等。第二，消费习惯或消费偏好影响公共产品的公共性，某一地区作为公共产品消费的商品在另一地区可能作为私人产品消费。第三，区域经济发展不平衡也会改变公共产品的公共性。某种商品或服务在经济欠发达地区作为公共产品提供，但在经济发达地区却成为私人产品，如在中国沿海经济发达地区，人们对通信、运输和电力等公共设施的使用就存在一定的争夺，在城市的公共交通领域和通信领域也出现了私人竞争。

准公共产品的特征主要包括：①在一定范围内具有非竞争性，增加消费者并不增加使用成本，达到某一消费数量后才具有消费竞争性。②可以有效地做到排他。通常对消费进行收费是可行的，收费成本并不高昂。准公共产品这些特性也被称为俱乐部产品。**所谓俱乐部产品是通过一种组织对其成员提供分享的集体品。**集体品的成本由全体成员共同分摊，分摊费用的方法可以采用平均分担规则，也可采用有差别分担规则。俱乐部供给机制主要是针对具有排他性和非竞争性的准公共产品提出的。其典型的费用分担规则是会员费的形式。

俱乐部产品的存在为私人提供公共产品提供了可能。詹姆斯·布坎南（James M. Buchanan）的俱乐部理论认为，在俱乐部无交易成本的基础上，俱乐部达到最优需要符合以下条件：①俱乐部混合物品与私人物品的边际替代率等于边际转换率；②俱乐部成员数与私人物品间的边际替代率等于边际转换率；③每个成员从俱乐部提供的私人物品与公共物品的消费中获得最大的效用；④在自愿基础上加入俱乐部的成员应该是同质无差别的，共享利益，共担成本。俱乐部是自愿形成的，成员的流动也是自由的，通过流动使俱乐部成员大体均质，效率最高。于是，个人是均衡的，集体也是均衡的，俱乐部达到最优。从考察准公共产品的性质角度，可以将其分为拥挤性的公共产品和价格排他性的公共产品两大类。

**2. 拥挤性的公共产品供给最优使用规模**

**拥挤性的公共产品（congestible public goods），是指那些随着消费者人数的增加而产生拥挤，从而**

会减少每个消费者可以从中获得的效益的公共产品。它们虽然为整个社会成员所共享，但在消费上具有一定程度的竞争性。即这种产品在消费者的人数达到拥挤点之后，消费者人数再增加，其边际拥挤成本不为零。例如，拥挤的公路、桥梁、火车车厢，即将超负荷的电网等。以拥挤的公路为例，当行驶的车辆达到一定数量之后，追加车辆就会阻碍交通，甚至增加交通事故的风险。要想扩大车流量，就得加宽或再建公路，就需要增加成本费用。

对于拥挤性公共产品，存在着最佳使用规模。对于一种拥挤性公共产品，假设其消费者都具有相同的消费偏好且公平地分担该产品的成本。如图 3-16 所示，曲线 *TB* 表示对于给定数量的某项拥挤性公共产品，其使用者数量 *N* 增加时对其中某一位消费者消费收益 *TB* 的影响，其斜率反映了每增加一位消费者所产生的边际收益 *MB*，表示为：

$$MB = \frac{\mathrm{d}TB}{\mathrm{d}N} = \frac{\Delta TB}{\Delta TN} \tag{3-5}$$

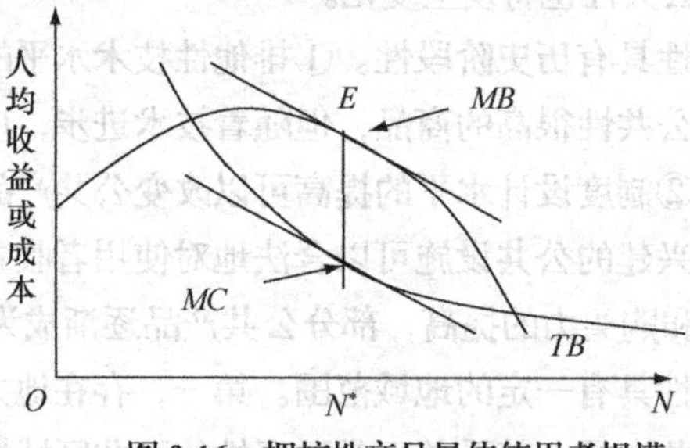


图 3-16　拥挤性产品最佳使用者规模

这种边际利益为负值，我们将其定义为对某一位消费成员的边际拥挤成本。因为总共有 *N* 个消费成员，所以每新增加一名消费者，强加于全体消费者集合的边际拥挤成本应视为对全体消费利益的损失，表示为：$N \cdot MB$。

假设供给一定水平的某公共产品的成本 *C* 在所有消费者中平摊，所以每位消费者应承担的成本为 *C/N*，如图 3-16 所示。因为对于任何给定水平的公共产品 *G*，*C* 为常数，所以 *C/N* 为一条直角双曲线。*C/N* 的斜率表示增加一名消费者所引起的成本变化，或者可以称之为边际成本 *MC*。*MC* 同样为负值，因为新加入的使用者分担了部分成本从而降低了其他消费成员的成本。由于每增加一名成员需支付应承担的成本 *C/N*，所以所有先前的 *N* 位消费者应付的总成本就减少了此项资金，而对于每一位先前的成员减少了 $C/N^2$。因此，*C/N* 的斜率 *MC* 应为 $-C/N^2$。

人均净利益将在 $TB - C/N$ 达到最大时或者是当 $MB=MC$ 时，达到最大值，即

$$MB = -\frac{C}{N^2}$$

或

$$-N \bullet MB = \frac{C}{N} \tag{3-6}$$

式（3-6）表示增加最后一个消费者时的人均分摊成本，即每个消费者的纳税额等于边际拥挤成本时，可以获得最佳的拥挤性公共产品供给量，其价格即消费者需缴纳的税负为增加最后一个消费者所产生的边际拥挤成本。图 3-16 中，在 *E* 点，曲线斜率 *MB* 与 *C/N* 曲线斜率 *MC* 相等，两条曲线之间的距离达到最大，从而获得拥挤性公共产品最佳的消费者群体规模 $N^*$。

对准公共产品的分析在实践中有一定的政策涵义：一是准公共产品由市场提供时，适当收费可使消费者更经济地使用这项产品；二是可以减轻因完全由政府提供而给政府带来的增税压力，并把税收成本和因征税而引起的效率损失限制在一个较低的水平上。因此，合理评价公共产品及准公共产品的外部效

应大小，并由此决定由政府提供还是由市场提供，以及在由市场提供时政府应给予多少补贴才合适，才符合效率最大化准则，是政府制定政策时必须考虑的因素。

**3. 价格排他的公共产品供给**

价格排他的公共产品（price-excludable public goods），是指那些效益可以定价，从而在技术上可以实现排他的公共产品。其特征是：①它的效用名义上向全社会提供，即谁都可以享用；②受益是排他的，即谁支付其价格谁才能受益。医院和学校就是这类产品，一方面，谁都可以进医院就医、进学校学习，而且就医、上学有正的外部效应；另一方面，医院、学校的收费制，又使那些不愿付款或付不起款的人享受不到医疗和教育的服务。

价格排他的公共产品，在技术上可以实现排他，但其生产和消费很有可能会产生外部效应，而且是正的外部效应。这种具有正外部效应的产品也被称为利益外溢性产品。如果它由私人部门通过市场提供，由此而带来的外部效应必须由政府财政给予补贴，否则很可能会出现供给不足的情况。

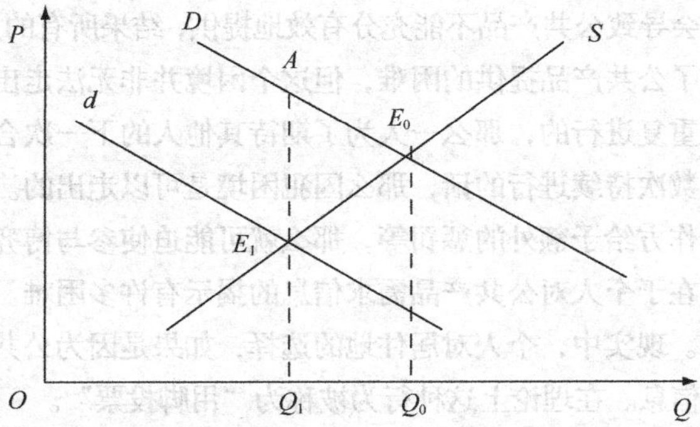


图 3-17 利益外溢性产品私人供给中的效率损失

如图 3-17 所示，横、纵轴分别代表供给量和价格，$d$ 为利益外溢性公共产品购买者的边际效用曲线（需求曲线），$D$ 为社会边际收益曲线，它们之间的垂直距离表示该产品的边际外部收益。$S$ 为供给曲线（边际成本线）。该产品符合效率准则的产出水平为 $D$ 线与 $S$ 线的供求均衡点 $E_0$ 所决定的 $Q_0$。但在市场机制下，人们按照本人所获得的利益决定购买量，该产品的产出水平只能达到 $d$ 线与 $S$ 线的交点 $E_1$ 所决定的 $Q_1$，这就会导致效率损失，即$\triangle AE_1E_0$面积减小。

为了经济效率的实现，政府部门可直接提供准公共物品，但也要利用市场的价格机制，以较低的价格提供给人们，从而达到有效率的消费量。

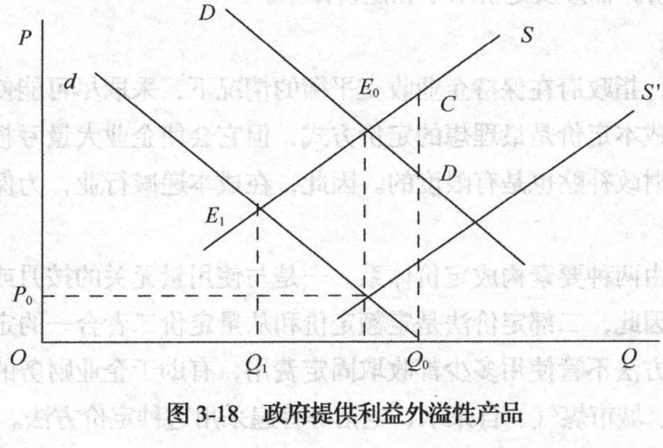


图 3-18 政府提供利益外溢性产品

如图 3-18 所示，政府提供利益外溢性产品的供给曲线向右下方移至 $S'$ ，应向受益人收取的价格为 $P_0$。如果完全由政府免费供应，必然造成过度消费，带来的福利损失为$\triangle E_0CD$面积减小。

**4. 公共产品提供的困难**

公共产品的有效提供是一个非常困难的问题。前面给出了不同背景下公共产品最优提供的条件，实际上我们并不知道每个人的公共产品需求曲线。如同前文所言，这些需求曲线都是虚拟的。理论上，只要每个人如实说出自己对某种公共产品的偏好，公共产品提供的困难问题就可迎刃而解。但问题是说实话的激励并不是在任何时候都很充足。以上分析表明，个人支付的公共产品价格是其对公共产品的偏好程度。越是喜欢该种公共产品，需要支付的税收价格就越高。这就存在利益动机促使人们去隐瞒自己的公共产品偏好。由于个人对公共产品的偏好是私人信息，其他人无从得知，“搭便车”心理以及相关的回报激励（少支付税收），使得政府要实现公共产品的最优提供难上加难。

公共产品的充分有效提供是整个社会所需要的，但其成本要靠社会成员来共同分摊。每个人承担足够的份额，公共产品才能顺利提供。这样，公共产品提供问题犹如“囚犯困境”。选择不合作的人过多，“搭便车”问题过于严重，就会导致公共产品不能充分有效地提供，结果所有的人都受到根本利益的损害。

囚犯困境的存在，说明了公共产品提供的困难，但这个困境并非无法走出。以上所说的囚犯困境是一次性博弈。但如果博弈是重复进行的，那么一人为了期待其他人的下一次合作，就有可能改变行为的选择。这样，如果博弈是无数次持续进行的话，那么囚犯困境是可以走出的。而如果在双方博弈中引入第三种力量，例如，对不合作方给予额外的惩罚等，那么就可能迫使参与博弈的各方进行合作。公共产品提供的困难，很大程度上在于个人对公共产品需求信息的揭示有许多困难。经济学家为此设计了各种机制来迫使参与各方说实话。现实中，个人对居住地的选择，如果是因为公共部门的原因所致，那么这也表明其对公共产品的需求信息。在理论上这种行为被称为“用脚投票”。

### 3.2.8 公共定价法

**1. 公共定价法概念及适用范围**

公共定价法是针对政府提供的满足社会公共需要的“市场性物品”，通过选择适当的定价方法，合理地确定价格，从而使这些物品和服务得到最有效的使用，提高财政支出效益的一种方法。它包括纯公共定价和管制定价两个方面。纯公共定价，即政府直接制定自然垄断行业（如能源、通信、交通等公用事业和煤、石油等基本品行业）的价格；管制定价是指政府规定竞争性管制行业，如金融、教育、保健等行业的价格。

公共定价法主要适用于成本易于衡量、效益难以计算但可以部分或全部进入市场交易的项目。无论是纯公共定价还是管制定价，都涉及定价水平和定价体系。

**2. 公共定价法的方法**

（1）平均成本定价法，指政府在保持企业收支平衡的情况下，采取尽可能使经济福利最大化的定价方式。从理论上讲，边际成本定价是最理想的定价方式，但它会使企业大量亏损，长此以往很难保证满足社会需要的物品。因为财政补贴也是有限度的。因此，在成本递减行业，为保持企业收支平衡，公共定价高于边际成本定价。

（2）二部定价法，指由两种要素构成定价体系，一是与使用量无关的按月或年支付的基本费，二是按使用量支付的从量费。因此，二部定价法是定额定价和从量定价二者合一的定价体系，也是反映成本结构的定价体系。由于该方法不管使用多少都收取固定费用，有助于企业财务的稳定，所以现在几乎所有受管制的行业，如电力、城市煤气、自来水、电话等普遍采用这种定价方法。

（3）负荷定价法，指根据不同时间段或时期的需要制定不同的价格。如在电力、煤气、电话等行业按需求的季节、月份、时区的高峰和非高峰不同，制定不同的价格。需求高峰时收费高；需求低峰时收费低。

# 3.3 外部效应理论

市场交易双方在交易过程中常常会对第三方或周围环境产生有利或不利的影响。而交易双方和第三方却没有为此承担应有的成本费用或没有获得应有的报酬。如果这类活动经由市场进行，由于成本和收益的非对称性，外部性产品的提供就会过多或过少，这就会使社会资源配置产生扭曲。

## 3.3.1 外部效应及其分类

**1. 外部性的涵义**

**外部性（externalities）是指一个人的行为对他人产生的利益或损害影响，但却没有获得应有的报酬或没有为此承担应有的费用。**也就是说，某人承担了成本，但是没有获得对应的利益；或其得到了好处，却没有为此付出代价。从另一个角度看是由于市场活动而给无辜的第三方造成的成本，也就是经济主体的经济活动对他人和社会造成的非市场化的影响。

如果用效用函数来说明外部性，则为

$$U_A = U_A\ (X_1,\ X_2,\ X_3,\ \cdots X_n,\ \ Y_1)$$

即一个人A的效用，不仅受其控制的活动$X_1$、$X_2$、$X_3$、⋯、$X_n$的影响，而且受到其他活动$Y_1$的影响。

萨缪尔森认为，当生产或消费对其他人产生附带的成本或效益时，外部经济效应便产生了。外部经济效应是一个经济主体的行为对另一个经济主体的福利所产生的效果，而这种效果并没有从货币或市场交易中反映出来。因此，可以从以下3个方面理解外部性。

① 外部性是一种人为的活动。

② 外部性是在某项活动的主要目的以外派生出来的影响。

③ 外部性包括对生态环境等与社会福利有关的一切生物或非生物的影响。

外部性的存在造成社会脱离最有效的生产状态，使市场经济体制不能很好地实现其优化资源配置的基本功能。

**2. 外部性分类**

按对外部影响的"好与坏"，外部性分为正的外部效应和负的外部效应。**正的外部效应也称外部效益或外部经济，指对交易双方之外的第三者所带来的未在价格中得到反映的经济效益。负的外部效应也称外部成本或外部不经济，指对交易双方之外的第三者所带来的未在价格中得以反映的成本费用。**或者说，正外部性是某个经济行为个体的活动使他人或社会受益，而受益者无须花费代价；负外部性是某个经济行为个体的活动使他人或社会受损，而造成外部不经济的人却没有为此承担成本。

按影响的范围分，外部性分为消费外部性和生产外部性。消费外部性指一个人的消费行为直接影响了他人的生产或消费。生产外部性指厂商的生产影响了其他人的福利。

负的外部性的存在引起私人成本和社会成本出现差异，使二者不等。社会边际成本（*MSC*）等于私人边际成本（*MPC*）加上边际外部成本（*MEC*），即

$$MSC = MPC + MEC$$

正的外部性的存在引起私人收益和社会收益的差异，使得社会边际收益（*MSB*）等于私人边际收益

（*MPB*）加上外部边际收益（*MEB*），即

$$MSB=MPB+MEB$$

## 3.3.2 外部性与资源配置效率

帕累托最优的一个必要条件是，任何两种物品的边际替代率（*MRS*），即价格之比对于生产这些物品的任何生产者来说等于其边际转换率（*MRT*），即 *MRS=MRT*。当存在负的外部性时，由于私人边际成本低于社会边际成本，有 $P=MPC<MSC$，厂商的一部分成本由社会承担了，因而会使这种产品过量提供，使资源配置不能达到帕累托最优状态，经济是缺乏效率的。如图 3-19 所示，实际产量 $Q'$超过了最佳产量 $Q^*$。

如果私人边际收益低于社会边际收益，则会造成产品供给不足的状态，同样缺乏效率。如图 3-20 所示，实际产量 $Q'$低于最佳产量 $Q^*$。

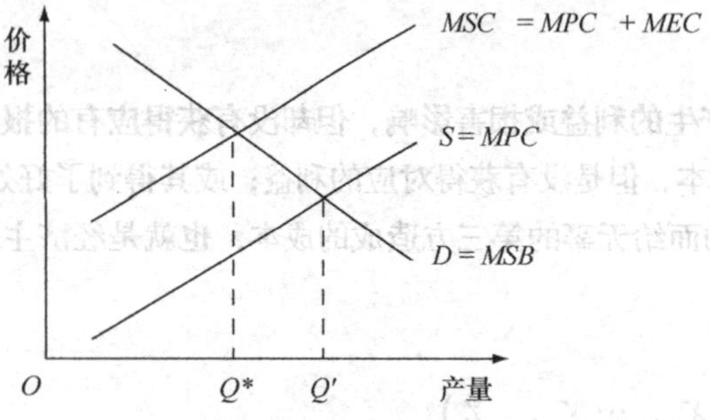


图 3-19 负外部性产品供给过量

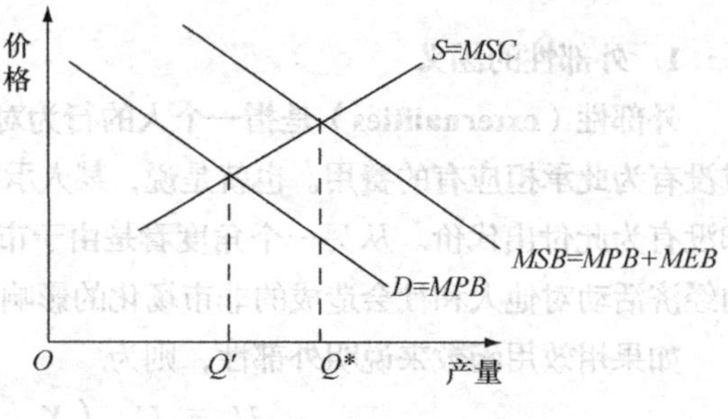


图 3-20 正外部性产品供给不足

总之，负外部性会导致坏东西过量提供，正外部性会导致好东西供给不足。这是因为，企业和个人的生产经营决策依据的是私人成本和私人收益，而不是社会边际成本和社会边际收益。

外部性在现实经济中广泛存在。无论是正的外部性还是负的外部性，都会导致市场失灵，影响市场对资源的配置。外在性是独立于市场机制之外的客观存在，它不能通过市场机制自动削弱或消除，往往需要借助市场机制之外的力量予以校正和弥补。显然，经济外部性意味着有些市场主体可以无偿地取得外部经济性，而有些当事人蒙受外部不经济造成的损失却得不到补偿。由于外部性使得资源配置缺乏效率，在现实经济中，市场参与者和公共部门都以各种方式对外部性进行治理，从而使资源配置达到或接近社会要求的最优水平。

## 3.3.3 外部性的纠正

解决外部性的基本思路是：让外部性内部化，即通过制度安排使经济主体的经济活动所产生的社会收益或社会成本，转为私人收益或私人成本，使技术上的外部性转为金钱上的外部性，在某种程度上强制实现原来并不存在的货币转让。

**1. 政府部门对外部效应的纠正**

**（1）罚款或征税（庇古税）：对负的外部性的矫正。对带有负的外部性的物品或服务征收相当于其外部边际成本大小的税收，以此将征税物品或服务的私人边际成本提高到与社会边际成本相一致的水平。这种使外部成本内部化的税收被称为庇古税（pigouvian tax）**。征税可以抑制产生负的外部性的经济活动。如图 3-21 所示，矫正措施即“内部化”，*T=MEC*，实现负的外部效应的内部化。*T* 为政府税收，将边际成本线由 *S=MPC* 提高到 *S'=MPC+T*，实现社会效益最大化。这时产量由过量供给 $Q'$缩减为最优产量 $Q^*$，当然，价格也由 $P'$上升到 $P^*$。

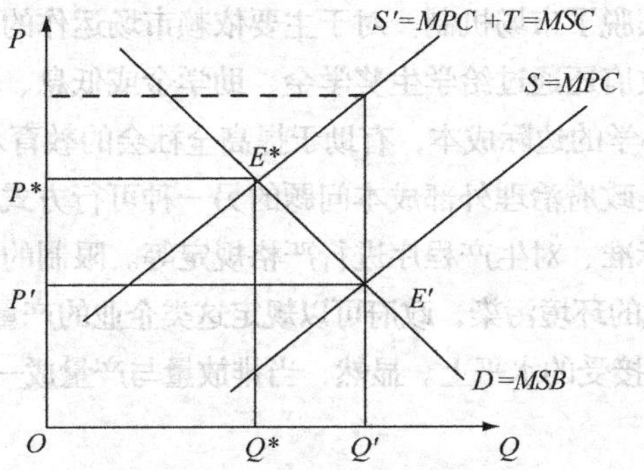


图 3-21 征收庇古税对负外部性的矫正

实施庇古税有以下两种可行的办法：第一种是向每一单位产品征收一个给定的税额，这个税额根据边际成本的价值量来制定。课征对象是造成污染的企业产量，它比较容易确认。其缺点是，一旦征收标准确定，企业就不会有减少或消除外部成本的积极性。要使企业朝这一方向努力，就必须及时地根据企业外部边际成本的变化情况调整征税的标准。第二种是直接向外部成本本身征税。这就是说，对于造成污染的企业，不是按它的产量来征税，而是根据它排放的废水、废气以及它所含有的有害物质的数量来征税。由于课税的对象是直接造成外部成本的经济指标，减少外部成本就可以减轻税收，企业会对此做出较为积极的反应。

（2）补贴：对正的外部性的矫正。对带有正的外部性的物品或服务的消费者，按照该物品或服务的外部边际效益的大小发放财政补贴，以此将补贴物品或服务的私人边际效益提高到与社会边际效益相一致的水平。补贴可以激励产生正的外部性的经济活动。如图 3-22 所示，发放补贴前，需求曲线为私人边际收益 *MPB*，当发放的补贴额等于外部边际收益 *MEB* 时，*MPB*+补贴=*MPB*+*MEB*=*MSB*，需求曲线由 *D* 移动到 *D'*，此时正外部产品由供给不足的 *Q'* 增加到最适宜的产量 *Q**。政府花费的补贴额为 *ABE***P**所围成的面积。按照该种物品或劳务的外部边际效益的大小发放财政补贴，实现正的外部效应的内部化。矫正性财政补贴的突出特征是其数额与外部边际效益相等。

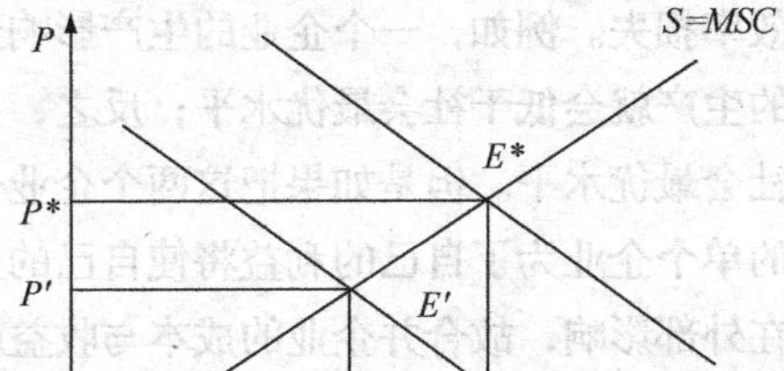


图 3-22 补贴对正外部性的矫正

对于产生正外部性的经济活动，政府可以给予补贴以鼓励生产或消费，教育即是一例。受教育者从教育中得到私人利益，教育程度比较高的人能得到较理想的工作、较丰厚的报酬，比较能享受文化生活等。但教育所产生的利益并不局限于受教育者本人。例如，与教育良好的人交往，可以得到不少启发、建议和指导。一般说来，在一个受教育程度较高的社会里，民主气氛较好，犯罪和暴力较少。这些都是教育的外部性。在存在正外部性的情况下，市场经济导致生产或消费不足。因此，教育不能单靠市场机制调节。这就是为什么在几乎所有的私有制市场经济制度下，政府对教育都有不同程度、不同方式的干预。公立学校和免费教育完全摆脱了市场机制。对于主要依赖市场运作的私立学校则给予非营利机构地位而免征公司所得税。此外，政府还通过给学生奖学金、助学金或低息、无息贷款来补助教育。这些补贴措施降低了学生求学或学校办学的边际成本，有助于提高全社会的教育水平。

（3）公共管制。公共管制是政府治理外部成本问题的另一种可行方式，即对生产者的行为做出某些限制。例如，规定法定的排污标准、对生产程序进行严格规定等。限制的形式可以根据具体情况来定。比如说，为了控制生产者所造成的环境污染，政府可以规定这类企业的产量，或者限制污染物的排放量，将污染物的排放量限制在一个可接受的水平上。显然，当排放量与产量成一定比例时，限制产量与限制污染物排放量具有同等的意义。

公共管制在实施过程中存在以下 4 个问题。

① 政府需要掌握一定的信息。首先政府要了解生产者的供给曲线，即这一产品的内部边际成本；其次要了解消费者的需求曲线；再次要对外部边际成本进行衡量，并算出它的价值。这样，政府就可以根据需求曲线与社会边际成本的交点来决定一个有效率的产出水平，并规定这类产品生产者的产出不得超过这一水平。显然，政府信息的完善程度，是公共管制能否实现效率的关键。信息社会条件下的信息共享和大数据分析，为这种管制提供了可能性。

② 不能适应环境的变化。政府所规定的产出水平，只是在特定的供给与需求曲线的条件下才是符合效率的，一旦供给和需求发生了变化，这一规定的产出水平就不再符合效率原则。

③ 管制不仅需要由政府规定污染产品的社会总量，还要为每一企业规定各自的限量，这样才能在总量超过规定水平时找到具体的责任者。但是要做到这一点需要具体了解每一个相关企业的成本情况，任何一个企业生产成本的变化都会影响管制的有效性。

④ 管制限制了污染的水平，但却没有将外部成本转变为企业的内部成本，承担污染成本的依然是社会，而不是制造污染的企业。

（4）法律措施。政府通过完善的法律对负外部性加以限制。

**2. 私人部门纠正外部效应的机制**

（1）一体化。私人市场可通过企业合并，扩大企业规模，组成一个足够大的经济实体来将外部成本或收益内部化，从而纠正外部效应的效率损失。例如，一个企业的生产影响到另外一个企业。如果影响是正的（外部经济），则第一个企业的生产就会低于社会最优水平；反之，如果影响是负的（外部不经济），则第一个企业的生产就会超过社会最优水平。但是如果把这两个企业合并为一个企业，其外部影响就消失了，就被内部化了。合并后的单个企业为了自己的利益将使自己的生产确定在其边际成本等于边际收益的水平上。而由于此时不存在外部影响，故合并企业的成本与收益就等于社会的成本与收益。于是资源配置达到帕累托最优状态。

（2）社会制裁。社会制裁主要是通过社会调整机制进行。**社会调整机制，是指通过非政府组织、非营利组织，以社会舆论、社会道德和公众参与等非行政、非市场方式进行调整。**例如，利用环保群众运动和环境道德舆论去克服外部性的败德冲动。法国思想家孟德斯鸠曾用“中间组织”来形容现代西方学者所谓的“市民社会”（civil society）。**市民社会指的是介于国家和家庭之间，但是又不依赖于任何一方的社会组织和社会团体。**非政府组织和非营利组织适合于调整人与具有非垄断性公共物品性质的环境资源的关系。之所以出现有别于政府和企业的第三领域或市民社会，形成用治理代替统治、用协作代替竞争的机制，是为了克服和弥补市场的失灵和政府的失灵。市场在限制垄断、提供公共品、约束个人的极端自私行为、克服生产的无政府状态、降低统计成本等方面存在着内在的局限，单纯的市场手段不可能实现社会资源的最佳配置即达到帕累托最优。同样，仅依靠政府的计划和命令等手段，也无法达到资源配置的最优，最终不能促进和保障公民的政治利益和经济利益。正是鉴于政府的失灵和市场的失灵，越来越多的人主张以治理机制对付市场调节和政府调节的失败。理想的治理机制称为“善治”（good governance）。善治的要素是严明的法度、清廉的官员、较高的行政效率、良好的行政服务、公开的信息、公众参与等。

（3）明晰产权。通过产权的明晰化来解决外部性问题的思想是以科斯为代表的产权学派经济学家提出的。如果产权是明确定义的，只要交易费用为零，那么在有外部性的市场上，无论交易的哪一方拥有产权，都能通过双方之间的谈判使资源配置达到帕累托最优状态，这就是科斯定理。

科斯认为，外部性之所以产生效率问题，是因为产权界定不明确。产权不明确，就无法确定究竟谁应该为外部性承担后果或得到报酬。只要明确界定产权，经济主体之间的交易行为就可以有效地解决外部性问题。

现实世界中，谈判不会没有成本。谈判本身要花费时间，证据要花精力去收集，而达成的协议要动员人力、物力去监督执行。因此，产权的明确界定并不能保证达到帕累托效率配置。在谈判成本较高因而效率配置无法达到的情况下，产权所规定的现状就在相当程度上影响到社会的经济效率。因此，产权的界定也有一个效率问题。

## 本章小结

1. 财政学的基本理论，主要包括公共选择理论、公共产品理论和外部效应理论等。

2. 公共选择是对政府决策过程的经济分析，是经济分析工具在政治领域的应用和延伸。公共选择理论研究的重点是集体决策问题。

3. 阿罗列出了由个人偏好推导出社会偏好所需要的五项必备条件，也被称为阿罗投票五原则：理性原则、独立原则、帕累托原则、非独裁原则和非限制原则。

4. 一致同意规则投票成本极高。多数票规则虽然投票成本较低，但多数票易出现投票悖论和多数人专政现象等。此外，还有加权投票规则和否决投票规则等。

5. 投票交易是指在简单多数规则下，获胜的多数人受益价值的总和可能低于少数人的成本价值。这时，少数人可能愿意进行投票交易以避免这种情况发生。

6. 中位选民定理是在个人偏好满足单峰偏好的简单多数规则下，投票赢得胜利的将会是被中位投票人最为赞成的方案。中位投票人最偏好的公共产品的数量或劳务量常常是多数规则下的政治均衡。

7. 利益集团，是指那些拥有某种共同目标，并试图对公共政策施加影响的具有同样偏好或共同经济利益的个人组成的团体。利益集团为得到或继续巩固自己的既得利益，就会寻租。

8. 公共产品是指那些能够同时供许多人共同享用的产品和服务，并且供给它的成本与享用它的效果，并不随使用它的人数规模的变化而变化。公共物品的主要特征为：效用的不可分割性、消费的非竞争性和受益的非排他性。

9. 公共产品的最优供给是公共产品与私人产品的边际技术转换率（*MRT*）恰好等于社会成员对此两类产品消费的边际替代率（*MRS*）之和，这使整个社会资源的配置达到帕累托最优。这也是公共产品提供的萨缪尔森条件。

10. 公共产品最优提供的庇古模型说明，公共产品的提供带给个人的边际效用，应该等于纳税带给他的负边际效用。鲍温模型指出，私人产品的市场需求曲线是个人需求曲线横向相加的结果，而公共产品的社会需求曲线是个人需求曲线纵向相加的结果。萨缪尔森模型给出了公共产品提供的最优条件，即个人对公共产品的消费的边际替代率之和，等于公共产品生产的边际转换率。公共产品最优提供的威克塞尔—林达尔模型，研究了平等的个人（政党）之间共同分摊公共产品成本的问题。

11. 准公共产品可分为拥挤性的公共产品和价格排他性的公共产品两大类。当增加最后一个消费者时的人均分摊成本，即每个消费者的纳税额等于边际拥挤成本时，可以获得最佳的拥挤性公共产品供给量，其价格即消费者需缴纳的税负为增加最后一个消费者所产生的边际拥挤成本。

12. 公共产品有效供给的关键在于消费者按自己从公共产品消费中获得的边际效用水平真实地表示自己对公共产品的需求，从而承担公共产品的成本。但由于存在着隐瞒从公共产品的消费中获得的真实边际效益的可能性，免费搭车的欲望不可避免，这就必须依靠政府的强制性征税保证公共产品有效供给。

13. 为了弥补政府垄断公共产品供给的不足和制度缺陷，公共产品供给主体已呈现多元化趋势。除了政府之外，私营部门以及第三部门已成为公共产品的提供主体。

14. 外部效应是指一个人的行为对他人产生的利益或成本影响，但却没有获得应有的报酬或没有为此承担应有的成本费用。外部性分为正的外部效应和负的外部效应。负外部性使产品供给过量，正外部性使产品供给不足。政府部门对外部效应的纠正主要包括：对负外部性进行罚款或征收庇古税；对正外部性给予补贴；此外还包括公共管制和法律措施。

15. 私人部门纠正外部效应的机制包括：通过企业合并将外部成本或收益内部化；以社会制裁的方式即通过非政府组织、非营利组织，以社会舆论、社会道德和公众参与等非行政、非市场方式进行调整；在交易费用为零时，通过明晰产权，就可以使双方通过谈判方式使资源配置达到帕累托最优状态。

## 案例分析

### 我国十大空气污染最严重的城市

2014年是我国实施空气质量新标准的第二年，也是各城市监测PM2.5的第二年。中国环境保护部2015年2月2日在北京公布了2014年京津冀、长三角、珠三角74个城市空气质量状况。根据环保部公布的2014年城市空气质量“红黑榜”，空气质量最差十城分别是保定、邢台、石家庄、唐山、邯郸、衡水、济南、廊坊、郑州和天津。最优十城是海口、舟山、拉萨、深圳、珠海、惠州、福州、厦门、昆明和中山。结果显示，2014年中国空气最差十城市中，京津冀占据八席。环保部评价，目前中国大气污染形势依然严峻，重污染天气频发势头未根本改善。

监测结果显示，与2013年相比，2014年，74个城市中达标城市由3个增加到8个。京津冀依然是污染重灾区，PM2.5年均浓度为93微克/立方米，超标1.6倍以上，在全国空气质量相对较差城市排名中，8个城市入选全国空气质量最差十名。

京津冀地区超标天数中以PM2.5为首要污染物天数最多，其次是PM10和03。京津冀区域PM2.5年均浓度为93微克/立方米，12个城市超标；PM10年均浓度为158微克/立方米，13个城市均超标；03日最大8小时均值第90百分位浓度为162微克/立方米，8个城市超标。

李克强总理也在2014年2月的国务院常务会议上说，“要打一场治理雾霾的攻坚战、持久战”。但雾霾、PM2.5只是近两年才成为热词，只是中国环境问题的冰山一角[①]。

① 王维丹.中国环境污染现状：远比雾霾可怕. 2014-06-07，http://wallstreetcn.com/node/93777.

**分析讨论**

结合本案说明政府如何采取措施对环境污染问题进行治理？如何权衡发展与环境的关系？

## 关键术语

公共选择　阿罗不可能定理　一致同意规则　多数票规则　简单多数票规则　按比例多数票规则　投票悖论　加权投票规则　否决投票　投票交易　互投赞成票　中位选民定理　代议制民主　利益集团　寻租　公共产品　非竞争性　非排他性　外部性　庇古税　科斯定理　公共产品的最优供给　拥挤性公共产品　价格排他性公共产品　边际替代率　边际转换率　萨缪尔森条件　第三部门　威克塞尔—林达尔均衡　外部效应　正外部性　负外部性　庇古税　社会调整机制　市民社会　科斯定理

## 思考题

1. 简述公共选择理论。
2. 公共选择理论研究的主题范围和研究方法是什么？
3. 不同的投票规则及其特点有哪些？
4. 简述布雷顿模型。
5. 简述公共产品供给的尼斯克南官僚模型。
6. 如何理解公共选择下的寻租行为？
7. 官僚主义对公共物品的影响有哪些？
8. 专利算不算一种寻租？
9. 为什么人们提出了不同的公共产品最优提供模型？它们之间有哪些联系和区别？
10. “虚拟”的公共产品最优供应模型是否具有现实意义？
11. 公共产品有效供给的基本条件是什么？
12. 威克塞尔—林达尔均衡所揭示的实现公共产品有效供给的均衡条件是什么？
13. 公共产品有哪些提供方式？
14. 什么是外部效应？
15. 政府和私人部门是如何纠正外部效应的？

# 第 2 部分

# 财政支出理论

# 第4章 财政支出的基本理论

财政支出，是政府为履行其职能而支出的一切费用的总和，它是政府活动的一个方面，直接反映政府的政策选择，同时也代表政府提供公共产品与服务所形成的耗费。目前财政支出的主要分支学科有：政府投资学、财政补贴学、社会保障学、政府采购学等。我国财政最主要的三大类财政支出包括：经常性支出、投资性支出和转移性支出。财政支出作为政府的重要宏观经济调控手段之一，已被广泛使用。一方面财政支出直接构成社会总需求，因而变动财政支出规模可达到调控社会总供求关系的目标；另一方面财政支出结构的确立与调整，对社会经济结构、产业结构的形成和优化有着至关重要的作用。本章从介绍财政支出的定义、分类入手，着重介绍了财政支出规模及其影响因素，财政支出的结构及其影响因素，政府采购制度和财政支出的效益分析。

## 4.1 财政支出的涵义与分类

### 4.1.1 财政支出的涵义

财政支出，**也称公共支出或政府支出，是政府为履行其职能购买相应商品和服务而支出的一切费用总和。**财政支出是以国家为主体，以政府的事权为依据进行的一种财政资金分配活动，集中反映了国家的职能活动范围及其所形成的耗费。从本质上来讲，财政支出就是满足社会公共需要的社会资源配置活动，是国家通过财政支出将集中起来的财政资金进行有计划地分配，以满足社会公共需要和社会再生产的资金需要，从而为实现国家的各种职能服务。同时财政支出还反映了政府的政策选择。

**财政支出包含以下两层涵义：**一方面，财政支出是以社会福利最大化为目标，满足公共需求的一种资源配置活动。与市场自发调节相比，财政支出是政府以财政的事权为依据，为履行其职能而支出的一些费用的总和，也就是说，财政支出是政府履行职能和执行公共决策所必须支付的成本；另一方面，财政支出的数额在一定程度上反映出政府介入经济和社会活动的规模和深度，体现出公共财政在经济和社会中的地位。由财政支出的涵义可以看出，财政支出是公共财政活动最为重要的内容，因为它不仅是宏观经济调控的实现条件，还是宏观经济调控的重要手段之一。

### 4.1.2 财政支出的分类

财政支出可以按不同的方法进行分类，既然财政支出在定义上可以理解为资源配置活动和职能成本两种，那么在分类上就可以按这2种不同涵义进行分类。

**1. 按财政支出的经济性质分类**

从理论形成和发展上来说，财政支出理论是将财政支出作为一种有别于市场机制的资源配置手段来探讨财政支出是如何引起及造成怎样的社会总福利水平和结构的变化。在满足一定假设条件下，社会总福利可以被视为是对社会成员个人福利赋予一定权重的一种加总，而个人福利来源于三个方面：偏好、价格和收入。从理论上说，偏好是经济学的公理性的假定，所以财政支出政策一般是通过一定的手段来改变商品的（相对）价格和个人收入，进而影响个人的福利水平，并通过个人福利的调整不断提高社会总福利水平，最终实现社会福利最大化的终极目标。于是，按照影响个人和社会福利水平以及结构的不同途径，根据财政支出是否与商品和服务相交换为标准，将财政支出分为购买性支出和转移性支出。

（1）购买性支出。购买性支出，**又叫公共消耗性支出，是政府作为一个消费者通过向市场直接购买物品或者服务来改变物品或者服务的相对价格，进而实现影响社会福利水平和结构的一种资源配置活动。**购买性支出具体包括各部门的行政经常性支出、管理费用和投资拨款等。这种支出活动实质上是一种交易行为，政府作为消费者直接参与到市场交易行为之中，将所购买的商品和服务用于政府的各项职能的履行。购买性支出基本上反映了社会资源和要素中由政府直接配置与消耗的份额，因而是公共财政履行效率、公平和稳定三大职能的直接体现。主要表现在以下3个方面。

一是购买性支出直接形成社会资源和要素的配置，因而其规模和结构等大致体现了政府直接介入资源配置的范围和力度，是公共财政对于效率职能的直接履行。这样，购买性支出能否符合市场效率准则的根本要求，是公共财政活动是否具有效率性的直接标志。

二是购买性支出中的投资性支出，将对社会福利分布状态产生直接影响，因而是公共财政履行公平职能的一个重要内容。

三是购买性支出直接引起市场供需对比的变化，直接影响经济周期的运行状况，因而是政府财政政策相机抉择运作的基本手段之一，是公共财政履行稳定职能的直接表现。为此，必须正确把握财政的购买性支出对市场均衡状态的影响，以确保政府正确实施财政政策。

由于政府在购买活动中充当了消费者的角色，即以公共部门的身份行使一般私人部门的经济活动，并且如同私人投资一般，公共部门的购买性支出对于国民经济的发展具有扩张作用，所以这类支出应当计入国内生产总值（GDP）之中。

（2）转移性支出。**转移性支出也称为消耗性支出，直接表现为货币、物品或者服务无偿的、单方面政府财政的转移，它包括政府用于养老金、补贴、公债利息、失业救济等方面的支出。**此类支出主要发生在收入再分配过程中，它并不表明公共部门消耗和占用经济和社会资源的要求，而是表明公共部门试图通过调整个人收入来影响社会总体收入分配状况，进而实现提高社会总福利水平和优化收入结构的目的。在转移性支出的活动中，转移只是从个人到个人的一种资源的再分配，而政府只是充当了收入再分配政策的制定者和执行者的"中介"身份。

这种按经济性质分类的方法具有较强的经济分析意义。由于购买性支出和转移性支出对于社会福利水平和结构的影响途径不同，所以它们最终对经济所造成的影响也有所不同。在购买性支出中，政府直接参与到市场交易中，大量的政府购买行为引起商品或者劳务相对价格的变动，从而对社会总需求和总供给产生直接的影响，但对于GDP分配的影响却是间接的。而转移性支出首先是对个人与个人收入之间的一种再分配，所以其对GDP分配的影响是直接的，而通过个人收入的变化对社会总需求和总供给在总量或者结构上的影响是间接的。如果在财政支出的总额中，购买性支出的比重较大，说明政府更重视资源配置的效率，所承担社会资源配置的职能也就较强；而如果转移性支出比重较大，那么表明政府更强调在社会公平和福利保障方面对经济的调控，所承当的收入分配调节的职能也就较强。一般来说，经济发达的国家或地区，由于其经济规模和结构达到了合理且有效的水平，基础产业与基础设施比较完善，市场制度健全和规范，政府在资源配置上的职能削弱，而在收入分配上的职能加强，并且前期经济发展所积累的社会财富和财政收入为其承担更多的收入分配职能奠定了基础。于是，发达国家或者地区转移性支出占总支出的比例较大。而发展中国家则相反，购买性支出所占的比例较大，如表4-1所示。

表4-1　购买性支出与转移性支出在财政支出中所占比例（单位：%）

| 类别 | 发达国家 | 发展中国家 |
|---|---|---|
| 一、购买性支出 | 45.2 | 61.5 |
| 1. 经费 | 34.9 | 50.1 |
| 2. 投资 | 10.3 | 11.4 |
| 二、转移性支出 | 41.0 | 22.5 |
| 1. 公债利息 | 5.6 | 5.5 |
| 2. 补助金 | 35.4 | 17 |
| 三、其他 | 3.8 | 16.0 |

资料来源：姜杰，马全江. 公共经济学[M]. 山东：山东人民出版社，2003. P179.

**2. 基于职能成本意义上的分类**

从职能成本角度上看，可以将财政支出视为政府履行其职能所必须支付的成本和费用。政府为管理社会必须承担一定的具体职能，如国防、安全、公共卫生及经济调控和管理等。为了实现这些职能，必须设立一定的职能部门或者机构，雇佣一定的政府人员，购买或者租用一定的办公场地或者设施，做出一定的公共决策，并加以执行。为了使公共财政在政府众多的相关职能之间进行合理的、有效的分配，政府就必须对财政支出在分配伊始进行科学的预算，而预算支出项目编制通常与政府部门的职能或机构设置相结合，即有多少职能设置多少部门或者机构，有多少部门或者机构则设置多少支出项目。于是根据公共预算所设置的预支项目来对财政支出进行分类，也就成为财政支出的一种重要的分类，称为预算分类法。各国在预支项目的设置上有所不同（见表4-2和表4-3），但大体上有下列八项[①]。

（1）国防支出。国防支出是政府用于国防建设和军队建设方面的费用支出，包括各种武器和军事设施支出、军事人员给养支出和对外军事援助支出等。因为政府的国防安全服务具有效用的不可分割性、非竞争性和非排他性，所以国防是一种典型的纯公共品。

表4-2　英国不同职能范畴间支出计划总额的年均增长率（单位：%）

（1978—1979年度到1987—1988年度）

| 项目 | 年均增长率 |
|---|---|
| 法治 | 21.7 |
| 社会保障 | 18.1 |

① 高培勇. 公共经济学. 北京：中国人民大学出版社，2004. 88.

续表

| 项目 | 年均增长率 |
|---|---|
| 农业 | 17.0 |
| 国防 | 15.1 |
| 所有财政支出 | 12.8 |
| 集体消费 | 10.4 |
| 海外援助 | 6.1 |
| 工业、贸易和能源 | 4.1 |

资料来源：帕特里克. 敦利威. 民主、官僚体制与公共选择. 北京：中国青年出版社，2004. P240.

表 4-3　中国 2001 年财政支出项目以及规模（单位：亿元）

| 项目 | 支出规模 |
|---|---|
| 经济建设费 | 6473 |
| 社会文教费 | 5213 |
| 国防费 | 1442 |
| 行政管理费 | 3512 |
| 其他支出 | 2262 |

资料来源：国家统计局. 中国统计年鉴. 2002.

（2）外交事务支出。包括驻外使领馆支出、国际会议支出、向国际组织缴纳费用支出和外事机关活动经费支出等。

（3）行政管理支出。包括国家元首、国家立法机关、国家行政机关、公安警察机关和司法机关的管理费支出等。

（4）经济建设支出。包括国有企业支出、公共经济事业支出、农业援助支出、交通运输支出、物资储备支出和对外经济援助支出等。

（5）社会文教支出。包括社会保障支出、社会救济支出、教育支出、科学研究支出、文化事业支出、医疗卫生支出、退伍军人福利和服务支出等。

（6）保护环境和自然资源支出。包括能源支出、污染控制设置建设支出和水力、电力资源设施建设支出等。

（7）政府债务支出。包括公债利息支出、公债还本支出和公债管理费用支出等。

（8）其他支出。

实践性强是这种分类方法的主要意义所在，其表现为：一是便于政府及其有关职能部门编制财政预算；二是便于社会（立法机构、公众）了解财政支出的去向、意义与作用，并实施相应的监督。

**3. 按财政支出的利益覆盖范围分类**

依此标准，财政支出可分为一般利益支出和特殊利益支出两大类。

（1）**一般利益支出是指可以使全体社会成员从中受益的财政支出。**显然，由这类财政支出提供的公共产品与服务具有共同消费或联合受益的特点，每个社会成员从这类财政支出中所获利益多少并不能（或难以）测算，如国防支出、行政管理支出等。

（2）**特殊利益支出是指只有社会中某些特定的企业或居民直接受益的财政支出。**这类财政支出只是使部分社会成员直接受益，而且每个社会成员从这类支出中是否获益以及所获利益多少也有可能测定。

例如，教育支出、医疗卫生支出、企业补贴支出、社会救济支出、城镇居民最低生活保障补助、债务利息支出、技改贷款贴息等。

这种分类方法具有特定的理论分析意义，一方面有助于揭示财政支出所体现的分配关系；另一方面有助于分析和推断不同阶层或利益集团对待财政支出决策可能表现的态度。

**4. 按支出用途分类**

按支出用途可将财政支出分为补偿性财政支出、积累性财政支出和消费性财政支出。**补偿性财政支出是用以补偿相关的国有企业或机构在生产过程中消耗的生产资料方面的支出**。例如，国有企业更新改造支出和挖潜改造支出等。在经济体制改革前，这部分支出曾是我国财政支出的重要内容，而在经济体制改革后，随着政府职能转变和国有企业改制，这部分支出在财政支出中所占比重在逐渐下降。

**积累性支出是政府作为一个投资主体，将部分财政收入作为社会扩大再生产的投资，直接投入社会物质财富生产的支出**。包括基本建设支出、增拨企业流动资金支出、支援农业生产支出及国家物资储备支出等。在原计划经济体制下，我国政府的积累性支出比例较大，这与计划经济追求高资本积累率、高储蓄率和快速工业化的战略目标是相关的，然而资本高积累率和储蓄率的代价是消费品的短缺及积累与消费比例失调。

**消费性支出主要是指政府为保证社会共同消费的实现所安排的支出**。具体包括国防、行政、教育、社会保障和社会福利支出等。在现行的市场经济国家中，政府在保障国家安全、维护社会秩序、发展社会事业、提供社会福利和保障方面的职能不断加强，政府作为公共部门的特征更为显著，于是财政支出中的消费性支出比重也就较高[①]。

这种分类方法具有较强的政策分析意义，主要是便于社会了解财政支出及其结构和国民经济发展的关系。

**5. 按照支出目的分类**

按照支出目的财政支出可分为预防性支出和创造性支出。所谓预防性支出指用于维持社会秩序和保卫国家安全，不使其受到国内外敌对力量的破坏和侵犯，以保障人民生命财产安全和社会稳定的支出。这类支出主要包括国防、警察、法庭、监狱与政府部门的支出。

创造性支出**指用于改善人民生活，使社会秩序更为良好、经济更加发展的支出**。这类支出主要包括经济、文教、卫生和社会福利等支出。

**6. 按财政支出的管理权限分类**

按财政支出的管理权限，财政支出分为中央财政支出和地方财政支出。按照分税制财政管理体制规定，**中央财政支出是指由中央预算安排使用和管理，实现中央政府职能的各项支出**。包括国防支出，武装警察部队支出，中央级行政管理费和各项事业费，重点建设支出及中央政府调整国民经济结构、协调地区发展、实施宏观调控的支出。**地方政府支出是指由地方各级预算安排使用和管理，实现地方政府职能的各项支出**。主要包括地方行政管理和各项事业费，地方统筹的基本建设、技术改造支出，支援农村生产支出，城市维护和建设经费，价格补贴支出等。

**7. 国际分类方法**

随着市场经济的建立，我国国民经济核算体系已由原来的物质产品平衡体系转变为国民经济核算体系，而我国财政收支分类目前仍沿用过去的分类方法。为便于经济分析以及国际比较，有必要借鉴国际

---

① 姜杰，马全江. 公共经济学. 山东：山东人民出版社，2003.

先进经验并结合中国的实际建立新的分类方法。

国际上，从现有的分类方法看，大体可以归为两类：一类是用于理论和经验分析的理论分类；另一类是用于编制国家预算的统计分类。从理论分类来看，根据分析的目的不同，可按政府职能、支出目的、组织单位、支出利益等标准分类。例如，以财政支出的用途和去向为标准，财政支出可分为防务支出和民用支出两大类，前者包括国防、公安、司法等与防务有关的支出，后者包括除防务支出以外所有的其他各项支出。这种分类方法的目的在于分析一国财政支出的军事化程度或民用化程度。上面讲过的按经济性质分类，也是一种理论分类。

从统计分类来看，按照国际货币基金组织的分类方法，有职能分类法和经济分类法两种。按职能分类，财政支出包括一般公共服务支出、国防支出、教育支出、保健支出、社会保障和福利支出、住房和社区生活设施支出、其他社区和社会服务支出、经济服务支出以及无法归类的其他支出。按经济分类，财政支出包括经常性支出、资本性支出和净贷款。目前我国按费用类别分类的方法同国际货币基金组织的职能分类法比较接近。

## 4.1.3 财政支出原则

现代各国政府的财政支出几乎都规模庞大、内容丰富，但财政支出的规模是否适度、财政支出的结构是否合理，以及财政资金的使用是否有效，既关系到政府能否实现其职能，也对国民经济能否持续稳定增长具有重大影响。正因为如此，20 世纪 30 年代西方国家扩大政府对经济的干预之后，西方经济学界一改以往对财政支出问题研究不多的状况，开始重视对财政支出原则等问题的研究。

就西方国家而言，财政支出原则一般包括 3 项内容：经济效率原则、公平原则和稳定原则。我国财政支出的基本原则有以下 4 条。

**1. 厉行节约，讲究效益的原则**

厉行节约就是要求在一切经济活动中，必须注意人力、物力、财力的节省。讲究效益就是要求以尽可能少的人力、物力、财力的消耗，取得尽可能多的劳动成果。在财政支出中，厉行节约，讲究效益，就是要按照经济规律办事，精打细算，节约开支，做到少花钱多办事，以最少的耗费取得最大的效益，要敢于和破坏财经纪律、铺张浪费、贪污盗窃的行为作斗争。

**2. 统筹兼顾，全面安排的原则**

要求国家财政支出的安排，必须从国民经济全局出发，通盘考虑；区分轻重缓急、主次先后；既要保证重点，又要兼顾一般，妥善分配政府财力，以保证政府各项职能的实现，并促进国民经济的协调发展。为此必须正确处理好积累与消费、生产性与非生产性、农业、轻工业、重工业、沿海与内地等的支出比例关系。

**3. 量入为出，量力而行的原则**

量入为出就是指财政应根据可能筹集的财政收入规模来安排财政支出的数额，使支出与收入相适应，不留支出缺口。量力而行就是要求国家建设规模，必须与国力相适应，安排财政支出不要超过现实财力。总之，就是要根据客观经济条件的可能性，安排财政支出，既满足国家实现其职能的需要，又保证国民经济的持续健康协调的发展。

**4. 效率、公平、稳定三者兼顾原则**

它要求国家财政支出的安排，既要有助于资源配置的优化，促进经济效率的提高；又要有助于社会公平的实现，提高社会的整体福利水平；还要有助于经济运行的稳定，促进经济健康平稳的增长。

# 4.2 财政支出规模

## 4.2.1 财政支出规模及其衡量指标

### 1. 财政支出规模的涵义及衡量指标

财政支出规模是指一定财政年度内通过预算安排的财政支出总额。政府通过财政渠道安排和使用财政资金的绝对数量及相对比率，即财政支出的绝对量和相对量，它反映了政府参与分配的状况，体现了政府的职能和政府的活动范围，是研究和确定财政分配规模的重要指标。

财政支出规模是衡量一定时期内政府支配社会资源的多少、提供公共物品的数量、满足社会公共需要的能力的高低的重要指标。由于财政支出有狭义和广义之分，财政支出规模也可以从狭义和广义两层意义上来理解。狭义的财政支出规模是指政府预算中财政支出的规模，反映某一年度内政府通过预算形成的财政支出规模。广义的财政支出规模是指某一财政年度内通过政府安排的用于社会公共需要方面的所有支出，即除了狭义上的财政支出外，还包括预算外支出等。目前，在进行财政支出规模的国际比较时，我国多数学者是以我国预算内财政支出，也即狭义的财政支出进行比较的。

（1）绝对量指标，即直接用货币量表示的政府财政支出规模。例如，1995 年英、美两国财政支出分别为 2927 亿英镑、15907 亿美元，2013 年我国全国（预算内）财政支出为 142292.64 亿元人民币。

财政支出规模的绝对量指标可以较直观地反映一定时期内政府财政活动的规模。各个国家或地区通常用这类指标编制政府预算，并向立法机构提供政府预算及决算报告。

应注意的是，在比较不同国家或同一国家不同时期的财政支出绝对规模时，必须考虑到人口、价格水平、币值或汇率等因素的影响。

（2）相对量指标，即用财政支出绝对额和某个反映经济总量大小的数值之比来表示的财政支出规模，这也是一国国民的经济负担率。**各国通常采用财政支出占 GDP 比重来衡量财政支出的经济负担率。**

财政支出的经济负担率 = 财政支出 / GDP

目前发达国家这一指标为 40%～50%，发展中国家为 20%左右。财政支出占 GDP 的比重这一指标常看作衡量财政集中的程度，能较全面地反映政府财政在整个国民经济中所处地位的相对重要性，指标上升意味着财政支出规模的扩大。例如，西方经济发达国家在 20 世纪初，财政支出占 GDP 的比重一般为 10%，而 20 世纪末则大都上升至 1/3；改革开放以来，我国财政支出占 GDP 的比重经历了一个先降后升的变化过程，近年来这一比重是：2006 年为 19.2%，2007 年为 19.1%，2008 年则为 22.7%（如图 4-1 所示）。

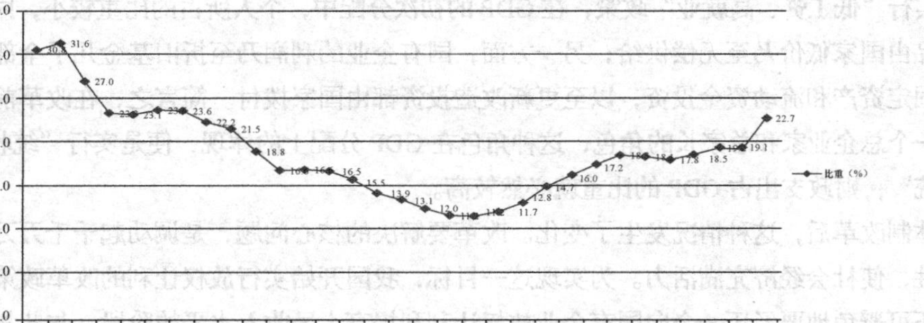


图 4-1 1978—2008 年财政支出占 GDP 比重

应注意，运用这一指标对同一国家不同时期的财政支出规模进行纵向比较，以及对不同国家同一时期财政支出规模进行横向比较时，要考虑经济体制及其变化的影响。

**2. 衡量财政支出规模变化的指标**

对不同时期政府财政支出规模增长变化进行比较，也可以运用绝对量、相对量两类指标。

（1）**绝对量指标，即用财政支出的货币数额来衡量财政支出规模的增长变化。**例如，从1900年到1995年，英国的财政支出规模由2.8亿英镑增至2927亿英镑，美国的财政支出规模则由1890年的8亿美元增至1995年的15907亿美元。我国的财政支出（预算内）规模由1978年的1122亿元增至2013年的142293亿元人民币①，增长了126.8倍。

应注意，用绝对量指标衡量财政支出规模的增长变化时，必须考虑币值变动的影响，即要剔除通货膨胀或通货紧缩的影响。

（2）相对量指标。这类指标主要有以下3种。

**① 财政支出增长率：当年财政支出比上年同期财政支出增长的百分比。用以表示财政支出的增长速度。**

**财政支出增长率=（财政支出增长额/ 基期财政支出额）×100%**

**② 财政支出增长的弹性系数。财政支出增长的弹性系数是指GDP一定幅度的增长所引起的财政支出增长幅度的大小。**其计算公式为：

**财政支出增长的弹性系数（$E_F$）=某个时期财政支出的增长率/同一时期GDP的增长率**

$E_F>1$，说明GDP增长＜财政支出增幅

$E_F<1$，说明GDP增长＞财政支出增幅

$E_F=1$，说明GDP与财政支出同步增长

**③ 财政支出增长的边际倾向。财政支出增长边际倾向是财政支出增长额与GDP增长额之间的比例。**计算公式为：

**财政支出增长的边际倾向=（财政支出增加额 / GDP增加额）×100%**

某一时期的财政支出增长的边际倾向上升，说明这一时期增加的GDP额中有更大的份额被用于财政支出，即财政支出规模相对扩大了。

**3. 财政支出规模的发展趋势分析**

财政支出的规模，即财政支出占GDP的比重，各个国家有所不同，在同一个国家的不同时期，这一比重也是不同的。

（1）我国经济体制改革前后财政支出分析。

在经济体制改革前，我国财政支出占GDP的比重是比较高的，这是由当时的计划经济体制决定的。一方面，实行“低工资、高就业”政策，在GDP的初次分配中，个人所占的比重较小，同时，许多个人生活必需品由国家低价乃至无偿供给；另一方面，国有企业的利润乃至折旧基金几乎全部上缴国家，相应地，其固定资产和流动资金投资，以至更新改造投资都由国家拨付。简言之，在改革前的经济中，国家扮演了一个总企业家和总家长的角色，这种角色在GDP分配上的体现，便是实行“统收统支”制度，既然要“统”，财政支出占GDP的比重就必然较高。

经济体制改革后，这种情况发生了变化。改革要解决的核心问题，是调动起千千万万个微观经济主体的积极性，使社会经济充满活力。为实现这一目标，我国开始实行放权让利的改革政策。所以，在改革之初，不可避免地要经历一个向国有企业放权让利和提高人民收入水平的阶段，与此相应，相当多的

① 关于2013年中央和地方预算执行情况与2014年中央和地方预算草案的报告. 中央政府门户网站，www.gov.cn，2014-03-15.

支出便在财政支出账上或多或少有所缩小，有的甚至消失了，财政支出占 GDP 的比重自然出现下降的趋势。但我国列入预算内的财政支出占 GDP 的比重下降的速度过快，下降的幅度过大，18 年间下降了近 20 个百分点，平均每年下降 1 个百分点（见表 4-4）。

表 4-4　我国财政支出占 GDP 的比重

| 年份 | 财政支出（亿元） | 财政支出占 GDP 的比重（%） |
|---|---|---|
| 1978 | 1122.1 | 30.96 |
| 1980 | 1228.8 | 27.20 |
| 1985 | 2204.3 | 24.59 |
| 1990 | 3083.6 | 16.63 |
| 1995 | 6823.7 | 11.67 |
| 1996 | 7937.6 | 11.69 |
| 1997 | 9233.6 | 12.40 |
| 1998 | 10798.2 | 13.78 |
| 1999 | 13187.67 | 16.07 |
| 2000 | 15886.50 | 17.77 |

资料来源：中国统计年鉴（2001）.

（2）西方发达国家的财政支出分析。

从发达国家的发展中可以看到相反的趋势（见表 4-5）。在早期的资本主义经济中，财政支出占 GDP 的比重是比较小的，那时，资产阶级提倡个人自由，主张国家采取放任政策，对私人生活和私营企业的经营活动不加干预，国家的职能基本上限于"维持社会秩序"和"保卫国家安全"方面，在经济、文化、社会等方面很少有所作为。随着资本主义基本矛盾的发展和激化，资本主义国家政府为了维持经济发展和克服日益频繁的经济危机，加强了对经济的干预。同时，为了防止社会动荡愈演愈烈，不得不设法提高广大劳动人民的生活水平并提供基本的社会保障，因此导致财政支出日益膨胀。另外，GDP 的增长，筹措财政收入措施的加强，以及增发公债作为弥补支出的手段成为可能，也从财源方面支持了财政支出的膨胀。从实行市场经济的其他发展中国家，也可以发现类似的支出不断膨胀的趋势。从 20 世纪 80 年代开始，英、美等发达国家开始进行财政调整，财政支出规模得到控制，支出增长得到一定程度的遏制。一般来说，财政支出占 GDP 比重的增长不是无止境的，当经济发展达到一定阶段后则趋于相对稳定（如表 4-5 所示）。

表 4-5　发达国家财政支出占 GDP 或 GNP 的比重（%）

| 年份 | 法国 | 德国 | 日本 | 瑞典 | 英国 | 美国 |
|---|---|---|---|---|---|---|
| 1880 | 15 | 10 | 11 | 6 | 10 | 8 |
| 1929 | 19 | 31 | 19 | 8 | 24 | 10 |
| 1960 | 35 | 32 | 18 | 31 | 32 | 28 |
| 1985 | 52 | 47 | 33 | 65 | 48 | 37 |

资料来源：1988 年世界发展报告. 北京：中国财政经济出版社，1988. 44.

### 4.2.2 西方经济学家对财政支出不断膨胀趋势的分析

**1. 瓦格纳的财政支出扩张论**

财政支出扩张论由19世纪德国经济学家阿道夫·瓦格纳（A.Wagner）提出。其主要内容是：随着社会经济日益发展，国家职能的内涵和外延在不断扩大，从而导致政府经济活动不断增加，所需的财政支出也日益攀升，这是社会经济发展的客观规律，是不可避免的长期趋势。**这也被概括为瓦格纳法则（wagner`s law）：随着人均收入的提高，财政支出的相对规模也随之提高。**图4-2表明了人均GDP与财政支出占GDP比重之间关系的变化。随着人均GDP的不断增加，由$Y_1$、$Y_2$到$Y_3$，财长支出占GDP比重也不断提高，由$G_1$、$G_2$到$G_3$；一开始增加较快，随后较慢；当人均GDP继续增加到$Y_3$以后，这时财政支出占GDP比重增幅逐渐递减，基本趋于稳定。

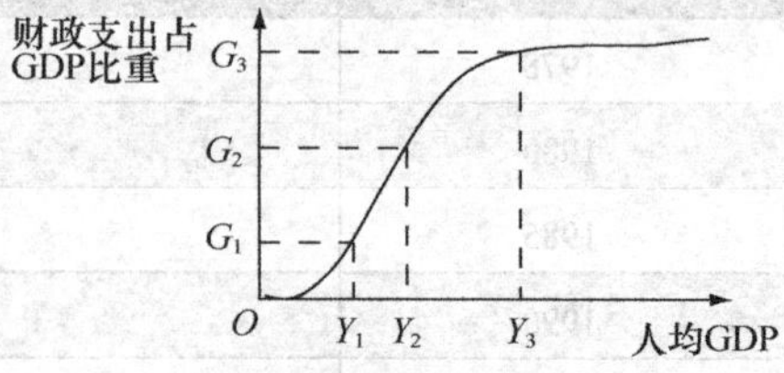


图4-2 瓦格纳法则的解释

财政支出扩张主要表现为3个方面：①财政支出的增长幅度大于经济增长幅度，是一种必然趋势；②政府消费性支出占国民所得的比例不断增加；③随着经济发展和人均所得上升，公共部门的活动将越来越重要，财政支出也就逐渐增加。

瓦格纳认为财政支出不断扩张的原因主要有以下2方面因素。

（1）政治因素。扩张的市场中的当事人之间的关系会更加复杂，引起对法律和契约需求的增加，使得用于完善国内法制和维护市场秩序的支出增加。政府需要把更多的资源用于提供治安和法律设施。据此，瓦格纳解释了公共部门服务的紧迫性，这些服务包括法律、警察和金融等各个方面。

（2）经济因素。政府活动的深度和广度不断扩大。工业的发展推动了都市化的进程，出现"都市病"，需要政府进行管理与调节工作。①公共经济对私人经济的替代性增强；②需求的收入弹性增大，带动了对教育、娱乐、文化、保健和社会福利服务的支出增长；③私人垄断力量的上升需要政府去抵制和消除。

对于财政支出在教育、娱乐和文化、医疗和福利服务方面的增长，瓦格纳是用它们的收入需求弹性来解释的。在瓦格纳看来，这些服务代表更高级的收入弹性需要。因此，随着经济中实际收入的提高（即随着GDP的提高），对这些服务的财政支出的比例也会提高，这就解释了政府支出相对于GDP的不断增长的比率。

瓦格纳的论述具有实证基础，他考察了19世纪许多西欧国家以及美国和日本的公共部门增长情况。决定财政支出占GDP比率变化的力量，是可以用政治因素和经济因素来解释的。瓦格纳对国家活动规模扩张的解释表现了极大的洞察力。早在19世纪，他就对当时的市场失灵和外在性概念作过简单说明。瓦格纳指出，随着经济的工业化，不断扩张的市场和市场主体之间关系的本质，也会变得越来越复杂。市场相互作用的复杂性就使得商业法则和契约变得很有必要，这就需要建立一套司法制度执行这些法律，即管理制度。城市化和生活密度的提高，导致了外在性和拥挤，这也要求公共部门进行干预和管理。

瓦格纳的模型尽管有极好的洞察力，却因为它没有包含一个表达清晰明确的公共选择理论而遇到了挫折。实际上，瓦格纳的假设有意避开公共选择问题，而运用了国家有机论。这就是将国家视为一个人，它的存在和决策都是独立于社会其他成员之外的。

瓦格纳法则是建立在一个特殊的工业化历史背景下，工业化是经济增长的发动机，也是公共部门扩张的火车头。但是，他解释的到底是公共部门的绝对增长还是相对增长？而且，若脱离工业化——如经济已经进入成熟阶段或处在滞胀期——该如何解释公共部门的扩张？

瓦格纳法则集中对公共增长的需求方做出解释，它解释了迫使公共产品需求扩大的压力。

**2. 皮科克和怀斯曼的“梯度渐进增长理论”**

“梯度渐进增长理论”也被称为“增长引致论”，由英国经济学家皮科克（Peacock）和怀斯曼（Wiseman）提出。皮科克和怀斯曼的研究，可以说是财政支出时间模型中最著名的分析法①。其基本原理是：随机事件——社会动荡（如战争）的冲击加快了政府支出的增长，而惯性又阻止了其返回以前的水平。他们把分析建立在决定财政支出的政治理论基础上，即“政府愿意多花钱，人们不愿多纳税，因此政府必须注意其公民的意思”。据此他们把对财政支出的分析，转到投票箱的影响上来。他们认为财政支出之所以会不断扩张仅仅是因为公共收入的增加，而非别的原因，公共收入的增加有两方面原因：正常时期的内在原因和非正常时期的外在原因。

（1）正常时期的内在原因：经济发展。在社会发展的正常时期，随着经济的发展和收入的上升，在税率不变的情况下税收收入相应增长，因而财政支出有可能同步增长，这就是政府支出增长与国民收入增长的线性相关关系。

政府与国民一直处在税收的博弈之中。关键是国民对税收的容忍度。政府追求政治权力的最大化而存在支出增加的内在动力；国民则要追求个人利益的最大化而不愿多交税。

（2）非正常时期的外在原因：战争与灾难。战争和饥馑等自然灾害发生时，政府支出急剧增加，这时政府会被迫提高税率或新设税种，公众在危急时期也会接受这一事实。但战争和灾难过后政府不一定恢复原有税率，有的新税会继续存在，这就造成财政支出的持续增加，如图4-3所示。

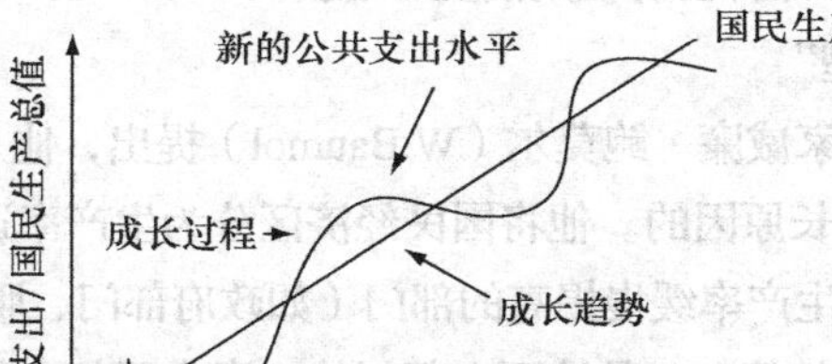


图4-3 梯度渐进理论图示

在皮科克和怀斯曼眼中，选民虽然愿意享受更多的公共产品和公共服务，却不愿意为其缴纳更多的税。因此，政府在决定其预算的方向时，就密切关注选民对隐含的赋税所做出的反应。他们假设存在一个可容忍的税收水平，它对政府行为起着约束作用。这是克拉克的税收灾难学派的变体。

皮科克和怀斯曼虽然并不明确地赞同克拉克的观点，他们把税收看作是对限制政府支出所设的一道防线，却是无疑的。随着经济的增长，收入在增长，税收在税率不变的情况下也会增加，这就使财政支出随着GDP一起增长。因此，在平时，财政支出是呈渐渐上升趋势的，虽然经济内部可能存在着人们对于合理的财政支出与合理的税收水平的看法的偏离。但是，在社会动乱时期，财政支出的逐步上升趋势便会受到影响。这些时期可能发生战争饥荒或某些大规模的社会灾难，这些都会使财政支出剧增。要为财政支出的增长提供资金，政府就需被迫提高税收水平。但是，在危机期间，税收水平的提高是选民可以接受的。一般情况是，一个国家在结束战争之后，总有大量的国债，公共支出会在较高水平上持续。

**3. 罗斯托和马斯格雷夫的经济发展阶段论**

经济发展阶段理论由美国经济学家马斯格雷夫（R.A.Musgrave）和罗斯托（Rostow）提出，一个国

① A.T.Peacock and J.Wiseman，The Growth of Expenditure in the United Kingdom, Princeton University Press,Priceton，1961.

家的经济发展（或成长）过程一般要经过起飞前的准备、起飞、向成熟阶段推进、大众消费、追求生活质量共 5 个阶段，财政支出的内涵是随着经济发展阶段不同而变化的，其不同发展阶段的支出重点如表 4-6 所示。

**表 4-6　经济发展阶段**

| 经济发展阶段 | 起飞前准备、起飞期 | 成熟期、大众消费期 | 追求生活质量期 |
| --- | --- | --- | --- |
| 财政支出重点 | 社会基础设施投资为主 | 教育、保健福利服务为主 | 福利和再分配为主 |

他们认为，在经济增长和发展的初期阶段，公共部门的投资在整个国家经济总投资中占有很高的比重，为社会提供了如治安、道路、交通、教育和卫生等必不可少的公共产品。这就必须有足够的公共部门投资，来促使经济和社会发展进入"起飞"的中级阶段。到了经济和社会发展的中级阶段后，政府继续进行公共部门投资，而此时的公共部门投资已经开始成为日益增长的私人部门投资的补充。但在经济发展的所有阶段，随时都可能出现新的市场失效的问题并影响着社会经济的有效运行。因此，政府还要通过增加公共部门活动来解决市场失效问题。

马斯格雷夫认为，在经济发展过程中，当总投资占 GDP 的比重增加时，公共部门投资占 GDP 的比重却下降了。罗斯托认为，一旦经济发展进入成熟阶段，财政支出的主要目的将会由提供社会基础设施，转向教育、卫生和福利服务的支出。当经济进一步发展，用于社会保障和收入再分配方面的支出相对于财政支出的其他项目及 GDP 而言，都将会有较大幅度的增长。

**4. 鲍莫尔的"非均衡增长模型"**

非均衡增长模型由美国经济学家威廉·鲍莫尔（W.Baumol）提出，他是从公共部门的平均劳动生产率偏低的现象着手分析财政支出增长原因的。他将国民经济区分为生产率迅速提高的部门（如技术进步快的制造业，大多为私人部门）和生产率缓慢提高的部门（如政府部门、服务部门等），并且做出 2 个假定：一是这两个部门的工资水平相等；二是这两个部门的工资水平都会随着全社会劳动生产率的提高而上升。他在对这两个部门的有关数据进行测算的基础上，得出了如下结论。

（1）生产率缓慢提高部门的单位产出成本会不断上扬，而生产率迅速提高的部门的单位产出成本则保持不变甚至下降。

（2）如果全社会消费者对生产率缓慢提高部门的产品的需求具有（收入）弹性，则必须将更多的经济资源投入该部门，才能实现两个部门的均衡增长。

（3）要维持生产率迅速提高的制造业等部门与生产率缓慢提高的政府等部门的均衡增长，就必须提高财政支出占 GDP 的比重。应当说，这一理论假说也得到了实证资料的支持。

**5. 布坎南和塔洛克的利益集团论**

公共选择学派的奠基者、美国经济学家布坎南和塔洛克认为，某项财政支出的利益主要集中于某些或某个特定的利益集团，而相应的税收成本则由全体公民负担。通常情况下，各个利益集团会要求增加有利于本集团成员的财政支出，而且这种要求往往会得到满足，从而扩大了财政支出的规模。

公共选择理论认为导致政府支出不断增长的原因主要表现在以下 2 个方面。

（1）利益集团的影响。**利益集团是指由那些具有共同目标并试图对公共政策施加影响的实体个人所形成的组织。**在实行多数投票原则的情况下，利益集团的大量存在，直接促使了政府预算规模的扩张。在没有讨价还价的情况下，政府的财政支出有可能大，也可能会小，这完全取决于那些喜欢"大"或"小"的人的相对集中程度。但若考虑到利益集团的存在，尤其是当由利益集团、官僚和被选出的代表（议员）

所组成的“铁三角形”关系存在时，政府的预算规模就必然庞大。

（2）官僚的作用。官僚即政府工作人员的总称，又称公务员，在西方国家，其意思并非贬义。官僚的作用被视为以一种理性的方式引导有组织的行为，以及按照严格的等级制度从事指定事务。在西方政体中，政府支出项目由立法机构决定，但具体的支出事务是由官僚们经办的，因此支出的合法性由官僚决定。他们是为支出项目的设计和执行提供有价值的技术方面的专家，并且官僚往往比被选出的官员在政府机构中服务期限长，这就保持了政府的连续性。如果没有这些官僚的存在，现代西方政府是很难运转的。

假定某一项数额为 $E$ 的财政支出的利益主要集中于成员人数为 $n$ 的利益集团 A，而该项支出的税收成本（也等于 $E$，即政府将所征收的税款用于支出过程中没有发生漏损）则由成员人数为 $N$ 的全体公民负担；同时假定每一位选民参与该财政支出项目应不应该安排的辩论与游说等的成本（决策参与成本）为 $C$，则有：

赞同增加该项支出的利益集团 A 的每个成员可获得的平均效益 $R$ 为：

$$R = E/n - E/N - C$$

而反对增加该项财政支出的选民（由于避免该项支出）可取得的预期平均效益 $R'$ 为：$R' = E/N - C$

现在，比较赞成和反对增加该项财政支出的两个利益集团的选民的人均预期效益之差：

$$\begin{aligned} R - R' &= [E/n - E/N - C] - [E/N - C] \\ &= E/n - 2 \times E/N \\ &= E(1/n - 2/N) \end{aligned}$$

一般而言，$n$ 要远小于 $N$。现假定 $n < N/2$，也就是说，$1/n > 2/N$，那么，$R$ 就会大于 $R'$，即：$R - R' > 0$ 上式表明，相对于持反对意见的其他社会成员而言，利益集团 A 的成员更有积极性为增加该项财政支出而参与辩护（如游说）；而一般社会成员由于 $E/N$ 相对于 $C$ 而言较小，因而可能没有动力参加反对增加该项财政支出的辩护，从而使得利益集团 A 增加财政支出的要求，更容易在政治决策中通过。显然，这一现象的实质在于“搭便车”问题。

**6. 尼斯康宁等人的官僚集团模型**

经济学者尼斯康宁等人试图从公共产品供给的角度，分析财政支出规模膨胀的原因。在他们的官僚集团模型中，隐含着以下 3 个假定。

（1）官僚主要在自身利益驱使下行事。官僚的自身利益或效用函数中包括薪水、福利、公众声誉、权力、雇员人数等变量，而这些变量都与官僚机构的预算规模有关，因此，预算规模最大化便成了官僚效用最大化的一个合理的变型。

（2）官僚机构均为非营利机构。这意味着官僚机构主要通过财政拨款而非在市场上出售自己的产品来取得收入，从而他们在公共事务管理中的行为一般也不受财政支出的净效益最大化目标的制约。

（3）官僚机构与财政拨款机构在进行谈判时存在着信息不对称。这主要是指在有关提供公共产品或服务的真实成本方面，官僚机构相对于议会等财政拨款机构具有明显的信息优势。

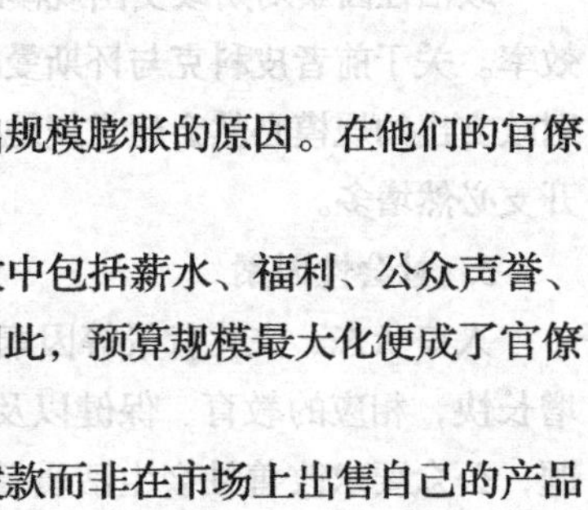

图 4-4 官僚集团支出模型

在上述假定下，可用图 4-4 说明在官僚集团的影响下，公共产品或服务的过量供给，即财政支出规模的膨胀。图 4-4 中，$Q^*$ 为最佳公共产品供给规模，此时公共产品供给的边际效益 $MR$（即总效益曲线 $TR$ 上某点的切线斜率）和与之对应的边际成本 $MC$（总成本曲线 $TC$

上某点的切线斜率）正好相等；而 $Q_B$ 代表过量供给公共产品，但是尚不至于使社会蒙受净损失的财政支出规模。

从上述分析中可以看到，财政支出增长几乎是市场经济国家经济发展中的一条规律。社会主义国家财政支出占 GDP 比重在改革以前也呈现出扩张的趋势，改革时期之所以下降，是因为政府在改变控制过于严格的局面。当经济体制迈上市场经济运行轨道并达到一定阶段以后，上述下降趋势逆转，财政支出比重转而趋于回升，并达到适度水平，然后保持相对稳定。我国财政支出占 GDP 的比重 1996 年停止下降，1997 年已开始有所回升。

### 4.2.3 财政支出规模的影响因素

归结前人的分析并结合当今世界各国财政支出变化的现实情况，可以总结出以下影响财政支出规模的 3 个主要因素。

**1. 经济性因素**

经济性因素主要指经济发展的水平、经济发展要求、经济体制的选择和政府的经济干预政策等。关于经济发展的水平对财政支出规模的影响，马斯格雷夫和罗斯托的分析具体说明了经济不同发展阶段对财政支出规模及支出结构变化的影响，这些分析表明经济发展因素是影响财政支出规模的重要因素。经济体制的选择也会对财政支出规模发生影响，最为明显的例子便是我国经济体制改革前后的变化。政府的经济干预政策也对财政支出规模产生影响，一般而言，这无疑是正确的。但应当指出的是，若政府的经济干预主要是通过管制而非通过财政的资源配置活动或收入的转移活动来进行时，它对支出规模的影响并不明显。因为政府通过管制或各种规则对经济活动的干预，并未发生政府的资源再配置或收入再分配活动，即财政支出规模基本未变。显然，政府通过法律或行政的手段对经济活动的干预与通过财政等经济手段对经济活动的干预，具有不同的资源再配置效应和收入再分配效应。

**2. 政治性因素**

政治性因素对财政支出规模的影响主要体现在 2 个方面：一是政局是否稳定；二是政体结构的行政效率。关于前者皮科克与怀斯曼的分析已略有所述，当一国政局出现内乱或外部冲突等突发性事件时，财政支出的规模必然会超常规地扩大。至于后者，若一国的行政机构臃肿，人浮于事，效率低下，经费开支必然增多。

**3. 社会性因素**

人口状态、文化背景等因素，也在一定程度上影响着财政支出规模。在发展中国家，人口基数大，增长快，相应的教育、保健以及救济贫困人口的支出压力便大；而在一些发达国家人口出现老龄化问题，公众要求改善社会生活质量等，也会对支出提出新的需求，因此，某些社会性因素也影响财政支出的规模。

### 4.2.4 财政支出结构

**1. 财政支出结构的内涵**

所谓的财政支出结构，是指财政支出各部分之间的组合状态及其数量配比，或者各类支出的组合及各类支出在总支出中所占的比重关系。从日常表现形态上看，一国在一定时期内的财政支出结构总是体现为各类支出的集合，并呈现出一定数量关系。但如果从整个财政体系的角度入手，财政支出的结构又往往是该时期政府财政职能和政府政策的体现。

**2. 影响财政支出结构的因素**

财政支出作为政府调节经济的基本财政政策手段之一，虽然体现着政府的意志和政策，但对政府来说，财政支出的结构又不能是随意的，而是要受到各种因素制约的。

（1）政府职能状况。**政府职能就是政府在一定的历史时期内根据社会发展的需要而担负的职责和功能，也即政府活动的基本方向、根本任务和主要作用。**政府职能不是一成不变的，它总是随着社会经济发展的需求不断变化的。由此，政府职能的变化也就首先决定了国家财政支出结构的变化，财政支出结构与政府职能存在着紧密的对应关系。

对此，可以我国政府职能变化所引起的财政支出结构的变化来说明。首先，在计划经济体制下，政府职能是无所不包的，几乎涉及社会生活的各个领域；此时的财政支出结构也是整齐划一的，没有所谓支出类型的划分和支出比重的协调，政府的经济管理支出和社会管理支出也是混为一体的。在这种严格的支出管理体制下，政府的财政支出结构是不科学的，也是不适应社会发展的。一方面，政府该管的事没有管好，不该管的却处处插手，存在财政支出的“越位”和“缺位”现象。随着市场经济体制的建立，政府的职能范围和重心也在内外环境的推动下发生了较大变化，经济建设支出的比重大幅度下降，社会管理支出大幅度提高。

（2）一定时期内政府的目标。财政支出所具有的经济与政治双重特性，使得政府财政支出结构受到政府一定时期内目标的制约。例如，战争时期，稳定压倒一切，政府财政支出必须考虑军事斗争方面的一切费用；经济衰退时期，为了增加就业，促进经济增长，则要实行扩张性财政政策，扩大政府公共投资方面的支出。

（3）政府调控资源的能力。根据西方公共财政学的有关理论，财政支出的性质在一定程度上反映了一个政府在一定时期内直接动员社会资源能力的大小。而根据财政支出的性质（该支出是否以商品和劳务交换为标准）进行分类时，一般可将其分为购买性支出和转移性支出，其中，购买性支出的比重体现了政府调控资源能力的强弱。就我国来说，改革开放以来，在财政的全部支出中，购买性支出所占比重有所下降，转移性支出的比重则有所上升，这就反映了进入20世纪80年代以来，尤其是随着中央放权让利政策的实施，中国政府资源配置的能力呈现下降趋势，但随着财税改革实施，从90年代至今，又呈现一定的上升趋势。

（4）财政支出的客观数量有限。作为财政资源配置的同一过程，财政收入与财政支出所支配的社会经济资源在总量上是一致的。但在资源配置活动中，收入则是第一层的，可以说，没有收入就没有支出，收入是支出得以实现的前提，而支出以收入为限。因此，财政支出结构如何配置，最终会受到可供支出的财政收入的客观限制。

**3. 优化财政支出结构**

结构问题是一切经济问题的核心。经济增长不仅是一个总量扩张的过程，而且是一个结构不断演进、优化的过程。财政支出作为政府配置资源满足社会需要的一种途径和方式，其结构是否合理，直接关系到财政支出本身的效率和结果，进而影响到国民经济发展和人民福利等重大问题。因此，优化财政支出结构便成为财政体制改革和决定财政配置资源效果的核心内容。

首先，必须找出一个判断财政支出结构是否优化的客观依据。一般来说，在市场经济条件下，判断一国的财政支出结构是否优化，可以从3个方面分析：一是该国所处的经济发展阶段及在该阶段政府所追求的主要经济政策目标；二是财政支出各项目之间的相对增长速度；三是社会公众对政府财政支出效果的评价。

其次，优化财政支出结构。根据以上所提出的标准，优化财政支出结构可以从以下几个方面努力：

一是根据市场经济体制和转变政府职能的要求，科学界定财政支出的范围和方向；二是加强那些市场满足不了而必须由政府办的公共项目的支出，弱化那些市场自身能够解决的项目支出，最终纠正财政支出结构的“越位”与“缺位”状况；三是财政支出逐步退出竞争性领域，缩减一般性项目投资的同时，适当地增加对农业、能源、交通等基础产业和基础设施的投资；四是在优化财政支出结构的过程中，把重点放在控制消费性支出的投入上，如精简行政经费和事业单位的财政拨款等。

总之，财政支出结构的优化，不仅是加强财政宏观调控和支持经济可持续发展的需要，也是保持政治、社会安定的需要。在财政收支矛盾日趋尖锐，财政支出“越位”和“缺位”并存的情况下，改革财政支出重点，优化财政支出结构，是当前各国财政改革与发展的重要任务。

**4. 我国财政支出结构的调整和优化**

（1）加大科技、教育投入是当前财政政策以及调整和优化支出结构的总的指导思想和战略任务。

（2）逐步建立公共财政的基本框架。目标是逐步减少生产经营性基本建设投资和一般性技术改造投资，大力压缩事业单位经费，保证下岗职工生活费和再就业经费以及粮食风险基金等当前急需的重点支出。

（3）通过财政投资，着重支持以高新技术为基础的经济结构的调整；通过转移性支出，一方面积极配合和支持各项改革；另一方面改变过去财政包揽过多的局面。

# 4.3 政府采购制度

自 20 世纪 90 年代中期开始，为了提高财政资金的使用效益，预防和治理腐败行为，我国各级政府逐步引入了政府采购制度。政府采购制度始于英国 1782 年成立的皇家文具公用局开展的办公用品招标采购活动，在国外已有 200 余年历史，目前在许多国家得到了广泛运用。我国在推行政府采购制度方面取得的成效相当明显。2013 年，全国政府采购金额为 16381.1 亿元，比 2012 年增加 2403.4 亿元，增长了 17.2%。在货物、工程、服务 3 大采购对象中，服务类采购继续保持快速增长态势，同比增长 26.4%。实行政府采购相比于传统分散采购而言，带来了平均 10%以上的财政资金节约。另外，随着《政府采购法》的颁布实施，我国政府采购制度的法制化进程也进展顺利。

## 4.3.1 政府采购制度概述

**1. 政府采购的概念**

**政府采购（government procurement）也称为公共采购或统一采购，是指各级政府及其所属实体为了满足开展日常政务活动和为公众提供公共物品与服务的需要，在财政等部门的监督下，按照法定的方式、方法和程序，从国内外市场上购买所需商品和劳务的行为。**

政府采购制度是政府控制财政支出，加强财政管理，提高财政资金使用效率的有效手段。建立这种制度的理由是：政府使用的是纳税人的钱，必须在纳税人的监督之下以最经济的方式进行；同时该方式所产生的商业机构必须在机会均等的条件下进行竞争。20 世纪 80 年代初，英国政府将长期由国家包揽的福利性服务和市政维修工程向私人企业招标，结果整个服务业价格降低了 5.7%，节省采购开支 25%，社会普遍受益。后来，美国、加拿大等西方国家竞相效仿。我国于 1996 年开始政府采购工作试点，1998 年试点范围迅速扩大，2000 年政府采购工作已在全国铺开，初步形成了政府采购制度框架。

**2. 政府采购的财政性资金运作**

政府采购的主体一般包括采购机关和供应商。采购机关分为集中采购机关和非集中采购机关。其中集中采购机关主要为各级政府采购中心，负责统一组织纳入集中采购目录的政府采购项目，例如，一些由政府拨款的大型政府采购项目。其他政府采购项目则由各非集中采购机关按有关规定自行组织采购。供应商是指具备向采购机关提供货物、工程和服务能力的法人，包括本国供应商和外国供应商。

政府采购一般采取公开招标的方式进行。即采购机关或其委托的政府采购业务代理机构（统称招标人）以招标公告的方式邀请不特定的供应商（统称投标人）投标的采购方式。一次完整的政府采购活动，通常包括以下10个步骤。

（1）拟订采购计划。即由采购实体提出采购计划，然后由财政部门（或有关专门管理机构）审批。

（2）预测采购风险。

（3）选择采购方式。

（4）对供应商的资格进行预审。

（5）执行采购方式。一般不得改变事先确定的采购方式的程序或要求。

（6）签订采购合同。

（7）履行采购合同。

（8）验收采购合同。即在采购合同执行过程中或执行完毕后，采购实体组织专业人员对采购合同执行结果进行检验和评估。

（9）办理采购资金结算。即在采购合同执行完毕并验收合格后，由财政部门将采购资金由国库直接支付给供应商，之后采购实体应将事先收取的履约保证金退还给供应商。

（10）进行采购项目的效益评估。

## 4.3.2 政府采购的特点和意义

**1. 政府采购的特点**

（1）采购主体的特殊性。依靠政府预算资金和其他财政性资金运作的政府机关、事业单位、社会团体，都属于政府采购实体。

（2）采购对象的多样性。采购对象从办公用品到武器军火，一般分为货物、工程和劳务三大类。

（3）采购资金的公共性。政府采购资金来源于政府预算拨款或需要由财政归还的公共借款，最终来源于政府税收。这些资金的最终来源为纳税人的税赋和政府的公共服务收费。

（4）采购方式的公开性、灵活性。政府采购的有关法律、程序都是公开的，采购的过程也完全在公开的情况下进行，一切采购活动都做公共记录，所有采购信息也都是公开的。采购方式灵活多样。政府采购方式可以分为招标采购、非招标采购两大类。其中，招标采购方式有公开招标、两阶段招标、选择性招标等；非招标性采购方式有询价采购、单一来源采购、谈判采购等。

（5）采购目的的政策性。通过改变采购规模、采购对象来体现一定政策意图，例如，为保护本国产品和企业购买本国产品，根据经济周期的变化而增减政府采购的数量。

（6）采购活动的非盈利性。政府采购尽管意在提高财政支出的效益，但并不以盈利为目的，而是为了实现政府职能和公共利益。

（7）采购行为的规范性。政府采购要按照有关法律法规，根据不同的采购规模、对象与采购时间要求等，采用不同的采购方式与程序，每项采购活动都要规范运作，体现公开、竞争的原则，接受社会监督。

政府采购的主体是一国政府，是一个国家内最大的单一消费者，购买力非常大。据统计，欧共体国家政府采购占 GDP 的 14%，美国占 26%～27%，每年都有 2000 多亿美元的政府预算用于政府采购。正因为如此，它对社会经济生活的影响非常大，已成为世界各国政府经常使用的一种宏观调控手段。

**2. 政府采购对提高财政支出效益的意义**

我国之所以要大力推行政府采购，主要是因为实行政府采购对于提高财政支出效益具有重要意义。

第一，政府采购具有公开、公正、竞争等特征，其中公开竞争是政府采购的基石，通过运用政府采购，可以将商业竞争机制有效地引入到政府购买性支出中，从而使政府能在市场上买到价廉物美的货物、劳务与工程。

第二，政府采购将同类货物、劳务的购买尽量组织起来集中进行，每次采购规模相对较大，由此可以获得分散采购所难以得到的市场谈判地位及买价优势。

第三，政府采购具有较高的透明度，可以较有效地防止采购主体与供应商之间的"合谋"，对分散采购形式下可能发生的采购官员损公肥私、"寻租"等浪费财政资金的行为产生一定制约作用。统一的政府采购，特别是公开招投标方式，通过法制规范提高了政府采购过程中的透明度和规范性，从制度上消除权钱交易的土壤，防止政府采购中"吃回扣"等腐败现象的发生。

## 4.4 财政支出效益

### 4.4.1 财政支出效益的涵义

**财政支出效益分析是指对具体的财政支出项目所能取得的经济社会效果和相应的成本进行比较，进而对财政支出项目的合理性、有效性进行评价。**财政支出效益分析也称为**"项目评估"**。

任何一个国家在一定时期拥有的财政资源的有限性，决定了财政支出效益分析的必要性与重要性。财政支出效益分析的意义在于：为财政支出项目的选择或其他决策提供基本依据，从而促进有限的财政资源以及全社会资源配置效率的提高。只有当资源集中在政府手中能够发挥更大效益时，政府占有资源才是对社会有益的。

现代社会，无论政府还是非政府主体（如企业）都要进行支出效益的分析与评估，而且遵循基本相同的原理，即计算所分析评估项目的所得或效益（$B$）与所费或成本（$C$），并进行所得与所费的比较，以计算出**净所得**或**净效益**（$B-C$）或者是**成本效益率**（$B/C$）。

然而，由于政府与非政府主体在社会中所处的地位以及所追求的目标不同，特别是由于政府通过财政支出提供的是公共产品，而且公共产品往往具有外部性，因此，财政支出效益分析与微观主体的支出效益分析就存在一些差异。这种差异主要表现在以下 3 个方面。

（1）**计算所得与所费的范围不同。**对财政支出项目进行成本—效益分析时，必须注意到财政支出项目的外部性，也就是要尽量将财政支出项目的外部成本、外部效益考虑进来。

（2）**衡量效益的标准不同。**对财政支出项目进行成本—效益分析时，不能只注意该项目的直接经济效益，还要考虑到与公共产品相关的各种各样的非经济效益。

（3）**择优的标准不同。**对财政支出项目进行成本—效益分析时，不能仅以该项目本身的直接经济效益为唯一的择优标准。政府追求的是整个社会效益的最大化，局部的亏损是可能的。在提高财政支出使用效益的过程中，政府需处理极为复杂的问题。

### 4.4.2 财政支出效益的衡量方法

**1. 成本—效益分析法**

成本—效益分析是西方发达国家于 20 世纪 40 年代，把私人企业中进行投资决策的财务分析法运用到财政分配领域，成为进行财政支出决策、从而有效地使用财政资金的重要方法。

（1）成本—效益分析法的步骤。成本—效益分析法是指通过比较各种备选项目的全部预期成本和全部预期效益，以评价、选择这些项目的一种方法。运用成本—效益分析法一般要经过以下4个基本步骤。

**第一，确定若干可供选择的备选项目。**显然，各个备选的项目应具有技术上的可行性，并为社会所接受。

**第二，确认每个备选项目所需要的投入和将会实现的产出。**应注意，这里的“投入”和“产出”是从广义上而言的，在分析时应特别注意避免出现任何重大的遗漏。

**第三，分别对每个备选项目各项投入与产出进行估价。**由于财政支出和公共产品的生产与供应紧密相联，与财政支出项目相关的投入与产出往往并不存在完全竞争的市场，甚至完全没有相应的市场，因此，无论是对备选项目的投入还是产出，在进行估价时都要特别地谨慎。

**第四，对每个备选项目的所有成本与效益进行加总，以估算各个备选项目的效益能力。**由于财政支出项目往往属于跨年度项目，因此必然涉及所谓合适的“贴现率”的选择，同时，还涉及衡量各个备选项目的效益能力的合适指标的选择。

（2）成本与效益范围、估价、不确定性以及贴现。

① 成本与效益范围。开展成本—效益分析时，应将每个备选的财政支出项目的所有成本和所有效益都包括进来。然而，由于与财政支出相关的投入和产出往往具有广泛的外部性，而且这种外部性的强弱也存在差别，所以，对财政支出项目进行成本—效益分析时，很难将与之相关的所有成本和效益都包括进来。实际上，财政支出项目的成本、效益类型通常是多种多样的。归纳起来，财政支出的成本、效益类型主要包括以下5种。

一是实际成本、效益与货币（或金融）的成本、效益。实际成本是指建设该项目实际耗费的人力和物力，以及对社会经济和人民生活造成的实际损失。实际效益指由于该工程建设而更多地生产出的社会财富，以及社会的发展和人民生活水平的提高。金融的成本与效益，指由于该工程的建设，使得社会经济的某些方面受到影响，致使价格上升或下降，从而使某些单位或个人增加了收入或减少了收入。但甲方之得或失，恰为乙方之失或得，整个社会的总成本与总效益的对比并无变化，所以，此种成本和效益又称虚假成本和效益。

二是直接的成本、效益与间接的成本、效益。直接成本包括为建设、管理和维护该项工程而投入的人力和物力的价值；直接效益则指该工程直接增加的商品量和劳务量；以及使社会成本得以降低的价值；间接成本主要指建设该工程附带产生的人力和物力的耗费，以及通过连锁效应引起相关部门产生的人力和物力的耗费；间接效益，主要包括与该工程相关联部门产量的增加以及得到的其他社会福利。

三是有形的成本、效益与无形的成本、效益。有形成本与效益，指的是可以用市场价格计算的且按惯例应记入会计账目的一切成本和效益；无形成本与效益，则指的是不能经由市场估价的，因而也不能入账的一切成本和效益。

四是内部的成本、效益与外部的成本、效益。内部成本与效益，包括一切在建设工程实施区域内所发生的成本与效益；外部成本和效益，则包括一切在建设工程实施区域以外所发生的成本与效益。

五是中间的成本、效益与最终的成本、效益。中间的成本、效益指在建设工程为最终产品之前加入的其他经济活动所产生的一切成本与效益；最终成本与效益则指建设工程作为最终产品所产生的一切成本与效益。

正因为如此，在运用成本—效益分析法时，除了考虑有形成本与效益之外，通常只考虑最主要的无形成本与无形效益。

② 成本—效益估价。在明确了对财政支出项目进行成本—效益分析所应包括的成本、效益范围之后，还必须将相应的各种类型的成本、效益统一用货币来衡量。然而，与财政支出项目相关的各种投入、产出，特别是无形的投入与产出，往往并不存在相应的市场价格，或者即使存在所谓的市场价格，这种市场价格也并非完全竞争条件下的市场价格，不能真正反映稀缺资源有效配置的均衡价格。

实际上，对财政支出项目的成本与效益进行合理的货币估价，一直是一个难题。

例如，若某个财政支出项目的某种投入品只能由一家具有垄断地位的私人企业供应，该投入品的垄断价格在一定程度上夸大了该财政支出项目的实际成本——垄断价格高出完全市场竞争条件下的均衡价格部分，实际上属于纳税人对私人垄断企业的一种转移支付。

对财政支出项目的无形成本、无形效益而言，并不存在相应的投入品、产出品的市场价格。这就成为成本—效益分析法实际应用的障碍。

迄今为止，人们已总结出了一些用来对财政支出项目的成本与效益进行估价的方法。例如，在对财政支出项目产生的社会效益进行价值评估时，**采用消费者剩余、时间价值、生命价值等评估**；又如，在缺乏完全竞争的市场时，对财政支出项目的相应投入，则可以用**影子价格进行估价——这种影子价格（shadow price）实际上反映的是政府财政支出的社会机会成本**。

**影子价格，又称最优价格、计算价格、预测价格**，是荷兰经济学家詹恩·丁伯根在 20 世纪 30 年代末首次提出来的，运用线性规划的数学方式计算的，反映社会资源获得最佳配置的一种价格。他认为影子价格是对“劳动、资本和为获得稀缺资源而进口商品的合理评价”。1954 年，他将**影子价格定义为“在均衡价格的意义上表示生产要素或产品内在的或真正的价格”**。萨缪尔森进一步做了发挥，认为影子价格是一种以数学形式表述的，反映资源在得到最佳使用时的价格。联合国把影子价格定义为“一种投入（如资本、劳动力和外汇）的机会成本或它的供应量减少一个单位给整个经济带来的损失”。

例如，某项目可能会给非自愿受害者带来死亡的风险，这时候项目评估就需要考虑死亡风险增加的机会成本，或者减少风险的效益，关心死亡风险成本的计算可以在项目评估中预测生命的价值。其方法如下所述：假定一项目有 $n$ 个使用者，其中的 $m$ 人将会因此项目而死亡，死亡概率为 $m/n$，如果因为增大风险，给予每个人的补偿为 $x$ 元，那么增大死亡概率的总机会成本为 $nx$ 元，如果将生命价值定义为预期死亡的机会成本，则它应为 $nx/m$ 元。这样，如果某一项目死亡概率的增加为 0.0001，而每个人被补偿 100 元时，那么他们生命的价值为 100 元/0.0001=1000000 元。

③ 风险与不确定性。由于财政支出项目的成本—效益分析往往是在对所分析项目在未来可能发生的成本及可能取得的效益进行预测的基础上进行的。因此，在对各个备选的财政支出项目进行成本—效益分析时，就要考虑到相应财政支出项目在可能发生的成本及可能取得的效益上具有的不确定性（或风险）。

前面假定未来效益与成本是确切了解的，但这显然与事实不符，可将情况分为两类，第一类是未来效益和成本的时间模型不确定，但是决策人却能够计算出未来结果的概率。第二类是不确定结果出现的概率无法确定或者结果本身就不确定。

**第一种方法是计算结果的期望值。**例如，某一工程在 $t$ 年度获得的效益 $B_1^t$、$B_2^t$、$B_3^t$、$B_4^t$ 和 $B_5^t$，是与权重 $P_1$、$P_2$、$P_3$、$P_4$ 和 $P_5$ 分别相对应的，那么效益期望值可表示为：

$$E(B)=B_1^tP_1+B_2^tP_2+B_3^tP_3+B_4^tP_4+B_5^tP_5=\sum P_iB_i^t(\sum P_i=1)$$

**第二种方法是贝叶斯方法。**对于完全不确定性成本效益的分析，选用具有普遍性很强的决策原则即贝叶斯标准的原则，由于对未来时间的概率未知，因此给予每种可能发生的事情以相等的概率。所谓贝叶斯标准，也叫贝叶斯法则，是指当分析样本大到接近总体数时，样本中事件发生的概率将接近于总体中事件发生的概率。假设有三个项目 $P_1$、$P_2$ 和 $P_3$，根据三种假设，$A$、$B$、$C$ 每个项目分别有三种可能的净效益现值（NPV），数值如表 4-7 所示。

**表 4-7 贝叶斯方法计算表**

| 工程 | 假设下的净效益现值 | | |
|---|---|---|---|
| | A | B | C |
| $P_1$ | 250 | 180 | 120 |
| $P_2$ | 300 | 150 | 200 |
| $P_3$ | 160 | 240 | 180 |

$$P_1:\frac{1}{3}\times 250+\frac{1}{3}\times 180+\frac{1}{3}\times 120=183\frac{1}{3}$$

$$P_2:\frac{1}{3}\times 300+\frac{1}{3}\times 150+\frac{1}{3}\times 200=216\frac{1}{3}$$

$$P_3:\frac{1}{3}\times 160+\frac{1}{3}\times 240+\frac{1}{3}\times 180=193\frac{1}{3}$$

根据贝叶斯标准，项目 $P_2$ 中选。

**第三种方法是根据最大最小标准来进行决策。**在表 4-7 中，对于 $P_1$，最坏结果为 120；对于 $P_2$，最坏结果为 150；对于 $P_3$，最坏结果为 160。所以根据在最坏结果里边找最好的原则，应选取 $P_3$ 项目。

**第四种方法是最小最大缺憾法。**这种方法着眼于对做出错误决策给予惩罚的大小。如果选择了项目 $P_1$，而 A 假设是正确的，那么这一决定就会丧失 50 的机会成本，表 4-8 列出了这些项目和假设数值之间的最佳效益与真实效益之差。

**表 4-8 最小/最大缺憾计算表**

| 工程 | 假设的净效益现值 | | | 合计 |
|---|---|---|---|---|
| | A | B | C | |
| $P_1$ | 50 | 60 | 80 | 190 |
| $P_2$ | 0 | 90 | 0 | 90 |
| $P_3$ | 140 | 0 | 20 | 160 |

最后选择的结果为 $P_2$，因为它的合计值为 90，表示机会成本最小。

④ 选择恰当的“贴现率”。对于实施使用寿命并不限于一年的跨年度财政支出项目，在对其建设与使用期内各个年份发生的费用流与效益流进行加总时，必须考虑到货币的时间价值。也就是说，必须对各个年份发生的费用流与效益流先进行贴现处理，然后才能对成本和效益分别进行加总。在这里，所谓贴现是指将各个备选项目在其寿命期内各年份发生的预期成本与效益折算为现值。

**现值（present value）是指未来某个时点的一定金额的现在价值。这种将未来某个时点的金额折算为现值的过程就是贴现。**

在不存在通胀的条件下，若平均年利率（贴现率）为 $r$，要计算在未来 $n$ 年时终值 $A$ 的现值 $PV$，其计算公式为：

$$PV= A/(1+r)^n$$

应注意，在对财政支出项目进行成本—效益分析时，选择何种贴现率具有不可忽视的意义。

（3）运用成本—效益分析法的决策指标及其适用范围。

现设有一个寿命周期为 $n$ 年的备选财政支出项目 $i$，其第 1 年、第 2 年……第 $j$ 年、第 $n$ 年的成本（时值）分别为 $C_{i1}$、$C_{i2}$、……、$C_{ij}$、……、$C_{in}$，而相应年份的效益（时值）分别为 $B_{i1}$、$B_{i2}$、……、$B_{ij}$、……、$B_{in}$。运用成本—效益分析法进行财政支出效益分析时，选择最优项目或方案的决策指标主要有以下 3 个。

① **净（效益）现值（NPV，net present value）。“净现值”就是效益现值总额减去成本现值总额后的余额。**$r$ 为贴现率，$t$ 为年限，$n$ 代表时间期界，则计算公式为：

$$NPV = NPV(B-C) = \sum_{t=0}^{n}\frac{B_{ij}-C_{ij}}{(1+r)^t} = \sum_{t=0}^{n}\frac{B_{ij}}{(1+r)^t} - \sum_{t=0}^{n}\frac{C_{ij}}{(1+r)^t}$$

如果 $NPV>0$，该项目可行；若有 $n$ 个项目，都大于零时可进行比较，某个备选项目 $NPV$ 值越大，则效益越高。

如果 $NPV=0$，计算内部效益率，即如果 $r>$银行贷款利率，该项目可行；否则不可行。

如果 $NPV<0$，该项目不可行。

由于政府投资支出总要受到预算规模的约束，在项目选择的过程中，一般选择支出既定的情况下净社会效益最大的项目。在实践中一般以成本—效益比率作为衡量指标：

**成本效益比 ＝ 效益 $B$/成本 $C$** —— $B/C>1$ 可取；$B/C<1$ 不可取；

**净效益比 ＝（效益 $B$ – 成本 $C$）/成本 $C$**——（$B-C$）/ $C>0$,可取；（$B-C$）/ $C<0$ 不可取。

例如：假设为防止某地区洪水泛滥，政府决定建设防洪工程。为此，由专家提供了为实现这个目标的 5 个备选方案供选择。

**表 4-9 某计划方案的成本效益表**

| 计划项目 | 成本 | 效益 | 净效益 $B-C$ | $B/C$ | （$B-C$）/$C$ | 按比率的排列次序 |
|---|---|---|---|---|---|---|
| 1 | 50 | 100 | 50 | 2.0 | 1.0 | 2 |
| 2 | 25 | 40 | 15 | 1.6 | 0.6 | 3 |
| 3 | 12.5 | 30 | 17.5 | 2.4 | 1.4 | 1 |
| 4 | 75 | 75 | 0 | 1.0 | 0 | 4 |
| 5 | 87.5 | 78.75 | -8.75 | 0.9 | -0.1 | 5 |

由表 4-9 可知，项目 3 最优，项目 5 最差。

值得注意的是，对不同规模的同一类型财政支出项目而言，若某个备选方案实现了净（效益）现值最大化，则意味着该备选方案实现了边际效益与边际成本相等。

② 内部收益率（IRR，inner return retio）。**内部收益率是指使效益现值总额与成本现值总额相等的贴现率。**

设 $p$ 为第 $i$ 个备选项目的内部效益率，则计算该项目的内部效益率的公式为：

$$\sum_{t=0}^{n}\frac{B_{ij}}{(1+p)^t} - \sum_{t=0}^{n}\frac{C_{ij}}{(1+p)^t} = 0 \quad \text{或} \quad \sum_{t=0}^{n}\frac{B_{ij}-C_{ij}}{(1+p)^t} = 0$$

若 $B$、$C$ 已知，求使方程成立的 $p$ 值。一般而言，若某个备选项目的内部效益率 $p$ 比通常所能接受的平均效益率（如市场平均年利率 $r$）高，则该项目较好。

以上两个指标是对财政支出项目进行成本—效益分析时常用的评价指标。

③ 效益成本率（益本比）（BCR，benefit cost ratio）。**效益成本率是指效益现值总额与成本现值总额的比率。**其计算公式为：

$$BCR=\frac{\sum_{t=0}^{n}\frac{B_{ij}}{(1+r)^{t}}}{\sum_{t=0}^{t}\frac{C_{ij}}{(1+r)^{t}}}$$

不难看出，某个备选项目的 *BCR* 值越大，则其效益越大。需指出的是，运用效益—成本比率指标，未必能选择最佳的财政支出项目。

成本—效益分析法只适用于以直接经济效益（也称钱衡效益）为主，或者直接经济效益较突出的财政支出项目的评估。实际上，这类项目往往属于所谓的“资本项目”，如高速公路、机场、水库、电站、自来水厂等。

另外，在对这类财政支出项目进行选择时，还应考虑到财政支出的预算约束，即政府有多少可用的财力。

例：有 A、B、C 三个投资项目，如表 4-10 所示为三个项目的初始投资额，预期年限和年预期净效益，并给出了贴现率分别选择 3%、5%、8%时计算得出的 *NPV* 值和 *BCR* 值。

**表 4-10　不同贴现率下的项目选择**

| | 项目 A | 项目 B | 项目 C |
|---|---|---|---|
| 投资额 | 10380 | 10380 | 10380 |
| 预期年限 | 5 | 15 | 25 |
| 年预期净效益 | 2397 | 1000 | 736 |
| NPV 法：3%贴现率 | 598 | 1538 | 2436 |
| 5%贴现率 | 0 | 0 | 0 |
| 8%贴现率 | -809 | -1821 | -2523 |
| BCR 法：3%贴现率 | -1.057 | -1.15 | -1.235 |
| 5%贴现率 | 1.000 | 1.000 | 1.000 |
| 8%贴现率 | 0.922 | 0.825 | 0.757 |

当选择 3%的贴现率时，项目均可行，其中项目 C 最优；当选择 5%的贴现率时，项目尚可行，但均无效益；当贴现率为 8%时，项目均为负值，但相比之下，项目 A 损失最小。在以 *BCR* 法作为决策依据时，得出的结论基本与 *NPV* 法一致。由此可见，贴现率的选择可以产生不同的决策结果：第一，不同的贴现率可以得出不同的 *NPV* 值和 *BCR* 值。贴现率上升，*NPV* 值和 *BCR* 值均呈下降趋势，但年限不同的项目下降幅度不同。第二，不同的贴现率产生不同的项目决策结果。第三，较低的贴现率，使决策偏向于长期支出项目，而较高的贴现率使决策偏向于短期支出项目。

公共支出贴现率选择的特殊性在于：公共支出项目正确的贴现率应该是社会贴现率。**社会贴现率，是指应用于未来的成本和效益上、能产生真实社会现值的贴现率。**

（4）成本—效益分析方法的局限性。

公共项目的成本—效益分析方法最早运用于 1936 年美国联邦水利机构对于水资源开发和投资的评价。第二次世界大战期间，美国将其用于指导军事工程的建造，战后又进一步把这一方法应用到交通运输、文教卫生、城市建设等方面的投资项目评价上。近年来，成本—效益的分析方法不但在美国政府各部门，特别是公共项目评价中得到推广，而且在英国、加拿大、日本等各国也应用普遍。虽然我国对于财政支出的成本—效益分析起步较晚，但目前无论是学界还是政府部门的实际工作者都对这一方法给予了高度重视，并逐步将其运用于各项财政支出项目的评价上。

尽管成本—效益比较方法目前十分流行，但它的局限性并不能因此而忽视。首先表现为公共项目的成本和效益，尤其是外部成本和外部效益衡量的困难性。由于分析对象无法计量，那么本来试图通过量化手段来进行决策分析的初衷就受到了挑战。其次，社会贴现率选择的主观性和随意性，使得成本—效益分析的客观性只流于形式。在有些国家，成本—效益分析方法甚至成为某些决策者操纵决策结果的工具。再次，即使公共投资的效益可以正确评估，也还留下了分配上的问题。当财政支出项目给各个经济主体带来的效益不同时，公共投资决策的价值判断就十分重要了。换句话来说，此时的成本—效益分析方法就显得苍白无力了。

**2. 最低费用选择法或成本—效应分析法（cost effectiveness analysis，CEA）**

（1）最低费用选择法的定义及其实施步骤。**最低费用选择法也称为成本—效应分析法，它实际上是一种对能达到同样目标（或效果）的各种备选项目的（有形）成本进行比较，并以成本最低为重要的择优依据的财政支出项目决策方法。**

其特点是：核算简单；适用于成本可以衡量，但效益难以衡量的项目。

（2）最低费用选择法的决策指标及适用范围。运用这种方法的决策指标为成本现值总额（**total present value of cost，TPVC**），其计算公式为：

$$TPVC=\sum_{t=0}^{n}\frac{C_{ij}}{(1+r)^{t}}$$

应说明的是，在实际决策时还要考虑除 TPVC 之外的其他因素（主要是社会、政治因素）。最低费用选择法主要适用于那些以**非钱衡效益**为主，而且由这种支出提供的产品或服务不能进入市场交易的财政支出项目，如国防、治安、防疫、教育等社会公益事业项目。

例如，为了降低工厂噪声污染，从而减少工人患耳疾的概率，可以有几种方案供选择：

① 更换所有噪音超过 85 分贝的机器设备，每花 10 万元可减少一人患耳疾；

② 在每台机器上安装消音器，每花 8 万元可减少一人患耳疾；

③ 让每位工人工作时戴上耳栓，每花 5 元可以减少一人患耳疾。

很显然，在以上三个备选方案中，③是成本最低的。这种方法在美国常常用于公共设施、国防等方面。

这种方法不必把福利货币化、定量化。它的第一步需要确定目标，然后分析达到这一目标的不同方法的成本，再加以比较。运用最低费用法在技术上是不困难的。困难之处在于备选方案的确定，因为，这里提出的备选方案应能无差别地实现同一目标，要做到这一点有时并不容易。

## 本章小结

1. 财政支出，是政府为履行其职能购买相应商品和服务而支出的一切费用的总和。包含两层涵义，一方面，财政支出是以社会福利最大化为目标，满足公共需求的一种资源配置活动；另一方面，财政支出的数额在一定程度上反映出政府介入经济和社会活动的规模和深度，体现出公共财政在经济和社会中的地位。

2. 财政支出可以用不同的方法进行分类。主要是按照支出的经济性质将财政支出分为购买性支出和转移性支出；基于职能成本意义上的分类、按财政支出的利益覆盖范围分类、按支出用途、目的分类、按支出的管理权限分类等。

3. 财政支出的原则主要包括：厉行节约，讲究效益的原则；统筹兼顾，全面安排的原则；量入为出、量力而行的原则；效率、公平、稳定三者兼顾原则。

4. 财政支出规模是指一定财政年度内通过预算安排的财政支出总额。财政支出规模可用绝对量指标和相对量指标来衡量。绝对量指标直接用货币量表示的政府财政支出规模。相对量指标，各国通常采用财政支出占GDP比重来衡量，也叫做财政支出的经济负担率。

5. 衡量财政支出规模变化的指标也分为绝对量指标和相对量指标。绝对量指标用财政支出的货币数额来衡量财政支出规模的增长变化。相对量指标主要包括财政支出增长率、财政支出增长的弹性系数和财政支出增长的边际倾向。

6. 西方经济学家就财政支出不断膨胀趋势从不同角度进行了分析。**瓦格纳提出了财政支出扩张论。瓦格纳法则：随着人均收入的提高，财政支出的相对规模也随之提高。**瓦格纳认为财政支出不断扩张的原因主要有两个：政治因素和经济因素。此外还有皮科克和怀斯曼的"梯度渐进增长理论"、罗斯托和马斯格雷夫的经济发展阶段论、鲍莫尔的"非均衡增长模型"、布坎南和塔洛克的利益集团论和尼斯康宁等人的官僚集团模型。

7. 财政支出规模的影响因素主要有三个：经济性因素、政治性因素和社会性因素。

8. **财政支出结构，是指财政支出各部分之间的组合状态及其数量配比，或者各类支出的组合及各类支出在总支出中所占的比重关系。**财政支出结构主要受到四方面因素影响：政府职能状况、一定时期内政府的目标、政府调控资源的能力和财政支出的客观数量。

9. 政府采购是指各级政府及其所属实体为了满足开展日常政务活动和为公众提供公共产品与服务的需要，在财政等部门的监督下，按照法定的方式、方法和程序，从国内外市场上购买所需商品和劳务的行为。

10. 财政支出效益分析是指对具体的财政支出项目所能取得的经济社会效果和相应的成本进行比较，进而对财政支出项目的合理性、有效性进行评价。

11. 财政支出效益的衡量方法包括：成本—效益分析法、最低费用选择法。

## 案例分析

### 年底要"突击"花掉2.6万亿元

财政部2014年12月11日公布的数据显示，前11个月，全国财政支出累计126308亿元，完成预算的82.5%。按照年初编制的2014年全国财政支出预算，12月财政资金仍有超过2.6万亿元待支出。

"年底突击花钱"的说法不见得合理。"中国社会科学院财经院教授杨志勇说，更为客观的提法应该是"年底集中花钱"。而且，大笔资金待支出并不一定意味着这笔钱一定会花出去。

大额剩余支出和盲目乱花钱不能画等号。尤其是2014年在“八项规定”和财税纪律愈加完善的背景下，政府想要乱花钱越来越难，过去时常见诸报端的“天价采购”等乱象已经越来越少。财政部相关负责人也做出回应，年底剩余的财政支出预算，并不是要无序突击花掉，所有资金按照预算用途和项目合同，乱花钱将面临审计监督。

政府花钱为何集中在年底？

这主要反映出当前我国财政预算执行仍存在诸多缺陷。政府拨款慢、资金到位滞后，影响了财政支出的进度。地方财政支出很大一部分要靠中央转移支付，但转移支付资金下达到基层地方政府的时间普遍较晚，一般要到下半年。

政府层级多，导致财政资金下拨环节复杂，也是造成年底集中花钱的重要原因。例如，涉及环保的，要找到环保部确定各省份资金额度，省里又要考虑省级留多少，跟市县分多少。此外，预算编制不科学也是重要原因。

年底集中花钱会改善吗？

说到底，人们质疑一些部门“年底突击花钱”，并不是反对政府花钱，而是反对“乱花钱”。要减少公众的疑虑，一方面要推进预算管理制度改革，使政府花钱更科学合理，另一方面也要加大财政公开力度，打造阳光政府。2014年8月底，新修改的预算法正式表决通过，于2015年1月1日起施行。2014年10月，国务院又发布了《关于深化预算管理制度改革的决定》，详细列出了预算管理的7项重点改革内容。

——摘编自《大河报》，年底要“突击”花掉2.6万亿元，http://newpaper.dahe.cn/dhb/html/2014-12/12/content_1194432.htm?div=-

**分析讨论**

如何加强财政支出的科学性？如何完善其监督机制？

## 关键术语

财政支出　购买性支出　转移性支出　一般利益支出　特殊利益支出　补偿性财政支出　积累性支出　消费性支出　预防性支出　创造性支出　财政支出规模　财政支出的经济负担率　财政支出增长的弹性系数　财政支出增长的边际倾向　瓦格纳法则　利益集团　财政支出结构　政府采购　成本—效益分析方法　贝叶斯法则　贴现率　影子价格　净现值　效益成本比率　内部收益率　益本比

## 思考题

1. 财政支出在理论上应做出哪些分类？
2. 财政支出应遵循的原则有哪些？
3. 衡量财政支出规模变化的指标有哪些？
4. 请简述财政支出增长的瓦格纳法则与皮科克和怀斯曼的“梯度渐进增长理论”模型，并对两者进行比较。
5. 试比较罗斯托和马斯格雷夫的经济发展阶段论与鲍莫尔的“非均衡增长模型”对财政支出膨胀原因解释的异同。

6. 简述布坎南和塔洛克的利益集团论与尼斯康宁等人的官僚集团模型。

7. 影响财政支出规模的因素有哪些？

8. 什么是财政支出结构？影响财政支出结构的因素有哪些？

9. 简述政府采购的特点和意义。

10. 现有一公共工程项目需要政府部门做出是否投资的决策，已知该项目的预期效益和成本如下（单位：元）

预期成本 （现值） 8000

预期效益 （终值）

第一年 1200

第二年 6000

第三年 6000

如果利率为10%，请计算该项目的净效益现值、内部报酬率和效益—成本比。

11. 谈谈对财政支出成本—效益分析方法的意义、作用以及局限性的认识。

12. 试对中国目前财政支出过程中存在的问题提出一些可行的建议。

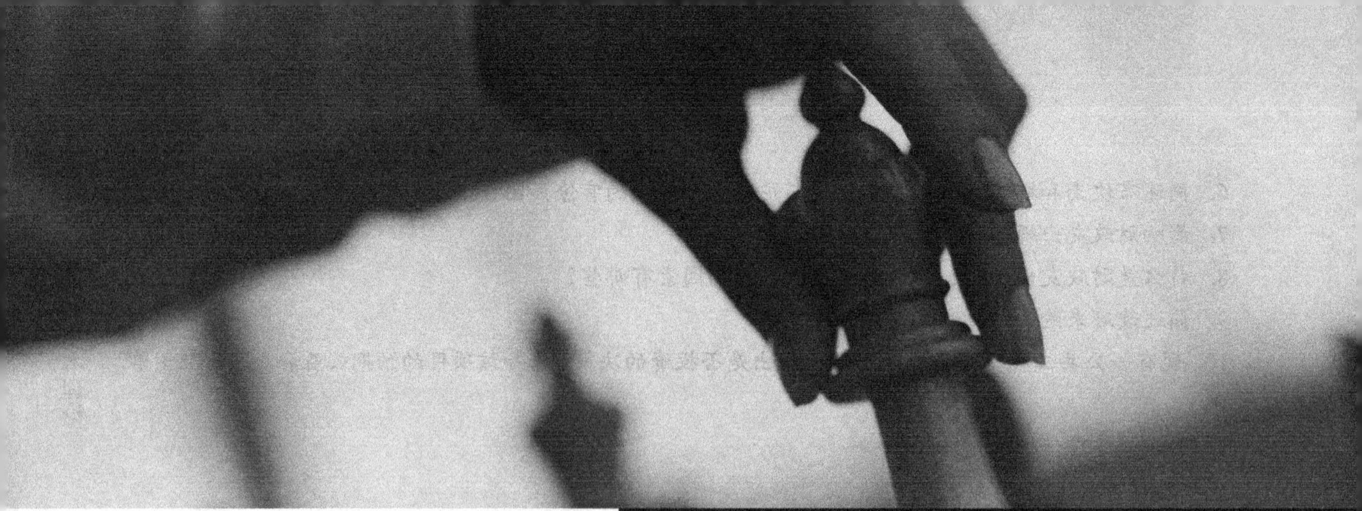

# 第5章　财政经常性支出

财政经常性支出是政府支出的重要组成部分，本章分别介绍了行政管理支出和国防支出、教育、科学技术和医疗卫生支出、社会保险支出。其中，行政管理支出和国防支出是政府购买性支出中最基础的，是政府为维持最基础、最重要的职能所安排的费用支出。行政管理支出的高低某种程度上反映了政府规模的大小和行政效率的高低，政府机构的改革一直影响着行政管理支出。国防支出的多少则反映了国防力量的强弱。教育支出、科学技术支出和医疗卫生支出是政府的3大重要职能支出，关系着政府对教育、科技和医疗3大公共事业的支持。社会保障支出的需要则是随着生产的社会化产生和发展的，改革开放以后，因为经济发展的需要，我国逐步建立起了以养老保险为核心的社会综合保障体系。

## 5.1　行政管理支出与国防支出

**财政经常性支出是维持公共部门正常运转或保障人们基本生活所必需的支出，主要包括人员经费、公用经费及社会保障支出。它是维持社会正常运行所必需的支出。**

具体包括：（1）事业发展和社会保障支出。如农林水利事业费、畜牧业气象事业等；科教文卫体育事业费、通信和广播电视事业费和其他事业费等；（2）国家政权建设支出。如行政管理费，公、检、法支出，外交支出，国防费等；（3）对外援助支出；（4）政策性补贴支出；（5）预备费；（6）其他支出。

### 5.1.1　行政管理支出与国防支出的经济属性

#### 1. 行政管理支出的经济属性

按照公共产品理论，政府提供的各种行政管理服务均属于纯公共产品范畴，具有完全的非排他性和非竞争性等特征，因而其最优数量和价格都难以通过市场竞争机制来确定。对这部分属于市场完全失效的资源配置领域，必须由市场以外的配置方式来替代。非市场化的资源配置方式有两种，即政府财政机制（税收→财政支出）和社会资源配置机制。诚然，依靠社会捐赠和社会成员的自愿行为在公共产品供给方面能够起到一定的作用，如奥运会的志愿服务，但是，与全社会对于社会安定与安全、秩序等公共产品的需要相比，志愿服务显然是杯水车薪。行政管理类公共产品的供给，如良好的社会与法律秩序、稳定的宏观经济环境、财产权的有效保护和有利的外交环境等，非政府莫属。这一点也是人们创造政府这一公共产品的动机所在。上述公共产品强烈的外部性也是一国所有企业从事生产经营、投资和对外贸易活动所不可缺少的外部条件。

然而，行政管理是有经济代价或成本的。在一国的经济资源既定的条件下，如果政府消耗的费用过多，纳税人的税收负担就会因此而过重，相应的会降低微观经济主体的投资或消费能力，这样的资源分配显然扭曲了公共产品与私人产品的合理配置结构；在一国的财政资源既定的条件下，政府用于行政管理的支出过多，用于提供其他公共产品（如文化、教育、科技、卫生保健等）的支出就会相应下降，这必然会降低公共产品配置的整体效率；在行政管理支出既定的条件下，若政府的行政管理效率低下，则单位行政管理的成本就会上升，要完成同样的行政管理任务，就必须追加行政管理费，或降低行政管理的服务水平，这都会直接或间接造成经济效率的降低。

**2. 国防支出的经济属性**

国防与行政管理一样，都是纯公共产品，同时具备非排他性和非竞争性的典型特征，是一国经济发展不可缺少的重要条件。不过，与其他公共品相比。国防是一种“强制性”的公共产品，具有以下4个特征。

（1）公众对国防的不完全信息导致其国防需求偏好的扭曲。从国防的自身特点来说，公民是无法“消费”国防的，绝不会有一国的公民采取发动战争的形式以验证本国的安全程度；国防的收益也是难以计量的，只要国家保持安全稳定，就可以说国防的收益是无穷大。从外部附加的因素看，军事被赋予的神秘色彩，影响了公众对国家安全的正确评价。造成公众对国防安全水平低估的原因是一国的军事尖端技术，出于保密的需要而不便于披露；造成高估的原因则是国家为稳定民心而进行的各种正面宣传。如果公众对国防的评价是建立在完全信息的基础上的，那么对国防的需求偏好也应是合理的。但往往一国的国防，由于种种因素，使得公众偏离了对国防的准确评价进而导致对消费者偏好的扭曲。一般来说，一个国家的人口越多，国土面积越大，经济实力越强，远离战争时间越久，则国家的公民对国防安全高估的可能性越大，对国防的需求将低于必要水平，反之则相反。

（2）通过政治程序无法使公众的国防需求意愿达到合理显现。市场机制无法保证公共产品的有效供给，人们将公共产品的提供付诸于公共选择程序。然而投票表决的方法不能有效地解决国防预算的资源配置问题。首先，国防的提供是整个国家公民的行为，而并非类似于林达尔均衡的简单二人模型，这就使得交易成本趋于无限大而根本无法实现。其次，出于“搭便车”的动机，民众通常缺乏遵守纳税义务的一般意愿，即具有隐瞒自己真实偏好的趋向，这就使得为国防而征税典型地具有强制性的性质，并且在集体决策中，政治集团通常做法是强迫他人做出更大的贡献，而不是接受后者的自愿出价。

（3）政府有纠正公民对于国防的错误需求偏好的责任。作为一种公益需要，政府必须向民众灌输一定的国防价值观念。从博弈的角度说，一个国家只有具有强大的国防，才能够有效地遏制战争的发生。虽然这种博弈的结果是双方国家的福利损失，但是处于“囚徒困境”中的各国，发展国防是一种较理性的选择。否则将有可能招致难以估量的损失。虽然在和平环境下，发展经济优于发展国防是大多数公民在国防上的基本偏好，但是政府必须认识到国防的供给绝不能限于大多数民众所支持的水平，必须通过各种手段予以纠偏，这样才能确保国防实力达到真正保卫国家安全和国家利益的水平。

（4）政府拥有“强制性”提供国防公共产品的一般条件。国防产品一般是由中央政府提供的，大多数情况下，中央政府的决策机构能够做出较民众更优的判断。首先，决策机构成员大多享有相对良好的教育。其次，机构成员掌握更多、更新的信息，而这些信息有的是公众所无法得知的。最后，社会分工的作用使得政府机构具有“生产”这种决策的比较优势。这些都使得在国防生产上由政府做出选择相对更加合理，因此，由强加选择代替个人选择是较明智的。

### 5.1.2 行政管理支出

**1. 行政管理支出的涵义**

行政管理支出是国家财政用于各级权力机关、行政管理机关和外事机构等行使职能所需的费用。它是维持国家各级政权存在、保证各级国家管理机构正常运转所必需的费用，也是纳税人所必须支付的成本。因此，行政管理支出的安排是否合理，是建立高效率政权机关和其他各类管理机关的重要前提，是社会经济事务能否得到及时有效协调的重要保证，也是社会资源是否能够得到有效配置的重要表现。

**2. 行政管理支出的主要内容**

行政管理支出可以分为行政支出、公安支出、国家安全支出、司法检察支出和外交支出 5 大类。这些支出内容可再一次细化为各种支出项目。例如，行政支出包括人大经费、党派补助费、政协经费、人民团体补助费、各级政府机关经费等。公检法支出包括公安机关经费、公安业务费、警察学校和其他公安经费、安全机关经费、安全业务经费、司法检察机关经费、司法检察业务费、司法学校及其他司法检察费等。外交支出包括驻外机构经费、出国费、外宾招待费和国际组织会议费等。

以上每一项项目经费既包括人员经费，也包括日常办公所涉及的公共经费。人员经费包括工资、福利费、离退休人员费及其他，公共费用包括公务费、公车开支、招待费和业务费等。图 5-1 所示为 1996—2012 年中国行政管理支出情况。

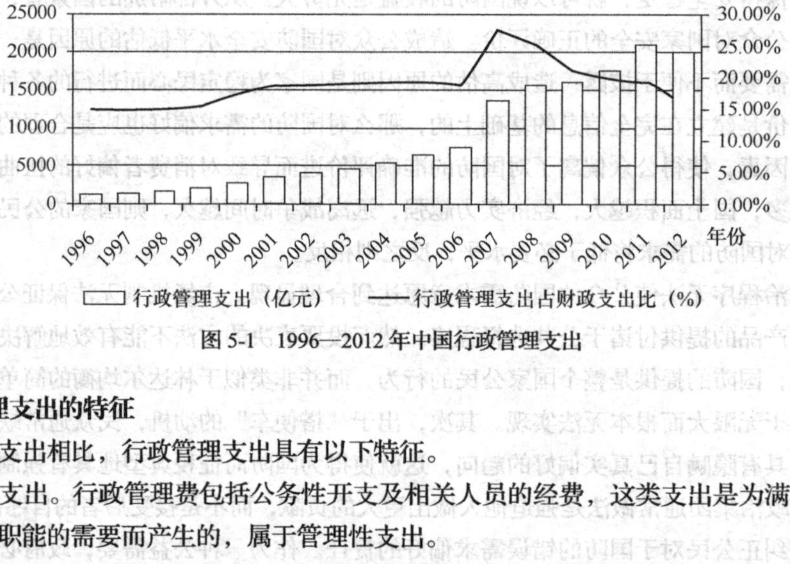


图 5-1 1996—2012 年中国行政管理支出

**3. 行政管理支出的特征**

与其他财政支出相比，行政管理支出具有以下特征。

（1）管理性支出。行政管理费包括公务性开支及相关人员的经费，这类支出是为满足国家管理机构履行其社会管理职能的需要而产生的，属于管理性支出。

（2）公共性支出。一方面，行政支出主要来源于税收，是国民收入的一部分；另一方面，行政支出的使用是面向全体社会成员，以为全体社会成员创造更好的社会环境和生活、投资环境为目的。

（3）支出具有稳定性。由于行政管理支出是用于各级行政机构行使其职能所需的费用支出，而国家行政机关的设置经过法律程序确定后不得随意改变，从而使行政支出也具有稳定。

（4）消耗性支出。行政管理支出作为一种非生产性活动支出，不直接产生经济效益，属于一种社会财富的净消耗。在保障政府职能有效行使的前提下，应严格限制行政支出的规模，避免行政支出在社会财富总量中的比重过大，影响经济社会的发展。

**4. 行政管理支出的影响因素**

影响行政管理经费支出大小的因素主要包括以下 6 个方面。

（1）政府职能范围及相应的机构设置。政府职能范围的大小和机构设置的多少是制约行政管理支出的主要因素。政府的职能范围越大，行政管理机关设置得越多，所需的行政开支一般越大。社会经济发展事实已经证明，与经济生活不相协调的过多的行政管制和与之相应的政府规模对经济的正常运转是极其不利的。

（2）经济发展水平。经济发展水平是社会财富积累的重要前提，也是政府职能扩张的决定性物质基础。一国的经济发展水平越高，其行政管理支出的数量越大，依法行政的质量和效率就越高；反之，行政管理的质量和效率就会受到影响。

（3）人员配备。行政管理部门是劳动力密集型部门，其工作人员都是国家的公务员。行政公共劳务的提供需要消耗一定的人力、物力和财力资源，这些资源之间的配置结构或比例存在一定的替代关系，即为提供相同的公共劳务，可以用更多的人力资源和较少的非人力资源，也可以用较多的非人力资源和较少的人力资源。这里的人力资源是指公务员的数量和质量。公务员的数量与政府机构的多少有关，而公务员的质量则是指公务员的素质高低。高尚的道德情操、过硬的政治素质、合理的知识结构、较强的组织能力和专业技能以及健康的体魄等，都构成公务员素质的重要内容，并对国家财政的行政支出规模产生重要影响。

（4）内部的激励约束机制和外部监督体系。内部激励是使行政部门及其工作人员的私人目标与社会目标一致化的利益诱导机制，如物质奖励制度、升迁制度等。约束制度有行政处罚、物质利益处罚等。显然，激励约束机制是建立在科学的内部考核体系的基础之上。激励约束机制健全，能够提高行政工作效率，缩小行政支出的规模。外部监督是指行政管理部门以外的单位、团体和个人对行政部门的监察和督促。外部监督是一个体系，包括正式监督制度（法律和规定）和非正式监督制度（如新闻媒体监督、群众举报等）。加强监督的实质，就是增加政府行政过程的透明度，减少信息不对称，从而降低政治行政过程的委托—代理成本。毫无疑问，健全的监督体系对于降低行政部门的开支、提高政府行政效率有着极其重要的作用。

（5）物价的波动。政府行政管理支出属于购买性支出，在购买商品和服务时必须遵循市场等价交换的原则。因此，物价的波动必然带来行政管理支出的增加或减少。物价的上涨作为一种普遍存在的经济现象，一定会推动行政管理支出规模的不断扩张，但经费支出的增加并不必然带来国家实际消耗物资量的增长。

（6）行政管理的现代化。行政管理的现代化要求管理手段的现代化。随着电子政务的普及，各级行政管理部门纷纷更新设备、开发计算机软件、实行计算机网络化。在加强硬件建设的同时，不断完善软件建设，这个过程耗费的费用是巨大的。

行政管理是政府的一项基本职能，行政管理支出规模的不断增长具有必然性。随着社会经济的发展，经济活动日趋复杂，“公共事务”也日益增多。相应地，党政机关的规模会扩大，甚至需要增设新的管理机构，因此行政管理支出的增长就是一种趋势。公安、司法检察、安全支出是用于维护社会秩序的。社会“城市化”浪潮的不可遏制，难免导致犯罪、违法事件和经济、社会纠纷的增多。为了保证社会在法治的轨道上有序运行，用于维持社会秩序的机关规模的扩大及相应的经费增长也是不可避免的。国际交往也会随着经济发展和频繁的外事活动而增加，因而驻外机构的费用、迎来送往的支出也将呈不断增长的趋势。将上述方面总括起来看，我们不得不承认，公共支出不断增长应该是一个事实，行政管理支出绝对量的增长是一个趋势。

**5. 行政管理支出与政府行政效率**

行政管理支出是社会存在和发展的必要支出，又是非生产性支出和社会纯消费支出，是社会成员必须负担的社会成本。政府提供的公共服务可视为它的“产出”，因而我们也可对政府的投入—产出做成本—收益分析，收益与成本之比就是政府的行政效率。在耗费相等的社会资源条件下，政府能提供的服务数量越多、质量越高，则其行政效率越高；相反，政府提供的服务数量很少，质量低劣，却又消耗了大量社会资源，则其行政效率必定低下。因此，在保证国家各级行政机构正常运转所需支出的前提下，应考虑尽量压缩和减少行政经费支出，如表5-1所示。

表 5-1　1996—2012 年我国国内生产总值、行政管理费用以及财政支出

| 年份 | 国内生产总值（亿元） | 财政支出（亿元） | 行政管理费用（亿元） | 行管费占总支出比 | 行政管理费用/国内生产总值（%） |
|---|---|---|---|---|---|
| 1996 | 71176.60 | 7937.55 | 1185.28 | 14.93% | 1.67 |
| 1997 | 78973.00 | 9233.566 | 1358.85 | 14.71% | 1.72 |
| 1998 | 84402.30 | 10798.18 | 1600.27 | 14.82% | 1.90 |
| 1999 | 89677.10 | 13187.67 | 2020.60 | 15.32% | 2.25 |
| 2000 | 99214.60 | 15886.50 | 2768.22 | 17.43% | 2.80 |
| 2001 | 109655.20 | 18902.58 | 3512.49 | 18.58% | 3.20 |
| 2002 | 120332.70 | 22053.15 | 4101.32 | 18.60% | 3.41 |
| 2003 | 135822.80 | 24649.95 | 4691.26 | 19.03% | 3.45 |
| 2004 | 159878.30 | 28486.89 | 5521.98 | 19.38% | 3.45 |
| 2005 | 183867.9 | 33930.28 | 6512.34 | 19.19% | 3.54 |
| 2006 | 210871.0 | 40422.73 | 7571.05 | 18.73% | 3.59 |
| 2007 | 265810.3 | 49781.35 | 13649.98 | 27.41% | 5.14 |
| 2008 | 314045.4 | 62592.66 | 15763.27 | 25.18% | 5.02 |
| 2009 | 340902.8 | 76299.93 | 16110.61 | 21.11% | 4.73 |
| 2010 | 401512.8 | 89874.16 | 17599.74 | 19.58% | 4.38 |
| 2011 | 473104.0 | 109247.79 | 20998.25 | 19.22% | 4.44 |
| 2012 | 519470.1 | 125952.97 | 20145.89 | 15.99% | 3.88 |
| 2013 | 568845.2 | 140212.1 | | | |

资料来源：国家统计局网站. 2007 年财政收支科目实施了较大改革，特别是财政支出项目口径变化很大，与往年数据不可比，2007 年起财政支出采用新的分类.

**6. 我国行政管理支出的控制**

（1）加快政府职能的转变，构建有效政府。**有效政府是一个有限、法治、民主、负责、廉洁的政府。**加快政府职能的转变，构建有效政府，就是以科学合理地界定政府与市场边界为前提，进一步推进政企分开、政资分开、政事分开，把应交给市场来调节的领域交出去，充分发挥社会团体、行业协会、商会和中介机构的作用，尽快实现由计划经济的"全能政府"向市场经济的"有效政府"的转变。这样，既可以节约行政成本，提高政府的工作效率，又能更好地推动市场环境的培育。与此同时，政府应该管的事情一定要管好，在继续抓好经济调节、市场监管的同时，更加注重社会管理和公共服务，把财力、物力等公共资源更多地向社会管理和公共服务倾斜，更多地放在促进社会事业发展和提高人民生活水平上。

（2）深化行政管理体制改革，降低政府行政成本。具体包括以下措施。

① 优化行政级次设置，建设智能型政府。随着经济的市场化、信息的网络化、管理的现代化的加快推进，减少和优化行政层次、实行扁平化管理、降低行政成本、构建智能型政府已成为各国行政体制改革的共同选择。我国行政体制改革应综合考虑我国的具体国情，遵循有利于政治稳定、经济发展及区域经济发展的原则，因地制宜、循序渐进。

② 明确职责，强化制衡和监管。在明确界定政府职能的前提下，根据实际需要灵活实施政府机构改革，强化权力的制衡和监管。特别应强化各级人大和财政、审计部门在行政成本管理、控制和监督中的权力，整肃预算纪律，严格预算程序，加强预算的公开化和透明度。同时，要根据实际情况建立相应的激励机制，在预算约束下灵活有效地运用资金，节约各种开支。

③ 依法建立控制人员增长的长效机制。各级政府要严格执行国务院颁布的控制地方政府机构行政编制的管理办法，依法核定政府部门的职能和事权，以责定权、以责定事、以责定人、以责定财。同时，要构建能上能下、能进能出的灵活的行政用人机制，完善现行公务员和事业单位人员考核录用机制，努力培养和造就一支思想过硬、业务精通、公道正派、身体健康的行政机关公务员和事业单位职员队伍。

④ 加大行政经费重点项目的管理，降低行政运行成本。特别是加强对"三公经费"的控制和管理。

三公经费，指政府部门人员因公出国（境）经费、公务车购置及运行费、公务招待费所需的经费支出。今后要进一步改革职务消费制度，推进福利待遇货币化改革，规范个人收入分配；清理政策外津贴补贴，统一工资和津贴补贴制度，规范收入分配。

（3）深化预算管理制度改革，节省政府行政成本。预算制度是从根本上强化财政支出管理，节省政府行政成本的制度。为此，必须进一步深化包括部门预算、政府采购、国库集中支付和支出绩效评估为核心的政府预算制度改革，完善预算决策机制，进一步增强预算的法治性、公开性和透明性，推进依法行政、依法理财和民主理财，确保节约使用各项财政支出。

### 5.1.3 国防支出

**1. 国防支出的涵义**

**国防支出，是指国家为维护国防安全而用于军队的维持和国防科技事业发展的经常性开支、专项军事工程以及战时的作战经费等方面的军事支出。**

国防支出的规模与结构集中反映了一个国家的国防战略和国防政策，它实际上是一个国家国防战略的数字化。透过国防支出占国民（内）生产总值的比例，国防支出占财政支出的比例，以及国防支出内部的分配和使用结构，可以看出各个国家不同的国力、国策和国防建设的方针、政策。为了实现国防现代化，防御外敌入侵，保卫民族独立、安全和主权、领土的完整，应根据我国经济发展和所面临的国际环境，合理安排国防支出，提高国防费的分配和使用效益。

国防支出同样具备行政管理支出的非生产性和连续性特点。除此之外，国防支出还具有波动性的特点，即国防支出受一定技术条件的制约。且与国际国内局势变动密切相关。从一般意义上说，在国际、国内局势紧张的情况下，需要的国防支出较多，反之，在国际国内局势缓和时，需要的国防开支较少。可见，国防费用开支在一定的技术经济条件的制约下，随国际国内局势的变动而呈波动性变化。

**2. 国防支出的特征**

国防是“纯公共品”，它具有非竞争性和非排他性。国防支出的需求来自于社会成员对安全的渴望，国防支出的目标是捍卫国家安全。不论是武器装备研制的财务支出，还是军事人员的经费支出，或是军事活动的维持支出，都不会直接增加生产资料和消费品，也不会为经济社会的发展提供直接的物质财富，相反会消耗大量的社会产品。从这个意义上说，国防支出属于非生产性支出。

**3. 国防支出的作用**

国防支出作为政府财政支出的有机组成部分，主要是为实现政府职能服务的。随着政府职能的不断扩展，国防支出的作用也在发生变化。在现代社会，国防支出的作用主要表现在政治和经济2个方面。

（1）政治方面的作用。国家的存在和发展必须具备两个基本条件：一是建立军队，以此来抵御外敌入侵，保卫国家领土的完整和主权的独立；二是设立警察、法庭、监狱、行政等设施和组织，以此来维护国内社会经济生活秩序的稳定。古今中外，世界各国的国防支出虽然数额不一，但它在政府财政支出中均占有非常重要的地位。通过规模适度、结构合理的国防支出，可以保证政府能建立和保持一支具有一定军事优势的武装力量，借助这支武装力量为整个社会经济生活的有序进行提供良好的外部条件。此外，虽然国防支出的作用主要在于保卫国家安全，但在某些特定情况下，它还具有直接维护国内社会秩序的功能。

（2）经济方面的作用。一般来说，国防支出在战争时期会增长得很快。但是，国防支出在和平时期大幅度增长是第二次世界大战以后经济发达国家财政支出的一个突出特点。现代经济学认为，国防支出属于政府财政支出中的购买性支出。由于购买性支出具有特殊的经济调节功能，这使得巨额的国防支出成为影响社会经济稳定发展的一个十分重要的因素。首先，国防支出是社会总需求的有机组成部分，数额巨大的国防支出对于促进总供求保持平衡状态发挥着重要作用；其次，国防支出主要是用于购买提供国防服务的各种产品和服务，由于这些产品和服务是整个社会产品和服务的重要组成部分，产品和服务之间的相互关联使国防支出对整个社会生产的正常进行与生产的扩大发挥着十分重要的作用；最后，提供军火产品的军事工业是一个国家工业体系的重要组成部分，每个国家都有大量的劳动者供职于军事工业部门，国防支出数额的大小直接影响着军事工业的发展状况，从而影响社会的就业状况。

**4. 国防支出的制约因素**

国防支出数额的大小还受到以下因素的影响。

（1）国家的财政状况。国防支出是财政通过对其收入的再分配形成的。因此，国防支出规模首先受国家财政状况的制约。通常情况下，国家财政状况越好，国防支出的规模也就有可能越大，如图 5-2 所示。

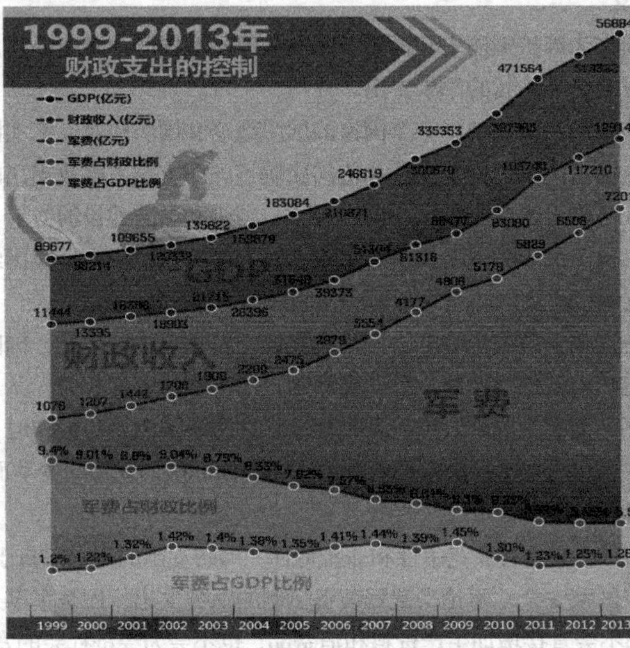


图 5-2 1999—2013 年中国财政收入、GDP 收入和国防经费开支①

（2）国内外形势的变化。在不同的国内外形势下，国防承担的任务不同，因此，对国防支出的需求也不同。一般来说，和平时期，国防支出较少，而战争时期，国防支出较多。目前，大规模的面对面的战争越来越少，而更多的是恐怖与反恐怖的战争，而这要比一般的常规战争花费更多的人力、物力和财力。

（3）国防建设的需要。国防建设的需要是确定国防支出数额的主要因素。它一般取决于军队的编制体例及其常规兵力、武器系统发展目标及其更新速度、国防科学研究任务、作战物资储备的需要及军工生产能力储备补贴等因素。

（4）物价水平和各种技术标准。一定时期的国防开支，还受物价水平和各种技术标准的影响，并与之成正相关关系。

**5. 国防支出的控制**

国防支出的分配与控制是通过编制和执行国防预算实现的。国防预算作为政府预算的重要组成部分，不仅是和平时期政府用来控制军事力量的规模、结构和发展方向的调节器，还是国家随国防发展以及对军

① 资料来源：2014 年全国两会. 中国历年军费一栏表，网易新闻，http://news.163.com/special/junfei/.

用产品和民用产品进行宏观调控的主要经济手段。国防支出的分配与控制的重点主要体现在以下3个方面。

（1）通过对国防预算总量的控制，调节军事力量的规模。从较长的历史时期看，一国的军事支出具有相对稳定性，但国防预算是根据国家制定的目标、承担的义务及面临的军事威胁等编制的，它必须反映国际环境、国家目标、国防战略和军事战略、防务政策的决策程序、经常出现的问题与防务政策执行的结果等基本要求，然后再用国防预算规模来调节军事力量的规模。

（2）通过对国防支出的使用控制，调节军事力量的结构。随着经济发展和科技进步，军队的有机构成也在不断提高和优化。这样，国防支出中的军事人员费用所占的比重应该下降，相应的武器装备的研制、采购费所占的比重则应上升。国防支出的分配和使用结构只有遵循和反映这一规律，才能在国防支出总额一定的前提下，更有效地提升军队的战斗力，提高国防的整体效益。和平时期，各国大多以发展经济为重点，坚持走精兵之路，国防支出作为国防建设的启动器，对军事力量各部门的结构进行综合协调和约束将起到重要作用。

（3）通过国防支出预算的控制，调节国防力量的发展。在相对和平的条件下，面对激烈的军事技术的竞争和国际间出现的综合国力的较量，高科技已成为国防建设的一个新的“制高点”。谁控制了这个“制高点”，谁就控制了未来国防发展的通道。因此，各国都在调整国防支出结构，逐步增加国防科研投资，减少维持费，把国防力量发展的重点转移到军事技术领域，推进武器装备向着自动化、智能化、集约化方向发展，增强国防力量。图5-3为2007—2012年中国国防支出情况。

图5-3 2007—2012年中国国防支出

（4）国防预算的发展方向。从总的趋势来看，规划-方案-预算体系（planning-programming-budgeting system，PPBS）和以结果导向（result-oriented）的绩效预算（performance budget）是未来的发展趋势。PPBS最早应用于20世纪60年代美国国防部，后在肯尼迪总统时期被推行到联邦政府。尽管目前已不再为政府所采用，但是其改进形式依然应用在美国国防预算中①。它是一套从上到下构建的金字塔型决策系统。这正与国防部门所具有的高度集权性、部门专断性和强制性特征相适应。在PPBS中，高层决策者在全面考察国家战略，通盘考虑眼前和长远的基础上，确定系统化的国防总体目标，在成本收益比较的基础上，充分权衡利弊，将目标分解为可实现的具体目标，形成可行的机制。PPBS相信科学，以理性的方式获得国防资源配置最优解，有助于保持国防战略目标的一致性。

不过，PPBS模式暂时还不适合中国国情。这是由我国作为发展中国家的现状所决定的。目前，我国人均国内生产总值还比较低，可支配的财政资金有限，有大量尚未解决的发展性需求；与发达国家相比，

① L. R. Jones and Jerry L. McCaffery，“Reform of the Planning，Budgeting System, and Management of Defense：Insights from Budget Theory”，Public Budgeting & Finance，Fall 2005，pp.1-19。

市场交易的规范性有待提升，而且公共部门也存在着一定程度的低效率和腐败现象。这就决定了，一方面国家必须将有限的财政资金更多地用于如公共卫生、公共交通等基础设施建设和平衡收入分配差距的社会福利事业中；另一方面，必须注意到，不规范的市场环境为公共部门的低效和腐败创造了条件。著名预算理论专家艾伦·希克认为，发展中国家必须通过强制实施会计和其他财政管理准则来加强预算管理，强调目标管理，建立可靠的控制制度。这就意味着国防部门必须置于财政的预算控制下，否则有可能会对财政总额的控制造成巨大压力，给预算平衡带来风险①。

## 5.2 教育、科学技术和医疗卫生支出

### 5.2.1 支出的经济属性

文教科卫支出是指国家财政用于文化、教育、科学、卫生、体育等各项社会事业发展的支出。从产品属性上讲，文化、教育科学、卫生等事业提供的产品和服务有的属于纯公共品，如基础性科学研究、基本卫生保健等；大部分属于混合公共产品，如教育等；同时存在大量的私人产品。由于具有较强的外部正效应，该项支出有助于整个社会文明程度的提高，有利于提升全体社会成员的素质，从而对经济的繁荣与发展具有决定作用，各国均对文教科卫事业给予较大程度的财政支持力度，尤其是发展中国家。

文教科卫等事业部门是非物质生产部门，不生产物质产品，也不提供生产性劳务。尽管对于文教科卫支出究竟是生产性的还是非生产性的，理论界至今仍有争论，但目前国内各种统计文件普遍做法是将其归入非生产性范畴。但需要指出的是，将其归于非生产性支出，并不意味着它不重要。相反，该类事业的发展与物质财富的生产有着密切关系，而且其贡献越来越大。文化、教育、医疗保健等不仅是一种消费性支出，还是一种不可或缺的人力资本投资。从这个意义上讲，文教科卫支出中有相当一部分具有生产性的特征。

内生增长理论认为人力资本形成是长期经济增长的关键因素之一；个人的教育和训练就像企业设备投资一样，是最重要的人力资本投资。社会文教支出属于政府对人力资本的投资。它可以提高劳动者的素质与技能，推动生产的发展，该项支出的增加对经济增长具有正效应。经济理论和实践已经证明，用于人力资本与科学技术投资的收益率要高于物质资本投资的收益率，人力资本投资和科技进步与物质财富的生产有着密切关系，是推动一国经济发展与增长的直接因素，是导致经济增长率国际差异的主要原因。

（1）科学技术的意义。科学技术是第一生产力。科技进步、追加投资和提高管理水平是一国经济增长的三大动力。随着经济发展和社会的进步，科学技术已成为生产发展、劳动生产率提高的基本前提。从人类社会发展的历史上看，巨大社会变革的直接动因是生产技术的变革，而生产技术的变革则以科学发明及其应用于生产为基础。正是在这个意义上，马克思将科学技术视为“最高意义上的革命力量”。从18世纪60年代的以蒸汽机为主要标志的第一次技术革命开始，经过19世纪以电磁应用为标志的第二次技术革命，直到20世纪50年代的以原子能、电子计算机和空间技术为标志的第三次技术革命，以及目前方兴未艾的以信息技术为标志的第四次技术革命，生产力发展的大部分是由科学技术的发展直接带来的。当今发达国家的经济增长中，物质成分所起的作用逐步下降，知识成分的作用大幅度提高，以至于成为决定性的力量。

（2）教育的意义。从理论分析来看，教育对经济增长的推动作用表现为：教育是劳动力再生产最重要的手段和途径；教育是劳动生产率提高的基本前提；教育是科学技术的源泉和基础。

教育是科学技术进步的基础。科技的继承和创新，以教育为源泉。只有通过教育，新的科技成果才能传播开来。其次，教育是劳动力再生产和培养人力资本的重要条件。在现代生产条件下，劳动者的科学文

① 孙邦栋、刘殿华. 范式选择与中国国防预算改革方向. 军事经济研究，2006（10）.

化知识、劳动技能等主要靠教育获得，劳动力的质量和劳动生产率同劳动者受教育的程度呈正相关关系。再教育是解决结构性失业问题的有效手段。只有通过对失业人口进行再教育和再培训，才能实现再就业。

（3）文化、医疗卫生、体育等事业直接关系到劳动者的健康水平和物质文化水平的提高，是国民经济发展的重要保证。现代条件下的高度紧张、复杂的劳动，要求劳动者必须拥有健康的体魄和振奋的精神，而这一切都需要良好的医疗卫生设施、适宜的体育运动和积极向上的文化建设作保证。国民的身体状况及其寿命已成为衡量一国经济发展程度的主要标志之一。

正是文教科卫事业在现代社会经济发展中发挥着日益重要的作用，各国政府才不遗余力地投入大量资金发展文教科卫事业，文教科卫支出规模呈现出日益增长的趋势。

## 5.2.2 教育支出

### 1. 教育支出的性质

教育一般看作是一种混合物品，它具有私人产品和公共产品的性质。教育支出的直接受益者是受教育者，因而受教育者愿意付出相应的成本，所以，教育可以由私人提供。然而，教育又具有正外部效应，需要政府介入参与教育服务的提供，所以它具有公共产品的性质。

根据教育混合物品的性质，教育产品可以分为以下3种类型。

（1）具有纯公共产品性质的教育。具有纯公共产品性质的教育包括义务教育，以广播、电视等形式进行的公共教育，国家公务员教育等。这些教育是为提高全民素质、稳定社会秩序所必需的，具有强制性，因而由政府提供和保障。

（2）具有混合产品性质的教育。具有混合产品性质的教育主要有高等教育、职业教育、各类继续教育等。个人从高级教育中得到的利益是内在化和私人化的，而且一些人接受高等教育，就会减少另一些接受高等教育的机会，具有一定程度的排他性，因而由政府或私人提供，或由政府和私人混合提供。

（3）具有私人产品性质的教育。具有私人产品性质的教育主要是根据个人偏好需要提供的教育，如各种形式的补习班、职业培训机构等。这类教育具有严格的排他性，受教育者需按单位产品付费并从接受的特定教育中受益。

### 2. 教育支出的提供方式

为了提高公民对教育的消费并提高教育支出的效益，政府在安排教育支出时，可在3种不同方式之间进行选择，这3种方式包括学费补助、收入补助和定额补助。

（1）学费补助。学费补助是补助给学校的。补助的目的在于降低私立学校向学生收取的学费定额。这一方式以私立学校而非学生本人为补助对象，政府部门试图通过补助降低私立学校向学生收取的学费标准。该方式大多出于扶植私立学校的需要。

（2）收入补助。收入补助实际上是政府转移性支出的一部分。它是通过福利性开支增加某些低收入家庭的收入水平，以相应提高其教育方面的消费。其缺点为：一般情况下，由于获得补助的低收入家庭可以将补助款用于购买其他产品，因此，这种方式无法保证家庭增加对教育的消费。

（3）定额补助。定额补助的目的，是让学生享受到一定数额的免费教育。具体做法有以下2种：一是拨款兴办学校，提供免费教育；二是给学生发放免费入学的凭证。显然，第一种方法存在一种风险，即由于是拨款兴办学校，而学校很有可能受利益的驱动，将这些教育经费用于进行学校扩建和提高教师的待遇上。

### 3. 教育支出的经济效应

教育的发达程度、教育投入水平常常是衡量一个国家、一个民族文明程度的重要标准。

（1）教育支出是经济持续发展的重要支撑。科技是第一生产力。科技进步已成为推动经济持续发展的动力，而教育是科技进步与发展的源泉和基础。首先，教育是劳动力再生产的重要条件。只有通过教育，劳动者才能获得相应的技术技能和管理技能，并进而提高劳动生产率。其次，教育是将科技成果转化成现实生产力的前提。通过教育，可以提高劳动者的技术应用能力和创新能力，推动经济社会的持续发展。最后，再教育是解决结构性失业的手段。在经济发展过程中，劳动力结构变化滞后于产业结构调整，通过再教育和再培训，可以使一部分失业人口重新走上工作岗位实现再就业。

（2）教育支出具有正的外部效应。教育使受教育者具有一定的科学文化素质、思想道德素质、理性评判能力，使人们相互谅解，这有助于减少犯罪，减少行政管理成本，教育还能促进科技进步，有利于社会稳定和进步等，这些都是它的外部效应。

（3）发展教育是实现社会公平的重要途径。由于贫富差异和分配不公现象的存在，人们受教育的机会并不均等。努力发展教育，可以使全体社会成员享受同样的受教育机会在源头上为消除收入分配的两极分化创造条件。

（4）教育支出具有较高的投资回报率。人力资本投资与物力资本投资都是经济发展不可缺少的生产性投资。在现代化经济条件下，人力资本投资的作用高于物力资本投资的作用。教育投资是人力资本的核心，提高人口质量的关键是教育投资，而且教育投资的收益率高于物力投资的收益率。图 5-4 所示为 2007—2012 年中国教育支出。

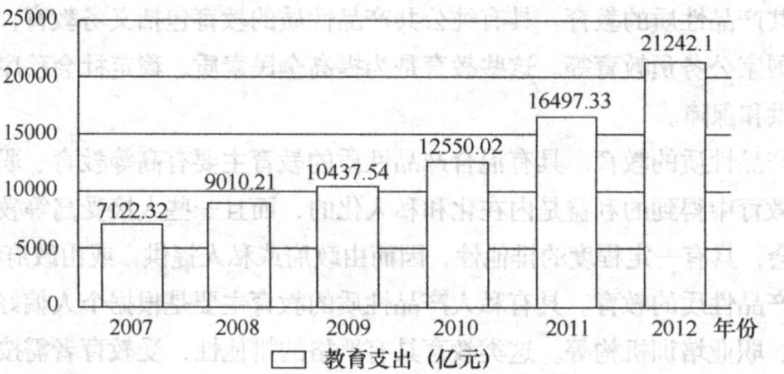


图 5-4　2007—2012 年中国教育支出

## 5.2.3　科学技术支出

**科学技术支出是指用于科学研究与试验发展以及与此相关的科技活动所耗费的经费支出，也叫科技经费或科技支出。**按照现行财政预算科目的支出功能来分，我国财政科学技术支出分为科技管理事务经费支出、基础研究经费支出、应用研究经费支出、技术研发经费支出、科技条件与服务经费支出、社会科学经费支出、科学普及经费支出、科技交流与合作经费支出和其他科技支出 9 类。目前我国财政科学技术支出 90%以上是用于项目或课题方面的支出。也叫项目经费、课题经费或专项经费、专项资金。

财政对科学技术支出的必要性在于：

（1）科学技术的研究成果具有公共性和正外部性。一般来说，科学研究的成果可以分为两类，一类是应用性科学研究，另一类是基础科学研究，其研究成果都具有一定程度的公共性和正外部性。应用性科学研究成果，如某项技术创新、新产品开发等，国家建立了严格的知识产权保护制度，通过制度安排保护技术发明人的利益，因此，应用性科学研究可以由微观主体来承担。基础科学研究，如基因工程、环境污染的治理等，其成果经由市场买卖十分困难，或者说科学研究的成本与运用科研成果所获得的利益不易通过市场交换对称起来，而一旦被运用和推广，就会在全社会范围内产生极为可观的经济效益和社会效益，并为社会成员、企业和行业共同分享。所以，对于外部效应较强的基础科学研究活动，经费应由政府承担；而那些介于两者之间的科研成果，其研究经费可以采取政府补贴的方式。

（2）科学技术投入的高风险性和收益的不确定性。从内部因素看，研究和研究成果具有不确定性，所以无法预知该科技成果能否在市场运用及其盈利前景。从外部因素看，研究项目所需资金大，风险高而缺少投资者。但科学研究成果对社会经济发展具有重大推动作用，其研究费用需要政府提供或给予一定补助。图5-5为2007—2012年中国科学技术研究经费支出。

图5-5 2007—2012年中国科学技术研究经费支出

## 5.2.4 医疗卫生支出

**1. 医疗卫生支出的定义及性质**

**医疗卫生支出是指政府安排一部分财政资金用于社会成员卫生事业方面的经费。**卫生事业按其支出所获得的利益分为两大部门：一是医疗服务，这部分支出的利益主要由个人获得；另一部分是公共卫生服务，这部分服务体现的利益主要是社会化的，很难区分受益人而进行费用补偿，具有较强的公共属性，如防疫、传染病的防治等。

**2. 政府提供医疗卫生支出的必要性**

（1）公共卫生保健的外部性。公共卫生保健是具有很强正外部效应的纯公共物品，例如，安全饮用水、传染病与寄生虫病的防范、病菌传播媒介的控制、医学研究及医药保健品的开发等。因此，政府有必要制定有关隔离和强制接种疫苗的管制政策，提供相应的公共健康服务。

（2）卫生保健信息的不对称性。这主要表现在医生与病人之间的信息不对称上，患者需要由医生来决定其需要哪些药品、是否需要做手术等，并且对医药服务进行评价是有困难的。信息不对称是一种垄断，因此，从患者利益出发，政府有对医疗卫生市场进行干预的必要性。

（3）社会公平性的要求。劳动的贡献以个人的健康为前提条件，社会劳动收入分配的差距致使其享受到的医疗卫生服务不尽相同，甚至陷入因病致贫、因病返贫的“贫困循环”。所以，消除和缓解这种因收入差距导致的对健康的不良影响，是政府应尽的职责。

（4）卫生保键的不确定性。由于疾病的风险是难以确知的，所以，人们化解风险的能力是有限的，而商业保险的市场机制限制了人们的融资渠道，因此，政府应当在更大的范围内承担由疾病引起的社会风险。

（5）基本医疗卫生制度作为公共物品性质的要求。基本医疗卫生制度是关于医疗卫生的基本制度，要求覆盖全民，公平享有，体现了基本医疗卫生制度的非排他性和非竞争性。而市场运行机制则决定了其无法提供，所以必须由政府来提供。图5-6所示为2007—2012年中国医疗卫生支出。

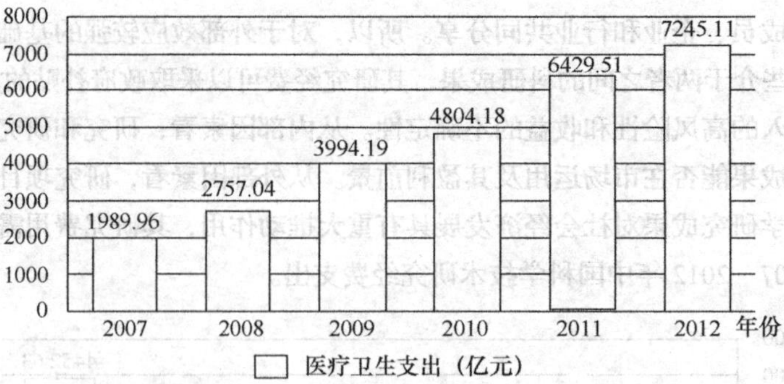


图 5-6　2007—2012 年中国医疗卫生支出

**3. 我国医疗卫生体系的缺陷**

虽然改革开放以来，我国的医疗卫生事业取得了长足的发展，但是，在医疗卫生服务中仍存在不少缺陷，主要表现如下。

（1）政府投入不足，公共卫生体系不健全，基础设施不完善，缺乏应急机制；医疗机构实行创收机制，实行以药补医，公益性严重淡化。

（2）城乡、区域和不同阶层之间的医疗卫生服务水平的差距扩大，优质的医疗卫生资源主要集中于城市和大医院，广大群众难以就地享受有效和方便的医疗卫生服务。

（3）医疗和医药费用上涨，居民负担加重。看病贵、看病难、医患关系紧张成为社会关注的热点和突出问题。

# 5.3　社会保障支出

经济社会的正常运行，需要有一个安定的社会环境，这样就必须使社会成员多方面的需要得到满足。当劳动者因种种社会的甚至个人的原因不能就业或暂时不能就业时，应该享有得到一份满足自己最低生活需要收入的权利。当劳动者生病、受伤、残废、死亡时，他们需要医疗、护理、照顾和善后等，都属于社会保障的范围。

## 5.3.1　社会保障支出的属性和意义

**1. 社会保障的涵义及属性**

**社会保障是指政府为了确保所有社会成员最低生活水平，运用政治权力强制性地把一部分人的收入以现金、实物或服务等方式转移到另一部分人身上，以形成社会安全网。**社会保障是社会经济发展到一定阶段的产物。既然社会保障是一种对未来风险进行的保障，它的内容和项目应该涉及一切可能使人们丧失收入的风险因素。

**社会保障支出是和社会保障制度密切相关的财政支出。**现代社会保障制度最早诞生于 19 世纪的德国，至今只有百余年的历史。现代社会保障制度是国家为了帮助其公民克服面临的风险和不确定性因素，主要有年老、残废、疾病、工伤、失业、自然灾害、贫困等对生活的影响，而面向所有公民提供基本生活保障的制度。现代社会保障制度是市场经济的一个基本制度，被誉为社会的“安全网”“稳定器”，是人类文明和社会进步的一大“制度发明”，它的意义和作用主要表现在：①它是确保社会公平，实现收入公平分配的重要手段；②它是确保社会安定，实现社会稳定的重要工具；③它是确保市场效率，实现资源优化配置的必不可少的手段。

**2. 社会保障的基本特征**

社会保障作为一种经济保障形式，主要有以下 4 个基本特征。

（1）制度上的立法性。社会保障项目、标准、筹资模式、管理体制、监督关系都按规定的标准和程序建立和运行，具有强制性，要求社会成员都必须参加。它是通过法律确定的公民的一项基本权利和义务，法律规定范围内的单位及职工都必须参加社会保险，按规定缴纳保险费，违反者须负法律责任。

（2）资金用途的互济性。社会保险制度建立的目的是将个人的劳动风险分散给全社会。在现代经济中，不同的人、不同的单位和地区所承受的劳动风险程度不同，有必要依靠全社会的力量举办社会保险以分散风险。社会保险实行的原则是“一人为众，众为一人”。

（3）保障范围的广泛性。从保障项目上看，有养老、医疗、救济、失业等；从保障对象上看，各所有制企业、事业、行政单位都包括。其范围涵盖整个社会。

（4）受益程度的约束性。社会保障的目的是保障社会成员的基本生活，从性质上看，它属于社会公益事业，目的是造福于社会，而不是盈利。因此，社会保险绝不能商业化，这是区别社会保险与商业保险的一个重要特征。社会保险基金必须专款专用，不得用于其他财政支出项目。对社会保险基金参与投资活动国家不征税，其目的仍然是为了增强被保险人的基本生活保障程度。

## 5.3.2 社会保障制度的主要内容

现代社会保障从性质上划分，可分为社会保险、社会救济、社会福利和社会优抚 4 部分。

**1. 社会保险**

**社会保险是国家通过立法形式，采取强制手段，通过国民收入的分配和再分配，对法定受保人在遭受未来年老、疾病、工伤、残疾、失业、死亡等风险而丧失收入来源或减少收入时，给予其本人和家属一定物质帮助以满足其基本生活需要的行为。**它是为有劳动能力的公民提供的强制保险，是现代社会保障的核心内容。

社会保险在各个国家由于生产力发展水平不同和财力的限制而有所不同。根据国际劳工局的规定，一个国家的社会保险应包括以下 4 个方面的内容。

（1）老年、残疾及遗属保险。老年保险是为职工年老力衰、不能再从事工作时实行的保险；残疾保险指劳动者因疾病或工作伤害成为残疾，部分或全部丧失劳动能力而中断劳动收入时，由保险机构给付年金或一次性救济金，以维持本人及家属的生活。

（2）疾病与生育保险。疾病保险指对被保险人因疾病造成的经济损失及医疗费用予以补偿，以保障其生活。生育保险是国家对被保险的女职工因生育不能工作带来的经济损失予以补偿，以保障其生活。

（3）工伤保险。指对被保险人在工作时间内执行职务时所受伤害给予的补偿，伤害包括工业伤害、职业病伤害两种。

（4）失业保险。指对被保险人因失业而失去生活来源所付的津贴，用以保障其生活。领取失业津贴只限于非自愿失业工人，而且失业工人在领取津贴前必须去职业介绍所登记。

我国社会保险包括五方面内容：基本养老保险、基本医疗保险、失业保险、工伤保险、生育保险。其缴费方式为：

①基本养老保险。企业缴费比例一般为企业工资总额的 20%左右，全部纳入社会统筹基金。职工缴费比例为本人缴费工资的 8%，并全部计入个人账户。②失业保险。用人单位按照本单位工资总额的 2%缴纳失业保险费，用人单位职工按照本人工资的 1%缴纳失业保险费。③基本医疗保险。用人单位缴费一般为职

工工资总额的6%左右，个人缴费为本人工资的2%。个人缴费全部计入个人账户，用人单位缴费的30%左右划入个人账户，其余部分用于建立统筹基金。④工伤保险。工伤保险费由企业缴纳，实行行业差别费率，征收标准为企业全部职工工资总额乘以行业差别费率，目前平均工伤保险费率一般不超过1%。⑤生育保险。它是国家依法强制实施、面向用工单位及个人筹集生育保险基金，用以解决生育妇女孕产哺乳期间的收入和生活保障问题的一种社会保险制度。其基本待遇是提供生育医疗保障、产假及产假工资等。企业缴纳生育保险费，生育保险费按照不超过工资总额的1%缴纳。图5-7所示为2007—2012年我国社会保险支出。

图5-7 2007—2012年中国社会保险支出

我国从2014年开始实施的机关事业单位养老保险制度改革，主要是解决两个突出问题：一是由于制度模式不同，机关事业单位与企业之间养老保险关系相互转移接续困难，制约了人力资源合理流动和有效配置；二是机关事业单位与企业之间的退休费（养老金）待遇确定和调整难以统筹协调，同类人员之间的待遇差距大，产生不平衡。改革后机关事业单位与企业实行相同的养老保险基本制度模式和政策，可以逐步化解同类人员待遇差距拉大的矛盾，更好体现制度公平和规则公平。

**2. 社会救济**

**社会救济是指国家对无劳动能力和生活来源的人给予短期或长期物质帮助的制度，**包括灾难救济、孤寡病残救济、贫困救济等。它是社会保障制度的补充环节。

其特点有：①资金全部由政府从一般财政收入中筹集，受保人不需要缴纳任何费用。②受保人享受保险待遇需要接受一定形式的经济状况调查，国家向符合条件的个人和家庭提供资助。

我国的社会救济由民政部门负责管理。具体包括：①城镇社会救济，如城市居民最低生活保障制度。②流浪乞讨人员救助，如城市生活无着的流浪乞讨人员救助制度。③贫困地区救济，如扶贫贷款、发展资金、以工代赈。④农村“五保户”救济。⑤自然灾害救济，如地震、洪涝、干旱、台风、海啸等灾害救济。

**3. 社会福利**

**社会福利是国家为各类社会成员提供的各种福利补贴和福利事业的总称，**主要由公共卫生设施、居民住房、社会津贴和物价补贴等构成，是社会保障制度的特别环节。

社会福利具体包括3个方面的内容，即个人福利、一般社会福利和特殊社会福利。特殊社会福利，也称民政福利，主要是指民政部门对盲聋哑和鳏寡孤独等社会成员提供的各种物质帮助，其资金大部分来自国家预算拨款。

**4. 社会优抚**

**社会优抚是政府依照法律给予那些为国家和社会做出贡献和牺牲的人员及其家庭的物质优待和抚恤。**它是社会保障制度的特殊环节，主要包括：因公牺牲、残疾、病故抚恤费；烈军属、复员军人生活补助费；退伍军人安置费；抚恤事业单位经费；烈士纪念建筑物管理和维修费；优待优抚专项支出等。

## 5.3.3 社会保障的功能

**1. 社会保障的社会功能**

（1）社会补偿功能。主要体现在社会救济和社会保险两方面。一是根据最低生活标准判断贫困者，给予补偿；二是对遇到各种风险失去收入的劳动者给予补偿。它是一种事后补救手段，也是一种事前预防措施，可以分散风险。

（2）社会稳定功能。社会成员生活得不到保障是社会不稳定的重要因素，所以社会保障是社会的安全网和减震器。就一个国家而言，任何时期总有一部分人处于年幼年老、伤残疾病、找不到工作等缺乏劳动能力或劳动能力不能发挥作用的状态，这些人或者没有收入，或者收入很低。如果社会或国家不对他们给予经济帮助，他们便无法维持最起码的生活水平。为了谋生，他们可能铤而走险，做出种种损人利己的不义之举来。若真是如此，社会秩序必然会受到干扰，社会经济的正常运行必然会遭到破坏。如果社会或国家对他们给予一定的经济帮助，使他们能维持最低限度的生活水平，这不仅有助于他们心理的稳定，从而保持良好的社会经济秩序，还可以为经济发展保留必要的劳动力资源储备。

（3）社会公平功能。西方国家征收“社会保险税”，雇主和雇员各负担一半，高收入多交，少收入少交，累进税率，国家支出时向贫困者、弱者倾斜，这实际上是一个收入再分配的过程，促进了社会公平。

**2. 社会保障的经济功能**

（1）投融资功能。发行财政特种定向债券，所筹资金用于基础产业投资、基础设施建设，这也是西方国家的普遍做法。

（2）平衡供求功能。经济衰退则多补贴，繁荣则少补贴。社会保险制度中的某些保障措施（如失业保险、社会救济等）素有经济增长“内在稳定器”的称誉。当经济衰退时，失业人数和贫困人口的增加将使政府的失业保险金、社会救济金等支出增加。这些财政支出增加的结果必然会对经济起到刺激作用，从而有利于经济的复苏；当经济繁荣时，物价上涨，人们的就业率及人们的收入也会上升，此时财政用于失业保险金、社会救济金等项目上的支出会相应减少，这些财政支出减少的结果必然会对经济的扩张起到抑制作用，从而有利于控制通货膨胀。

（3）收入再分配功能。对市场经济造成的收入分配不公再分配，包括“垂直性再分配”和“水平性再分配”。前者从高收入向低收入转移；后者从劳动向非劳动、健康向伤残转移。社会保障制度的建立正是政府利用财政这一手段，实现“劫富济贫”、缓和财富分配不公平的社会目标。社会保障制度的结果是在不影响富人生活水平的前提下，保证穷人也能享有最基本的生活权利。

（4）人力资源的合理流动功能。在每个企业都交保险费，退休不靠企业，靠保险公司发保险费，有利于资源合理流动。

## 5.3.4 社会保障支出公平与效率的衡量

社会保障包含范围很广。从发展趋势看，以养老、医疗为重点的社会保障支出将成为未来财政支出的重点。国际经验表明，社会保障性的民生支出如缺乏恰当的制度设计，未来对于财政可持续和宏观经济稳定可能构成严峻挑战。评价一个社会的社会保障制度好坏，一般通过制度对公平与效率的兼顾来衡量。

**1. 社会保障的实施方法**

一般而言，社会保障有两大类：一是缴款基准制（on contribution base），二是受益基准制（on benefit base）。合理的社会保障体系应实现缴款基准制和受益基准制两大思路的有机结合。

**缴款基准制是根据资金来源和数量来提供相应的社会保障。**保障措施对具体受益人的提供取决于该受益人过去在保障体系中的资金贡献量，其基本特征是采取个人账户模式；简言之就是谁出钱，谁受益，多出钱，多受益。它强调效率和市场原则，相对弱化了社会保障所具有的再分配功能和互济功能。

**受益基准制是根据受益人的状况来提供相应的社会保障。**保障措施对具体受益人的提供取决于规定中的标准，其基本特征是采取统筹账户模式。简言之就是不出钱也受益。它强调公平和社会伦理，具有较强的再分配功能和社会互济功能，但也易引起社会保障的"大锅饭"，造成社会资源的浪费。

总之，社会保障体系必须兼顾公平和效率。这里的公平，就是使所有人都能得到最低限度的社会保障。效率就是根据个人能力的不同，受益程度也有所不同。

**2. 社会保障制度的评价基准**

为了使社会保障制度的各种所得分配政策取得效果，必须建立一套明确的评价基准。简单地说，有以下 4 个方面。

（1）**目标的效率性，指所采取的收入分配政策在多大程度上实现了预期目标。**它由垂直效率和水平效率两个概念构成。

$$垂直效率=\frac{为政策对象阶层带来的利益}{该政策为社会各阶层带来的总利益}$$

例如，地方政府建造的经济适用房是为低收入者提供的。但实际入住的居民中大约有 10%的人在入住后收入增加，已经不是低收入者了。此时此项政策的垂直效率为 0.9，也就是说垂直效率越接近于 1 越好。

$$水平效率1=\frac{政策对象人口}{政策对象阶层总人口}$$

$$水平效率2=\frac{为施政对象带来的实际利益}{为施政对象阶层带来的总利益}$$

水平效率 1 是实施了某种收入分配政策之后实际受益人数的比率，水平效率 2 是实施了某种收入分配政策后实际受益比率。这两个指标也是越接近于 1 越好。但往往出现效率 1 接近于 0 而效率 2 却靠近 1，这说明此项收入分配政策是有效的，但是面不广，分布不平均，只有少数人受益。反之，效率 1 接近于 1 而效率 2 却靠近 0，则说明此项政策照顾了面上的公平，但缺乏力度。极端而言，效率 1 指标是"患不均"，效率 2 是"患不足"。这两个倾向都是在设计和实施收入分配政策时所要注意的。

（2）**资源配置的中立性，指政府拟采取的政策既能达到收入再分配目标，又不使资源配置扭曲。**

（3）兼顾消费者主权和纳税人主权。这项标准的实质是指拟议实施的某项收入分配政策是倾向于消费者，还是倾向于纳税人。发放实物是对纳税人主权的尊重；发放现金是对消费者主权的尊重。这两者是相互矛盾的，政府要两者兼顾。

（4）其他评判标准。如效果的明了性、行政支出的节约、便捷的调查处理机制等。

除了税收、财政支出和社会保障以外，政府还有其他手段进行社会再分配。这主要是指政府运用手中的公共权力，做出一系列为国民收入的再分配创造条件的政治性决策，如价格管制、最低工资立法、就业支援、反贫困计划、振兴教育等。

### 5.3.5 社会保障资金的来源和筹资模式

**1. 社会保障资金来源**

从世界各国的社会保障资金来源看，主要有 2 个方面：一是由取得工资收入的职工和职工的雇主各缴纳一半的社会保障税；二是财政支出中的转移性支出资金。

资金来源的两个渠道各有其特色，比较而言，第一种方式的透明度更高一些，而且可以根据社会保障的状况和发展作出统筹安排，有益于事业的连续性。从总体来看，世界各国多采用第一种方式。各国普遍征收社会保障税，逐步成为社会保障的主要资金来源。

我国社会保障资金来源主要包括以下 4 个方面：①政府预算安排的社会保障支出；②向劳动者所在单位及劳动者个人征收的社会保障费；③社会保障基金的投资收入；④社会捐助。

**2. 社会保障资金的筹资模式**

社会保障资金的筹资方式大体有以下 3 种。

（1）**现收现付制，即社会保障完全靠当前的收入满足当前的支出，不为以后年度的保险支出作资金储备**。这种制度的特征是下一代人承担了本代人的养老金。

（2）**完全基金制，即为社会保险设立一种基金，这项基金在数量上能够满足今后向投保人支付保险津贴的需要**。养老基金形成的必要条件是在一段时期内各代人所缴纳的养老保险费要大于他们在退休时得到的养老保险金。这样，在每一时期就可以形成一定的结余，结余的累积将形成养老保险基金，养老保险就从现收现付制逐步转变为部分基金制。当基金达到一定规模时，就可以实现用本代人自己的养老缴款来支付他们退休后的养老金，而后代人所缴纳的养老保险费就可以积累起来，以支付他们退休时的养老金。这时，部分基金制就转变为完全基金制。

（3）**部分基金制，即缴费水平在满足一定阶段支出需要的前提下，留有一定的储备**。要从现收现付制转变到完全基金制，一是变卖公有资产来补充基金；二是每代人的缴款大于其本身的福利，每代人有一点盈余，直至平衡。

**3. 我国社会保障制度改革和发展存在的问题**

（1）虽然我国多层次的社会保障制度已经初步建立，但是各个层次之间缺乏有机的联系。从本质上讲，社会保障制度很大程度上是管理和应对老龄化风险的一种制度安排。而老年人面临各种各样不同的风险，因此社会保障制度需要构建不同的、有机联系的层次，以更好地应对。

（2）虽然统账结合的制度模式已经确定，但是长期的空账运转使得半积累制未落到实处。保险的重要特征在于风险共济。只有统筹的养老保险制度才能发挥风险共济的功能。由于信息不对称，任何保险制度都会面临逆向选择和道德风险的问题。养老保险制度的强制性虽然能够有效地解决逆向选择问题，但是统筹模式必然会带来严重的道德风险问题。

（3）当前社会保障制度在建立统一的社保制度方面尚需努力。统一的社会保障模式是指社会不同群体的人群参加同一个社保制度，待遇发放具有相同的标准，不存在群体差异性，而且在全国范围流动没有任何障碍。

**4. 我国社会保险制度改革的两个重大问题**

（1）注意经济政策和社会福利政策的关系，防止拉美化。拉美国家过度的社会福利，过度的就业保护等社会政策扭曲了市场价格信号，导致资源误配。进而不利于经济增长，不利于就业创造和初次分配，不利于再分配目标的实现，不利于收入分配差距的缩小，甚至导致陷入增长陷阱。进而导致增长停滞，造成恶性循环。在相当程度上，这是造成拉美国家经济增长不能持续的重要政策原因。

在拉美化现象初显时期，低收入群体的“仇富”心理自然将停滞归咎于收入中高等群体，中高等收入群体的“反思”必然将停滞归咎于政府错误的社会政策选择，甚至归咎于外资的进入和对外开放。为此，人民必将要求国家承担更多的责任即调整支出结构，增加社会支出——低收入群体为的是享有更多的公共产品，中高收入群体为的是维护社会稳定。

（2）注意统账结合与部分积累制的关系，要用科学发展观统领社保改革。统账结合只是部分积累制的一个实现形式，而不完全等同于部分积累制。我们坚持的应该是部分积累制的核心理念，而不是统账结合的制度形式。对这个问题，我们要始终坚持科学发展观的方法论，而不该采取教条主义的态度。

就目前来看，阻碍社会保障制度深化改革、广受社会各界诟病的几乎所有问题，都与统账结合这个制度架构有很大关系。当统账结合制度不能为实现 2020 年全覆盖制度目标做出贡献时，当统账结合已经严重阻碍社保制度的便携性并成为农民工等许多群体的社会流动障碍甚至影响全国劳动力市场形成时，当统账结合大制度下社保基金收益率很低、低到中央政府不得不年年为其进行转移支付以弥补退休待遇的缺口甚至成为中央政府的一个经常性支出时，我们就应进行深刻反思，反思这个制度的科学性、合理性甚至合法性，这时，我们就不应抱缺守残、故步自封，否则，就不是用科学发展观统领社会保障制度改革，就没有用以人为本的理念来构建社保制度，就不是用实事求是的态度来看待社会保障制度改革，其结果就是不能为构建和谐社会做贡献。

## 本章小结

1. 财政经常性支出是政府支出的重要组成部分，主要包括行政管理支出、国防支出、教育科技和医疗卫生支出、社会保障支出等。

2. 行政管理支出是国家财政用于国家各级权力机关、行政管理机关和外事机构等行使职能所需的费用，是典型的纯公共产品，因而其最优数量和价格都难以通过市场竞争机制来确定。行政管理支出具有管理性、公共性、稳定性和消耗性等特征。其支出大小受政府职能范围及相应的机构设置、经济发展水平、人员配备、内部的激励约束机制和外部监督体系、物价的波动和行政管理的现代化等因素的影响。

3. 国防支出，是指国家为维护国防安全而用于军队和国防科技事业发展的经常性开支、专项军事工程以及战时的作战经费等方面的军事支出。国防属于纯公共产品，是一国经济发展不可缺少的重要条件。国防支出数额的大小受国家的财政状况、国内外形势的变化、国防建设的需要及物价水平和各种技术标准等因素的影响。

4. 文教科卫支出是指国家财政用于文化、教育、科学、卫生、体育等各项社会事业发展的支出。教育一般看作是一种混合物品，它具有私人产品和公共产品的性质。政府在安排教育支出有学费补助、收入补助和定额补助 3 种不同方式。教育的发达程度、教育投入水平常常是衡量一个国家、一个民族文明程度的重要标准。

5. 社会保障是指政府为了确保所有社会成员最低生活水平，运用政治权力强制性地把一部分人的收入以现金、实物或服务等方式转移到另一部分人身上，以形成社会安全网。社会保障支出具有制度上的立法性、资金用途的互济性、保障范围的广泛性和受益程度的约束性等特征。社会保障分为社会保险、社会救济、社会福利和社会优抚等部分。

6. 社会保障功能具有社会补偿、社会稳定、社会公平等社会功能；同时还具有投融资、平衡供求、收入再分配、人力资源的合理流动等经济功能。

7. 社会保障的实施方法有两类：缴款基准制和受益基准制。社会保障制度的评价基准包括：目标的效率性、资源配置的中立性、兼顾消费者主权和纳税人主权及其他评判标准等。

8. 社会保障资金从来源看，主要有两个方面：一是社会保障税；二是财政转移性支出。社会保障资金的筹资方式大体有 3 种：现收现付制、完全基金制和部分基金制。

## 案例分析

### 长达17年的"手纸"之争

英国政府在行政管理支出方面的算计是有名的，这从它长达17年的"手纸"之争就能看出来。

1964年，一位医生约翰·亨特给内务部医疗顾问写信："我这里有一名长期痔疮患者，曾经是英国驻奥地利以及日本的大使。回到本国以后，他的病情不断恶化。这全都归罪于政府公务部门提供的厕纸，硬得像稻秆一样。"财政部的回复一如既往地"克勤克俭"："你的建议不予采纳，政府机关的纸张一向由皇家文书局办理。试想一下，若将现用的硬厕纸改为柔软纸，一年要多支出13万英镑，这纯粹是对纳税人的一种浪费……"1969年，财政部的女员工，提出相同的请求，提议很快被再度否决。事情一直拖到1981年，柔软厕纸才得以在英国政府部门的厕所内使用。

**分析讨论**

"手纸"之争解释了英国财政支出是怎样的？有何启示？

## 关键术语

行政管理支出　有效政府　国防支出　教育、科学技术和医疗卫生支出　社会保障　社会保险支出　社会救济　社会福利　社会优抚　缴款基准制　收益基准制　目标效率性　资源配置的中立性　现收现付制　完全基金制　部分基金制

## 思考题

1. 分析行政管理支出和国防支出的性质。
2. 简述行政支出的主要特征及其影响因素。
3. 简述国防支出的作用及其影响国防支出的制约因素。
4. 简述科教文卫事业发展的资金来源。
5. 简述教育支出的经济效益。
6. 分析我国医疗卫生体系存在的缺陷，提出相应的改革思路。
7. 简述社会保障支出的主要内容及其特征。
8. 简述社会保障功能。
9. 简述社会保障制度的实施方法和评价标准。
10. 分析我国社会保障制度存在的主要问题并提出相应改革措施。

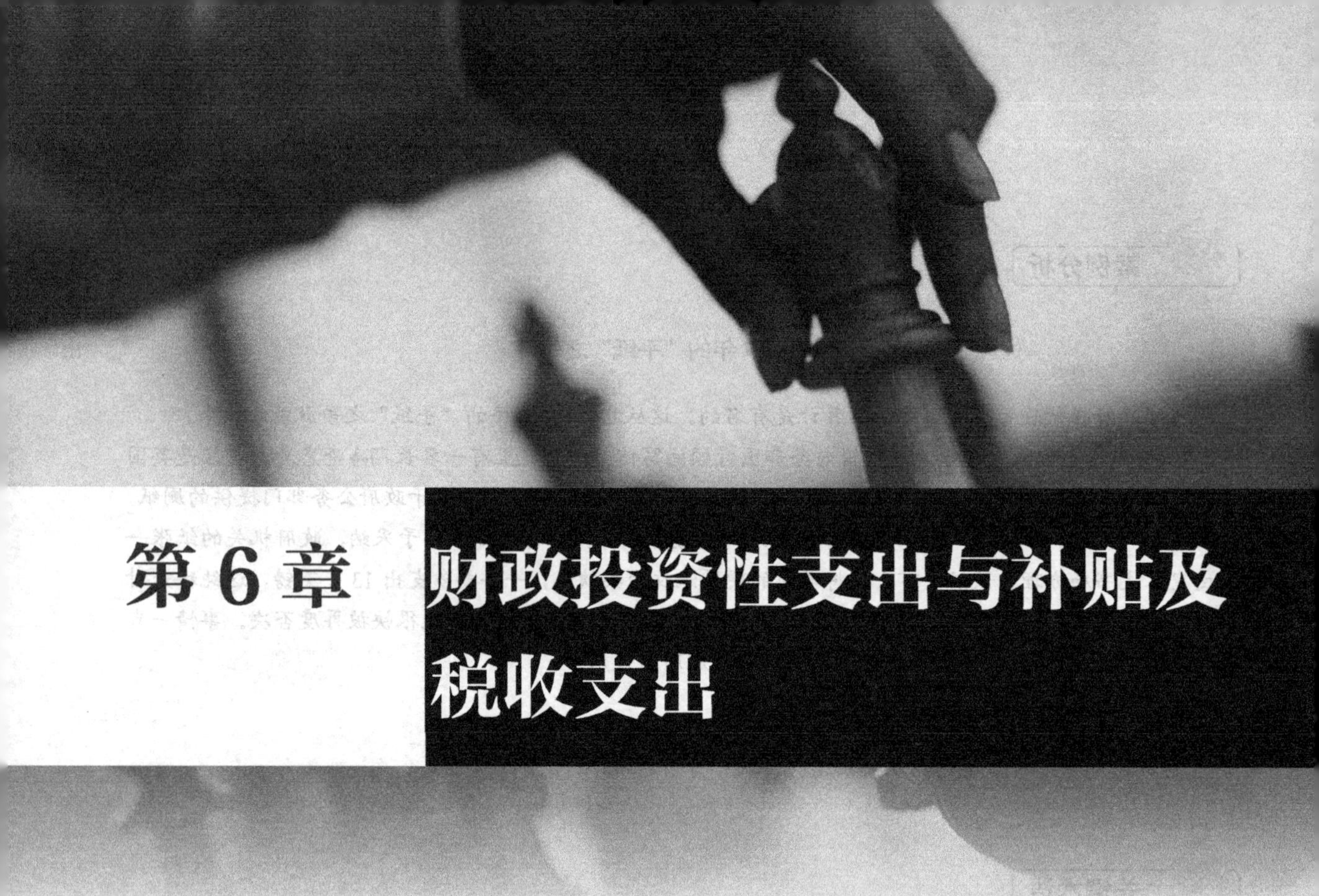

# 第 6 章 财政投资性支出与补贴及税收支出

投资是经济增长的动力和基础，是促进经济增长的主要因素。投资不仅形成当期需求，还可以增加未来供给，因而对社会经济发展具有重要意义。财政支出主要分为购买性支出和转移性支出。财政的购买性支出包括社会消费性支出和财政投资性支出。本章将对政府财政投资的涵义、特点和范围、财政投融资及基本特征进行分析，重点介绍公益性项目投资和基础性项目投资支出的具体内容。同时还将介绍转移性支出中的财政补贴等税收支出，以研究和分析直接投资与财政补贴等税收支出形式对社会经济的影响。

## 6.1 财政投资支出概述

### 6.1.1 财政投资的特点和范围

**1. 财政投资的涵义及特点**

投资作为拉动经济增长的三驾马车之一，是国民经济增长和发展的主要因素和主要动力。投资之所以能够成为推动经济增长的动力，是因为投资可以刺激需求的增长，同时又可以增加供给。社会总投资包括政府投资和非政府投资 2 部分。

**财政投资，又称为政府投资，是指以国家或政府为主体，将其从社会产品或国民收入中筹集起来的财政资金用于国民经济各部门的一种集中性、政策性的投资活动。**它主要用于实现政府职能，满足社会公共需要，实现经济和社会发展的战略，是财政支出中的重要部分。财政投资的结果往往转化为实物资产，形成公共部门的资产。

财政投资，包括预算内投资和预算外投资。由于我国还有预算外资金的一部分用于投资，因而本书所说的财政投资是指预算内投资。与非政府投资相比，财政性投资具有以下特点。

（1）财政投资的目标具有社会效益。政府投资的主要目标是追求较高的社会经济效益，社会经济效益包括物质效益和非物质效益。而非政府投资是由具有独立法人资格的企业或个人从事的投资，作为商品生产者，他们的目标是追求盈利，而且他们的营利是根据自身所能感受到的微观效益和微观成本计量的，即追求微观上的盈利是非政府投资的特点。由于政府居于宏观调控主体的地位，它可以从社会效益和社会成本角度来评价和安排自己的投资，需要为经济发展提供必要的基础设施和良好的外部条件。因此，政府投资可以存在微利甚至不盈利。非物质效益方面则更多的是政府追求的重点而忽视了资金的回报率。

当然，财政投资的非盈利性，并不是指政府投资可以不计成本、不讲效率。政府的投资同样要追求收益和回报，这种收益和回报表现为改善市场投资者和消费者的外部环境。企业投资更多地关注自己的行业和领域，不可能顾及非经济的社会效益；政府则可以从事社会效益好而经济效益一般的投资，可以而且应该将自己的投资集中于那些有关国计民生的产业和领域。政府投资建成的项目，可以极大地提高国家经济的整体效益。可以说，政府投资追求的是收益的外部化效应，而非政府投资则追求的是收益的内部化效应。

（2）财政投资支出的资金来源具有公共性。非政府投资的资金主要依靠企业或个人的积累和社会筹资来提供，两种渠道都会受到积累规模、自身信誉等种种限制和制约，一般难以承担规模宏大的建设项目。而政府投资资金来源受到的制约因素少，其最主要的来源是纳税人无偿性的税收收入所形成的公共资金，以及以政府信誉为后盾筹集的资金，可以根据投资项目所需资金规模拨款，从而能够为财政投资于大型项目和长期项目提供有力的保障。必要时还可以通过发行公债等多种渠道筹资。

（3）财政投资支出的对象具有社会性。由于政府财政投资能够在一定程度上弥补市场失灵，一般倾向于为全体公民和各类社会经济主体提供生产和生活必要的基础性的公共条件，如基础设施等。一些正外部效应较大的工程或项目，往往也由政府投资。同时，对某些新兴产业的开发，对高科技、高风险项目的研究开发，对落后地区的开发等工程，耗资大、建设时间长、风险高，且投资建成后具有自然垄断性质。市场机制往往无能为力，而政府资金实力雄厚，且具有公平性，自然应由政府投资。这是政府职能的内在要求，反映了经济和社会发展对政府配置资源的客观需要。

（4）财政投资支出的作用具有调节性。政府投资在经济发展不同的阶段可以有不同的侧重。根据宏观经济政策目标，结合非政府投资的状态，安排政府自身投资的方向、规模与结构，使全社会的投资达到优化状态。同时，通过产业政策的引导作用，政府投资的导向作用，并通过税收、财政补贴、折旧政策等，来制约非政府投资的条件，调控非政府投资的方向。

（5）财政投资支出决策的复杂性。由于社会综合效益难以有统一的标准来衡量，因而投资项目的确定往往要经过复杂的行政程序或法律程序，并通过层层审批才能完成。

**2. 财政投资的范围**

政府投资的目的是为了满足国家履行社会管理职能、经济建设职能和宏观经济调控的需要。在社会总投资中，各国政府投资在社会总投资中所占的比重存在差异，市场经济国家，政府投资在社会总投资中所占比重较小，计划经济或政府主导型的市场经济国家，政府投资所占比重比较大。经济发达国家的政府投资在社会总投资中所占比重较小，欠发达国家和中等发达国家的政府投资所占比重比较大。

财政投资包括生产性投资和非生产性投资。按财政支出项目分类，生产性投资主要是基本建设支出，还包括增拨流动资金、挖掘改造资金和科技三项费用及支援农村生产支出等。政府投资主要在基础设施、关系国计民生的基础产业、支柱产业和高新技术产业领域发挥作用。我国基本建设支出始终是财政支出中的一个重要支出项目。例如，外部效应较大的公用设施、能源、交通、农业及治理污染等。基本建设支出也分为生产性支出和非生产性支出 2 部分，生产性支出主要用于基础产业投资，非生产性支出主要用于国家党政机关、社会团体、文教、科学、卫生等部门的办公用房建设。

财政投资的范围具体包括以下 4 个方面。

（1）安全战略性投资。包括数字网络基础设施、造币工业、重要军事工业、战略物质储备系统、战略性新兴产业。例如，航空、航天、卫星、核能、超大规模集成电路、信息、生物、新材料、海洋开发等领域。

（2）公益性投资。市场很多时候是不能提供社会公益性、公共服务领域的许多项目的。但是只有依靠这些项目，市场才能正常运转。这些领域主要包括公、检、法、司等政权机构的投资，社会保障和社会福利的投资，社会经济稳定发展的投资，包括文化、教育、科学、卫生、体育、行政、环保、生态等领域的（非盈利性）投资。

（3）基础性投资。各行各业在国民经济发展中所起的作用和重要性存在差别。政府投资的优先顺序为：第一，大型基础设施建设工程；第二，大型不可再生资源开发行业，如油田、矿产等项目。基础性投资领域包括农、林、牧、渔、水利、气象等基础设施，能源工业，交通运输业，邮电通信业，地质普查与勘探，支柱产业和高新技术产业等。这些产业是国民经济的先行产业，对后续产业的发展规模、发展质量都有深刻的影响。

（4）竞争性投资。包括竞争性支柱产业、命脉产业、规模产业等领域的投资。例如，金融、（盈利性投资）保险、国际贸易、钢铁、汽车、石油、化工、电子信息等领域。

### 6.1.2 财政投资的标准

财政投资的特点决定了财政投资的决策标准，其标准又取决于政府在不同时期所要实现的政策目标。财政投资的标准主要有以下3项。

**1. 资本—产出比率最小化标准**

**资本—产出比率最小化标准又称稀缺要素标准，是指政府在确定投资项目时，应当选择单位资本投人产出最大的项目。**一个国家在一定时期内储蓄率是既定的，而资本—产出比率是可变的。由于资源相对稀缺，特别是发展中国家的资源更为有限，因此在投资过程中，无论是政府投资还是非政府投资，只要遵循资本—产出比率最小化标准，就能以有限的资源实现产出的最大化，达到预期的经济增长目标。

**2. 资本—劳动力最大化标准**

**资本—劳动力最大化标准是指政府投资应该选择使边际人均投资额最大化的投资项目。**资本—劳动比率越高，说明资本技术构成越高，劳动生产率越高，经济增长越快。因此，这种标准是强调政府应投资于资本密集型项目。

**3. 就业创造标准**

**就业创造标准是指政府应当选择单位投资额能够动员最大数量劳动力的项目。**这就要求政府不仅要在一定程度上扩大财政投资规模（外延增加就业机会），还要优先选择劳动力密集型的项目（内涵增加就业机会）。政府在决定财政投资支出时，不仅要考虑财政投资支出的直接就业影响，还要考虑间接就业影响，即财政投资项目带动的其他投资项目所增加的就业机会。

## 6.2 公益性项目投资

### 6.2.1 公益性项目投资的涵义及经济分析

**1. 公益性项目投资定义**

财政投资按所处的行业领域不同，分为公益性项目投资和基础性项目投资。**公益性项目投资是指为**

**满足社会公众公共需要的项目而进行的投资**。公益性项目主要是那些非营利性和具有社会效益性的项目，是以谋求社会效应为目的，一般具有规模大，投资多，受益面宽，服务年限长，影响深远等特点。概括来讲，公益性投资项目包括全部所形成的资产处于非生产经营领域的投资项目。例如，国防、行政、司法部门，以及文化、教育、科技、体育、卫生、环保、广播电视等各项事业及社会团体的投资项目。与基础性投资项目相比，公益性项目具有消费的非排斥性和收费比较困难的特点。

公益性项目投资可分为两类：一类免费供社会公众消费，如公共道路、城市美化等；另一类有偿供社会公众消费，如公立学校、文化设施等。

**2. 公益性项目投资的经济分析**

（1）公益性项目是政府最先保证的领域。根据公共产品理论，公益性项目投资形成的资产，大部分属于纯公共品范畴。从公益性项目包括的内容看，国防和政权设施投资是维护一国的主权和领土完整，维护正常的经济和社会秩序，保障财产所有权等所必需的物质条件；政府在科技、教育、文化、卫生、体育等部门的基本建设投资，大多与人力资源开发和知识经济发展紧密相关，与社会成员的福利水平密切相连，在现代经济社会发展中所起的作用越来越重要。同时，因这些领域的外部效应的存在、市场又不能提供最佳的资源配置，所以，公益性项目投资应当是政府投资首选并优先保证的领域。

（2）公益性项目投资进行成本效益分析相对困难。成本效益分析法虽然是一种确定投资项目的较好方法，不过它要求对项目的成本和未来收益能够较为准确地预测；对公益性项目来讲，尽管其成本可以较为准确地预算，但是它们建成后产生的效益以社会效益为主，大部分项目的效益很难测算，所以对其进行成本效益分析是比较困难的。在投资决策时比较理想的是最低成本选择法。

（3）公益性项目投资在结构上往往是不均衡的。造成这种现象的原因主要有以下3个方面。

① 政府对某一公益性项目投资额的大小取决于其短缺所引起的政治压力的大小。例如，当SARS病毒[①]传播时，政府在公众压力下对公共卫生的投资就会迅速大幅度增加。

② 如果对政府行使权力约束不够，政府投资往往只顾投入而不重视投资效果；政府会在与其自身利益直接相关的投资项目上花费过多，同时往往对某些领域的投资重视不够。例如，传统的观点是把教育、卫生等投资作为政府的消费性支出，而不是作为人力资本开发性投资。在财政预算收支平衡硬约束和教育等发展目标与其他政府目标发生冲突时，教育等投资往往成为软目标。即使政府充分认识到了教育等投资的重要性，因政府失灵的存在，行动上也很可能被置于次要目标选择而不被重视。

③ 公益性项目明显地受“选举周期”的影响，在短期内支付投资成本并取得明显投资效果的项目往往备受青睐。因为政府官员的任期是有限的，而且为新一轮“上岗”而进行的竞争往往是很激烈的，这就不可避免地产生决策上的“短视”现象。就像萨缪尔森所总结的：当方案能增进眼前利益而不是长远利益时，则很容易被通过并很快被付诸实施；而长期投资如基础教育、水土保持、环保等，尽管人人都清楚其重要性，但也不会被“轻易地通过”，即使被迟迟地通过，实施中也不会得到足够的资金支持。

### 6.2.2 公益性项目投资的管理

公益性项目投资在支出管理方面，应该根据财政体制关于政府间支出责任的划分，明确各自在投资立项、筹资、实施建设和拨款等环节上的责任，以确保资金供应和有效使用。

**1. 立项管理**

在立项环节，应根据项目受益范围的大小、投资额大小及项目在国民经济和社会发展中的重要性等

① SARS病毒是冠状病毒的一个变种，是引起非典型肺炎的病原体。在2002年冬到2003年春肆虐全球的严重急性呼吸综合征（SARS、传染性非典型肺炎）的元凶就是这种冠状病毒。

因素分别由中央政府和地方政府立项。一般地说，中央政府的投资项目，包括中央政权机关和国防设施、省际间外部效应明显的项目，如环保、重点高等院校、重点科研院所等具有全局性意义的重点项目的建设；其余项目按照"谁受益、谁投资"和分职治事的原则，分别由各级地方政府立项决策。对于经济不发达地区，可以通过中央或上级财政的转移支付来解决。

**2. 预算管理**

在建设项目所需资金的筹集方面，与立项管理相对应，中央项目所需资金由中央预算安排，地方项目由地方预算安排，资金来源原则上由税收作为收入来源的无偿拨款解决。不过，对于文教科卫、体育广播等各项事业性建设项目的筹资问题，则不一定拘泥于财政资金，可以根据各项目自身的特点，广泛吸收社会各方面资金的参与，可以采用公办、公私合资，甚至私人独资等多种有效的形式，如民办教育、民办医院等。对项目涉及的预算资金，要纳入本部门年度预算，统一管理，增强资金使用上的预算约束。

**3. 建设管理**

公益性项目的建设，应根据《政府采购法》关于工程采购的要求，按照公正、公平、公开的原则，引入竞争机制，采用公开招投标方式确定建设供应商，签订工程采购合同，以最大程度地发挥资金的效果。

**4. 资金管理**

在建设项目的资金供应上，应根据政府采购合同的具体条款，按照国库集中支付制度的要求，通过国库集中支付。**国库集中支付制度，是将政府所有的财政性资金集中到国库单一账号中去，同时，所有的财政支出均通过这一账户进行拨付，是从预算分配到资金拨付、资金使用、银行清算，直至到商品和劳务供应全过程的资金监控制度。**国库集中支付制度不同于财政根据预算安排将资金按预算级次层层下拨的方式，而由各级国库根据批复的部门预算按实际支出的时间和金额从国库统一支付。实行国库集中支付制度，解决了由于资金分配交叉造成难以整体控制的问题，可使财政资源达到最优配置，克服财政资金被部门挤占和挪用的问题，保证预算资金的及时、足额支付。

**5. 强化投资风险约束机制**

公益性项目的建设，使用的主要是财政资金，所以在建设过程中往往忽视风险问题，因此必须从制度上完善约束机制，增强投资主体的风险意识，严格投资决策责任制，才能真正提高投资项目的效益，保证资金的合理利用。具体有以下做法。

（1）积极推行项目法人责任制。实行项目法人责任制就是由项目法人对建设项目的筹划、筹资、建设、经营、还贷、保值增值全过程负责。

（2）实行建设项目资本金制度，规范项目投融资行为。

（3）建立严格的投资决策责任制。

## 6.3 基础性项目投资

### 6.3.1 基础性项目投资的范围

**1. 基础产业**

基础产业是指经济发展中的上游产业，主要包括能源工业（如煤炭和原油开采、水电、火电、核电生产等）和基本原材料工业（如钢铁、建材、石化等）。基础产业作为上游的生产部门，其产品往往是其他生产部门和本部门生产所必需的投入品。所以。基础产业的发展也会影响整个国民经济，但从其性质上看，大部分基础产业的产品都具有排他性和竞争性，属于私人产品。

基础设施和基础产业是支撑一国经济运行的基础部门，它决定着其他产业的发展水平。一国的基础设施和基础产业越发达，其国民经济的发展后劲越足。国民经济的运行就越有效，人民的生活就越便利，生活质量也越高。因此，一国要使其国民经济保持长期、快速、协调和有效的发展，就必须首先发展其基础设施和基础产业。

（1）基础产业的主要内容。

① 农业。农业是国民经济的基础。农业不但为人类提供食品等基本的生活资料，为工业提供原材料，而且农业劳动生产率的提高是整个社会劳动生产力提高的基础。“无农不稳”就是对农业基础地位的最好概括。

大部分国家的农业都是分散经营的，农产品具有同质性，因而具有最强的竞争性。按照政府的投资原则，政府是不应该对农业进行投资的。但是，即使在全球经济从工业化迈向信息化的今天，世界各国包括发达国家依然把农业作为重点保护的对象。美国、欧盟等各国每年都向农业提供巨额的财政补贴。这里面固然有历史的原因，就农业本身来讲，其容易遭受自然灾害的较高风险性及农业基础设施的效益外溢性、农产品的国际竞争力等方面的原因使得政府对农业的投资必不可少。

对中国来讲，加入世贸组织对中国农业带来极大的挑战。中国农业劳动生产率低，主要农产品价格高于国际市场价格 30%～50%，加入世贸组织给农民增收和农产品出口带来很大的冲击。占人口 70%以上的农民的收入水平低，就谈不上扩大内需，经济增长速度即使短期内上去了，基础也会十分脆弱。因此，增加对农业基础设施建设的投入，增加对农业科技的投入，加强对农民的技术培训，充分利用 WTO 的“绿箱”和“黄箱”[①]政策加大对农业的支持力度是十分必要的。我国农业补贴在未来的新取向，就是把更多的补贴资金尽量装进不受 WTO 规则限制的“绿箱”中去。我国《“十二五”规划纲要》中提出，加快发展现代化农业，增强粮食安全保障能力，推进农业结构战略性调整，“完善现代农业产业体系，发展高产、优质、高效、生态、安全农业。优化农业产业布局，加快构建以东北平原、黄淮海平原、长江流域、汾渭平原、河套灌区、华南和甘肃、新疆等地区的农产品主产区为主体，其他农业地区为重要组成的‘七区二十三带’农业战略格局”。[②]

② 基础设施。基础设施一般是指永久性工程建筑、设备、设施和它们提供的为居民所用和用于经济生产的服务，包括各类交通设施（如铁路、公路、桥梁、机场、航道、码头等）、水利设施、通信设施及城市公用事业（如水、电、气供给系统，环境卫生设施和排污系统，固体废弃物的收集和处理系统，城市交通系统）、公共工程如大坝、灌渠和道路等。基础设施投资主要有以下 4 种分类。

一是纯公益性项目。产出服务无偿提供，不仅无法收回投资，连日常经营费用和维修费都要从外部补充，如生态、环保、防洪排涝、城市道路等项目。

二是低收费项目。产出服务虽有收益，但未必能够补偿日常经营费用和维修费用，投资基本无法回收，更无法盈利，如灌溉、工程调水供水等项目。

三是一般收费项目。营业收入补偿经营费用有余，但只能部分地实现投资回收，因此，难以靠自身

① WTO 将国内支持措施分为两类，一类是不引起贸易扭曲的政策，叫“绿箱”政策，它是指政府执行某项农业计划时，其费用由纳税人负担而不是从消费者中转移而来，且对生产者没有影响的农业支持措施，这些政策都可以免于减让承诺；另一类是可以产生贸易扭曲的政策，叫“黄箱”政策，要求予以削减，用“支持总量”来进行数量表示。国内支持减让承诺的政策范围包括：价格支持，营销贷款，面积补贴，牲畜数量补贴，种子、肥料、灌溉等投入补贴，某些有补贴的贷款计划等。

② 十二五规划纲要：第二篇强农惠农，加快社会主义新农村建设，新华社，2013-08-01。

积累来完成更新性质的投资，如城市供水、供气等。

四是能够全部回收投资，而且能够产生资本积累的项目。如特定的铁路线、特定的收费公路及隧桥、独立电厂、电站等。

**基础设施在社会经济活动中，为整个社会生产过程提供“共同生产条件”**。基础设施不仅可以通过别的行业间接促进经济发展。其本身有时也是促进经济的手段。基础设施部门效率的提高，可以降低整个社会的生产成本和消费成本，促进整个国家的经济发展。在经济衰退期，基础设施的建设与维修所花费的公共支出是刺激经济复苏的政策工具。只要质量与成本效益没有受到损害，依靠基础设施的建设与维修既可以刺激投资需求，又可以增加就业，从而发展经济。

对基础设施进行消费，还会影响收入分配。由于大部分基础设施的消费作为必需品，消费在收入中存在着边际递减的倾向，因而改善基础设施的服务，就可以提高穷人的实际生活水平。例如，穷人和富人对水的需求是一致的，如果自来水不健康。富人可以购买纯净水，而穷人只能消费不健康的自来水。因此，改善自来水的质量，受益最大的是穷人。

**③ 基础工业。基础工业是为国民经济提供基本生产资料的工业部门的总称，是处在“上游”的生产部门**。基础工业所提供的产品是其他生产部门（也包括本部门）生产和再生产时所必需的投入品，中国经济界把装备重工业自身的重工业部门称为基础工业，是重工业的重要组成部分。冶金、煤炭、石油、电力、化学、机械等工业都是基础工业。

基础工业需要较多的装备，生产建设周期长，耗用资金多，并为制造业、生产消费资料部门提供服务。基础工业是发展工业，尤其是重工业的物质基础，对建立中国独立完整的工业体系和国民经济体系，实现工业、农业、科技、国防现代化具有重要意义。从价值构成上分析，基础工业所提供的产品价格，构成其他部门产品成本的组成部分。它们的价格变动具有很强的连锁效应，会引起整个产业成本的波动。它必须先行于其他部门发展，但也不宜超前过多，以免造成浪费。

基础设施和基础工业大多属于资本密集型行业，具有一定程度的自然垄断性和规模效益特征，需要大量的资本投入，大多建设周期比较长，投资形成生产能力或收到回报时间长，部分项目收益率低，所以存在较大的风险。因此，很难由个别企业的独立投资来完成，尤其在经济发展的初期阶段，需要政府介入，给予强有力的资金支持，分担投资风险，进而有效地推动它们的发展。

（2）基础设施和基础产业的提供方式。基础产业投资最关键的问题是投资和经营方式，它不仅直接关系投资效率，还决定着投资的资金来源。随着市场经济的发展，基础设施的建设由过去主要依靠政府投资而逐渐转变为多元化投资，不同的投资经营方式实际上意味着不同的成本补偿方式。从各国的实践来着，投资方式主要包括以下 3 种。

① 直接投资，无偿提供。政府直接进行基础设施投资，免费向公众提供，政府承担全部的成本。这是最基本也是最传统的一种政府投资方式，适于那些公众普遍受益且受益额大体相等的基础设施项目。此时，政府实际上是依靠税收融资。

② 直接投资，非商业性经营。政府直接投资，由政府所属的特定公共部门进行非商业性经营。**非商业性经营不以营利为目的，经营主体向使用者收取等于或小于经营成本的费用**。这种方式适于那些公众普遍受益但受益额不同，具有排他性却又不宜由私人部门经营的基础设施项目。例如，道路、桥梁、上下水道等公共设施，大多采用这种方式提供。此时，项目成本补偿实际有两种方式：税收和使用费。

③ 间接投资，商业经营。政府只提供投资贷款，由私人部门按商业方式投资和经营。政府拥有最终决策权，企业法人拥有经营自主权。责任明确，既可以使政府从具体的经营活动中解脱出来，

又可以提高成本效益的透明度，提高服务质量。政府可以根据这些关系国计民生和国家安全的产业和设施的重要程度决定是独资、控股还是参股经营。它适于那些受益对象不够普遍、具有排他性且适宜私人部门经营的一般性基础设施和基础工业项目。此时，项目成本补偿实际来源于提供项目服务的价格。

**2. 高技术产业**

高技术产业是指用当代尖端技术（主要指信息技术、生物工程和新材料等领域）生产高技术产品的产业群。是研究开发投入高，研究开发人员比重大的产业。高技术产业发展快，对其他产业的渗透能力强，已经成为当今世界经济发展的动力，成为世界大国争夺的战略制高点。

在高技术产业中我国确定了七大战略性新兴产业作为今后一段时期战略发展的重点，七大战略新兴产业包括节能环保、新一代信息技术、生物、高端装备制造、新能源、新材料、新能源汽车等。**“战略性新兴产业是以重大技术突破和重大发展需求为基础，对经济社会全局和长远发展具有重大引领带动作用，知识技术密集、物质资源消耗少、成长潜力大、综合效益好的产业。”**①

高技术产业的智力性、创新性、战略性和环境污染少等优势，对社会和经济的发展具有极为重要的意义。20 世纪 80 年代以来，高技术产业的蓬勃发展，对世界经济产生了巨大影响，为人类社会开拓了一个前所未有的美好前景。

高技术产业的发展水平，不但决定着国际竞争力的高低，而且决定着一个国家在世界经济中的分工地位，从而决定了在国际贫富两极分化中的国家前途。高技术产业已经成为影响世界经济、政治格局变化的重要因素，是发达国家推行经济全球化的重要基础。同时，高技术产业使发展中国家实现工业化的途径和内容发生了根本性变化，发展中国家必须把发展高技术产业作为推进工业化的重要内容，走信息化带动工业化的道路。

高技术产业的主要特点有：①知识和技术密集，科技人员的比重大，职工文化、技术水平高；②资源、能量消耗少，产品多样化、软件化，批量小，更新换代快，附加值高；③研究开发的投资大；④工业增长率高。以信息产业为例，发达国家信息产业的产值已占国民生产总值的 40%～60%，年增长率为传统产业的 3～5 倍。

我国加大了对战略新兴产业的财税政策扶持力度，提出“设立战略性新兴产业发展专项资金，着力支持重大关键技术研发、重大产业创新发展工程、重大创新成果产业化、重大应用示范工程及创新能力建设等”②。

与基础产业相比，高新技术产业大都属于资本技术密集型行业，竞争性较强，其发展的初期同样需要大规模的投资。在高收益的吸引下，尽管很多私人或企业也会涉足高新技术产业，但其投资可能是不充分的，需要政府对它们给予必要的扶持，同时将风险尽可能地分散。随着产业自身的不断强大，积累能力不断增强，政府则应逐渐退出已经成熟发展的领域，再将资金投向新的产业。

**3. 支柱产业**

**所谓支柱产业，指在国民经济中生产发展速度较快，对整个经济起引导和推动作用的先导性产业。**支柱产业具有较强的连锁效应，可以诱导新产业崛起，对为其提供生产资料的各部门、所处地区的经济结构和发展变化有深刻而广泛的影响。

与主导产业不同，支柱产业侧重的是产值和利润水平，是国家和地方财政最重要的收入来源。支柱

① “十二五”国家战略性新兴产业发展规划（国发〔2012〕28 号）。
② “十二五”国家战略性新兴产业发展规划（国发〔2012〕28 号）。

产业主要具有以下特点：一是产出规模大，净产出在国民经济或地区经济中占较大比重；二是市场扩张能力强、需求弹性高，发展快于其他行业；三是生产率持续、快速增长，生产成本不断下降；四是扩大就业；五是产业关联度高、长期预期效果好；六是节约能源和资源。

在一个国家或地区经济发展的不同时期，支柱产业的内容也在变化。例如，中国“九五”以来以机械、电子、石油化工、汽车制造和建筑业为支柱产业。目前，电子信息产业成为中国国民经济重要的支柱产业。2012 年，我国电子信息产业销售收入突破 10 万亿元大关，达到 11.0 万亿元，增幅超过 15%；规模以上电子信息制造业增加值增长 12.1%，高于同期工业平均水平 2.1 个百分点；收入、利润及税金增速分别高于工业平均水平 2.0 个、0.9 个和 9.9 个百分点，在工业经济中的领先和支柱作用进一步凸显。

产业结构调整和升级仍是我国政府经济工作的中心和重点。因此，采取与本国国情相适应的方式支持基础产业、高技术产业和支柱产业的发展，有利于国民经济持续、稳定、健康发展。

### 6.3.2 基础性项目投资的特征

与公益性项目投资相比，基础性项目的投资有下列特征。

**1. 投资对象的基础性**

尽管基础性项目投资的范围较大，但是它们或为社会再生产提供必要的基本条件，或直接提供动力和原材料，或为落后国家的经济腾飞提供先进的技术支持。总之，都是为提升一国经济的综合竞争力服务的，因此都具有不同程度的基础性特征。

**2. 目标的盈利性**

基础性项目投资形成的资产都在生产经营领域。其投资目标自然具备盈利性特征。不过，盈利能力依项目的不同而存在巨大差别，某些基础设施仅能保本或微利，而高新技术产业、基础工业、支柱产业经过高效的经营管理则有较大的盈利机会。

**3. 资金来源的多样性**

尽管基础性项目在国民经济中的地位非常重要，但并不意味着对它们的投资应全部由政府来“承包”。恰恰相反，除了合理、高效利用财政资金以外，还可以充分利用资本市场，发挥直接融资和间接融资各种手段的作用，广泛吸收民间资本和外国资本参与本国基础性项目的建设。

**4. 投资循环的直接性**

与公益性项目不同，基础性项目本身都能产生相应的收益。即使盈利能力低的基础设施在项目建成后也会产生稳定的收入，以此收益可以部分甚至全部地弥补其投资成本，具备投资循环的直接性特征。

## 6.4 财政投融资制度

### 6.4.1 财政投融资的涵义和特征

**1. 财政投融资的涵义**

财政投融资是一种政策性投融资，是政府为了实现其特定政策目标，以信用方式直接、间接投融资而产生的资金筹集和使用活动。它是以政府信用为基础筹集各种闲散资金，统一由财政部门掌握管理，根据经济和社会发展计划，在不以盈利为直接目的的前提下，以实施政府政策和形成固定资产为目标，采取投资（出资、入股等）或融资方式将资金投入企业、单位和个人的政府金融活动，是政府财政活动的重要组成部分。它不同于无偿拨款，也不同于商业性投融资，而是介于这两者之间的一种新型的政府投资方式。它将财政融资的良好信誉与金融投资的高效运作有机结合起来进行融资和投资。

在市场经济条件下，财政投融资作为政府配置资源的重要实现途径，在促进经济有效增长、调整和改善经济结构、强化宏观调控能力等方面都具有独特的功效。商业性投融资主要通过资本市场和商业银行获得资金，它适合追求利润最大化的厂商运用。对于既要体现经济效益又要体现社会效益的基础设施和基础产业部门来说，其经营的目标已不是利润最大化，而是产量最大化和成本最小化。它们的产品定价受政府直接或间接调控，这些企业仅依靠一般性的商业投融资渠道难以满足其发展的资金需要。由于商业性投融资渠道提供的资金要求兼顾安全性、流动性、盈利性，而基础设施项目很难全部满足。因此，处于经济高速增长中的政府，一方面，要从发展的角度考虑基础设施和基础产业部门的优先增长问题；另一方面，要从稳定的角度考虑基础设施的价格控制问题，以减轻通货膨胀的压力。这样，政策性投融资就成为发展中国家基础设施和基础产业发展的重要政策工具。

我国财政投融资起源于20世纪50年代，进入80年代以后得到迅速发展。但随着我国市场经济的日渐完善和公共财政框架的逐步确立，原有财政投融资体制的问题日益突出，使得对其进行改革的必要性和紧迫性大大增强。

**2. 财政投融资的主要特征**

（1）财政投融资是在大力发展商业性投融资渠道的同时构建的新型投融资渠道。随着社会主义市场经济体制的逐步建立和完善，市场融资的份额将不断扩大，专业银行商业化的趋势不可逆转。在这种条件下，构建政策性投融资机制只会加快而不会阻碍专业银行商业化的发展方向。因为只有把专业银行的政策性业务分离出来，专业银行才可能真正实现商业化的经营目标。因此，财政投融资的管理是由国家设立的专门机构——政策性金融机构负责统筹管理和经营。

（2）财政投融资是政府的投资、融资活动。它以实施政府政策为主要目标，目的性很强，范围有严格限制。作为政府干预经济的一种手段，它主要是为需要政府给予扶持或保护的产品或直接由政府控制定价的基础性产业融资。随着体制改革的深化，由体制性因素形成的“公共物品”，应逐步减少，市场商品的范围应扩大，许多基础工业产品在条件成熟时价格应放开，并通过发展企业集团形式谋求发展。因此，财政投融资的范围是受到严格限制的。

（3）政策性与市场机制相结合。虽然财政投融资的政策性和针对性很强，但它并不完全脱离市场，而是以市场参数作为配置资金的重要依据，并对市场的配置起补充调整作用。采取金融形式有偿使用资金，投入资金要求收回本金和一定的使用费。

（4）财政投融资的方式和资金来源是多样化的。财政投融资资金属于投资性资金，主要用于形成固定资产的投资。资金筹集既不像税收那样以国家权力为基础，也不像一般企业或个人那样以企业或个人的信用为基础，而主要以政府信用为基础。它既可通过财政的投资预算取得资金，也可通过信用渠道融通资金，既可通过金融机构获取资金，也可通过资本市场筹措资金，部分资金甚至还可以从国外获得。

（5）财政投融资的预算管理比较灵活。在预算年度内，国家预算的调整（削减或追加）需要经过人民代表大会审议通过，而财政投融资预算在一定范围内（如50%）的追加，无需主管部门的审批。

**3. 财政投融资的意义**

（1）财政投融资作为政府行为，是实施财政政策的重要手段之一。在现代市场经济条件下，宏观调控是财政的重要职能之一，其中许多宏观调控职能要靠投资活动来实现。例如，产业结构调整、区域经济结构调整和经济波动调节等。我国市场经济发展还不成熟，“市场失灵”问题不断出现，因此国家的宏观调控必不可少。财政投融资活动作为政府预算的补充，是调节宏观经济的重要手段之一。从调节经济波动的角度看，与其有刚性的预算支出相比，财政投融资支出灵敏度大，可以作为反周期性的支出政策，起到调节经济波动的作用。

（2）财政投融资的特点在于既体现政府政策取向，又按照信用原则运营，投资的主要领域是先行资本或公共物品。所以，财政投融资填补了财政无偿投资和商业金融投资的空白，填补了准公共产品投资的空白。财政投融资行为也是对基础设施民间投资不足的重要补充。

（3）财政投融资可以形成对企业和商业银行投资的诱导机制。财政投融资对经济增长的作用不仅表现为短期内的“数量增加”，更表现为长期内的“质量提高”。

## 6.4.2 项目融资

**1. 项目融资的涵义**

**项目融资是指贷款人向特定的工程项目提供贷款协议融资，对于该项目所产生的现金流量享有偿债请求权，并以该项目资产作为附属担保的融资类型。**从广义上讲，为了建设一个新项目或者收购一个现有项目，或者对已有项目进行债务重组所进行的一切融资活动都是项目融资。从狭义上讲，项目融资是以项目的资产、预期收益或权益作抵押取得的一种无追索权或有限追索权的融资或贷款活动。我们一般提到的项目融资仅指狭义上的概念。

项目融资既是一种融资方式，也是一种管理方式。它是一种以项目的未来收益和资产作为偿还贷款的资金来源和安全保障的融资方式。其贷款人在最初考虑安排贷款时，仅以项目自身预期收入和资产对外承担债务偿还责任，债权人对项目以外的资产和收入没有追索权，不以项目以外的资产、权益和收入进行抵押、质押或者偿债，不需要政府部门的还款承诺，也不需要项目方提供任何形式的担保。

项目融资始于 20 世纪 30 年代美国油田开发项目，后来逐渐扩大范围，广泛应用于石油、天然气、煤炭、铜、铝等矿产资源的开发。例如世界最大的年产 80 万吨铜的智利埃斯康迪达铜矿，就是通过项目融资实现开发的。项目融资作为国际大型矿业开发项目的一种重要的融资方式，是以项目本身良好的经营状况和项目建成、投入使用后的现金流量作为还款保证来融资的。贷款的发放对象是专门为项目融资和经营而成立的项目公司。

**2. 项目融资的主要方式**

近年来，我国在建设项目中引进了项目融资。对中国企业或企业经营者而言，存在两个问题，一是对有效的融资方式缺乏了解；二是面对众多融资方式，不知如何选择和如何着手，特别是在一些中小企业和创业者看来，融资只是大企业独有的权利。其通常做法是：在有关行政机构决定进行某一项目的建设后，随即拨出一定的款项作为资本金组成“项目公司”（项目法人），由该项目法人以政府的名义融资，然后统筹项目建设和经营还贷的全过程。因此，项目融资的主要方式有以下三种。

**（1）BOT（build-operate-transfer）方式，即“建设—运营—移交”**。这种模式是第二次世界大战后，特别是 20 世纪 70 年代后期在西方国家兴起的、政府利用民间资本包括外资进入基础设施建设的融资或投资方式。运作的一般过程是：政府将一些拟建基础设施建设项目，通过招商由某一财团或公司提供资金进行建设和经营，并在一定时期内负责设施的维修，协议期满再将这些设施转让给政府。这种投资方式的最大特点是，鼓励和吸引私人投资者特别是外国直接投资者对发电厂（站）、高速公路、能源开发等基础设施进行投资。这种方式已被证明为基础设施建设中一种成功的融资途径。著名的英法海底隧道工程就是运用这种方式建成的。

但是，BOT 方式运作较为复杂，设计环节多，实施难度较大。由于在特许权授予期间投资商（通常为外商）拥有项目的控制权，而控制权问题又比较敏感，政府一般对该类项目比较谨慎。

（2）TOT（transfer-operate-transfer）方式，即"转让—经营—转让"。这种方式是指通过出售现有投资项目（一般是公益性资产）的产权和经营权，获得资金来建设新项目的一种融资方式。购买者在一个约定的时间内通过经营收回全部投资和得到合理的回报，再将产权和经营权无偿移交给原产权所有人。通常由委托方（政府）把已经投产运营的项目在一定期限内的特许经营权交给被委托方（外资或私人企业），委托方凭借所移交的基础设施项目的未来若干年的收益（现金流量），一次性地从被委托方筹到一笔资金，再将这笔资金用于新基础设施项目的建设，经营期满后，被委托方再将项目移交给委托方。利用TOT模式也是在基础性项目建设中引进外资的方式。

TOT模式与BOT模式的主要区别是：前者是投资购买已经建成的资产的产权和经营权；后者是投资建设基础设施项目，得到政府的特许经营权的许诺。通过TOT模式引进外资可以进一步缓解我国基础设施的"瓶颈制约"，减轻中央和地方政府的财政压力，同时可以学习和借鉴国外的先进技术和科学的经营管理方法。

（3）ABS（asset-backed securitization）方式，即资产证券化融资，是指以项目所属的资产为基础，以该项目资产所能带来的预期收益为保证，通过在资本市场上发行高档证券来募集资金的一种项目融资方式，它一般需要银行及证券公司的合作。ABS是近十几年世界金融领域最重大的金融创新之一。它以项目资产在未来一定时间内可预见的现金流作为融资保证，且能够进入国际高档证券市场大规模融资，适用于基础设施的建设。较典型的案例是1996年珠海高速公路的资产证券化融资。ABS融资方式不是收购股权，不会改变原始权益人的股东结构，能在有效保护国家对基础设施所有权的基础上解决资金问题。

从国际范围来看，除以上介绍的项目融资方式以外，PPP（私人建设—政府租赁—私人经营）、BOOT（建设—所有—经营—移交）、BT（建设—移交）等都是新出现的基础设施项目融资方式，并在国外得到运用。

**3. 项目融资的特点**

项目融资和传统融资方式相比，具有以下特点。

（1）融资主体的排他性。项目融资主要依赖项目自身未来现金流量及形成的资产，而不是依赖项目的投资者或发起人的资信及项目自身以外的资产来安排融资。融资主体的排他性决定了债权人关注的是项目未来现金流量中可用于还款的有多少，其融资额度、成本结构等都与项目未来现金流量和资产价值密切相关。

（2）追索权的有限性。传统融资方式，例如贷款，债权人在关注项目投资前景的同时，更关注项目借款人的资信及现实资产，追索权具有完全性；而项目融资方式如前所述，是就项目论项目，债权人除和签约方另有特别约定外，不能追索项目自身以外的任何形式的资产，也就是说项目融资完全依赖项目未来的经济强度。

（3）项目风险的分散性。融资主体的排他性、追索权的有限性，决定着作为项目签约各方对各种风险因素和收益的充分论证。确定各方参与者所能承受的最大风险及合作的可能性，利用一切优势条件，设计出最有利的融资方案。

（4）项目信用的多样性。将多样化的信用支持分配到项目未来的各个风险点，从而规避和化解不确定项目风险。例如，要求项目"产品"的购买者签订长期购买合同（协议），原材料供应商以合理的价格供货等，以确保强有力的信用支持。

（5）项目融资程序的复杂性。项目融资数额大、时限长、涉及面广，涵盖融资方案的总体设计及运作的各个环节，需要的法律性文件也多，其融资程序比传统融资复杂。且前期费用占融资总额的比例与项目规模成反比，其融资利息也高于公司贷款。

项目融资虽比传统融资方式复杂，但可以达到传统融资方式实现不了的目标。

一是有限追索的条款保证了项目投资者在项目失败时，不至于危及投资方其他的财产。

二是在国家和政府建设项目中，对于前景较好的大型建设项目，政府可以通过灵活多样的融资方式来处理债务可能对政府预算的负面影响。

三是对于跨国公司进行海外合资投资项目，特别是对没有经营控制权的企业或投资于风险较大的国家或地区，可以有效地将公司其他业务与项目风险实施分离，从而限制项目风险或国家风险。

由此可见，项目融资作为新的融资方式，对于大型建设项目，特别是基础设施和能源、交通运输等资金密集型的项目具有更大的吸引力和运作空间。

## 6.5 财政补贴与税收支出

### 6.5.1 财政补贴的涵义及分类

**1. 财政补贴的涵义**

财政补贴作为一个经济范畴是资本主义制度确立后出现的。第二次世界大战之后，包括财政补贴在内的各种宏观调控手段开始被经常使用。作为调节经济的重要手段之一，财政补贴运用的好坏与否会影响整个国民经济的发展。随着政府干预经济运行的程度加深，财政补贴的规模逐渐增大，涉及的领域也逐渐扩展。

**所谓财政补贴，是指在一定时期内，国家按一定的目的，在一般性的财政分配之外，以补助的形式由财政安排的专项资金给予补助的支出。**财政补贴可以通过补贴对象、补贴数量、补贴时间、补贴形式、补贴环节等的选择，影响不同经济主体的经济利益，从而对国民收入进行再分配。因此，财政补贴的实质是国民收入的再分配。

财政补贴以国家政府为行为主体，依据是国家政府在一定时期的社会、政治、经济等方面的有关政策，或者说财政补贴是为了实现一定时期的社会经济目标。财政补贴的对象包括三个层次：一是地区，即对国家领土范围内某一地区给予补贴；二是部门、单位和个人，即对经济活动中的不同主体给予补贴；三是事项，即对社会经济生活中的某些特定事项给予补贴，从形式上表现为财政支出的增加或收入的减少。

财政补贴是财政分配中的一种特殊形式，它具有针对性，而不是统一的、普遍的财政支出。财政补贴是国家财政通过对分配的干预，调节国民经济和社会生活的一种手段，是国家政府在经济管理中的一个重要经济杠杆。它通过对物质利益的调整来调节国家、企业、个人之间的分配关系，由此达到促进经济发展、引导消费结构、保持社会稳定的效果。

财政补贴作为转移性支出的重要组成部分，与社会保障支出有很多相似之处。对政府而言，财政补贴支出和社会保障支出一样，在支出的同时并不能换回任何相应的商品和劳务，所进行的支付都是无偿的。对财政补贴或社会保障的接受者而言，不论是以什么名目获得政府补贴，都意味着实际收入的增加，从而能够改善其经济状况。但是，作为政府的另一类转移性支出，财政补贴与社会保障支出也存在着差异，这种差异主要体现在对价格的影响方面。财政补贴总是与相对价格的变动有直接的联系，要么是由于价格的变动引起政府发放财政补贴，要么是政府进行财政补贴引起了价格的变动，财政补贴发挥着矫正价格机制导致的利益不平衡的作用。因此，政府进行财政补贴，实质上是将一部分纳税人的收入无偿地转移给另一部分经济主体。社会保障支出则与产品和劳务的价格不发生直接联系，固然人们获得保障收入后用于购买，可能使购买商品的价格发生变化，但这种影响既不确定，又是间接的。因为与相对价格结构有直接关联，财政补贴便具有改变资源配置结构、供给与需求结构的影响，而社会保障支出则很少有此影响。

**2. 财政补贴的特征**

与其他财政分配形式相比较，财政补贴主要具有以下特征。

（1）政策性。财政补贴是国家实现一定的政策目标的手段，财政补贴的对象、补贴的数额、补贴的期限等都必须按照一定时期的政策需要来制定。当个别商品的计划价格已经不适应生产和流通的需要，而调整价格又与当前的形势相悖时，为了避免调整价格引起的连锁反应和震荡，用财政补贴来代替局部的价格调整，是一项变通可行的措施。所以说，财政补贴体现了政府的某种政策，自始至终都是为贯彻该政策而服务的。

（2）时效性。财政补贴是为实现国家某项政策目标而服务的、其生命周期直接取决于该政策的有效期。当某项政策发生变化时，财政补贴也将做相应调整；当该政策实施完结时，特定的财政补贴也随之终止。时效性表现为补贴项目有增有减的变动规律，而不是只增不减的发展规律。

（3）补偿性。财政补贴是一种利益补偿。例如，价格补贴是支付给低价销售的经营者的一种价亏补偿，它和商品相对价格的变化存在联动关系。补贴标准一经确定，其补贴数额也将随商品总价格而变动。

（4）灵活性。财政补贴是国家政府调节经济、协调各方面关系的一个比较灵活的杠杆。因此，补贴的对象、数额和期限都不是一经确定就长期保持不变，而是要根据经济发展的情况和政策需要及时修正和调整的。

（5）专项性。财政补贴只对指定的事项进行补贴，除指定的事项外，均不给予补贴。

**3. 财政补贴的内容**

财政补贴的内容可以从不同的分类角度进行考察。从补贴同社会经济运行过程的关系来看，可分为生产环节补贴、流通环节补贴和消费环节补贴；从政府是否明确地安排支出来分，可分为明补与暗补；从补贴资金的接受主体来分，可分为企业补贴和居民补贴；从补贴对经济活动的影响来看，可分为对生产的补贴和对消费的补贴；从补贴是否与具体的购买活动相联系来分，可分为实物补贴与现金补贴等。不过在国家预算中，一般是按财政补贴的政策目的进行分类，按照这种分类，财政补贴可分为价格补贴、企业亏损补贴、出口补贴、财政贴息、税收支出等。

（1）价格补贴。**价格补贴是指由于政府价格政策性原因造成的价格过低给生产经营者带来损失而给予的财政补贴。**具体来说，是国家为了稳定市场物价、安定人民生活、发展生产和实现其他政策目标，而由财政向企业或居民支付的、与价格政策有关的补贴。它是财政补贴的主要内容，是国家自觉运用价值规律调节经济，促进经济发展的重要举措。我国最初的价格补贴具体包括以下4种。

① 农副产品价格补贴。主要包括：商业企业价差补贴和城镇居民的副食品价格补贴。

② 农业生产资料价格补贴。包括化肥、农药、农业用电、农用塑料薄膜等。

③ 日用工业品价格补贴。向商业企业支付的亏损补贴。

④ 工矿产品价格补贴。指中央财政对地方调出省外的统配煤、国家收购的黄金、白银等工矿产品，因调出或收购价格较低给予的补贴。

进入21世纪以来，我国实施了新的农业补贴政策，重点采取了粮食直补、良种补贴、农机具购置补贴、农业生产资料综合补贴等补贴方式。这类补贴可以直接增加农民的收入，有效促进粮食增产，农民增收，保障粮食安全。

（2）企业亏损补贴。企业亏损补贴主要指国家为了使国有企业能够按照国家计划生产、经营一些社会需要但由于客观原因生产经营中将出现亏损的产品，而向其拨付的财政补贴。企业亏损补贴是经营价格倒挂而向企业提供的费用和合理留利补贴。国有企业的亏损补贴可分为以下6种。

① 政策性亏损补贴，即国家财政对由于贯彻国家政策，对某些产品实行低价政策，造成的企业亏损给予的补贴。

② 经营性亏损补贴，即国家财政对国有企业因经营管理不善造成的亏损给予的补贴。

经营性亏损与企业的主观努力程度有关。一般而言，国家财政对经营性亏损原则上不予补贴，只对政策性亏损给予补贴。但对一些生产急需的产品和重要产品的企业，经国家财政部门审批后，可给予暂时性的补贴，并通过整顿限期扭亏为盈，以利于促进生产和调节供给需求平衡。

我国将企业亏损补贴作为预算收入退库处理，冲减财政收入。由于国有企业所占的比重较大，所以企业亏损补贴有一定的特殊性。虽然我国主要对政策性亏损进行补贴，但实践中因为政策性亏损和经营性亏损难以真正区分，故也对部分经营性亏损进行补贴。

（3）财政贴息。财政贴息是一种特殊类型的价格补贴，它在我国预算账目中直接列为财政支出。财政贴息是指国家财政对使用某些特定用途的银行贷款的企业，就其支付的贷款利息提供的补贴，实质上等于财政代替企业向银行支付利息。财政贴息是国家财政支持有关企业或项目发展的一种方式，具体做法一般有半补贴和全补贴两种。

目前的财政贴息贷款中，典型的有中央投资补助和贴息。资金重点补贴的公益性和公共基础设施投资项目、保护和改善生态环境的投资项目、促进欠发达地区的经济和社会发展的投资项目、推进科技进步和高新技术产业化的投资项目等。

在我国，财政补贴一般用于以下用途：一是促进企业联合，发展优质名牌产品；二是支持沿海城市和重点城市引进先进技术和设备；三是发展节能机电产品。

（4）外贸补贴。外贸补贴是指国家财政对外贸企业给予的补贴，包括出口补贴和进口补贴。出口补贴是指国家财政直接或间接给予出口商品生产者或出口商补贴，从而降低出口价格，增强出口产品的竞争力。其主要形式有直接的现金补贴、出口退税、减免出口关税和出口信贷等。由于WTO反对政府对外贸出口给予直接的财政补贴（主要是对外贸单位的直接现金补贴），因此我国在外贸制度改革过程中，逐渐取消了对出口的直接财政补贴。但是，WTO不反对给予出口一定的间接支持，所以对外贸出口的补贴主要是间接财政补贴。

（5）职工和居民生活补贴。此类补贴是指国家财政为了保证人民生活中某些基本消费不因物价上涨受到影响而对职工和居民提供的补助。主要包括城镇居民肉食价格补贴、住房补贴、交通补贴、冬季取暖补贴等。

（6）专项补贴。专门用于某一产业或某一方面的补贴。例如，生态效益补助、教育补贴、重要产业支持补贴等。

**4. 财政补贴的分类**

目前财政补贴在世界各国普遍存在，但是各国财政补贴的内容存在很大差异。根据经济分析的不同需要，我们将财政补贴分为如下5类。

（1）按财政的环节的不同，可将财政补贴分为生产环节补贴、流通环节补贴和消费环节补贴。

生产环节补贴是对生产者进行的旨在增加生产要素投入、保持生产稳定发展的补贴。例如，对生产农业生产资料企业的补贴。其补贴项主要有粮、棉、油加价款补贴。农用生产资料价格补贴，工交生产企业亏损补贴等。流通环节补贴是对商业企业进行的旨在增加商品供给，使企业的经营能正常进行的补贴，如对粮食企业的补贴。其补贴项目主要有粮、棉、油价差补贴，平抑市场肉食、蔬菜价差补贴，民用煤销售价差补贴，国家储备粮、棉、油利息费用补贴等。消费环节补贴是对消费者进行的旨在满足居民基本生活需求，保证人民生活稳定的补贴。其补贴项目主要有房租补贴、副食品价格补贴、水电煤补贴、职工上下班交通费补贴等。

这种分类有利于分析财政补助在社会再生产各个环节中发挥的不同作用。一般而言，一种被补贴商品只补贴一个环节，但有的商品同时补贴在两个或三个环节。补贴环节不是固定不变的，要依据有利于发挥财政补贴杠杆作用的要求而进行改革和调整。

（2）从财政补贴的用途来看，可分为生活补贴、生产补贴和其他补贴。

生活补贴，例如对居民的粮油、副食品、煤炭、棉花等的补贴；生产补贴，例如对农业用的化肥、农药、农机农具、塑料薄膜等的补贴，对工业用棉花、煤炭等的补贴和企业亏损补贴。其他补贴，例如出口粮食价差补贴、粮食储备费用补贴、外贸亏损补贴等。这种分类有助于分析财政补贴在居民生活和社会生产等方面所发挥的不同作用。

（3）按稳定性的不同，可将财政补贴分为经常性补贴和临时性补贴。

**经常性补贴是指由于政策性原因，在较长时间内给予的补贴**。这类补贴往往具有自我增长的特点。**临时性补贴是指由于某些临时性原因，给予一次性或几次性的补贴**。经常性补贴和临时性补贴，只是相对而言。例如企业亏损补贴，其中属于政策性亏损，即为经常性亏损补贴；属于经营性亏损者，在政府规定扭亏计划限期内的亏损补贴，即为临时性补贴。

（4）按隶属关系的不同，可将财政补贴分为中央财政补贴和地方财政补贴。

中央财政补贴，是指在整个财政补贴项目和金额中，中央财政所承担的补贴项目和补贴额。地方财政补贴，是指在整个财政补贴项目和金额中，地方财政所承担的补贴项目和补贴额。

（5）按预算透明度的不同，可将财政补贴分为明补和暗补。

**明补是指将全部补贴都纳入预算支出项目，按照正常的支出程序，直接支付给受益者**。明补的优点是收支分明。受补贴单位应上缴国家财政的税费依法上缴。应该获得的补贴由财政直接拨付。这样做责权利关系明确，既能保证国家预算的完整性，又有利于调动企事业单位增收节支的积极性，发挥财政补贴的杠杆作用。**暗补是指补贴支出不列入预算支出项目，而是作为冲减收入来处理，或者根本就不纳入预算管理；受益者也不直接获得补贴收入，只是从减少上缴和节约支出上受益**。暗补的优点是：手续简便，工作量少；补贴支出和抵冲的缴款都不反映在预算上，具有隐蔽性，实际上是一种坐支。它的缺点是权责利关系不明确，难以发挥财政补贴的调节经济的杠杆作用。

根据财政补贴的这些分类，可以从不同的方面分析出财政补贴在现代社会经济发展中所发挥的不同作用。

## 6.5.2 财政补贴的原因和经济效应

### 1. 财政补贴的实施原因

从我国财政补贴的长期实践来看，其形成原因主要表现在两个方面：一是传统经济体制的原因。传统的计划经济体制造成了整个价格体系的扭曲，为了减少各有关方面因价格扭曲所导致的损失，平衡经济利益关系，国家要对遭受利益损失的一方给予补贴。这种原因形成的补贴可称为**体制型财政补贴**；二是社会经济运行机制的原因。为了实现国家的社会经济发展战略，协调各经济运行体的经济利益关系，国家要设置某些财政补贴。这种原因形成的补贴可称为**机制型财政补贴**。下面分析这两种成因的财政补贴在我国社会经济发展中所发挥的作用。

就体制型财政补贴而言，其发挥的作用主要表现在以下3个方面。

（1）支持和促进生产发展，调整生产结构。当某些产品发生政策性亏损但又不宜提高价格时，国家给予适当补贴，可保证其正常生产。当某些产品需要提高收购价格，但又不宜提高销售价格时，国家可对产品提供企业进行补贴以保证产品供应；也可提高产品售价，而国家对消费者进行补贴，以保护消费者利益。财政补贴调整生产结构的作用主要表现在鼓励或限制某些产品的生产上。例如，对于生产资料中的农用生产资料给予补贴，是为了使农用生产资料以较低的价格供应农民，以此来促进农业生产的发展。又如，对粮食和农副产品的收购，有的品种给予补贴，有的品种则不给，或某一品种在某一时期给予补贴，另一时期则不给，以此来调整农业生产结构。

（2）保证人民生活水平的稳定与提高。我国财政补贴特别是价格补贴的目的主要是为了保障人民生活安定，逐步提高人民生活水平。企业亏损补贴是为了保证企业生产经营活动的正常进行。而企业生产经营活动的正常进行是企业职工生活水平稳定的重要保证。

（3）稳定市场物价，减少经济体制改革可能引起的震荡。财政补贴虽然可以纠正不合理的价格结构，有助于价值规律发挥作用。但市场经济条件下，市场机制仍然在资源配置中起决定作用，而财政补贴对经济的调节只起到辅助性作用。如果国民经济的运行对财政补贴的依赖过大，以至于没有它，便很难有效地组织生产、流通和消费，说明现行经济体制及其运行机制已难以实现社会的基本目标，对之进行改革已是当务之急。价格改革的中心问题就是在保持物价平稳的情况下，调整被扭曲的价格体系。我国通过财政补贴的方式，将因价格改革而使居民、企业经受的经济损失由财政承担下来。这一做法虽然增加了财政负担，但它对于减少价格改革引起的震动，保证人民生活的稳定和社会安定，起到了不可忽视的作用。

机制型财政补贴在社会主义市场经济体制下，市场将在经济资源的配置中发挥基础性作用。但市场不是万能的，它也有不足之处，这在西方经济学中被称为 “市场失灵”。对于市场失灵，只能通过政府加以克服或解决，以保持社会经济稳定发展，其中财政补贴就是政府克服市场失灵的手段之一。

（1）财政补贴可以鼓励和扶持公共产品的生产。公共产品在消费时具有非竞争性和非排他性特征，这使得企业因价低利少甚至无利可图而不愿生产或提供。国家对从事公共产品生产或提供的企业给予财政补贴，一方面可以维持公共产品的生产或提供，另一方面可以保证人们对公共产品的消费。

（2）财政补贴可以克服外部效应问题。从社会的角度讲，一个企业的成本和效益不仅包括内在的成本和效益，而且还应包括外在的成本和效益。具有正外部性的商品或服务，由于成本与收益的非对称性，一部分收益外溢给他人，因此社会对具有正外部性商品或服务的供给往往不足。当政府给予的补贴恰恰等于其外溢的收益时，这种具有正外部性的商品或服务刚好供求均衡，从而使正外部效应内在化。同样，具有负外部性的商品或服务由于将成本外溢给他人，因此社会对具有负外部性的商品或服务的供给往往是过剩的。当政府采取补贴的形式将其产量限制在一定范围内时，这种具有负外部性的商品或服务刚好供求均衡，从而使负外部效应内部化。企业生产经营者在从事产品的生产和经济活动时，往往只关心内在的成本和效益，而不关心外在的成本和效益。这样会导致外在效益高而内在效益低的产品无人愿意生产，结果是这类产品将出现供应不足的情况。如果财政对生产这类产品的企业给予补贴，一方面它会因提高了企业的内在效益而增加产品的供应；另一方面，它会满足社会对该产品的需求，从而提高整个社会资源配置的效率。

（3）财政补贴可以调节消费，实现收入再分配。财政补贴是一种收入的再分配。对产品的生产者或提供者进行补贴，是为了鼓励他们增加产品的生产与提供。对产品的消费者进行补贴，是增加其购买力，鼓励他们消费产品。国家根据一定时期社会经济形势的变化，通过补贴对象、补贴数量的灵活调整，可以促进收入分配的公平合理。

（4）财政补贴可以调节总供求，促进社会总供求保持平衡。财政补贴是财政支出的一种形式，财政补贴一旦实施，就代表着一定数量货币购买力的形成，财政补贴可以改变商品的相对价格。用于生产方面的财政补贴形成一部分投资需求，用于生活方面的财政补贴形成一部分消费需求。根据需求定理，在其他条件不变的情况下，商品价格越高，需求量越少；价格越低，需求量越多。当某种商品或服务由于政府价格补贴而变得便宜时，人们就会多消费这种商品或服务，而减少相对变得昂贵的商品或服务的消费。从而使人们的需求结构发生变动。同样，根据供给定理，在其他条件不变的情况下，商品价格越高，供给量越多；价格越低，供给量越少。当某种商品或服务由于政府的价格补贴使企业亏损得到抵补甚至盈利时，企业对这种商品或服务的供给就会增加，从而减少投在其他商品或服务上的资源，进而使供给结构发生变化。国家通过改变财政补贴的数量和结构，可以调节社会总需求的总量与结构。另外，财政补贴在调节社会总需求的同时，还可以调节社会总供给，这使它在促进社会总供求保持平衡中能发挥独特的作用。

**2. 财政补贴的实际经济效应**

作为财政手段之一，财政补贴对经济的影响也有两类：收入效应和替代效应。**收入效应指财政补贴直接增加受补贴者的收入，从而增加其收入引致的各类需求，产生收入效应。替代效应则是指财政补贴通过改变商品和服务的价格而影响相对价格结构，则经济主体会增加价格较为优越的产品的购买量或生产量，即影响供给结构和需求结构，进而起到调节供求结构和资源配置结构的目标。**

具体来说，财政补贴在经济发展的实战中主要具有以下效应。

（1）有利于贯彻国家的经济政策。财政补贴的对象可以是企业单位和个人，但无论补充的对象是谁，最终目的是顺利实现国家的方针政策。

（2）以最少的财政资金带动社会资金，扩充财政资金的经济效应。在财政资金有限条件下，对于一些公共产品或混合产品可以是国有企业提供，也可以是由政府提供补贴，还可以由私营企业提供，从而把民间资本调动起来，发挥所谓“四两拨千斤”的作用。

（3）加大技术改造力度，推动产业升级。产业结构优化过程中，财政补贴发挥着十分重要的作用。通过财政补贴的方式就可以刺激和加强政府急需要发展的产业，促进产业结构优化。

（4）消除“挤出效应”。当政府实施扩张性财政政策时，由于对货币的需求增加，往往造成利率上升。而利率的提高会提高私人部门的融资成本，从而导致私人投资的萎缩，这就是挤出效应。如果此时对私人部门给予补贴，就可以降低私人部门的融资成本，消除挤出效应，加快民间投资的恢复和增长。

（5）社会经济稳定的效应。对于一些关系到国计民生的产品或服务，政府往往给予生产者或消费者以补贴，从而保障人们最基本的生活需要，进而稳定社会经济。

### 6.5.3 税收支出的涵义及分类

随着税收优惠措施的广泛运用，税收优惠失控问题越发突出：一方面，国家损失了大量的税收收入，而企业对这笔资金的使用却漫不经心，效益极差；另一方面，给企业的寻租行为提供了可乘之机，企业依赖思想日趋严重。这种情况不仅在中国存在，也是世界各国的普遍现象。为了既要充分发挥税收优惠的调节作用，又要防止税收优惠的无效投入，“税收支出”概念于 20 世纪 70 年代在美国应运而生，并迅速在西方国家传播开来。1973 年，美国财政部部长助理、哈佛大学教授萨里（S. Surrey）在其所著《税收改革之途径》一书中，正式使用“税收支出”一词。

**1. 税收支出的涵义**

**税收支出是国家为了实现特定的政策目标，通过制定与执行特殊的税收法律条款，给予特定纳税人或纳税项目以各种税收优惠待遇，以减少纳税人税收负担而形成的一种特殊的财政支出。**税收支出只减少财政收入，并不列为支出。税收支出是政府的一种隐性支出，是政府将纳税人的一部分收入无偿转移给补贴领受者。税收支出是政府的一种间接性支出，与财政补贴不同的是，一般财政补贴下纳税人与补贴领受者不一定一致。而在税收支出下，补贴领受者就是纳税人。

（1）税收支出在性质上是财政支出。它是一种特殊形式的财政支出，属于财政补贴的范畴。税收支出是采取税收豁免、优惠税率、纳税扣除、投资抵免、退税、加速折旧等形式减免纳税人的税款而形成的支出。而直接财政支出是将纳税人的税款收缴国库后，通过财政预算安排的支出。

（2）税收支出是税法体系的有机组成部分。任何国家的税收制度都可以分为两大部分：一是为确保国家财政收入而设置的税基、税率、纳税人、纳税期限等条款，西方将其称为“正规”税制；二是为改善资源配置、提高经济效率，或照顾纳税人的困难而设置的税收优惠条款，它有别于“正规”税制，是以减少纳税人的纳税义务、主动放弃财政收入为特征的。而后者就是我们所说的税收支出。

（3）税收支出是国家为达到特定政策目标主动放弃的税收收入，而偷税、漏税是纳税人的一种违法行为，其结果是国家应收的税收没有收上来。

**2. 税收支出的分类**

税收支出按其发挥的作用划分，可分为照顾性税收支出和刺激性税收支出。

**照顾性税收支出主要是针对纳税人由于客观原因在生产经营上发生临时困难而无力纳税所采取的照顾性措施**。其目的是为了扶持国家希望发展的亏损或微利企业以及外贸企业，以求国民经济各部门保持基本平衡。

**刺激性税收支出主要是指用来改善资源配置，提高经济效率的特殊减免规定**。它又分为两类，一类是针对特定纳税人的税收支出，即不论其经营业务的性质如何，都可依法得到优惠照顾（如残疾人企业）。另一类是针对特定课税对象的税收支出，即不论是什么性质的纳税人都可享受优惠待遇。其目的是为了正确引导产业结构、产品结构、进出口结构及市场供求，促进纳税人开发新产品、新技术及安排劳动就业等。刺激性税收支出既可以针对特定的纳税人，不论其经营业务的性质如何，都可以依法得到优惠照顾；又可以针对特定的征税对象，从行业产品的性质考虑，不论经营者是什么性质的纳税人，都可以享受优惠待遇，它是税收优惠的主要方面。

### 6.5.4 税收支出的形式及预算控制方式

**1. 税收支出的形式**

税收支出是国家运用税收优惠调节社会经济的一种手段，与税收支出定义的确定相比，税收支出项目的确定要复杂得多。根据世界各国的税收实践，就刺激经济活动和调节社会生活的税收支出而言，税收支出的具体形式主要包括以下 9 个方面。

（1）税收豁免。**税收豁免是指在一定期间内免除某些纳税人或纳税项目应纳的税款**。豁免期限、豁免纳税人、豁免项目依据当时的社会经济形势确定。税收豁免有部分豁免与全部豁免之分。部分豁免就是免除纳税人或纳税项目的部分应纳税款，全部豁免则是免除全部应纳税款。这在我国的税收实践中称为“减免税”。最常见的税收豁免包括免除关税与货物税和免除所得税。免除关税与货物税可以降低产品价格，从而降低企业生产成本、增强市场竞争能力。免除所得税一方面可以增加新投资的利润，使企业更快地收回所投资本，减少投资风险，以刺激投资；另一方面可以促进社会政策的顺利实施，以稳定社会正常生活秩序。

（2）纳税扣除。**纳税扣除是指准许纳税人把一些合乎规定的特殊开支，按一定比例或全部从应税所得中扣除，以减轻其税负**。在累进税制下，纳税人的所得越高，这种扣除的实际价值就越大。这是因为在比率扣除条件下，纳税人的所得额越大，其扣除额就越多；就某些纳税人来说，由于在其所得中扣除了一部分数额，使得实际适用税率降低，从而降低了其征税税率。一般来说，纳税扣除有直接扣除和加成扣除两种。**直接扣除是指允许纳税人将某些合乎规定的费用作全部或部分的扣除。加成扣除是指允许纳税人对某些规定项目的费用可以超支，以增加费用的方式来减少应税所得。**

（3）税收抵免。**税收抵免是指允许纳税人对其某种合乎奖励规定的支出，按一定比例或全部从应纳税额中扣除，以减轻其税收负担。**在西方国家，税收抵免中最主要的两种形式是投资抵免和国外税收抵免。投资抵免是指允许纳税人将一定比例的设备购置费从当年应纳公司所得税的税额中扣除。投资抵免的目的在于刺激民间投资，促进资本形成，增加经济增长的潜力。国外税收抵免常见于国际税收业务中，**即纳税人在居住国汇总计算国外的收入所得税时，准予扣除其在国外已纳税款。**国外税收抵免的目的在于避免对跨国纳税人进行国际重复征税，消除国际间资本、劳务和技术流动的障碍，妥善处理有关国家间的税收利益分配关系。税收抵免可以分为限额抵免和全额抵免，**限额抵免是指税务机关不允许其抵免额超过其应纳税额，全额抵免是指税务机关允许其抵免额超过应纳税额。**现实的税收抵免大多是限额抵免，即各国政府通常都规定一个抵免限额，超过该限额的应纳税额不予抵免。这样做是为了避免抵免限额超过应纳税额过多时加大政府的损失。

（4）优惠税率。**优惠税率是指对特定的纳税人或纳税项目采用低于一般税率的税率征税。**优惠税率适用的范围可视实际需要加以调整，适用优惠税率的期限可长可短。优惠税率可以是有期限的优惠，也可以是长期优惠。一般来说，长期优惠税率的鼓励程度大于短期优惠税率，尤其是那些投资巨大但获利较迟的企业，往往可从长期优惠税率中得到较大好处。在实践中，优惠税率的表现形式很多，例如，规定较一般税率为低的税率政策或实行纳税限额政策等。

（5）延期纳税。**延期纳税又称“税负延迟缴纳”，是指允许纳税人将符合规定的应纳税款延迟缴纳或分期缴纳。**延期纳税可用于各种税收特别是数额较大的税收。延期纳税表现为将纳税人的纳税义务向后推延，其实质相当于在一定时期内政府向纳税人提供一笔与其延期纳税数额相等的无息贷款，这在一定程度上可以帮助企业解除财务困难。同时，对于政府而言，实行延期纳税相当于推后收税，其损失的是一定量的利息。

（6）盈亏相抵。**盈亏相抵是指允许纳税人以某一年度的亏损抵消以后年度的盈余，以减少其以后年度的应纳税款；或是冲减以前年度的盈余，申请退还以前年度已纳的部分税款。**一般来说，抵消或冲抵前后年度的盈余都有一定的时间限制，由于盈亏相抵方式可以使亏损企业按照规定从以前或以后年度的盈余中得到补偿，所以对具有高度冒险性的投资有相当大的刺激效果。当然，盈亏相抵是以企业发生亏损为前提的，并且就其应用范围来说，盈亏相抵通常只能适用于所得税方面。

（7）优惠退税。退税是指国家按规定对纳税人已纳税款的退还，包括多征误征的税款、按规定提取的地方附加及代征手续费等方面的退税。但这些退税属于一般的规范性退税，不属于税收支出形式的退税。作为税收支出形式的退税是指**优惠退税，即国家为鼓励纳税人从事或扩大某种经济活动而给予的税款退还，包括出口退税和再投资退税。**出口退税是指国家为鼓励出口、使出口产品以不含税的价格进入国际市场而给予纳税人的税款退还，如退还进口税，退还已纳的国内销售税、消费税、增值税等。再投资退税是指国家为鼓励投资者将获得的利润进行再投资，全部或部分退还其再投资部分已缴纳的税款。

（8）加速折旧。**加速折旧是指政府为鼓励特定行业或部门的投资，允许纳税人在固定资产投入使用初期提取较多的折旧，以提前收回投资。**加速折旧虽然可以在固定资产使用年限的初期多提折旧，但折旧累计总额不可能超过资产的可折旧成本，所以其总折旧额并不会比一般折旧高。由于折旧是企业的一项费用，它与企业应税所得的大小以及企业所得税税负的大小成反比，所以加速折旧从量上并不能减轻纳税人的税负。它的作用是使企业的纳税时间向后推延，这一点类似于延期纳税。对于纳税人而言，尽管其总税负未变，但推迟纳税的结果相当于从政府那里得到了一笔无息贷款。对政府而言，则损失了一部分收入的“时间价值”。因此，加速折旧同延期纳税一样，都是税收支出的特殊形式。

（9）特定准备金。**特定准备金是指政府为了使企业将来发生的某些费用或投资有资金来源，在计算企业应纳税所得时，允许企业按照一定的标准将一定量的应税所得作为准备金处理，从应税所得总额中扣除，不必纳税**。准备金的种类很多，有投资准备金、技术开发准备金、出口损失准备金、价格变动准备金、国外投资损失准备金等，每一项准备金都有其法定的内容。

**2. 税收支出的预算控制方式**

税收支出的预算控制方式可以归纳为以下 3 种类型。

（1）税收支出的非制度化的临时监督与控制。这是指政府在实施某项政策过程中，只是在解决某一特殊问题时，才利用税收支出并对此加以管理控制。例如，政府为了给某一地区、某一部门或某一行业提供财政补助时，可能要用税收支出或者现金支付。当决定用税收支出时，才把它作为一项措施加以利用，并对其放弃的税收收入进行估价。因此，在经济合作与发展组织（OECD）的许多国家中，对税收支出的监督与控制是临时的，没有形成制度。

（2）建立统一的税收支出账户。与前一种情形截然相反，有些国家规定了严格的统一税收支出账户，建立了规范的税收支出预算。在这些国家中，前联邦德国和美国最早设立统一的税收支出账户（20 世纪 70 年代初）。到 1983 年，澳大利亚、加拿大、奥地利、法国和西班牙等国也先后定期检查税收支出。统一税收支出账户是对全部税收支出项目，编制成定期报表（通常按年度编报），连同对主要的税收支出成本的估价，附于年度预算报表之后。在加拿大和美国，这些账目实际上被合并于国家预算分析过程之中，构成整个国家预算分析的一部分。

之所以要编制统一的税收支出账户，主要出于以下 3 个原因：一是税收支出是政府实施其各项政策的手段之一，应该像政府通过直接支出所提供的各种补助一样，赋予同样的估价和控制程序；二是有了统一的税收支出账户，政府就能以相同的预算方法来衡量直接支出和税收支出的成本，就能据此比较各种政府干预措施（直接支出、税收支出、规章制度等）在实现不同政策目标过程中的效率高低，择其最优者；三是如果轻易地用直接支出取代税收支出，政府的直接支出项目和数额将明显扩大和增加，对政府的开支范围和规模就难以控制，因此对税收支出也要加强预算控制。

（3）临时性与制度化相结合的控制方法。意大利、葡萄牙和英国等少数几个国家，采用介于前两种方法之间的一种折中方法，即临时性与制度化相结合的控制方法，只对那些比较重要的税收减免项目，规定编制定期报表，纳入国家预算程序，但并不想把那些被认为是税收支出的项目与“正规的”或“基点的”税制结构区分开来，即并不想建立起独立的税收支出体系。赞成使用这一方法的理由是：对于一项特定的税收减免，是属于税收支出，还是属于正规的税制结构，很难区别开来。

实践中，连续完整地估价税收支出成本也是不大可能的，即使是在税收支出统一账户之内，对于一些项目的归类也非易事。这些困难，尤其是在区别正规的税制结构与税收支出上存在的困难，使某些国家宁愿公布一个明确的税收减免项目目录，也不愿将这些税收减免项目置于特别开支方案中，因此，列入目录的减免项，并不列入一般预算控制过程，也没有必要把包括在目录中的所有项目都叫作税收支出。

## 本章小结

1. 财政投资支出是指政府将其从社会产品或国民收入（或 GDP）中筹集起来的财政资金运用于国民

经济各部门，以获取一定的经济效益或社会效益为目的的一种集中性、政策性投资支出。财政投资支出是政府为了实现预期的社会效益和宏观经济效益，将一部分财政资金转化为公共部门的资产以满足社会公共需要的经济行为。它是财政支出的一个主要组成部分，是积累资金的主要目的。我国财政投资支出的领域包括基础设施领域、高新技术领域及部分支柱产业领域。

2. 财政投资的范围具体包括安全战略性投资、公益性投资、基础性投资和竞争性投资。财政投资的衡量标准主要有以下三项：一是资本—产出比率最小化标准，二是资本—劳动力最大化标准，三是就业创造标准。

4. 与私人投资相比，财政投资特征鲜明。公益性投资项目是形成资产处于非生产经营领域的政府投资项目，具有投资对象的公益性、投资目标的非盈利性、资金来源和使用的无偿性及投资循环的间接性的特征。公益性项目投资应该根据财政体制关于政府间支出责任的划分，在投资立项、筹资、实施建设和拨款等环节上明确各自的责任，以确保资金供应和有效使用。基础性项目投资的范围包括对基础产业、高技术产业和支柱产业的投资。与公益性投资相比，基础性项目投资具有投资对象的基础性、投资目标的盈利性、资金来源的多样性和投资循环的直接性特征。该类投资的资金来源包括财政投资、在资本市场发行有价证券及引进外资等渠道。在管理方式上，该类投资主要有财政投融资和项目融资等。

5. 财政投融资是一种政策性投融资，是政府为了实现其特定政策目标，以信用方式直接、间接投融资而产生的资金筹集和使用的活动。其中的项目融资是指贷款人向特定的工程项目提供贷款协议融资，对于该项目所产生的现金流量享有偿债请求权，并以该项目资产作为附属担保的融资类型。项目融资的主要方式有 BOT、TOT 和 ABS 和 PPP 等。

6. 财政补贴，是指在一定时期内，国家按一定的目的，在一般性的财政分配之外，以补助的形式由财政安排的专项资金给予补助的支出。财政补贴作为转移性支出的重要组成部分，具有政策性、时效性、补偿性、灵活性和专项性等特征。补贴的内容可分为价格补贴、企业亏损补贴、出口补贴、财政贴息、税收支出等。财政补贴具有收入效应和替代效应。

7. 税收支出是国家为了实现特定的政策目标，通过制定与执行特殊的税收法律条款，给予特定纳税人或纳税项目以各种税收优惠待遇，以减少纳税人税收负担而形成的一种特殊的财政支出。税收支出在性质上是财政支出，分为照顾性税收支出和刺激性税收支出。税收支出的具体形式很多。为发挥税收优惠的调节作用，防止税收优惠的无效投入，必须进行税收支出管理。

## 案例分析

### 配套资金挡道，公益项目难上

漫画／苏泳任

2008 年第四季度以来，国家共向甘肃省下达两批新增中央投资 118.8 亿元，其中要求地方政府配套

56.6 亿元、银行贷款 34.9 亿元、企业自筹 27.3 亿元。以扩大内需促进该省经济稳定持续快速增长。但在实际执行过程中，因全省各级财政较为困难，导致新增项目配套资金难以足额落实。尤其是廉租住房、基层医疗卫生服务体系、公路建设等县级项目，地方配套资金到位率较低，平均到位率仅 10%。据了解，配套资金难以到位，在很大程度上影响了中央投资及时发挥作用和项目的按期竣工。"配套资金"到位率低，出现财政资金"小马拉大车"现象，这成为甘肃省中央投资公益性项目建设的拦路石。

目前"配套资金"已经成为"吃饭财政"难以承受之重。现在中央投资的大部分项目，都明确要求安排地方配套资金。对甘肃来说，有的县财政收入只占总支出的 10%，省级财政收入也只占全部支出的四分之一，另外四分之三要靠中央转移支付和专项资金，地方"配套资金"很难到位。

配套资金难到位直接的后果，就是导致中央投资计划无法落实，许多影响民生和经济发展的公益和基础设施项目无法开工，这既影响了地方经济的发展，也影响了中央刺激经济的宏观政策的落实。配套资金制度还可能带来"马太效应"，越是发达地区，配套资金越充裕，项目建设越多越快，而贫困地区则配套不足，项目进展缓慢甚至停滞，这最终将导致地区间经济社会发展的差距越来越大。①

**分析讨论**

结合所学知识，试评价我国对公益性项目投资的现实意义，并给出一些提高公益性项目投资利用效率的合理建议。

## 关键术语

财政投资　公益性项目投资　基础产业　战略性新兴产业　财政投融资　项目融资　BOT 投资方式　财政投资性支出　财政转移性支出　财政补贴　价格补贴　明补　暗补　税收支出　照顾性税收支出　刺激性税收指出　税收豁免　纳税扣除　税收抵免　优惠税率　优惠退税　加速折旧　特定准备金

## 思考题

1. 政府财政投资的特点和范围是什么？
2. 简述公益性项目投资的特征。
3. 简述基础性项目投资的范围及财政投资的必要性。
4. 试述基础设施投资的提供方式。
5. 什么是财政投融资?简述财政投融资的基本特征。
6. 简述财政补贴的分类方法及其主要内容。
7. 结合具体补贴项目分析财政补贴的效应。
8. 试述税收支出的概念以及提出这一概念的意义。

① 资料来源：法制网 http://www.legaldaily.com.cn/bm/content/2009-04/16/content_1077282.htm.

# 第 3 部分

# 财政收入理论

# 第7章 财政收入

财政收入是政府部门的公共收入，是政府为履行其职能、实施公共政策和提供公共物品与服务需要而筹集的一切资金的总和。财政收入的规模，直接关系到政府职能的实现程度。本章从财政基本涵义出发，分析了影响财政收入规模的因素和财政收入规模确定的标准，并对财政收入结构进行了分析，介绍了组织财政收入应遵循的原则。

## 7.1 财政收入涵义与分类

### 7.1.1 财政收入的涵义

**财政收入，是指国家通过法定形式，集中的一部分社会产品的货币价值形式。**它是政府为履行其职能、实施公共政策和提供公共物品与服务需要而筹集的一切资金的总和。财政收入表现为政府部门在一定时期内（一般为一个财政年度）所取得的货币收入。财政收入是衡量一国政府财力的重要指标，政府在社会经济活动中提供公共物品和服务的范围和数量，在很大程度上决定于财政收入的充裕状况。

财政作为以国家为主体的分配活动包括两个阶段：一是国家凭借政治权力或生产资料的所有权占有一定的社会产品的过程，即财政收入阶段；二是国家按照政府的职能，将占有的社会产品用于社会生产和生活的过程，即财政支出阶段。在商品货币经济条件下，财政收入作为一个过程，它是财政分配的第一阶段，即组织收入、筹集资金的阶段。财政收入包括以下3方面涵义。

**1. 财政收入是国家筹集占有的一部分社会价值**

从财政收入的物质内容看，财政收入是一部分社会产品，主要是剩余产品。这部分社会产品是国家为了维持其存在和满足实现其政治、经济和社会职能的需要，以社会管理者和资产所有者身份，凭借政治和经济权力采取税收、国有资产权益收入等形式参与社会产品的分配和再分配，把分散于各个微观经济主体中的一部分社会产品筹集起来，由政府集中占有和使用。在自然经济条件下，财政收入主要表现为实物和劳务，商品经济条件下主要表现为货币形式。

**2. 财政收入是财政支出的前提**

财政收入与财政支出是两个相互衔接的阶段。只有取得财政收入，财政支出才有物质保障，只有安排了财政支出，财政收入的目的才能实现。财政收入的规模很大程度上制约了财政支出的规模。

**3. 财政收入是国家调节经济的重要手段**

组织财政收入的过程，不仅仅是筹集资金的过程，也是政府通过采取不同收入形式优化资源配置、调节收入分配和稳定经济增长的过程。市场经济国家普遍采用税收、公债等收入手段来调节资源在公共部门与私人部门、公共部门与私人部门内部的资源配置，以促进整个社会资源的优化配置与充分利用；调节收入在社会成员之间、产业行业之间以及地区之间的分配比例，以实现公平收入分配调节社会供求的总量和结构，实现社会总供求均衡和经济的稳定增长。

## 7.1.2 财政收入的分类

财政收入的分类，是指按照不同标准，对财政收入的内容进行科学的归类划分和比较分析。财政收入分类的目的是要了解财政收入的来源结构，即财政收入来自于社会经济的哪些方面，又是通过什么形式集中起来的，也就是要了解财政收入的来源渠道。同时为了加强收入管理、科学编制和执行收入预算，实现政府财政收入管理的法制化、规范化，发挥政府财政的职能作用，必须从不同角度，按照财政收入的内在关系进行分类。财政收入的分类方法较多，主要有以下分类方法。

**1. 按财政收入的形式分类**

财政收入的形式是指政府取得财政收入的具体方式或方法。各国由于政治经济制度、经济结构、财政制度等诸方面的差异，财政收入形式也不尽相同，但各国主要财政收入形式都是税收，而非税收收入则因国而异。财政收入的形式主要有以下 4 种。

（1）税收收入。这是现代社会绝大多数国家的最主要财政收入形式。2013 年，我国各项税收总额 110 497.33 亿元，占财政收入 129 142.90 亿元的 85.6%。财政收入以税收为主，一般与政府提供公共产品的职能有关，此外，税收收入还具有征收面广、稳定可靠的特点。它反映的是作为社会管理者的政府与纳税人之间的征纳关系，政府凭借政治权力取得这种财政收入，改变了与这种财政收入对应的那部分社会产品的所有权。

（2）国有资产权益收入。**国有资产权益收入是国家凭借国有资产所有权参与企业的利润分配，所获取的经营利润、承包费、租赁费、股金分红、资金占用费等收入的总称，**是政府作为国有生产资料所有者代表取得的收入。改革前，国有企业收入在我国财政收入中占有近一半的比重，改革后，随着“利改税”和国有企业逐步退出竞争性领域而下降。

（3）债务收入。**债务收入是政府以信用方式从国内外取得的有偿性收入**。债务收入既包括在国内外发行的各种债券，也包括向国内经济组织、外国政府和国际组织的借款收入。国债资金的所有权并不属于国家所有，只是在一定时期拥有使用权，是弥补财政赤字的手段。债务收入的规模与重要性在我国改革前后出现了重要变化，目前的问题是中央财政的债务依存度偏大。

（4）其他收入。指除了上述各项收入之外的其他各项财政收入。在项目繁多、政策性强的其他收入中，主要包括以下 6 种。

① 事业收入。指中央与地方政府各部门所属事业单位在开展业务活动中取得并上缴的财政收入。应注意的是，在实行“收支两条线”管理之前，往往用事业单位取得的业务收入来顶抵应由政府财政对事

业单位安排的预算经费支出。

**② 规费（fees）。指国家机关为居民或单位提供某些特殊服务时所取得的手续费和工本费。**规费具体项目很多，但大致可以分为行政规费与司法规费两类。规费收入可以弥补服务成本，但其主要目的在于对某些行为进行统计和管理。

**③ 使用费（user charges）。指政府向特定公共设施或公共服务的使用者收取的费用。**广义的使用费还包括特许金和特别课征。其具体事例有水费、电费、煤气费、停车费、公园门票费、公立医院收费、公立大学收费、道路通行费等。收取使用费的主要目的是对特定公共设施或服务的供应成本进行全部或部分补偿，同时防止出现“公共悲剧”。

**④ 罚没收入。指国家机关和经济管理部门依据有关法规处理的罚款和没收品收入及各部门、各单位依法处理追回的赃款和赃物变价收入。**

**⑤ 国有资源管理收入。指经有关部门批准依法开采和开发利用国有矿产等资源的单位或个人按规定向政府缴纳的收入。**例如，矿山管理费、山林管理费、土地使用权出让金等。

**⑥ 公产收入。指山林、芦苇等公产的产品收入、公房与其他公产的租赁收入、公产变价收入。**

此外，还有捐赠收入、贷款收回收入等。

**2. 按国民经济部门分类**

国民经济的部门结构可以从两个角度来划分：一是指传统意义上的国民经济结构，例如，工业、农业、建筑业、交通运输业、商业等；二是指现代意义上的产业结构，即第一产业、第二产业和第三产业。

财政收入来自于国民经济各部门。按照传统意义上的国民经济结构，财政收入可分为以下5种。

（1）来自农业部门的收入。一是直接来自农业的税收（2000年我国农业税、牧业税、农业特产税三项收入总额为298.9亿元，占当年全国税收收入总额的2.4%）；二是间接来自农业的税收（通过工农产品不等价交换）。从2006年1月1日起，我国全面取消农业税，农业税已成为历史。不仅如此，我国开始反哺农业，每年财政拿出大量资金支持农业。

（2）来自工业部门的收入。一是工业部门提供的税收收入；二是国有工业企业上缴的税后利润。工业分轻、重工业。目前，该部门对我国提供的财政收入比重最大。

（3）来自交通运输部门的收入。交通运输业具体运输方式有多种，大致可分为客运、货运。该部门不仅以税、利形式直接提供财政收入，而且作为国民经济的“大动脉”对财政收入增长意义重大。电子商务的发展催生了对快递服务的需求，从而也使运输部门快速发展，这也使其对财政的贡献率不断提高。

（4）来自建筑部门的收入。该部门以税、利形式提供财政收入。但在我国传统计划经济时期，因建筑产品价格偏低，该部门提供的财政收入较少。目前这种情况已经改变。

（5）来自商业、服务部门（即第三产业）的收入。我国目前来自这一产业的财政收入虽然不多，但增长潜力大；实际上，一些经济发达国家的第三产业增加值占GDP的60%以上，所提供的财政收入则占财政总收入的50%以上。

按国民经济部门分类，便于了解部门、产业结构对财政收入的影响，便于及时掌握财政收入变化的趋势，开辟、培养新的财源。

**3. 按社会总产品的价值构成分类**

财政是政府对社会总产品价值（$C+V+M$）的分配。为了叙述上的方便，根据社会总产品价值的来源及其可能的用途，将社会总产品价值分成3个组成部分：一是补偿产品价值$C$（也就是补偿基金）；

二是必要产品价值 $V$（即劳动者个人收入）；三是剩余产品价值 $M$。

（1）补偿产品价值与财政收入。为了保证简单再生产正常进行，补偿产品价值一般不应成为财政收入的来源。然而，由于所消耗的生产资料的价值补偿与实物补偿存在着差异，就使得补偿产品价值中的一部分在特定条件下可以成为财政收入的来源：**劳动对象**（如原料、辅助材料、燃料等）在使用中，其价值一次性全部转移到社会产品中，故其价值补偿与实物补偿须同时进行，从而不能成为财政收入的来源。**劳动手段**（机器、设备、厂房等固定资产）在使用中，其价值逐步分次转移到社会产品中，其价值补偿（提取折旧）与实物补偿（机器设备更新）不同步。价值补偿的渐次性与实物补偿的一次性，使得折旧基金在固定资产需要更新之前具有积累基金的性质，从而可能成为财政分配的对象。

我国计划经济时期，国有企业的固定资产折旧全部或部分上缴国家财政，当然，同时也由政府对国有企业的固定资产更新进行拨款。市场经济条件下，为了维护国有企业的独立经济主体地位，贯彻企业资本保全原则，国有企业的固定资产折旧基金全部留归企业，已不再是财政收入的来源了。

（2）必要产品价值与财政收入。从理论上讲，这部分社会产品价值也不宜成为财政收入的来源，否则对劳动力再生产不利。然而，在现实生活中却发现，各国财政收入中越来越多的直接、间接来自劳动者个人收入，例如，个人所得税、消费税、财产税等。这一现象的主要原因如下所述。

一是随着生产力的发展，由政府财政集中劳动者个人收入的一部分，并不会必然破坏劳动力再生产的正常进行，况且劳动者个人收入中还可能包含非劳动要素收入。

二是现代社会的劳动力再生产已不再只是个人的私事，政府通过社会保险、发展教育及公共卫生等方式，对劳动力再生产的介入越来越多，因此政府有理由集中劳动者个人收入的一部分。

三是实行收入再分配在现代社会日益重要，其基本方式就是对个人收入和财产征税。

不难理解，由于经济发展水平、收入分配制度与政策等有别于西方国家，我国财政收入中来自个人收入的部分远较经济发达国家的少，但是近年来仍呈现增长趋势。

（3）剩余产品价值与财政收入。政府将剩余产品价值 M 作为财政收入的来源，既不会妨碍劳动力的再生产，也不会损及生产资料消耗的补偿及企业简单再生产的进行。当然，这并非意味着政府可以将其全部作为财政收入集中起来。剩余产品价值 M 的数量取决于经济规模以及物耗、折旧、工资等因素。

**4. 按所有制结构分类**

按所有制结构分类，财政收入可以分为来自国有经济的收入、集体经济的收入、中外合资经济的收入、私营经济或外商独资经济的收入、个体经济的收入等。其中，国有经济提供的收入在我国一直占据重要地位。

这种分类，反映了所有制结构对财政收入的影响，便于国家调整收入政策，完善经济关系。

**5. 按财政收入的管理权限分类**

按财政收入的管理权限分类，可将财政收入分为中央财政收入和地方财政收入。**中央财政收入是指按照国家预算法规和财政管理体制的规定，由中央政府集中筹集和支配使用的财政资金。地方财政收入是指按照国家预算法规和财政管理体制的规定，由地方政府集中筹集和支配使用的财政资金。**图7-1 是我国 2004—2013 年中央与地方财政所占比例及其变化状况。中央与地方财政收入存在着此消彼长的关系，中央财政收入所占比重逐渐下降，地方政府财政收入逐渐上升，当然，这反映了双方财权与事权的调整与变化。

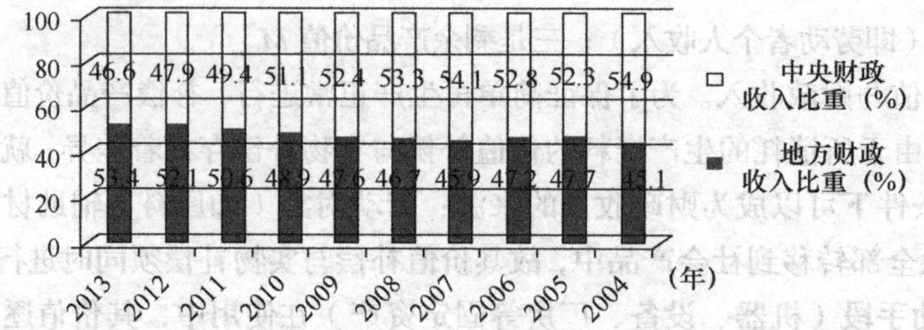


图 7-1 2004—2013 年中国中央财政与地方财政收入所占比重①

这种分类，有利于正确处理财政分配中集权与分权的关系，为探求中央财政与地方财政的合理比例，改革和完善财政管理体制提供依据。

# 7.2 财政收入规模

## 7.2.1 影响财政收入规模的主要因素

### 1. 财政收入规模的涵义及其意义

财政收入规模，是指一定时期内（通常为一年）国家所能筹集到的财政收入的绝对量或相对量。它是考察财政分配规模的一项重要内容。财政收入规模有两种涵义。

一是一定时期财政收入的绝对额，即绝对规模。通常用年度财政总收入来衡量。从静态考察，财政收入的绝对量反映了一国或一个地区在一定时期内的经济发展水平和财力集中程度，体现了政府运用各种财政收入手段调控经济运行、参与收入分配和资源配置的范围和力度；从动态考察，即把财政收入规模的绝对量连续起来分析，可以看出财政收入规模随着经济发展、经济体制改革及政府职能变化而变化的情况。1978 年，我国财政收入仅为 1132 亿元，到了 2013 年，我国财政收入已达到 129143 亿元，增长了 114 倍。从图 7-2 中可以看到，我国财政收入绝对规模 10 年来呈现迅速增加的趋势。

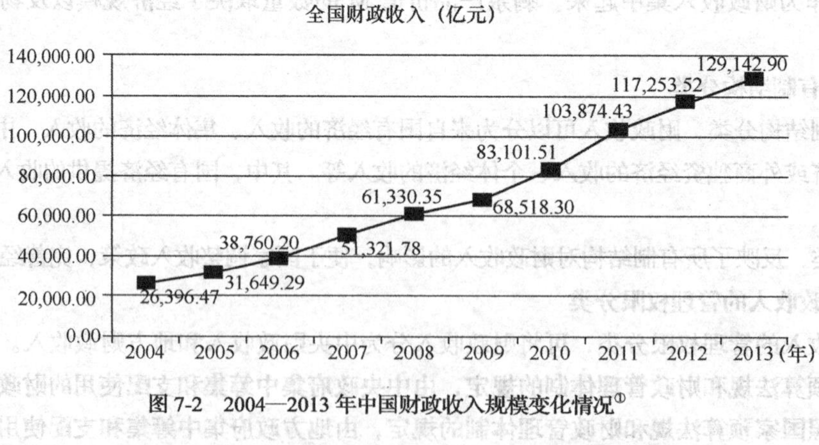


图 7-2 2004—2013 年中国财政收入规模变化情况①

二是一定时期财政收入绝对额占同期国民经济总量的比重，即相对规模。通常用财政收入占国内生产总值 GDP 的比重来衡量。财政收入的相对量反映了财政收入与宏观经济运行及国民收入分配的相

① 根据国家统计局网站国家数据绘制。注：财政收入中不包括国内外债务收入。

互关联、相互制约的关系。从图 7-3 中可以看到，近 10 年来我国财政收入占 GDP 比重呈现逐渐增长的趋势。

财政收入规模的大小具有重大意义：一方面，它制约企业的生产与居民的生活；另一方面，它影响着政府职能的履行。它是衡量政府综合财力强弱和政府在社会经济生活中职能、作用的重要指标。因此，在一定社会经济发展水平下，企业与个人的承受能力和政府履行其基本职能的需要，构成了财政收入规模的上、下限，即财政收入占国民收入（或 GDP）比重的数量界限。

**2. 财政收入规模的上下限指标分析**

（1）影响财政收入规模下限的指标。这种指标可以分为两类：一类是政府存在、实现其固有职能必不可少的开支。这一类开支称刚性支出。例如，与国家的社会管理职能有关的支出，主要项目有国防、行政、科教文卫、城市维护、援外等。这部分开支通常需要占到国民收入的 20%左右。

另一类因素可以带有一定弹性，但也要有一定保证。例如，与国家经济建设职能有关的支出，主要有基建、技术、物储等方面的投资（主要用于基础性建设），大体上占国民收入的 10%左右。

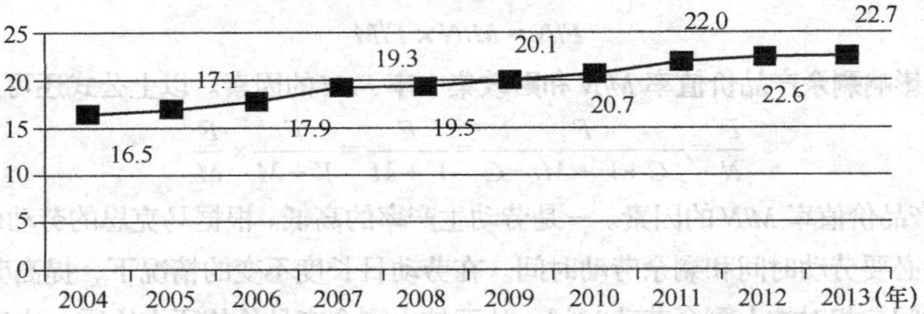


图 7-3 2004—2013 年中国财政收入占 GDP 比重变化情况[①]

（2）影响财政收入规模的上限指标。这种指标主要受以下三个因素制约。

一是国民收入总量。财政收入总量与国民收入总量呈同方向变动，其他条件不变的情况下，国民收入越多，财政收入总量越多；反之，则越少。

二是剩余产品 $M$ 总量。财政收入总量与剩余产品 $M$ 总量呈同方向变动，其他条件不变的情况下，剩余产品 $M$ 总量越大，财政收入总量越多；反之，则越少。

三是 $M$ 中留给企业自行支配的总量。财政收入总量与 $M$ 中留给企业自行支配的总量是此消彼长的关系。其他条件不变的情况下，$M$ 中留给企业自行支配的总量越多，财政收入则越少；反之，则越多。

一定时期企业和个人的承受能力是财政收入规模的上限。财政收入无论如何都不能突破这一上限，否则由于民众负担过重就会出现社会问题。

一般来说，财政收入应在财政收入规模上下限之间变动。其具体规模的大小，还要受一些因素的制约。

**3. 制约财政收入规模的主要因素**

（1）总量制约因素：经济技术发展水平对财政收入的影响。

一个国家经济发展水平可以用该国一定时期的国内生产总值和国民收入几个指标来表示。一个国家的经济发展水平越高，社会产品就越丰富，其国内生产总值也就越多。一般情况下，该国的财政收入规模也越大。从世界各国的现实状况来考察，发达国家的财政收入规模大都高于发展中国家，而发展中国家和中等收入国家的财政收入又大都高于低收入国家。绝对数是如此，相对数也是如此。这说明经济决

① 根据国家统计局网站国家数据计算和绘制。注：财政收入中不包括国内外债务收入。

定财政。

经济发展水平对财政收入规模的制约关系可以运用回归分析方法做定量分析，假设 $Y$ 代表财政收入，$X$ 代表国内生产总值，则有：$Y=\alpha+\beta X$。

生产技术水平也是影响财政收入总量的一个重要因素，但它内涵于经济发展水平之中。技术进步对财政收入的影响更为直接：19 世纪初一些发达国家经济增长因素中，技术进步所占的比重为 5.2%，到 20 世纪中叶占 40%，1970 年占 60%以上。在我国，技术进步对财政收入的影响大于其他要素对整个经济的影响。据粗略测算，技术进步对财政收入增长的贡献是其他要素的 2.5 倍。

（2）相对量制约因素：对财政收入/国民收入（或 GDP）的影响。

**财政收入占国民收入的比重又可称为国民经济的财政负担率。**在国民收入既定的前提下，这一比重取决于以下两个因素：一是**剩余产品价值占国民收入的比重，即剩余产品率；二是剩余产品价值中由政府财政集中的比重，即财政集中率。**

假设：$N$ 为国民收入，$F$ 为财政收入，则：

**财政负担率 ＝ 剩余产品价值率 × 财政集中率**

$$F/N=M/N\times F/M$$

下面分别考察影响**剩余产品价值率** $M/N$ 和**财政集中率** $F/M$ 的因素。以上公式还可以写为：

$$\frac{F}{N}=\frac{F}{C+V+M-C}=\frac{F}{V+M}=\frac{F}{V+M}\times\frac{F}{M}$$

① 影响剩余产品价值率 $M/N$ 的因素。一是劳动生产率的高低。根据马克思的劳动价值论学说，劳动者的劳动日可分为必要劳动时间和剩余劳动时间。在劳动日长度不变的情况下，提高劳动生产率，就可以缩短必要劳动时间，相对扩大剩余劳动时间，从而扩大剩余产品价值所占比重。决定一个社会的劳动生产率的因素有：技术装备程度、劳动者对技术的熟练程度、劳动组织和管理水平等。

二是劳动者再生产费用。它是一种客观需要，受生产过程的技术要求、社会的平均文化水平、生活习惯、道德因素等的制约。通常情况下，$V$ 的最低限量是劳动者的平均消费水平不能低于过去，且随着劳动生产率的提高而不断提高。从现实来看，$V$ 的提高程度，决定于国家的分配政策和企业的劳动生产率。

综合以上两个方面的因素：剩余产品价值率最终取决于 $V$ 的增长率与劳动生产率的增长幅度之间的对比关系：

A. 当 $V$ 的增幅＜劳动生产率增幅时，$M/N$ 的值上升；

B. 当 $V$ 的增幅＞劳动生产率增幅时，$M/N$ 的值下降；

C. 当 $V$ 的增幅＝劳动生产率增幅时，$M/N$ 的值不变。

为提高剩余产品价值率 $M/N$，就必须做到劳动者工资的增长率低于劳动生产率的增长率。

② 影响财政集中率 $F/M$ 的因素。一是所有制结构。国有企业，国家集中的程度较高；集体企业和其他企业，国家集中的程度较低。因此，国有经济在国民经济中所占比重的变化，必然会影响到财政集中率。

二是经济管理体制的模式与分配政策。一方面，经济管理体制模式关系到国有企业实现的利润由财政集中的程度，例如，我国计划经济时期对国有企业实行统收统支，而市场经济下对国有企业实行放权让利；另一方面，分配政策作为经济管理体制模式的直接体现，也关系到财政集中率的高低，例如我国在 1980 年中后期对国有企业实行多种形式的承包经营政策。随着扩大企业财权，财政集中率相对降低。

三是价格总水平、结构变动及财政收入制度。价格具有收入分配功能。不考虑物价变动，**以当年物价水平来表示的财政收入，叫作名义财政收入。剔除物价变动的影响以某一年度物价水平为基期来表示的财政收入，叫作实际财政收入**。价格总水平的变化原因有多种，大致可以分为需求拉动、成本推动、结构失调三类。

这里值得特别注意的是由财政赤字引起的物价总水平上涨，此时相当于政府向企业、个人征收了一笔“通货膨胀税”，从而使财政收入占国民收入比重提高。物价上升若是由信用膨胀引起的，财政收入会贬值，对财政不利。财政和社会公众一样也是受害者。“通货膨胀税”被金融部门得到了。

价格结构变化会改变国民收入、利润在不同的产业、企业间的分布，而不同产业、企业与政府的财政收入分配关系不同，因此，财政集中率和财政收入占国民收入比重也会发生变化。

财政收入制度在总体上属于比例税制、累退税制还是累进税制，也会对财政集中率及财政收入占国民收入比重产生影响。累进税制对财政有利，随着名义收入的提高，适用税率会提高，即出现档次爬升效应，财政收入增长率会高于物价上升率，财政收入实际是增长的，这种增长就是物价水平上升引起的。比例税制对财政收入没有影响，财政收入增长率等于物价上升率。定额税制对财政不利，财政收入增长率必然低于物价上升率。

四是政府职能范围的大小。这一因素的影响非常明显。例如，第二次世界大战后西方资本主义国家政府加强了对经济的干预，从而使得财政收入占国民收入比重明显提高。

财政收入的规模是衡量国家财力和政府在社会经济生活中行使职能范围的重要指标。从历史上看，保证财政收入持续稳定增长始终是世界各国的主要财政目标，尤其在财政赤字笼罩世界的现代社会里，谋求财政收入增长更为各国政府所重视。

## 7.2.2 财政收入规模的确定标准

合理界定财政收入占国民收入的比例具有重要意义。这一比例过高或过低都不利于经济发展和处理好各方面关系。然而，合理界定这一比例又很困难。但这并不是说适度合理的财政收入规模就无法确定。实际上，在特定的时间、地点，衡量财政收入规模是否适度、合理，一般有以下两个客观标准。

**1. 效率标准**

**效率标准是指财政收入规模的确定应以财政收入的增减是否有助于促进整个社会资源的充分有效利用和经济运行的协调均衡为标准**。主要包括以下两方面。

（1）资源利用效率。征集财政收入的过程，实际上是将一部分资源从企业和个人手中转移到政府手中的过程，转移多少应考虑是否有助于提高整个社会的资源配置效率，全体社会成员福利水平的提高。若财政集中过多，虽然政府能为企业和国民提供良好的公共服务，但却会加重微观主体的财税负担，使微观经济主体因缺乏资源基础而不能扩大再生产或使国民的总体福利水平下降。从而不利于经济发展和效率提高；若财政集中过少，微观经济主体因减轻了财税负担而有足够的活力从事投资和消费，但也会因为缺少公共物品和服务而提高私人交易成本，降低效率和社会福利水平。总之，政府运用财政资金所产生的预期效率应与企业和个人利用这部分资源所产生的预期效率进行比较，若国家使用的效率高，则可以通过提高财政收入占 GDP 的比重来增进整个社会的福利；否则就应降低这一比例。

（2）经济运行的协调均衡。一般来讲，当经济处于稳定增长的良好态势时，财政收入规模的确定应以不影响市场均衡为限，这时财政收入规模，应该既能满足公共财政支出需要，又不对社会总供求关系产生干扰作用。当经济运行处于失衡状态时，财政收入规模就应以能有效矫正市场缺陷，恢复社会总供求的均衡为目标。

**2. 公平标准**

**公平标准首先是指政府在确定财政规模时应当公平地分配财税负担。**具体就是财政收入占 GDP 的比例要以社会平均支付能力为限。具有相同经济条件的企业和个人应当承担相同的财税负担，具有不同的经济条件的企业和个人应当承担不同的财税负担。依据这一公平标准，政府部门应合理界定社会平均支付能力，并据以确定财政收入规模尤其是财政收入占 GDP 的比例。其次，公平标准是指确定财政收入规模时应有助于公平地提供公共服务。一方面，政府确定的财政收入规模要能够为全体国民提供大致均等化的公共服务；另一方面，政府确定的财政收入规模要保证政府有足够的能力为低收入者提供相对更多的公共服务。

**3. 财政收入规模确定的方法**

通常有以下两种方法可用于合理界定财政收入占国民收入的比重，即财政负担率。

**（1）经验数据法。**根据历史上各个年代、各个时期财政收入占国民收入的比例，及其与经济发展之间的关系，然后再根据当前经济条件的变化，同时参考国外的相关数据和经验，确定一个合理的比例。

现实中确定财政收入规模的一种比较简单的做法就是采用**基数法，即以上年度的财政规模作为基础数据，结合当年的社会政治经济情况加以增减调整来确定财政收入规模的方法。**这种方法的优点是简单、易于操作，有助于政府财政部门在比较短的时间内完全确定计划年度财政收入规模。其缺点是很容易把以往年度影响财政收入规模的不合理因素保留下来。

表 7-1 是我国各个五年计划期的财政负担率（*F/N*），从中可以结合实际情况变化找到一个合理的比例。

**表 7-1　新中国成立以来中国各时期财政负担率（*F/N*）**

| 时期 | *F/N*（%） | 时期 | *F/N*（%） |
|---|---|---|---|
| “一五”（1953—1957）时期 | 33 | “二五”（1958—1962）时期 | 38 |
| 三年调整（1963—1965） | 34 | “三五”（1966—1970）时期 | 35 |
| “四五”（1971—1975）时期 | 35 | “五五”（1976—1980）时期 | 37 |
| “六五”（1981—1985）时期 | 28 | “七五”（1986—1990）时期 | 24 |
| “八五”（1991—1995）时期 | 24—25 | “九五”（1996—2000）时期 | 24 |
| “十五“（2001—2005）时期 | 16 | “十一五”（2006—2010）时期 | 20 |

资料来源：“一五”至“九五”来自《财政学讲义》，“十五”与“十一五”根据国家统计局数据计算（注：财政收入不包括外债收入，且 *F/N=F/GDP*）。

“一五”时期和“三年调整”时期，国民经济的各种比例关系协调，经济发展速度较快，人民生活不断改善，这一比重比较适度；“二五”、“三五”、“四五”、“五五”时期，国家积累率过高，使得财政集中率较高，造成经济结构比例失调，人民生活水平下降；改革开放以来，国家调整了国民收入分配格局，使收入向个人和企事业单位不断倾斜，造成财力严重分散。从横向比较来看 *F/N*，不仅低于前苏联、东欧国家（50%以上），也低于西方发达国家（40%以上）。纵观我国历史，借鉴国外经验，考虑到经济体制改革的发展趋势，一般认为，我国财政收入占 GDP 比重提高到 30%左右较为合适。

应注意，运用这一方法时，必须首先分析相关的客观条件及因素的变化，不能简单地用历史数据去生搬硬套。

**（2）要素分析法。要素分析法指对影响和决定剩余产品价值率、财政基本需求率和财政集中率的要素进行分析研究，以此确定财政收入规模的合理界限及其占国民收入的适当比例。**

进一步说，运用这一方法时，可以主要根据政府履行其社会管理、经济建设等职能对财政支出的需要，并将两者相加，就能大致地确定财政收入占国民收入比重的适度界限。这种方法也叫零基预算法。为克服基数法确定财政收入规模的局限性，零基预算法逐渐得到财政实际工作部门的重视。**所谓零基预算法是指在确定财政收入规模时，不考虑以前年度的财政收入规模，而是直接分析当年影响财政收入规模的因素，然后对这些因素分别予以量化，然后加总求和，以确定计划年度的财政收入规模指标。**其优点是克服了基数法的缺点，把以往年份影响财政收入规模的不合理因素给抽象掉了，从而使财政收入规模的确定更有利于适应当年社会政治经济发展水平的客观要求。但这种方法工作量大，费时费力。往往不能保证财政收入规模确定的时效性要求。因此，实践中，只对某些财政收入项目采用零基预算法来确定其规模指标，其余收入项目则仍然采用基数法来确定规模指标。

## 7.3 财政收入结构

### 7.3.1 财政收入结构涵义

**财政收入结构是指财政收入来源的构成要素以及各要素之间的相互关系。**财政收入结构反映了通过国家预算集中财政资金的不同来源、规模和所采取的不同形式，以及各类财政收入占财政总收入的比重和增加财政收入的途径；同时，也反映了一定时期内政府财政收入的来源和财政收入政策调节所使用的手段和力度。一定时期的财政收入结构既是经济结构的集中反映，又对经济结构的形成、发展产生深刻影响。

研究财政收入结构，目的在于揭示财政收入结构与经济结构之间的内在联系及其规律性，使它们保持恰当的比例关系；便于有的放矢地加强财政收入的宏观调节，兼顾利益的分配；为科学编制和执行政府财政收入预算，有效地筹集财政资金和发挥财政收入政策调控经济的职能作用服务。同时，也为正确处理政府、经济组织、个人之间的财政分配关系，促进经济发展，开辟和培养财源，建立科学合理的财政收入结构，保证财政收入取之合理、取之有道提供理论依据。

### 7.3.2 财政收入结构分析

财政收入可以从不同角度考察，通常财政收入结构一般包括财政收入的价值结构、项目结构、部门结构和所有制结构等。

**1. 财政收入的价值结构**

社会总产品是一个社会在一年内市场的最终产品和劳务的价值总和。社会总产品按价值构成可分为$C+V+M$三个部分。来自这三部分价值的财政收入可以形成财政收入的价值结构，其中来自$M$部分的财政收入是财政收入的主要来源。

$C$是指用来补偿生产过程中消耗掉的生产资料的价值部分，属于补偿基金范畴。其中，原材料、燃料、辅助材料等劳动对象的价值不构成财政收入，而机器设备、厂房等劳动工具的价值可以构成财政收入，但数量有限。因此，补偿基金不是财政收入的主要来源。

$V$是国民收入中以工资形式支付给生产领域的劳动者必要劳动的价值，即新创造价值中归劳动者个人支配使用的部分。从我国实际情况看，直接来自$V$的财政收入有：对个人征收的各种税、规费收入、罚没收入和居民购买公债等。间接来自$V$的收入有：高税率商品价格的价格转嫁部分。我国来自$V$的收入不断提高，但其还不是主要收入来源。

$M$是生产领域中劳动者为社会所创造的剩余产品价值。它是社会进行扩大再生产和满足社会公共需要的物质基础，是财政收入的主要来源。财政分配的主要对象是$M$部分，剩余产品价值$M$的扩大是增加财政收入的最根本源泉。

**2. 财政收入的项目结构**

**财政收入的项目结构是指财政收入由不同的征集方式形成的结构。**主要由各项税收、企业收入（企业上缴利润）、债务收入（内债和外债收入）、征集能源交通重点建设基金、国家预算调节基金收入等组成。1984 年以前，财政收入的主要项目是税收和国有企业上缴利润。实行利改税以后，国有企业上缴利润改为征税制，税收逐渐成为财政收入的基本形式。1990 年税收占财政收入的 91%以上；企业收入，如将企业亏损补贴合并冲减计算，呈负数；债务收入，包括内债和外债，占 11%；能源交通重点建设和国家预算调节基金收入，是为加强重点建设和调节分配能力而增设的专项资金收入项目，约占 10%。分析财政收入各项目在总体结构中的比例及其变化，有利于确保财政收入的集中，有效地调节收入的合理分配。

**3. 财政收入的所有制结构**

财政收入的所有制结构，指按照财政收入来源的经济类型划分的结构。在我国社会主义初级阶段，由生产力发展状况决定，所有制结构是以公有制为主体，多种所有制经济共同发展。财政收入的来源从所有制来看，始终以国有经济为主。改革开放以来，国有经济上缴的财政收入占整个财政收入的比重有所下降，但一直占有较大比重。集体所有制是共有经济的另一种形式，是我国财政收入的重要来源。来自非公有制经济的财政收入，主要包括来自个体经济、私营经济、三资企业等。改革开放后，非全民所有制经济提供的财政收入不断增加，呈增长趋势。

伴随着改革开放政策的实施，我国曾出现财政收入来源结构与所有制结构脱节或错位的现象，其后果，一是财政收入的增长偏离经济增长点，导致经济高速增长下的财政困境；二是不同所有制企业间的不公平竞争，国有企业在竞争中处于相对不利的地位。其主要原因有：一是政策性原因，即改革开放以来政府鼓励非国有经济，特别是合资、外资企业的发展，在税制上执行轻税政策；二是征管上的原因，即各地为了引进外资，对外资和合资企业超越权限减免税，对私营企业则存在很多管理上的漏洞，导致偷漏税严重。

要使财政收入所有制结构优化，一方面要统一税制，取消按所有制成分区别课税征税的制度，真正按国民待遇原则建立统一的税制；另一方面要加强对非国有经济的税收征管。

**4. 财政收入的形式结构**

财政收入按收入形式来区分，包括税收和收费（或非税收收入）两种形式。税收是财政收入的主要形式，收费是辅助形式，收费是税收不可替代的。

我国目前全部收费的种类和项目较多，大致可分为六大类：一是专项收入，包括排污费、水资源费、教育费附加、矿产资源补偿费、探矿权采矿权使用费及价款收入等；二是行政事业性收费收入；三是罚没收入；四是国际资本经营收入；五是国有资源或资产有偿使用收入；六是其他收入。

以上这些收费已纳入预算管理轨道，但从财政统计口径和管理方式来说，还只是一部分计入财政收入，属于预算内收费，而另一部分仍然采取预算外的形式，实行“收支两条线”管理方式，属于预算外收费。

市场经济相对成熟的发达国家，各级政府都有一定比例的财政收入来自规费和使用者付费。公共部门通过市场提供的商品和服务就可以采用收费形式。各国的财政收入都是以税收为主，收费为辅。使用者付费，与其取得的公共产品或公共服务之间，存在明显的对应关系。政府收费而形成的财政收入，纳入国家预算，收费的规范程度比较高，管理比较严格。

使用费是政府模拟私人物品的定价方式收取的公共物品的价格，以便回收提供特殊商品和服务的全部或部分成本。使用模拟市场价格，但又不同于市场价格，因为政府对公共物品定价不能采取利润最大化原则，所以，使用费一般不能全部弥补提供特殊商品和服务的成本。收取使用费在弥补市场失灵方面，例如矫正私人物品的负外部效应上有特殊的作用；同时收取使用费有利于提高公共物品的配置效率。

**5. 财政收入的产业（或部门）结构**

国民经济按产业可分为第一产业、第二产业和第三产业。第一产业包括：农业、牧业、林业、渔业等。第二产业包括工业和建筑业。第三产业包括除上述第一、第二产业以外的其他各业。**财政收入的产业结构是指由第一、第二、第三产业提供的财政收入形成的收入结构。财政收入的部门结构是指由工业、农业、商业、交通运输业、建筑业等部门收入形成的收入结构。**

（1）来自第一产业农业的财政收入。第一产业农业是国民经济的基础，2006 年以前，财政从农业取得收入的形式包括两方面：第一，农业直接以农业税形式提供的财政收入。税收主要包括农业税、农林特产税、屠宰税等。全国农业税的平均税率规定为常年产量的 15.5%；这部分收入自 20 世纪 90 年代以来在整个财政收入中占的比重约为 3%～5%。第二，农业以价格剪刀差形式间接提供的财政收入。自新中国成立以来，我国工农业产品交换中存在着剪刀差，使农业部门创造的一部分价值转移到以农产品为原料的轻工业部门实现。农业在很大程度上为我国提供了原始资本积累，为我国建立完整的国民经济体系打下了基础。2006 年 1 月 1 日，我国废止了《农业税条例》。这意味着，在我国沿袭两千年之久的这项传统税收的终结。作为政府解决"三农"问题的重要举措，停止征收农业税不仅减轻了农民的负担，增加了农民的公民权利，体现了现代税收中的"公平"原则，同时还符合"工业反哺农业"的趋势。目前，我国每年拿出巨额资金用来反哺农业。2013 年，中央财政用于"三农"的支出安排合计 13799 亿元，比 2012 年增长 11.4%，主要用于支持农业生产、对农民的粮食直补等补贴、促进农村教育卫生等社会事业发展等方面[①]。

（2）来自工业和建筑业的第二产业的财政收入。我国财政收入绝大部分来自第二产业，即工业和建筑业。第二产业对财政收入的状况起决定作用。从工业部门来看，由于我国工业产值在国内生产总值中占的比重最大，工业资本有机构成相对较高，技术水平相对较高，劳动生产率也相对较高，创造的纯收入较多；此外，工业部门中国有资产占有一定比重，财政还以红利形式分享一部分利润。从建筑业来看，计划经济时期，我国来自建筑业的财政收入非常有限。近年来，随着建筑产品商品化程度的提高和价格攀升，建筑业为财政提供的资金越来越多。2013 年，全国公共财政收入 12.9 万多亿元，全国政府性基金收入 5.2 万多亿元。这两类收入合计达 18.1 万多亿元。其中，来自土地、房地产业、建筑业的租、税、费收入合计为 6.6 万多亿元，占全国财政收入总额的比重高达 36.5%[②]。因此，第二产业是财政收入最主要的来源。

（3）来自商业、金融保险、邮电通信、娱乐业等第三产业的收入。在经济发达国家，第三产业是最具活力的和发展规模最大的产业部门，GDP 的 60%和财政收入的 50%均来自于第三产业。我国第三产业目前发展水平较低，但发展较快，尽管目前对财政的收入贡献尚不能与发达国家相比，但潜力较大。

## 7.4 财政收入原则

**财政收入原则是组织财政收入所依据的基本法则，是人们在长期财政实践中正确经验的总结和概括。**

① 2013 年中央财政用于"三农"支出安排合计 13799 亿元. 中国政府网，www.gov.cn2013-03-08.

② 全国财政收入超过三成来自房地产. 财新网，http://economy.caixin.com/2014-01-24/100633264.html.

组织财政收入不仅关系到社会经济发展和人民生活水平的提高，也关系到正确处理国家、单位和个人之间以及中央和地方之间的利益关系，还关系到不同对象的合理负担问题。为处理好这些关系，在组织财政收入时，必须掌握好以下4项原则。

**1. 发展经济，广开财源原则**

**发展经济，广开财源是指在组织财政收入时必须从发展经济的角度出发，扩大财政收入的来源。**离开经济发展，财政资金的筹集就成为无源之水、无本之木。国民经济各部门所创造的国民收入，是财政收入的主要来源。只有扩大经济发展规模，加快经济发展速度，提高经济效益，才能使财源充裕。因此，财政收入的规模和增长速度，取决于经济发展的规模、速度与资金积累水平。

**2. 合理负担，取之有度原则**

**合理负担，取之有度是指在组织财政收入时必须根据经济的客观承受能力、经济主体的实际负担能力，公平合理地确定应负担的国家或政府的必需资金量，而不能脱离实际、不加节制地加重经济和社会公众的负担。**在如何做到公平合理上，具体又包括两个原则：一是受益原则，即社会成员根据从公共产品所获得的边际效益大小来分担政府支出成本；二是支付能力原则，即社会成员根据支付能力（客观测度标准有收入、消费和财产）高低分担政府支出成本，能力大的多交，能力小的少交。实行合理负担，是实现企业公平竞争的需要，也是保证国家财力的需要。

**3. 利益兼顾原则**

**利益兼顾原则主要是指在组织财政收入时必须正确处理好各种分配关系，兼顾国家、企业和个人三者利益的关系，以及中央和地方两级的利益关系。**随着市场经济体制的建立，企业作为独立的经济实体，拥有相对独立的经济利益。这样政府只能以资产所有者和行政管理者的双重身份参与一部分企业纯收入的分配；对不含国有资产的企业，则主要通过税收形式进行分配。政府在具体参与企业纯收入分配时，既要防止过度征集影响企业扩大再生产，也要防止过多的减免与优惠，造成财政收入的流失。合理兼顾国家与劳动者个人之间的利益关系，建立积累与消费的合理比例，才能在既定资源条件下，使人们的福利水平达到最大化。正确处理中央和地方利益关系，就是合理划分中央与地方的事权和财权，使二者相适应，充分调动二者的积极性，从而实现社会效益的最大化。

**4. 量出为入，充分保障原则**

**量出为入，充分保障是指在组织财政收入时必须根据国家或政府实现职能的客观支出需要积极安排财政收入，充分保障国家各项职能正常运转。**财政收入以政府履行职能所必需的需要量为限，予以充分保障，不能超过这一需要量，否则会加大微观经济主体的财政负担，抑制经济的发展；同时还会降低整个社会的福利水平。

## 本章小结

1. 财政收入，是指国家通过法定形式，集中的一部分社会产品的货币价值形式。它是政府为履行其职能、实施公共政策和提供公共物品与服务需要而筹集的一切资金的总和。

2. 财政收入包括三方面涵义：财政收入是国家筹集占有的一部分社会价值，是财政支出的前提，是国家调节经济的重要手段。

3. 财政收入的分类，是指按照不同标准，对财政收入的内容进行科学的归类划分和比较分析。财政收入的分类方法很多，其中较重要的是按财政收入的形式分为税收收入、国有资产权益收入、债务收入和事业收入、规费、使用费、罚没收入、国有资源管理收入、公产收入等其他收入。此外还包括按国民经济部门分类、按社会总产品的价值构成分类、按所有制结构分类、按财政收入的管理权限分类等。

4. 财政收入规模，是指一定时期内（通常为一年）国家所能筹集到的财政收入的绝对量或相对量。一是一定时期财政收入的绝对额，即绝对规模。二是一定时期财政收入绝对额占同期国民经济总量的比重，即相对规模。

5. 影响财政收入规模下限指标的因素可以分为两类：一类是政府存在、实现其固有职能必不可少的开支。一类是一定时期企业和个人的承受能力是财政收入规模的上限。影响财政收入规模的上限指标主要受三个因素制约：国民收入总量、剩余产品M总量；M中留给企业自行支配的总量。

6. 制约财政收入规模的主要因素包括：总量制约因素和相对量制约因素。

7. 财政收入规模确定的标准为效率标准和公平标准。财政收入规模确定的方法有经验数据法和要素分析法。

8. 财政收入结构一般包括财政收入的价值结构、项目结构、部门结构和所有制结构等。

9. 财政收入原则是组织财政收入所依据的基本法则，是人们在长期财政实践中正确经验的总结和概括。在组织财政收入时，必须掌握好四项原则：发展经济，广开财源原则；合理负担，取之有度原则；利益兼顾原则；量出为入，充分保障原则。

## 案例分析

### 1950—2014年中国历年财政收入一览表

| 统计年度 | 指标值（亿元） | 涨跌额 | 涨跌幅 |
| --- | --- | --- | --- |
| 2014 | 140350 | 11140 | 8.60% |
| 2013 | 129209.64 | 11956.1 | 10.20% |
| 2012 | 117253.52 | 13379.09 | 12.90% |
| 2011 | 103874.4 | 20772.9 | 25.00% |
| 2010 | 83101.51 | 14583.2 | 21.30% |
| 2009 | 68518.30 | 7187.95 | 11.72% |
| 2008 | 61330.35 | 10008.57 | 19.50% |
| 2007 | 51321.78 | 12561.58 | 32.41% |
| 2006 | 38760.20 | 7110.91 | 22.47% |
| 2005 | 31649.29 | 5252.82 | 19.90% |
| 2004 | 26396.47 | 4681.22 | 21.56% |
| 2003 | 21715.25 | 2811.61 | 14.87% |
| 2002 | 18903.64 | 2517.60 | 15.36% |
| 2001 | 16386.04 | 2990.81 | 22.33% |
| 2000 | 13395.23 | 1951.15 | 17.05% |
| 1999 | 11444.08 | 1568.13 | 15.88% |
| 1998 | 9875.95 | 1224.81 | 14.16% |
| 1997 | 8651.14 | 1243.15 | 16.78% |

续表

| 统计年度 | 指标值（亿元） | 涨跌额 | 涨跌幅 |
|---|---|---|---|
| 1996 | 7407.99 | 1165.79 | 18.68% |
| 1995 | 6242.20 | 1024.10 | 19.63% |
| 1994 | 5218.10 | 869.15 | 19.99% |
| 1993 | 4348.95 | 865.58 | 24.85% |
| 1992 | 3483.37 | 333.89 | 10.60% |
| 1991 | 3149.48 | 212.38 | 7.23% |
| 1990 | 2937.10 | 272.20 | 10.21% |
| 1989 | 2664.90 | 660.08 | 32.92% |
| 1988 | 2357.24 | 157.89 | 7.18% |
| 1987 | 2199.35 | 77.34 | 3.64% |
| 1986 | 2122.01 | 117.19 | 5.85% |
| 1985 | 2004.82 | 361.96 | 22.03% |
| 1984 | 1642.86 | 275.91 | 20.18% |
| 1983 | 1366.95 | 154.62 | 12.75% |
| 1982 | 1212.33 | 36.54 | 3.11% |
| 1981 | 1175.79 | 15.86 | 1.37% |
| 1980 | 1159.93 | 13.55 | 1.18% |
| 1979 | 1146.38 | 14.12 | 1.25% |
| 1978 | 1132.26 | 257.80 | 29.48% |
| 1977 | 874.46 | 97.88 | 12.60% |
| 1976 | 776.58 | -39.03 | -4.79% |
| 1975 | 815.61 | 32.47 | 4.15% |
| 1974 | 783.14 | -26.53 | -3.28% |
| 1973 | 809.67 | 43.11 | 5.62% |
| 1972 | 766.56 | 21.83 | 2.93% |
| 1971 | 744.73 | 81.83 | 12.34% |
| 1970 | 662.90 | 136.14 | 25.84% |
| 1969 | 526.76 | 165.51 | 45.82% |
| 1968 | 361.25 | -58.11 | -13.86% |
| 1967 | 419.36 | -139.35 | -24.94% |
| 1966 | 558.71 | 85.39 | 18.04% |
| 1965 | 473.32 | 73.78 | 18.47% |
| 1964 | 399.54 | 57.29 | 16.74% |
| 1963 | 342.25 | 28.70 | 9.15% |
| 1962 | 313.55 | -42.51 | -11.94% |
| 1961 | 356.06 | -216.23 | -37.78% |
| 1960 | 572.29 | 85.17 | 17.48% |
| 1959 | 487.12 | 107.50 | 28.32% |
| 1958 | 379.62 | 76.42 | 25.20% |
| 1957 | 303.20 | 23.01 | 8.21% |
| 1956 | 280.19 | 30.92 | 12.40% |
| 1955 | 249.27 | 4.10 | 1.67% |
| 1954 | 245.17 | 31.93 | 14.97% |

续表

| 统计年度 | 指标值（亿元） | 涨跌额 | 涨跌幅 |
|---|---|---|---|
| 1953 | 213.24 | 39.30 | 22.59% |
| 1952 | 173.94 | 48.98 | 39.20% |
| 1951 | 124.96 | 62.79 | 101.00% |
| 1950 | 62.17 | | |

注：2014年数据为财政收入预算数，其余年份数据均为财政收入决算数。

2014年中国财政收入同比增长8.6%，增速跌至1991年以来新低，20多年来两位数高速增长的态势被打破。中国财政部2015年1月30日发布的最新数据显示，2014年中国一般公共财政收入140350亿元（人民币，下同），比上年增长8.6%，增速比2012年、2013年分别回落4.3个百分点和1.6个百分点，为近23年来首次跌破两位数。

据国家统计局数据，2014年中国国内生产总值（GDP）降至7.4%，创近24年来新低；PPI连续34个月下降[①]。

**分析讨论**

根据上述资料，分析我国自20世纪50年代以来财政收入变动的规律，并分析近年来影响财政收入变动的原因。

## 关键术语

财政收入　国有资产权益收入　债务收入　规费　使用费　罚没收入　国有资源管理收入　中央财政收入　地方财政收入　财政收入规模　财政负担率　剩余产品率　财政集中率　名义财政收入　实际财政收入　基数法　零基预算法　财政收入结构

## 思考题

1. 试分别说明按财政收入形式、国民经济部门构成以及按社会总产品价值构成，进行财政收入分类的理论与实践意义。
2. 试述影响财政收入占国民收入比重的基本因素，并说明这些影响对开展“财源建设”的指导意义。
3. 分析我国财政收入占GDP比重的变化趋势。
4. 分析制约财政收入规模的主要因素，并结合现实分析为什么经济发展水平和技术进步对财政收入规模起决定作用？
5. 分析价格变化对财政收入的影响。
6. 简述财政收入规模的确定标准和方法。
7. 从财政收入结构分析来思考我国增加财政收入的途径。
8. 分析和思考我国财政收入和政府收入中税、费比例的情况。
9. 分析我国财政收入增长变化的规律。
10. 我国经济发展中应坚持怎样的财政收入原则？

---

① 李晓喻. 1950—2014年中国历年财政收入一览表. 中新社北京，2015-01-30.

# 第 8 章 税收基本理论

政府履行职能需要大量的资金，资金主要来源于财政收入，而财政收入又主要来源于税收。税收原则是政府在税收制度的设计和实施方面所应遵循的基本指导思想，也是评价税收制度优劣及考核税务行政管理状况的基本标准。税收制度决定着纳税人税负的轻重，但在市场经济条件下，纳税人不一定就是税收负担人。税负转嫁与归宿是用来分析税收负担的转移过程及其结果的理论。研究税负转嫁与归宿的目的，在于认清税负转嫁的过程及其最终归宿，认清税收的实际负担人，以便正确地衡量税收是否适当，是否符合税收原则，从而有助于研究各种税收对经济的影响，优化税制结构。

## 8.1 税收概述

### 8.1.1 税收的涵义

早在 18 世纪，古典经济学家亚当·斯密就指出，税收是“人民拿出自己的一部分私人收入给君主或国家，作为一笔公共收入”[①]。英国的《新大英百科全书》对税收下的定义为：“在现代经济中，税收是国家收入的最重要的来源，税收是强制的固定征收，它通常被认为是对政府财政收入的捐献。”《美国经济学辞典》中税收定义为：“税收是居民个人、公共机构和团体向政府强制转让的货币（在某些形势下也可采取实物或劳务的形式）。它的征收对象是财产、收入或资本收益，也可以来自附加价格或其他来源。”综合不同税收表述，可将税收定义为：**税收是国家为了实现其职能，凭借政治权力，按照法律规定的标准，强制、无偿地向经济部门、单位及居民个人征收货币或实物，以取得财政收入的一种经济行为。**税收是国家最主要的一种财政收入形式。税收的涵义可以从以下几个方面理解。

**1. 税收属于分配范畴**

税收作为国家取得财政收入的一种形式，它是把一部分社会产品强制地、无偿地转为国家所有，归国家支配使用；从征税的结果来看，既没有增加也没有减少当年的社会总产品或总价值，只是改变了原

---

① 亚当·斯密. 国民财富的性质和原因的研究[M]. 郭大力，王亚南译，北京商务印书馆，2004.

有的分配结构，形成一种新的分配结构。因此，税收属于分配范畴。

**2. 税收分配的依据是政治权力**

社会产品的分配总是要以一定的权力为依据。依据的权力有两种：一种是财产权力，也就是所有者权力；另一种是政治权力，即国家权力。国家征税是把一部分原本属于社会成员所有的产品无偿地转归国家所有，其分配实现的依据既不是生产资料所有权，也不是劳动力所有权，只能是国家的政治权力。

**3. 税收分配的目的是满足国家履行其公共职能的需要**

国家利用税收这一分配方式取得财政收入，其目的是为了满足其履行公共职能的需要。社会再生产的正常运行必须具备一定的外部条件，例如和平安定的环境、良好的社会秩序及各种便利的公共设施等。这种外部条件表现为全体社会成员的共同需要，属于公共品。为了满足这种共同需要，社会产品的一部分就必须集中到国家手中，由国家统一安排使用。

**4. 税收分配的价值源泉是剩余产品的价值**

税收分配的对象是社会总产品，而最终来源主要是剩余产品价值 $M$ 部分。

## 8.1.2 税收的主要特征

**1. 强制性**

**税收的强制性，是指国家以社会管理者身份，凭借政治权力以法律形式确定征纳双方的权利义务关系并保证税收收入的实现。**

税收的强制性包含两层涵义：一是税收分配关系是一种国家和社会成员必须遵守的权利义务关系。国家履行公共职能，提供社会成员共同需要的生活和生产条件，以维持社会的发展和社会再生产的正常进行，而享受或消费国家提供的公共产品，是每一个社会成员的平等权利。作为这种权利的对应，就是每一个社会成员有义务向国家缴纳一部分社会产品，分担一部分社会公共费用。社会成员承担公共需要的社会费用只能由国家规定社会成员义务缴纳的办法来解决。二是税收的征收具有强制性，即国家借助税法形式来保证税收收入的实现。就征税者而言，法律规范是国家征税权力的后盾，当出现税务违法行为时，国家就可以依法进行制裁；就纳税人而言，一方面要依法纳税，另一方面纳税人的合法权益将得到法律的保护。

**2. 无偿性**

**税收的无偿性是指国家征税以后，税款归国家所有，既不需要再直接归还给纳税人，也不需要向纳税人支付任何报酬或代价。**税收的无偿性是由社会费用补偿的性质决定的。由于公共需要的设施和服务大多是共享的，社会成员从中得到的利益无法直接计量，这就决定了国家对社会成员提供的公共服务只能是无偿的。相应地，国家要筹集满足公共需要的社会费用也只能采取无偿的形式。

**3. 固定性**

**税收的固定性是指国家通过法律形式，预先规定了征税对象、纳税人和征税标准等征纳行为规则，征纳双方都必须遵守，不能随意改变。**

税收的固定性包含两层涵义：一是税法具有相对稳定性。税法一经公布实施，征纳双方都要共同遵守。纳税人只要取得了应税收入，发生了应税行为或者拥有了应税财产，就必须按照预定标准如数缴纳税款。同样，国家对纳税人也只能按预定的标准征税，不能任意降低或提高预定的征收标准。并且，作为征税主体的国家有义务保证税法在一定时期内相对稳定，不能朝令夕改。二是税收征收数量具有有限性。国家税款不能随意征收，征税对象和税款数额之间的数量关系是有一定限度的。

### 8.1.3 税收的分类

税收的分类是对税种的归类，它根据税制构成的基本要素和基本特征，将性质或特征相同或相近的税种归为一类，以区别于其他税种。由于世界各国普遍实行复税制，各个国家的税收种类都较多，每种税都有各自的特性，税种之间存在一定的区别和联系，因此，对各个不同税种从不同的角度进行分类研究具有重要意义。由于研究的目的和分析的角度不同，税收分类可以有各种不同的依据，也就有不同的分类方法。

**1. 按征税对象的性质分类**

这是最基本的一种分类方法。我国现行税种按征税对象分类，可以分为五大类，即商品税、所得税、资源税、财产税和行为税。

（1）商品税。商品税是对商品流转额和非商品流转额（提供个人和企业消费的商品和劳务）课征的税种的统称，也称流转税。**商品流转额是指在商品生产和经营过程中，由于销售或购进商品而发生的货币金额，即商品销售收入额或购进商品支付的金额。**非商品流转额是指非商品生产经营的各种劳务而发生的货币金额，即提供劳务取得的营业服务收入额或取得劳务支付的货币金额。

（2）所得税。**所得税又称收益税，指国家对法人、自然人和其他经济组织在一定时期内的各种所得征收的一类税收。**

（3）资源税。**资源税是以各种应税自然资源为课税对象、为了调节资源级差收入并体现国有资源有偿使用而征收的一种税。**资源，一般指自然界存在的天然物质财富，包括地下资源、地上资源和空间资源。

（4）财产税。财产税有一般财产税、财产增值税和财产转移税三种。一般财产税以财产的价值为计税依据，在一定时期内课征一次。财产增值税以财产的增值额为征税对象，即对财产的现值超过原值部分按一定的税率课征。财产转移税以转移时的财产价值为计税依据向财产承受人征税，这种转移可以通过买卖、赠与或继承实现。财产税一般具有调节财产拥有人的收入、限制财产拥有人的奢侈性消费、增加财政收入等作用。

（5）行为税。**行为税是指以纳税人的某种行为为课税对象而征收的一种税。**行为课税的最大特点是征纳行为的发生具有偶然性或一次性。属于行为课税的税种有：固定资产投资方向调节税、证券交易税、印花税、船舶吨税、屠宰税、筵席税。

**2. 按计税依据分类**

按计税依据分类，可分为从价税和从量税。**从价税是以征税对象的价格为依据，按一定比例计征的税种**，例如增值税、营业税、关税等。**从量税是以征税对象的数量（重量、面积、件数）为依据，规定固定税额计征的税种**，例如资源税、车船使用税、土地使用税等。从价税在一般情况下，征税对象价高则税多，价低则税少，便于纳税人加强经济核算，努力降低消耗和贯彻合理负担的原则，但是，在某些情况下，它不利于促进企业改进商品包装，因为改进商品包装而价格提高后，税额也会增加，从量税则有利于鼓励改进商品包装，计算也比较简单。但是，如果不分等定税或者分等过粗，税负则不公平，而分类过细，又会使制定税额的工作过于烦琐。

**3. 按税收收入的归属权分类**

按照税收收入的归属权，可分为中央税、地方税、中央和地方共享税。在我国，**税收的管理和使用权属于中央的税种称为中央税。税收的管理和使用权属于地方的税种称为地方税。税收的管理和使用权属于中央和地方共享的税种则称为中央和地方共享税。**地方税主要指收入划归地方的税种，立法权限不划归地方。有些国家不仅把地方税一类的税种的收入划归地方，而且连同这些税的立法权也一起划给了地方。例如美国，除了进口关税这类税必须由中央联邦政府统一征收外，地方政府有权立法征收多种税。

**4. 按税负是否转嫁分类**

按税负是否转嫁分类，可分为直接税和间接税。**直接税是由纳税人直接负担，不易转嫁的税种。**例如所得税、财产税等。**间接税是纳税人能将税负转嫁给他人负担的税种，主要是对商品征收的各种税。**例如销售税、消费税、增值税等。这是西方国家普遍实行的税收分类方法。但税负最终能否转嫁，还要依据商品的性质、供求弹性、物价与成本的变动以及税率的形式等一系列复杂的因素。

**5. 按税收与价格的关系分类**

按照这一标准，税收可分为价内税和价外税两类。**价内税是指商品价格内包含税款。**即税款是商品价格的组成部分，而不是价外附加，例如现行的消费税、营业税等。**价外税是指税款是商品价格以外的增加额，而不是商品价格的组成部分。它是相对于价内税而言的。**两者的区别有：一是商品价格内包含税款，税款的大小直接制约商品价格；二是商品价格内不含税款，税款只是商品价格的附加。无论是价内税还是价外税，税款的最终负担者都是消费者。表8-1为税收的各种分类。

表8-1 税收分类依据及具体分类

| 分类依据 | 具体分类 |
|---|---|
| 按征税对象分类 | 商品税、所得税、资源税、财产税和行为税 |
| 按计税依据分类 | 从价税、从量税 |
| 按税收收入的归属权分类 | 中央税、地方税、中央和地方共享税 |
| 按税负是否转嫁分类 | 直接税、间接税 |
| 按税收与价格的关系分类 | 价内税、价外税 |
| OECD对税收种类的划分 | 所得税、社会保险税、薪金及人员税、财产税、商品与劳务税、其他税收 |
| 其他分类依据 | 实物税和货币税、一般税和目的税、定率税和配赋税 |

**6. OECD（经济合作与发展组织）对税收种类的划分**

OECD的年度财政统计手册将成员国征收的税收分为6类：

第一类，所得税，包括对所得、利润和资本利得的课税；

第二类，社会保险税，包括对店员、雇主及自营人员的课税；

第三类，薪金及人员税；

第四类，财产税，包括对不动产、财富、遗产和赠与的课税；

第五类，商品与劳务税，包括产品税、销售税、增值税、消费税等，也包括对商品（劳务）进出口课征的关税；

第六类，其他税收。

**7. 其他分类方法**

（1）实物税和货币税。按税收缴纳形式分类，可分为实物税和货币税。**实物税是以实物形式缴纳的税种。货币税是以货币形式缴纳的税种。**税收最早是以实物形式缴纳的，随着商品货币经济的发展，以货币缴纳形式的税赋也出现了。在一个相当漫长的历史过程中，税收的缴纳形式是实物和货币两者兼有。目前世界各国都已普遍实行了货币税。

（2）一般税和目的税。按照税收用途分类，可分为一般税和目的税。**一般税，又称普通税，是用于国家一般经费、没有专门用途的税，这种税的收入由国家统一支配使用。目的税，又称特别税，是具有专门用途的税。**例如美国的社会保险税，是专门用于社会福利、救济的；日本的地方道路税，是专门用于地方政府修建公路的；我国的城市维护建设税也属于目的税。

（3）定率税和配赋税。按照税款的确定方法分类，可分为定率税和配赋税。**定率税是国家事先在税法中按照征税对象规定固定税率计征的税种。配赋税是国家采取分摊税款办法征收的税种，即国家对某种税只规定应征税款总额，然后按照纳税人或征税对象进行分摊，所以又称为摊派税。**我国明朝末年的杂税“练饷”就属于配赋税。它首先确定全国课征税银总额为 734 万余两，然后按照田亩数进行分摊，规定每亩田应缴税银一分。配赋法是一种以支定收的征税方法，履行政府职能需要多少支出就征收多少税。在近代各国税制中，它已基本上由定率税所替代。定率税可使税收负担相对固定，有利于促进生产，方便纳税人。

## 8.2 课税原则

**税收原则是制定评价税收制度和税收政策的标准，是支配税收制度废立和影响税收制度运行的深层次观念体系，反映一定时期、一定社会经济条件下的治税思想。**随着客观条件的变化，税收原则也在发展变化。

税收原则的思想萌芽可以追溯到很早以前。例如，在我国的先秦时期，就已提出平均税负的朴素思想，对土地划分等级分别征税。春秋时代的政治家管仲则更明确地提出“相地而衰征”的征税原则，按照土地的肥沃程度来确定税负的轻重。西方则在 16 世纪、17 世纪的重商主义时期就提出了比较明确的税收原则，例如亚当·斯密著名的“赋税四原则”。而在现代财政学中，通常把税收原则归结为公平和效率两大原则。

### 8.2.1 历史上的课税原则

#### 1. 配第的课税原则

威廉·配第在其著作《赋税论》中并没有明确提出课税原则，但《赋税论》多处体现了以下课税原则。

（1）公平原则。配第在《赋税论》第三章“导致国民不甘心承担赋税的原因，如何才能减少”中指出：“不管赋税多么重，如果政府能一视同仁，按照合理的比例对每个人征税，那么相对于任何人来说都不会负担了赋税而使自己的财富减少，人们的财富关系不变，每个人都保持了原有的地位、尊严和身份”，“使纳税人感到最为不满的，是对他们课征的税额高于对他们邻居课征的税额”，实际上说明了税收原则中的横向公平原则，即有纳税义务的人都应纳税、纳税能力相同的人应缴纳数量相同的税收。而他在对“人头税”进行论述时，持有的观点是“征收人头税的方法其缺点是非常不公平，能力不同的人都要缴纳相同的赋税”，这是对纵向公平最直接的阐述。在指出税收公平原则的基础之上，配第也认识到了税收公平原则缺失的直接后果，例如将导致“纳税人的报复”，或“子女最多的人则负担的税款最多”，最终使得纳税人之间税负不公现象的出现。

（2）效率原则。效率原则要求税收对经济的影响呈中性状态，对经济的扭曲程度最小。配第所处的时代正是自由资本主义迅速发展时期，因此他非常重视这一原则。同样是在第三章中，配第认为“如果国家课征的赋税过多，使得市场上流通的货币量不足以维持国内正常商贸活动的需要，那么直接的后果就是工作量的减少”，而这一现象的出现必然导致市场货币的短缺，这就形成了公共开支增加的第四个原因——货币的短缺。所以，国家不能对纳税人征收过多的税收。在此基础之上，配第也认为税务机关（配第对此的称谓是“国王”和“税务官”）在征税时应注意行政效率。这个观点集中体现在配第论述“征收人头税的优点”那部分内容中，即税务机关在征税人头税时“征收速度快且费用少”。而纳税人缴纳税款时，配第认为政府也应该注意降低纳税人的纳税负担，尤其是在当时商品经济不是很发达的情况下，“政府规定所有的赋税都必须用货币的形式缴纳，这看起来似乎是有些不合理”。

**2. 尤斯蒂的课税原则**

尤斯蒂著作颇丰，有关财政学的，就有《国家经济学》（1755）、《赋税及捐税研究》（1762）、《财政体系论》（1776）。他在其财政学代表作《国家经济学》中指出：“所有国家的终极目的是增进国民的福利……臣民并非为君主而存在。”尤斯蒂的这种国家观具有典型官方学派的特色，即确立和加强专制王权的财政基础，把国家置于经济与社会之上。因此，尤斯蒂的财政学是站在官方学派的国家观立场上，研究如何管理国家的财产，如何适当征收赋税及如何加强赋税管理与经营，从而维护和提高君主与臣民公共福利的科学。

尤斯蒂认为，国家征税时，必须注意不得妨碍纳税人的经济活动，而且，只有在实属必要的场合，国家才能征税。因此，他在承认国库原则是课税的最高原则之外，还提出了以下6大原则。

（1）促进自发纳税的课税方法；

（2）不得侵犯臣民的合理自由和增加对人民生活及工商业的危害；

（3）平等课税；

（4）具有明确的法律依据，征收迅速，其间没有不征之处；

（5）挑选征收费用最低的货物课税；

（6）纳税手续简便，税金分期缴纳，时间安排得当。

尤斯蒂的前两个课税原则，强调了纳税人的生活必需品与基本财产是不可侵犯的，站在赋税利益说的立场上，说明了赋税依据于负担的分配原理。尤斯蒂的后四个原则，可以归纳为平等原则、确实原则、费用最小原则以及便利原则。这四项原则与后来的亚当·斯密的税收原则相一致，但区别在于，尤斯蒂是站在征税的立场上，而斯密则是站在被征税的立场上。

**3. 斯密的课税原则**

亚当·斯密在《国富论》第五篇中提出了税收四原则。

（1）平等原则。“一国国民，都必须在可能范围内按照各自能力的比例。即按照各自在国家保护下享得收入的比例缴纳国税，维持政府。”

（2）确实原则。“各国民应当完纳的赋税，必须是确定的，不得随意变更。完纳的日期、完纳的方法、完纳的数额，都应当让一切纳税者及其他人了解得十分清楚明白。”

（3）便利原则。“各种赋税完纳的日期及完纳的方法须给纳税者以最大的便利。”

（4）最少征收费原则。“一切赋税的征收，须设法使人民所付出的，尽可能等于国家所得的收入。”

亚当·斯密的税收四原则体现了资本主义上升时期经济自由发展、作为“守夜人”的国家不干预或尽可能少干预经济的客观要求。

**4. 瓦格纳的课税原则**

当资本主义由自由竞争发展到垄断时期，导致社会矛盾日益突出、财富分配不公日益严重时，国家不仅充当“守夜人”，更要执行社会政策。因此，柏林大学瓦格纳教授提出了四项九目的税收原则。

（1）财政收入原则，包括充足原则和弹性原则两方面。也就是说，税收收入应能充分满足国家财政的需要。而且要有弹性，可随财政需要的变动而增减。

（2）国民经济原则，包括税源的选择和税种的选择两方面。税源的选择要有利于保护资本（即税本），主张以所得为税源，尽量避免对财产和资本的课税；税种的选择应考虑到税负转嫁问题，尽量选择难于转嫁或转嫁方向明确的税种。

（3）社会正义原则，包括普遍原则和平等原则两方面。普遍原则要求税收负担遍及社会的每个成员，每一公民都有纳税义务；平等原则是指税收负担应力求公平合理，主张采用累进所得税制，并对最低生活费用免税。

（4）税务行政原则，包括确实、便利、节省 3 方面。此类原则要求纳税的时间、方式及数量等应预先规定清楚；纳税手续尽量简便，以方便纳税人，征收费用应力求节省。

瓦格纳税收原则理论的出现表明进入垄断资本主义时期的税收原则已不完全等同于自由资本主义时期了。瓦格纳的理论一方面适应了当时国家从消极的“守夜人”到社会政策执行者职能转变的需要。另一方面也把经济与税收的关系放到了突出的地位。

### 8.2.2 现代课税原则

#### 1. 税收的效率原则

税收效率原则可分为税收的经济效率原则和税收的行政效率原则。从资源配置的角度讲，税收要有利于资源的有效配置，使社会从可用资源的利用中获得最大利益，有利于经济效益的提高和宏观经济稳定增长。从税收行政的角度讲，税收制度必须简便，征纳双方的费用包括征税的行政管理费用和纳税人的从属费用都要节省。

（1）**税收的经济效率原则是指税收政策和制度的实施，应该有利于经济的有效运行。**其衡量标准是考察税收对资源配置的影响，使税收额外负担最小化和额外收益最大化，即政府征税使社会所付出的代价应以征税额为限，不能造成额外负担，或尽可能使税收的额外负担最小。

（2）**税收行政效率是指是否以最小的税收成本取得了最大的税收收入。**其标准为税收成本占税收收入的比重最小，即税收的名义收入与实际收入的差额最小。这一效率原则主要是考察税务行政管理方面的效率状况。

**税收成本就是在实施税收分配过程中所发生的各种有形或无形的耗费。**按行为主体及其相关影响划分，它可分为征税成本、纳税成本、社会成本。另外，从影响范围考虑，它又有广义和狭义之分。广义的税收成本包括征税成本、纳税成本、社会成本和经济成本，狭义的税收成本一般是指征收成本（税务行政成本）。征收成本是税务部门实施税收政策、组织税收收入所投入的各项费用。征收成本也可称为税收行政成本。

**纳税成本是指纳税人为履行纳税义务所付出的费用和代价。**纳税成本也有直接纳税成本和间接纳税成本之分。直接纳税成本是指纳税人为履行纳税义务而发生的人、财、物的耗费。例如纳税人按照税法进行税务登记、核算、申报、缴纳税款、账务处理、发票管理、聘用税务师、律师代理涉税事宜等费用。**间接纳税成本是指纳税人在履行纳税义务过程中所承受的精神负担、心理压力等。**

**税收的社会成本是政府各部门、团体等为协助制定、维护、执行税收政策，组织完成收入而耗费的各项费用。**税收是一个涉及面很广的分配范畴，需要政府各部门和单位的支持和配合，税收社会成本是必要的，也是必不可少的。

综上所述，税收制度的设计应讲求效率，必须在税务行政、资源利用、经济运转的效应三个方面尽可能讲求效率，以促进经济的稳定与发展。这包括以下两层涵义。

一是要尽量减少纳税人的超额负担。征税会给纳税人造成诸多负担。首先，会给纳税人造成相当于征税数额的负担。其次，征税会影响纳税人的经济活动，在一定程度上干扰纳税人的生产决策和消费决策，给纳税人和整个经济的运行造成征税数额之外的超额负担。效率原则就是要求给纳税人带来的超额负担缩小到最低限度，使税收活动尽量减少对经济运行的干扰。从而提高经济效率。

二是要尽量降低征收费用。税收效率原则要求征纳双方花费的费用尽量少，从而增加税收的实际收入数量。

**2. 税收的公平原则**

公平历来都是设计税制必须考虑的重要原则，而受益原则和纳税能力原则是公认的税收总额在所有社会成员之间公平合理地分配必须坚持的原则。

（1）根据受益原则分配税收负担

衡量税收是否公平主要有“能力说”和“利益说”两种主张。受益原则强调纳税人的税收负担的大小，应根据个人从政府提供的服务中所享受到利益的多少来确定。也就是说，个人承担税收的数量应该与他从公共支出中的得益相联系。从政府提供的公共物品中获得利益多的多纳税，从政府提供的公共物品中获得利益少的少纳税。

（2）根据纳税能力原则分配税收负担

纳税能力原则要求根据纳税能力来确定税收总额在社会成员之间分配的比例。在此原则下，税收与纳税人的能力有关，而不再与公共支出发生联系。根据纳税能力，税收公平包含横向公平和纵向公平两方面的涵义。**横向公平指的是纳税能力相同的，缴纳同样的税收。**

横向公平的衡量标准有 3 种：一是按照纳税人拥有的财产来衡量；二是以纳税人的消费或支出为标准；三是以纳税人取得的收入所得为标准来测定。从各国税制实践来看，大多采取较为现实可行的第三种标准。一般认为，横向公平至少具有下述 3 个方面的要求。

（1）排除特殊阶层的免税。

（2）自然人与法人均需课税。

（3）对本国人和外国人在课税上一视同仁，即法律要求课税内外一致。

纳税能力或者说纳税条件通常是就纳税人的负担能力或纳税人拥有的收入来说的，因此，横向公平可以进一步表达为具有相同收入的同类纳税人，应当缴纳相同数额的税收。

**纵向公平指的是能力不同者，缴纳不同的税收，能力大者多纳税，能力小者少纳税。**横向公平和纵向公平的涵义容易理解，但要实施却并非易事。很难找到合适的标准来对人与人之间的纳税能力进行判断和比较。健康状况、受教育程度、家庭负担以及个人嗜好等因素，都可能将看似福利水平相同的人置于不同的境况。现行税制一般采用累进税率以满足纵向公平要求，高收入者按较高税率征税。从表面上看，税法适用不一，有违背税收公平原则之嫌，然而，从实质上看，却是符合公平原则的。应该指出，纵向公平也是相对而言的。因为纵向公平不能普遍应用于所有纳税人。用它处理个人收入最适合，而用于公司企业收入就不适宜。

**3. 税收中性原则**

**税收的中性原则是指对不同的产品或服务，不同的生产要素收入，不同性质的生产者课征应采取不偏不倚的税收政策，使不同产品、服务、生产要素的相对价格能反映其相对成本，保持市场自发调节所能达到的资源配置效率状态。**税收若改变相对价格，就会在取得财政收入的同时改变消费者和生产者的选择，使已经处在效率状态的资源配置变得无效率。若税收能保持中性，不改变各种产品或要素的相对价格，那么税收仅仅为政府筹集收入，不会使产品与要素因税收而处在相对有利或不利的境况，使产品或要素的均衡组合因税收而发生变化。

税收是一种分配方式，也是一种资源配置方式。国家征税是将社会资源从纳税人转向政府部门，在这个转移过程中，除了会给纳税人造成相当于纳税税款的负担以外，还可能对纳税人或社会带来超额负担，所谓超额负担主要表现为两个方面：一是国家征税一方面减少纳税人支出，同时增加政府部门支出，若因征税而导致纳税人的经济利益损失大于因征税而增加的社会经济效益，则会发生在资源配置方面的超额负担；二是若征税改变了商品的相对价格，对纳税人的消费和生产行为产生不良影响，则会发生在经济运行方面的超额负担。税收的中性就是针对税收的超额负担提出的。

私人品在市场上能实现资源有效配置的先决条件是这些产品不具有外部效应，消费者的偏好是合理的，生产者之间能相互竞争。若有些产品不满足这些条件，那么市场的自发调节结果就会不符合效率原则，这就需要通过税收对这些产品的资源配置进行校正。税收对某些私人品进行特别的课征，以校正市场缺陷即为税收的校正性。与中性税收一视同仁的要求相反，税收的校正性要求区别对待，例如对有负外部性的产品课征额外的税收，使外部成本内部化，或对具有外部正效应的产品给予税收优惠或补贴，使外部效益内部化。总之，要使税收有助于实现效率目标，关键在于合理地划定中性原则与校正性原则的适当范围。保证市场对资源的配置效率。

## 8.3 税收负担与税负的转嫁与归宿

### 8.3.1 税收负担

**1. 税收负担的涵义**

**税收负担是指纳税人因向国家缴纳税款而承受的收入损失和经济利益的牺牲。**从绝对额考察，它是指纳税人缴纳的税款额，即税收负担额；从相对额考察，它是指纳税人缴纳的税额占计税依据价值的比重，即税收负担率。税收负担具体体现国家的税收政策是税收的核心和灵魂，直接关系到国家、企业和个人之间的利益分配关系，也是税收发挥经济杠杆作用的着力点。

任何一项税收政策都是通过税收负担的具体落实来贯彻实施的。因此，制定税收政策，首先应考虑税收负担定在什么水平上比较合理。一般来说，税收负担水平的确定既要考虑政府收入的需要，也要考虑纳税人的实际负担能力。税收负担的轻重是通过税收制度的某些构成要素，如税率、计税依据、减免税等综合体现出来的。所以，政府制定税收制度、选择各项构成要素时就应贯彻国家需要与实际可能相结合的原则。税收负担是否合理，是衡量税收制度是否合理的重要标志。

税收政策的核心是税收负担。在税收总体负担确定的情况下，各种纳税人具体的税收负担状况主要受税制本身所规定的各种计税要素的影响。这些要素直接决定了谁是纳税人，应该负担多少税收。税收政策的具体实施主要通过如下方面进行：一是确定课税对象，以确定谁是纳税人；二是确定税率的高低；三是确定计税依据；四是确定对谁减免税，怎么减免税；五是加重哪些纳税人或课税对象的税收负担。

合理确定税收负担的意义包括：①确保政府满足公共需要的财力；②调节经济结构，促进效率提高，经济发展；③保证政治稳定。

**2. 税收负担的分类**

税收负担是一个总体概念，在实际运用中，依据一定的标准对纳税人的税收负担进行科学的划分和归类，可以从不同角度对税收负担进行研究和分析。

（1）按负担的层次划分，可分为宏观税收负担和微观税收负担。**宏观税收负担是指一个国家的总体**

**税负水平，通常用国内生产总值税收负担率来表示。**研究宏观税收负担，可以比较国与国之间的税负水平，分析一国的税收收入与经济发展之间的关系。**所谓微观税收负担，是指微观经济主体或某一征税对象的税负水平，可以用纳税人所得税收负担率或商品劳务税收负担率来表示。**研究微观税收负担，便于分析企业之间、行业之间、产品之间的税负水平，为制定合理的税负政策提供决策依据。

（2）按负担的方式划分，可以分为等比负担、量能负担和等量负担。**①等比负担，指实行比例税的负担形式。**实行等比负担，透明度高，便于鼓励规模经营和公平竞争。**②量能负担，指根据纳税人负担能力的大小，实行累进课税的负担形式。**实行按能负担，有利于促进收入和财富分配的公平。但是，对低收入者少课税，对高收入者多课税，不利于提高经济活动的效率。**③等量负担，指按单位征税对象直接规定固定税额的负担形式。**实行等量负担，税额的多少不受价格变动的影响，有利于稳定财政收入。但是，价格的变动对纳税人收益影响极大，征税不考虑价格变动的因素，往往导致税负分配的不合理。

（3）按负担的内容划分，可以分为名义税收负担和实际税收负担。**名义税收负担是指由名义税率决定的负担。实际税收负担则是指缴纳税款实际承担的经济负担。**名义负担与实际负担往往存在背离的情况，一般是后者低于前者，究其原因，主要是存在减免税、税基扣除，以及由于管理原因导致的征税不足。

**3. 税收负担的衡量指标**

（1）宏观税收负担率。一个国家的总体经济规模一般用国内生产总值或国民收入来表示，因此**宏观税收负担是一定时期内（通常是一年）国家税收收入总额，在国内生产总值或国民收入中所占的比重。**这实际上是从全社会的角度来考察税收负担，从而可以综合反映一个国家或地区税收负担的总体情况。

衡量宏观税收负担关键是选择一个社会总产出指标。目前衡量全社会经济活动总量比较通行，并可进行国际比较的指标，一是国内生产总值（GDP），二是国民收入（NI）。因而衡量宏观税收负担状况的指标也就主要有两个：国内生产总值税收负担率，简称 GDP 税负率；国民收入税收负担率，简称 NI 税负率。其计算公式分别为：

$$\text{国内生产总值税负率}=\frac{\text{税收总额}}{\text{国内生产总值}}\times 100\%$$

$$\text{国民收入税负率}=\frac{\text{税收总额}}{\text{国民收入}}\times 100\%$$

开放经济中，为避免双重征税，各国政府在征税时均优先行使地域税收管辖权。而居民税收管辖权只适用于本国居民在外国投资或提供劳务所取得的所得，征税的多少一般取决于本国税率高于外国税率的幅度，在许多情况下为零。这使税收只与国内生产总值而非国民生产总值具有对应关系，以国内生产总值税负率衡量税收总水平相对而言更准确。国际经济组织对各国税收水平的衡量，主要使用国内生产总值税收负担率。

（2）微观税收负担率。**微观税收负担是指纳税人实纳税额占其可支配产品的比重。**它是衡量纳税单位或个人税收负担最直接的指标。微观税收负担按主体可分为企业税收负担和个人税收负担。

企业税收负担是指企业承受的税收。反映企业税收负担的指标可分为两大类：一类是企业整体税收负担率；另一类是个别税种负担率。

若从企业整体税负考察企业税收负担水平，通常采用的指标为：

$$企业税收总负担率=\frac{一定时期企业纳税总额}{同期企业销售收入}\times 100\%$$

$$企业净产值税收负担率=\frac{一定时期企业纳税总额}{同期企业净产值}\times 100\%$$

若从税种的角度考察企业税收负担水平，其主要指标为：

$$企业流转税负担率=\frac{一定时期企业缴纳流转税总额}{同期企业销售收入}\times 100\%$$

$$企业所得税负担率=\frac{一定时期企业缴纳所得税总额}{同期企业利润总额}\times 100\%$$

由于流转税存在税负转嫁问题，所以企业所得负担率被认为衡量企业税负较准确和科学的。但仍要看到影响企业利润的因素很多，如企业规模的大小、生产技术水平的高低、劳动密集程度和资金密集程度等，因此，同等利润额并不一定意味着企业负税能力必然相同。

个人税收负担率是指在一定时期内个人实际缴纳的税款占同期个人收入的比例。它反映一定时期里国家运用税收杠杆调节个人收入的程度。

$$个人税收负担率=\frac{个人实际缴纳的各种税款额}{个人收入总额}\times 100\%$$

全部税负率指标只能作为衡量微观税负的参考性指标，纳税人到底负担多少税负，要看间接税转嫁或被转嫁的程度，这是不容易量化确定的。但通过税收负担率的衡量和分析，可以看出税负在各行业、企业和个人的分布状况，了解税负的公平程度以及税收政策的实施状态，为税制进一步完善提供决策依据。

**4. 税收负担水平的确定**

由于税收负担必须考虑需要和可能两方面的情况，因此，一个国家在制定税收政策，确定总体税收负担时，必须综合考虑国家的总体经济发展水平，并根据不同的经济调控需要，来制定税收负担政策。一般来看，影响税收负担水平的主要因素有：

（1）社会经济发展水平。一个国家的社会经济发展总体水平，可以通过国民生产总值和人均国民生产总值这两个综合指标来反映。国家的国民生产总值越大，总体负担能力越高。特别是人均国民生产总值，最能反映国民的税收负担能力。一般而言，在人均国民收入比较高的国家，社会经济的税负承受力较强。世界银行的调查资料也表明，人均国民生产总值较高的国家，其税收负担率也较高，人均国民生产总值较低的国家，其税收负担率也较低。只有税收负担适应本国经济发展水平和纳税人的承受能力，税收才能在取得所需的财政收入的同时，刺激经济增长，同时提高社会未来的税负承受力。如果税收负担超出了经济发展水平，势必会阻碍社会经济的发展。

（2）政府职能范围大小。政府职能范围的大小，决定了对资金需求的多少，从而也就决定了政府集中的财政资金的多少。随着经济的发展，社会的进步，政府的职能不断扩大，由只限于维护社会秩序、保护国家安全，发展到为社会提供全方位的公共产品和服务，如公共交通、环境保护、教育、医疗卫生等基础设施和基础产业、公共设施和公共事业等，而且要求越来越高，财政支出的规模不断膨胀，对财政资金需求日益扩大，社会税收负担水平逐渐提高。

（3）国家的宏观经济政策。任何国家为了发展经济，必须综合运用各种经济、法律以及行政手段，来强化宏观调控体系。国家会根据不同的经济情况，而采取不同的税收负担政策。如在经济发展速度过快过热时，需要适当提高社会总体税负，以使国家集中较多的收入，减少企业和个人的收入存量，抑制需求的膨胀，使之与社会供给总量相适应。此外，还要根据经济情况的发展变化，在征收中实行某些必要的倾斜政策和区别对待办法，以利于优化经济结构和资源配置。

（4）税收征收管理能力。由于税收是由国家无偿征收的，税收征纳矛盾比较突出。因此，一个国家的税收征收管理能力，有时也对税收负担的确定有较大的影响。一些国家的税收征收管理能力强，在制定税收负担政策时，就可以根据社会经济发展的需要来确定，而不必考虑能否将税收征上来。而在一些税收征管能力较差的国家，可选择的税种有限，勉强开征一些税种，也很难保证税收收入，想提高税收负担也较困难。

税收负担水平是通过税制确定的。无论是单个税种还是整个税制体系，都既关系到宏观税收负担，又关系到微观税收负担，因而不可偏废。由于宏观税负水平是微观税负水平的重要决定因素，所以，在此主要研究宏观税负水平的确定问题。

从宏观上看，税收是国家为了满足社会公共需要而集中的一部分国内生产总值。在国内生产总值一定的条件下，与国家税收增加相伴随的是民间部门可支配收入的减少，反之，则相反。因此，国内生产总值在政府与民间部门之间有一个最佳分割点，而最佳宏观税收负担率（以下简称最佳税率）就是其具体体现。

宏观税收负担水平的确定问题实质上是一个财政职能的实现问题，既关系到资源配置效率，同时也关系到社会公平和经济稳定与发展。宏观税收负担率如果过低，从而政府可供支配的收入过少，就不能满足社会公共需要；如果宏观税收负担率过高，不仅民间部门可供支配的收入过少，不能有效满足私人需要，而且往往通过影响民间部门资本和劳动的投入，使以后的产出减少，进而最终减少税收收入。

**5. 拉弗曲线**

拉弗曲线（laffer curve）是由供给学派代表人物、美国南加利福尼亚商学研究生院教授阿瑟·拉弗（arthur b laffer）提出的。20 世纪 30 年代的世界经济大危机使凯恩斯主义得以盛行，其需求管理政策被西方不少国家长期奉为“国策”。但是，繁荣期过去后，到 70 年代，服用凯恩斯主义药方的国家却纷纷得了相同的后遗症：“滞胀”，即经济停滞与通货膨胀并存。如何医治“滞胀”这个恶疾，便成为现代西方经济学家研究的重点。这时，南加利福尼亚商学院教授阿瑟·拉弗提出了“拉弗曲线”理论，拉弗曲线并不是严肃的经济学家精心研究的结果，而是拉弗 1974 年为了说服当时福特总统的白宫助理切尼，使其明白只有通过减税才能让美国摆脱“滞胀”的困境，即兴在华盛顿一家餐馆的餐巾纸上画的一条抛物线，这就是著名的“拉弗曲线”，所以被戏称为“餐桌曲线”。这个理论得到同来赴宴的《华尔街日报》副主编、综合经济分析公司总经理贾德·万尼斯基极大的赞赏，他利用记者身份在报纸上大肆宣传，很快“减税主张”便博得社会各界的认同，最终被里根政府所采纳，从此其影响遍及欧美大陆。

一般情况下，税率越高，政府的税收就越多，但税率的提高超过一定的限度时，企业的经营成本提高，投资减少，收入减少，即税基减小，反而导致政府的税收减少，描绘这种税收与税率关系的曲线叫做拉弗曲线。

拉弗曲线的一般形状如图 8-2 所示，包括如下内容。

（1）在 *O* 点税率和税收皆为零，税率逐步提高到 *B* 点为 100%，则税收收入或 GDP 的函数呈 OAB 曲线形状，即为“拉弗曲线”。

（2）A 点以下税率与税收或 GDP 呈正相关性，当税率提高到 A 点时税收收入或 GDP 最大；

（3）A 点以上税率与税收或 GDP 呈负相关性，当税率提高到 B 点即 100%时，税收收入或 GDP 为零。图中阴影部分被视为课税的“禁区”当税率进入禁区后，税率与税收收入呈反比关系，要恢复经济增长势头，扩大税基，就必须降低税率。只有通过降低税率才可以使税收收入和国民产量都得到增加。

图 8-1　阿瑟·拉弗与拉弗曲线

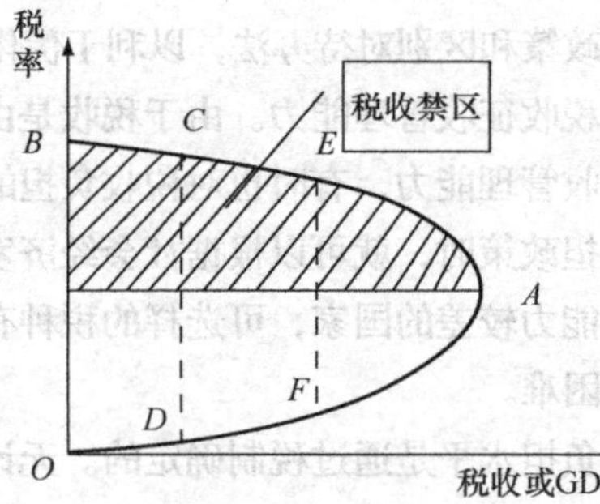


图 8-2　拉弗曲线

“拉弗曲线”对说明税率与税收收入或经济增长之间的关系有重要意义：

（1）税率高不一定会促进经济增长，取得高的税收收入；高的税收收入也不一定需要高税率。

（2）取得同样多的税收收入可以采用两种不同的税率，图中 C、E 点是高税率，D、F 点是低税率。

（3）税率和税收收入及经济增长之间的最优组合是最佳税率。

理论上，拉弗曲线缺乏体系的完整性，它仅是解决“滞胀”的一种对策而已，具有一定的局限性。同时，拉弗曲线也没有正确指导政策。无论是拉弗曲线的支持者还是反对者关注和争议的焦点，不在于该曲线的一般性理论内涵，而在于其政策性涵义。针对 20 世纪 70 年代（1973—1982 年）出现的滞胀现象，供给学派在拉弗曲线的基础上，提出了减税政策。他们认为减税政策能够使美国经济走出滞胀的泥潭，在促进总产出的同时政府收入不受影响。减税政策在美国进行了充分的实践。美国 20 世纪 80 年代的减税政策改善了“滞胀”问题，但其代价却是巨额的财政赤字。可见，拉弗曲线理论没有正确指导政策。

## 8.3.2　税负转嫁与归宿概述

### 1. 税负转嫁

**所谓税负转嫁，是指商品交换过程中，纳税人通过提高销售价格或压低购进价格的方法，将税负转嫁给购买者或供应者的一种经济现象。**

纳税人是直接负有纳税义务的单位和个人。负税人是最终负担税款的人。就纳税人和负税人的关系可把税收负担分为两类：直接负担和间接负担。如果纳税人所缴纳的税款不能转嫁给他人，而由纳税人自己承担，则称为直接负担。如果纳税人所缴纳的税款能够通过一定途径转嫁给他人，虽然纳税人缴纳税款，但不是实际的负税人，则称为间接负担。

依据转嫁的程度，税负转嫁可以分为全部转嫁和部分转嫁。全部转嫁是指纳税人通过一定方式将税收负担全部转嫁给税收负担者。而部分转嫁则是指纳税人通过一定方式只把部分税收负担转嫁给税收负担者。通常区分直接税与间接税的标准就是看税收能否被转嫁。不能被转嫁的就是直接税，而能被转嫁的就是间接税，当然这种区分并不是绝对的。在一般情况下，商品劳务税之所以被称为间接税，是因为这类税收在形式上具有转嫁税负的可能性；而所得税之所以被称为直接税，是因为它在形式上一般不具有转嫁税负的可能性。

### 2. 税负转嫁的方式

税负转嫁的方式主要有前转、后转、混转、辗转转嫁、税收资本化和消转等。

**（1）前转又称顺转，是指纳税人在经济交易过程中，按照课税商品的流转方向，通过提高价格的办法，将所纳税款向前转移给商品或要素的购买者。**即由卖方向买方转嫁。前转是税收转嫁最典型和最普遍的形式。当购买者属于经营者时，会发生辗转向前转嫁的现象，可称为滚动式前转。例如在生产环节对消费品课征的税款，生产厂商可以通过提高商品出厂价格，把税负转嫁给批发商，批发商再把税负转嫁给零售商，最后零售商再把税负转嫁给消费者。

**（2）后转又称逆转，是指纳税人用压低价格的办法把税款向后转嫁给商品或劳务的供应者。**税收转嫁之所以表现为后转，一般是因为市场供求条件不允许纳税人以提高商品售价的办法向前转移税收负担。例如在零售环节对某商品课税，但该商品的市场价格因供求关系难以提高。此时，零售商无法通过提高商品售价的方法把税负转移给消费者。它只有设法压低进货价格把税负逆转给批发商，批发商再把税负逆转给生产厂商，生产厂商又通过压低原料价格、劳动力价格（工资）或延长工时等办法，把税负转嫁给原料供应者或雇员。后转和前转是税负转嫁的基本形式，其他形式皆依此衍生。

**（3）混转又称散转，也就是将税款一部分向前转嫁给商品购买者，另一部分向后转嫁给商品供应者，其实质就是前转和后转的混合形式。**属于纳税人分别向卖方和买方的转嫁。

**（4）辗转转嫁，即通过价格机制发生多次的转嫁行为。**

**（5）税收资本化又称为资本还原，是指生产要素购买者将所购买的生产要素（主要指土地、房屋、机器设备等）未来应纳税款，通过从购入价格中预先扣除（即压低生产要素的购买价格）的方式，向后转移给生产要素出售者的一种形式。**这是税负转嫁的一种特殊形式，主要发生在土地等某些能产生长久收益的资本品交易中。当应税物品（诸如土地、房屋等具有长期收益的资本品）交易时，买主将物品可预见的未来应纳税款按一定的贴现率折算为现值，从所购物品价格中作一次性扣除。此后，税款名义上虽由买主按期纳税，实际上税款是由卖主负担。因此，税收资本化其实是后转的一种特殊形式。

税收资本化是将累次应纳税款作一次性转嫁。例如，假设某一资本品在各年末能够产生长期收益流 $R_1$，$R_2$，…，那么其现值的计算公式为：

$$PV=\frac{R_1}{1+r_1}+\frac{R_2}{(1+r_2)^2}+\cdots+\frac{R_n}{(1+r_n)^n}=\sum_{i=1}^{n}\frac{R_i}{(1+r_i)^i}$$

其中，$r_i$ 为各年的利率，即贴现率。

该资本品在出售时，买方所能接受的价格即为 $PV$。假设政府每年向资本收益征税 $T_i$，则资本现值变为：

$$PV^i=\frac{R_1-T_1}{1+r_1}+\frac{R_2-T_2}{(1+r_2)^2}+\cdots+\frac{R_n-T_n}{(1+r_n)^n}=\sum_{i=1}^{n}\frac{R_i-T_i}{(1+r_i)^i}$$

此时，买方为购买这一资本品愿意支付的价格也下降为 $PV^i$，也就是他将以后应纳的税收一次性转嫁给了卖方。因此，价格的降幅（即税收转嫁总量）为：

$$PV-PV^i=\sum_{i=1}^{n}\frac{T_i}{(1+r_i)^i}$$

**（6）消转又称转化，是指纳税人用降低课税品成本的办法使税负从新增利润中得到抵补。**这既不是提高销价的前转，也不是压低购价的后转。而是通过改善经营管理、提高劳动生产率等措施降低成本、增加利润而抵消税负，所以称为消转。

**3. 税负转嫁的条件**

制约税收负担能否转嫁、转嫁方向和转嫁程度的因素，主要有以下4个方面。

（1）商品流通的存在。税负转嫁是在商品交换中通过商品价格的变动实现的。商品价格由供求关系决定的自由浮动是税负转嫁的前提。没有商品交换的存在，就不会有税负的转嫁。因此，商品流通是税负转嫁的经济前提。

（2）税种。一般认为，直接课自商品和劳务的税，即流转税或间接税，容易转嫁；直接课自企业利润和个人收入的税，即所得税或直接税，难以转嫁。前者因为国家对某种商品征税后，会改变该商品的边际成本，从而引起该商品按较高的价格销售，实现税负向前转嫁。后者主要因为直接税属于企业利润和个人收入的分配范畴，不会影响所提供商品（包括劳动力）的边际成本，自然不能通过价格变动来转嫁税负。

（3）课税商品供给与需求的相对弹性。纳税人自己负担部分和转嫁出去部分的比例主要受制于课税商品的相对弹性。需求弹性较大，供给弹性较小，则税负转嫁出去的份额较小，税收将主要由纳税人自己承担；需求弹性较小，供给弹性较大，则税负转嫁出去的份额较大，税收将主要由买者负担。税负完全转嫁或完全不能转嫁的情形，理论上分析只能是下列四个条件之一：一是需求完全没有弹性，二是需求有充分弹性，三是供给完全没有弹性，四是供给有充分弹性。在第一和第四种情况下，税负可以完全转由购买者负担，在第二和第三种情况下，税收将完全由纳税人自己负担。

（4）课税商品生产与销售的竞争程度。一般认为，垄断性商品比竞争性商品的税负转嫁容易一些，竞争激烈的商品比缺乏竞争或竞争压力不大的商品税负转嫁困难得多。

**4. 税负归宿**

**税负归宿是指税收负担在不同群体间的分配。**它是税收负担的最后落脚点，即是税负运动的最后归宿环节，表明全部税负最后是由谁来承担的。税负归宿是税收负担的核心问题，即谁最终为税收“买单”。任何一种税收最终都要由一定的人负担，不同税种在不同经济条件下，其转嫁的方式、转嫁的过程和转嫁的结果是不同的。根据税收的实际负担情况，税负归宿可以分为经济归宿和法定归宿。

（1）法定归宿。税收立法机构在税收法律规范中规定了税负归着点。我们一般把纳税人承担纳税义务视为税负法定归宿。税负法定归宿是从税收法律制度的角度分析税负的依据。

（2）经济归宿。税收负担随着经济运动而不断转嫁以后的税负归着点。我们一般把负税人承担的税负视为税负经济归宿。税负经济归宿是从税收经济运行的角度分析税负的依据。

从法律上的归宿过渡到经济上的归宿，可能只要一次转嫁就能完成，也可能要经过多次转嫁才能完成。特殊情况是，法律上的归宿即是经济上的归宿，在这种情况下，税负转嫁则没有发生。因此，税的法定归宿始终只有一个，即卖者，而经济归宿则可能是一个、两个甚至更多。

## 8.3.3 税负转嫁与归宿的一般规律

**1. 局部均衡分析**

所谓局部均衡分析是在假定其他条件不变的情况下，分析某种商品或要素的供给与需求达到均衡时的税收转嫁与归宿及其对价格的影响。如上所述，影响税收转嫁的变量很多，除了上面已经讲到的供求弹性、价格、征税范围等因素之外，还有市场结构、课税对象、计税方法等许多变量。众多变量对税收转嫁的影响是非常复杂的，为了简化分析，我们通常假定其他变量不变，选择某一变量对税收转嫁与归宿的影响进行分析。

**（1）需求弹性对税收转嫁的影响。**需求弹性是需求的价格弹性，即商品或生产要素的需求数量对于价格变动的反应程度。用公式来表示即为：

$$E^d = \frac{\Delta Q}{Q} / \frac{\Delta P}{P}$$

其中，$E^d$ 为需求弹性，$P$ 为价格，$\Delta P$ 为价格的变化量，$Q$ 为需求数量，$\Delta Q$ 为需求数量的变化。

**① 需求完全无弹性商品课税的转嫁。**

当 $E^d$=0，需求完全无弹性。此时，消费者或购买者不会因商品的价格变化而改变购买数量。当政府对需求弹性为 0 的商品或要素征税时，会导致商品价格上涨，上涨的幅度等于所征收的税收，即税收全部向消费者转嫁。如图 8-3 所示，需求曲线 $D$ 是一条与横轴垂直的直线，需求弹性为 0。需求曲线 $D$ 与供给曲线 $S$ 相交于 $E$ 点，此时的均衡价格和均衡数量分别为 $P$ 和 $Q$。政府对商品或生产要素征收 $T$ 数额的税收后，商品或要素的价格也随之提高，供给曲线移动到 $S+T$，供给与需求在 $E_1$ 点达到新的均衡，新的均衡价格为 $P_1$，均衡数量仍为 $Q$，此时 $P_1-P=T$，表明价格上升的幅度等于政府征税的数额。所以，在 $E^d=0$ 时，税收完全转嫁给消费者或购买者。这是一种极端情况，例如在粮食极度匮乏的情况下，粮食的需求弹性为 0，此时，政府对粮食征收的税收将全部转嫁给消费者。

**② 需求弹性无穷大商品课税的转嫁。**

另外一种极端情况就是 $E^d$ 趋近于∞，需求弹性无穷大。此时，价格的任何微小变化都会引起需求数量变为 0。当政府对需求弹性趋近于∞的商品或要素征税时，商品或要素的价格不会发生任何变化，税收不能转嫁给购买者，即税收全部由供给者承担或向后转嫁。如图 8-4 所示，需求曲线是一条与横轴平行的直线，其商品或要素的价格始终保持不变；供给曲线为 $S$，供求曲线相交于 $E$ 点，均衡价格为 $P$，均衡数最为 $Q$。当政府对商品或要素征收数额为 $T$ 的税收之后，供给曲线向上移动到 $S+T$ 的位置，均衡价格仍然为 $P$，但均衡数量却由 $Q$ 下降为 $Q_1$，而卖方所获得的净价格则从 $P$ 下降到 $P_1$，$P-P_1$ 正好等于 $T$。这说明，在需求弹性无穷大的情况下，卖方不能通过提高价格将税负向前转嫁给买方，而只能采取其他方式进行转嫁。

**③ 需求弹性介于零与无穷大之间商品课税的转嫁。**

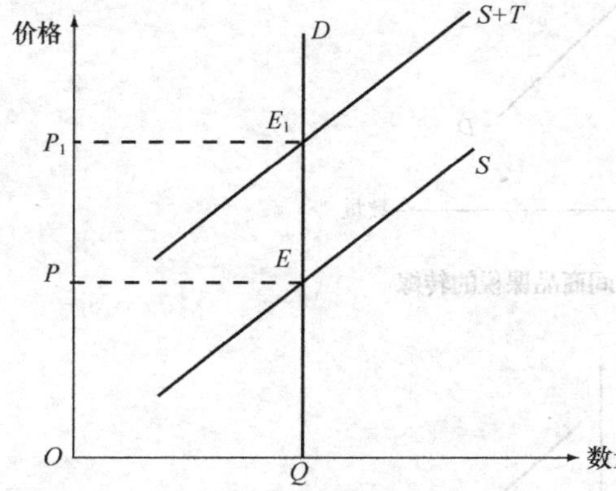


图 8-3 需求完全无弹性商品课税的转嫁

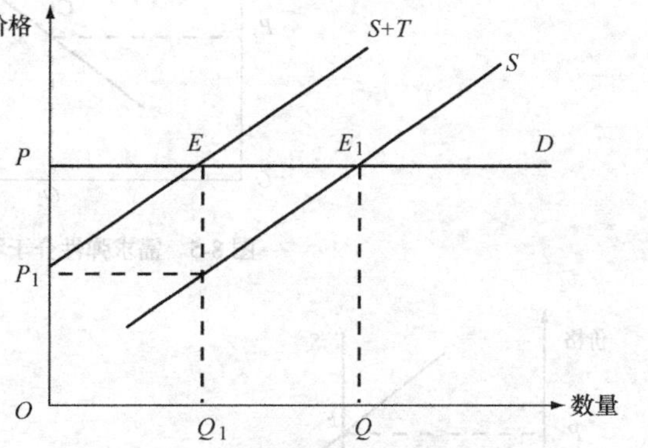


图 8-4 需求弹性无限大商品课税的转嫁

当 $E^d$ 介于 0 和∞之间时，可以从图 8-5 中分析需求弹性与税收转嫁的关系。某商品或要素的供给曲线 $S$ 与需求曲线 $D$ 相交于 $E$ 点，均衡价格为 $P_1$，均衡数量为 $Q_1$。当对该商品或要素征收数额为 $T$ 的税收之后，供给曲线向上移动到 $S+T$，均衡点为 $E_1$，均衡价格为 $P_2$，均衡数量为 $Q_2$。即征税后，商品或要素价格由 $P_1$ 上升到 $P_2$。但此时供给者所获得的价格则从 $P_1$ 下降到 $P_3$。此时在消费者实际支付的价格 $P_2$ 与供给者实际获得的价格 $P_3$ 之间存在着一个差额，这个差额通常被称为“税收楔子”。很显然，卖方并没有将税收负担完全转嫁给购买方。政府所征收的税收由供需双方分摊。购买者所承担的税收数额为 $Q_2\times(P_2-P_1)$，供给者所承担的税收数额为 $Q_2\times(P_1-P_3)$，二者相加为 $Q_2\times(P_2-P_3)$，正好等于 $T$。

**（2）供给弹性对税收转嫁的影响。**

供给弹性是供给的价格弹性，即商品或生产要素的供给数量对于价格变动的反应程度。用公式来表示即为：

$$E^s = \frac{\Delta Q}{Q} / \frac{\Delta P}{P}$$

其中，$E^s$ 为供给弹性，$P$ 为价格，$\Delta P$ 为价格的变化量，$Q$ 为供给数量，$\Delta Q$ 为供给数量的变化量。

① 当 $E^s$=0，供给完全无弹性。此时，供给数量不会因价格的变化而发生任何变动。如图 8-6 所示，当 $E^s$=0 时，供给曲线为一条与横轴垂直的直线，供给曲线与需求曲线相交于 $E$ 点，均衡价格为 $P$，均衡数量为 $Q$。当政府征收税额为 $T$ 的税收后，价格相对下降，下降的数额等于 $T$。需求曲线就向下移动到 $D+T$ 的位置，税后的均衡价格为 $P_1$，均衡数量仍为 $Q$。此时卖方税后的净收入比税前减少（$P-P_1$）×$Q$，正好等于政府征税的税收 $T$。这说明在 $E^s$=0 的情况下，税收不能向前转嫁，而是由卖方负担。

② 另外一种极端情况就是 $E^s$ 趋近于∞，供给完全有弹性。此时，所征的税收会全部向前转嫁，由买方全部负担。如图 8-7 所示，供给曲线 $S$ 与横轴平行，均衡价格为 $P$，均衡数是为 $Q$。政府征税后，供给曲线向上移动到 $S+T$ 的位置，均衡价格上升到 $P_1$，均衡数量下降到 $Q_1$。

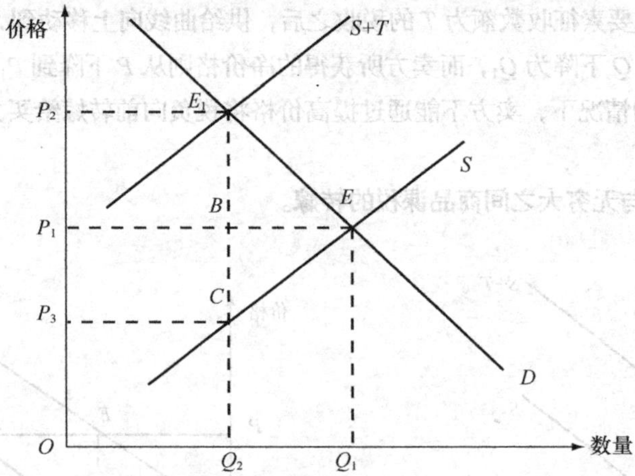


图 8-5　需求弹性介于零与无穷大之间商品课税的转嫁

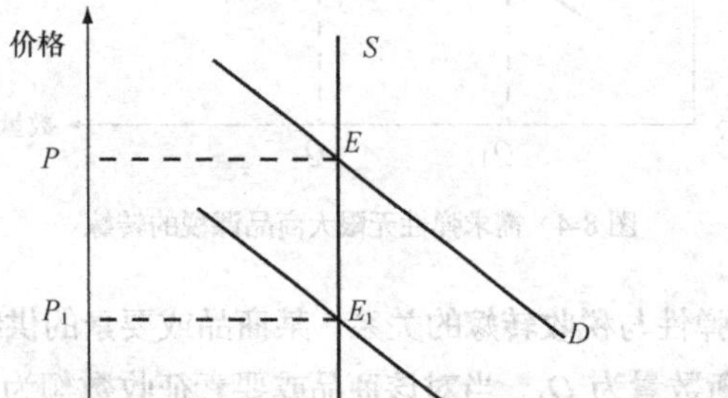


图 8-6　供给完全无弹性商品课税的转嫁

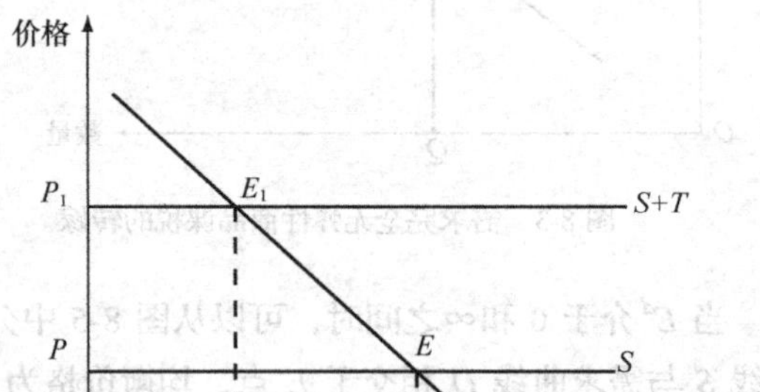


图 8-7　供给弹性无限大商品课税的转嫁

（3）供给与需求都有弹性但非完全弹性情况下的税收转嫁。

上面分析了供给弹性和需求弹性与税收转嫁的关系。我们再回顾一下需求弹性和供给弹性的公式：

$$E^d = \frac{\Delta Q}{Q} / \frac{\Delta P}{P}，\quad E^s = \frac{\Delta Q}{Q} / \frac{\Delta P}{P}$$

假定税前均衡价格与均衡产量分别为$P_0$与$Q_0$，税收引起供给量的变化$\Delta Q_s$，卖方净价格变化为$\Delta P_s$，买方支付的价格变动为$\Delta P_d$。则有：

$$\Delta Q_d=\frac{E^D\Delta P_d Q_0}{P_0}\text{，}\ \Delta Q_s=\frac{E^S\Delta P_s Q_0}{P_0}$$

当实现税后均衡时，$\Delta Q_d=\Delta Q_s$，则可推出：

$$\frac{E^d}{E^s}=\frac{\Delta P_s}{\Delta P_d}$$

由于在税后均衡时，$\Delta P_s$即为卖方承担的税负，$\Delta P_d$即为买方所承担的税负，二者之和刚好等于政府所征收的税额。上式即意味着供求双方各自承担的税负与各自的弹性成反比。用另一种表达式表示为：

$$\frac{需求弹性}{供给弹性}=\frac{卖方承担份额}{买方承担份额}$$

图8-9中，横轴和纵轴分别代表商品数量和价格，$S$为供给曲线，$D$为需求曲线，$P_0$、$Q_0$分别为政府未征税之前的均衡价格和均衡数量，政府向生产者征税$T$，$S$曲线向左移动到$S'$，$P_1$为政府征税后的消费者支付的价格，$Q_1$为税后数量。由于需求弹性大于供给弹性，因此，转嫁给消费者而由消费者承担的税收总量较少，未转嫁的税负部分较大。

图8-8中，其他条件与图8-8相同的情况下，只是由于供给弹性大于需求弹性，因此，税收负担更多地转嫁给消费者，由消费者承担。

这说明，买卖双方在价格变化时调整产量的能力越强，就会承担较少的税负。

在上面的分析中，都是假定对卖方征税。那么当对买方征税而不是对卖方征税时，税负转嫁的情况会发生变化吗？答案是肯定的。**即税收对价格和产出的影响与对卖方还是买方征税无关，这也被称为“无关性定理”**。通俗地说，税收最终由谁负担和名义上由谁纳税无关。税负的转嫁与归宿由税后的均衡价格决定。

当然，局部均衡分析有局限性，这是因为忽略了其他商品或要素相对价格的变化，由此所得出的结论是不完全的。局部均衡分析的重要缺陷表现在两个方面：一是局部均衡分析只能说明课税商品或要素的价格变化，而不能说明征税引起其他商品或要素的价格相对变化；二是局部均衡分析只能说明征税引起某一商品或要素在某一市场上的价格变化，而不能说明对整个经济要素的影响。

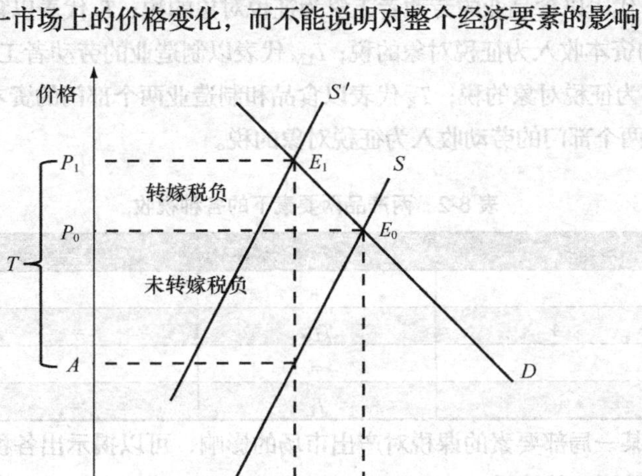


图8-8 需求弹性 供给弹性条件下的税负转嫁

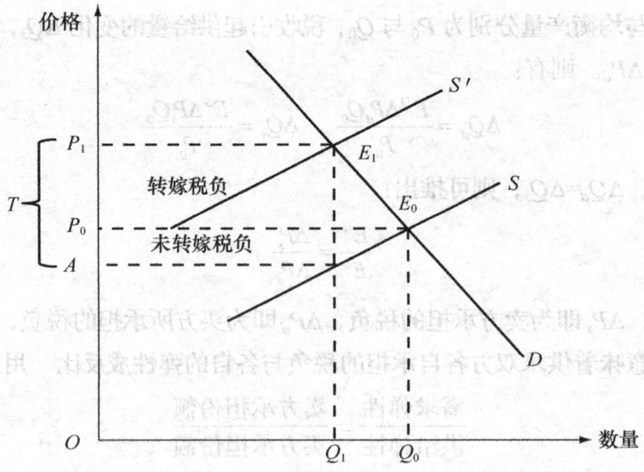


图 8-9　需求弹性 供给弹性条件下的税负转嫁

**2. 一般均衡分析**

一般均衡分析是在各商品和生产要素的供给、需求、价格相互影响的假定下，分析所有商品与生产要素的供给与需求达到均衡时的税收转嫁与归宿。也就是说，在因政府征税而引起的一系列连锁反应中，分析税负的分配情况。这种分析方法更加贴近现实。

**（1）税收归宿的一般均衡分析模型。**人们通常采用的一般均衡分析模型是美国经济学家哈伯格所提出的“税收归宿的一般均衡模型”。该模型首先假设：整个经济体系仅有制造品市场和食品市场两个市场；家庭没有储蓄，所以收入等于消费；只有资本和劳动力两种生产要素，资本和劳动力可以在不同部门之间自由流动，造成这一流动的原因在于部门间收益率的差异；总的生产要素供给量不变；所有消费者的行为偏好相同；税种之间可以相互替代；市场处于完全竞争状态。

这个模型中共有四种税：只对某一部门某种生产要素收入征收的税；对两部门的某种生产要素收入征收的税；对某种商品消费征收的税；综合所得税。具体模型如表 8-2 所示。

表 8-2 中，F 代表食品业；M 代表制造业；L 代表劳动力；K 代表资本；$T_{KF}$ 代表以食品业的资本收入为征税对象的税；$T_{LF}$ 代表以食品业的劳动者工资为征税对象的税；$T_F$ 代表以食品的产出为征税对象的税；$T_{KM}$ 代表以制造业的资本收入为征税对象的税；$T_{LM}$ 代表以制造业的劳动者工资收入为征税对象的税；$T_M$ 代表以制造业的产出为征税对象的税；$T_K$ 代表以食品和制造业两个部门的资本收入为征税对象的税；$T_L$ 代表以食品和制造业两个部门的劳动收入为征税对象的税。

表 8-2　两产品两要素下的各种税收

| $T_{KF}$ | + | $T_{LF}$ | = | $T_F$ |
|---|---|---|---|---|
| + | | + | | + |
| $T_{KM}$ | + | $T_{LM}$ | = | $T_M$ |
| = | | = | | = |
| $T_K$ | + | $T_L$ | = | $T_T$ |

这一模型能够评价某一局部要素的课税对产出市场的影响，可以揭示出各税种之间相互作用、相互影响的结果。它反映了以下几种关系。

① 如果政府既征收 $T_F$ 又征收 $T_M$，且税率相同，则相当于对所有产品征收税收 $T_T$。其原因在于，如果对消费者的各方面支出额分别按相同的税率征收所得税，其效果等于对消费者的全部收入按与前相同

的税率征收综合所得税。

② 如果政府既征收 $T_K$ 又征收 $T_{KM}$，且税率相同，则相当于对所有要素征收税收 $T_K$。其原因在于，如果对各种来源的收入分别按相同的税率征收分类所得税。其效果等于将所有来源的收入相加，并按与前相同的税率统一征收综合所得税。

③ 如果政府既征收 $T_{KF}$ 又征收 $T_{KM}$，且税率相同，则相当于对资本收入征收税收 $T_K$。其原因在于，如果对两个部门的资本收入分别按相同的税率征收所得税，其效果等于将所有经济部门的资本收入汇总相加。并按与前相同的税率统一对资本收入征收所得税。

④ 如果政府既征收 $T_L$ 又征收 $T_{LF}$，且税率相同，则相当于对工资收入征收税收 $T_L$。其原因在于，如果两个部门的劳动者工资收入分别按相同的税率征收所得税，其效果等同于对社会全部劳动者工资收入按与前相同的税率统一征收所得税。

⑤ 如果政府既征收 $T_{KF}$ 又征收 $T_{LF}$，且税率相同，则相当于对食品产出征收税收 $T_F$。其原因在于，对同一部门的资本收入和劳动者收入分别按相同的税率征收所得税，其效果等于政府对该部门的全部收入额或增值性流转额征收了流转税。

⑥ 如果政府既征收 $T_{KM}$ 又征收 $T_{LM}$，且税率相同，则相当于对制造业产出征收税收 $T_M$。其原因与⑤相同。

**（2）商品课税归宿的一般均衡分析**。根据上述模型，首先可以对商品课税的转嫁与归宿进行均衡分析。以模型中所涉及的 $T_F$ 即食品税为例，来说明商品课税归宿的一般均衡分析。

从消费者的角度看，政府对食品征税之后。消费者会减少食品的购买量，而将部分购买力转向其他工业制造品。故对其他工业制造品的需求量会增加，其他工业制造品的价格也会因此而上涨。所以，食品价格又会相对有所下降。于是，税收负担的承担者从食品的消费者扩展到其他工业制造品的消费者。也就是说，食品税的负担不仅会落在食品消费者身上，也同样会落在所有其他商品的消费者身上。从生产者的角度看，政府对食品征税之后，随着食品业收益率的下降，食品业的生产要素会向制造业流动。假定两个行业资本和劳动力之间的替代率不同，食品业属于劳动力密集型，制造业则是次劳动力密集型的行业。这就意味着，随着社会商品结构的变化，各种生产要素的需求结构也会发生变化。食品业流动的劳动力相对较多，资本相对较少。而制造业扩大生产规模所需要吸收的劳动力相对较少，资本相对较多。这就造成制造业劳动力供给相对宽松。资本供给则相对紧张。食品业流出的劳动力若要为制造业所吸收，劳动力的相对价格必须下降。而劳动力的相对价格一旦下降，税收负担就会有一部分落在劳动者身上。而且，不仅食品业的劳动者要承担税负，制造业的劳动者也要承担税负。如果情况相反，食品业属于次劳动力密集型，制造业是劳动力密集型。那么，由于食品业流出的劳动力相对较少，资本相对较多，而制造业扩大生产规模所需要吸收的劳动力相对较多，资本相对较少。制造业的劳动力供给相对紧张，资本供给相对宽松，也会造成资本相对价格的下降。随着资本相对价格的下降，税收负担就会有一部分落在资本所有者的身上。而且不仅食品业的资本所有者要负担税收，制造业的资本所有者也要负担税收。

由上述分析可见，对某一生产部门的产品课税，其影响会波及整个经济。不仅该生产部门产品的消费者要承担税负，其他生产部门产品的消费者也要承担税负。不但该生产部门的生产者和生产要素提供者有可能承担税负，其他生产部门的生产者和生产要素提供者也可能承担税负。据此得出的结论是：整个社会所有商品和所有生产要素的价格，几乎都可能因政府对某一生产部门的某一产品的课税而发生变动。包括消费者、生产者和生产要素提供者在内的所有人，几乎都有可能成为某一生产部门的某一产品税收的直接或间接的归宿。

（3）**生产要素收入课税归宿的一般均衡分析。**以模型中所涉及的 $T_{KM}$（即对制造业资本收入的课税为例）来说明生产要素收入课税归宿的一般均衡分析。

政府对制造业资本收入征税之后，会产生两个方面的影响，即收入效应和替代效应。

从收入效应来看，政府对制造业资本收入征税，而对食品业资本收入不征税，会造成制造业资本收益率相对下降，从而应税的制造业资本向免税的食品业流动。伴随这一流动过程，制造业的产品数量减少，资本收益率上升。食品业的产品数量增加，资本收益率下降。只有当两个行业的资本纯收益率被拉平时，资本的这种流动才会停止，其结果，不仅制造业的资本所有者承担了税负，通过资本从制造业向食品业的流动以及由此而带来的资本收益率的平均化，食品业的资本所有者也承担了税负。也就是说，政府对制造业资本收入的课税负担，最终被应税的制造业和免税的食品业的资本所有者所分担。

从替代效应来看，政府对制造业资本收入征税，而对劳动力收入不征税，会促使制造业生产者倾向于减少资本的使用量，即以劳动力替代资本，从而造成制造业资本相对价格的下降。进一步来看，随着制造业生产要素向食品业的流动，这种替代效应也会在食品业发生。不仅制造业资本所有者的税负会变本加厉，食品业资本所有者的税负也会出现同样情形。也就是说，政府对制造业资本收入的课税，会通过生产要素配置比例的变化（多使用劳动力，少使用资本），导致两个行业的资本所有者承受较政府所征税额为重的负担。这是因为，以劳动力替代资本的过程，就是对劳动力的需求相对增加，而对资本的需求相对减少的过程，同时也就是劳动者的工资率相对上升，而资本的收益率相对下降的过程。

通过上述分析，可以得出这样一个结论：政府对某一生产部门的某一种生产要素的收入的课税，其影响也会涉及整个经济；不仅该生产部门的资本所有者要承担税负，其他生产部门的资本所有者也要承担税负；整个社会资本的所有者不但要承担相当于政府所征税收的负担，还有可能承担较政府所征税收为多的额外负担。

通过哈伯格的一般均衡模型还可以得出以下推论：①对全部产品征收一种同样比例的税，其效应相当于对全部要素开征一种税率相等的税；②对某种供给弹性为零的要素征税不会造成效率成本，只要税收不改变对产品的相对需求，也不改变别的要素的供给量，那么，资源配置将不受影响，税收将完全由课税要素承担；③对一种劳动密集型产品征税，会使劳动者状况恶化，并且肯定会降低效率；④对于劳动密集型产业中的劳动征税，会使全社会的劳动者的状况恶化。

当然，哈伯格的一般均衡模型是一种静态、封闭的两部门模型，西方经济学的其他学者在此基础上进行了完善，增加了一些部门。例如，肖文发现个人课税归宿呈“U”形，收入最低和收入最高的家庭承担的税负占绝大比例。这主要是因为收入最低的家庭有许多老人，他们基本上将资本收益作为退休生活来源；而收入最高的家庭也由于他们在资本收益中能够获得较高的比重，因此负担较重的公司税。费尔德斯坦纳指出，如果储蓄由于税后资本收益降低而减少，那么，长期的税收负担会因为经济中的资本—劳动比率降低而转嫁到劳动者身上。这些研究都进一步增强了税收归宿一般均衡分析对实践工作的指导意义。

## 8.4 税收效应

**所谓税收效应，是指纳税人因国家课税而在其经济选择或经济行为方面做出的反应，或者从另一个角度说，是指国家课税对消费者的选择以至于对生产者决策的影响，也就是通常所说的税收的调节作用。**简而言之，即政府征税会通过影响纳税人收入水平和消费结构对福利水平产生影响。

### 8.4.1 税收效应的作用机制

税收效应主要表现为收入效应和替代效应两个方面，各个税种对经济的影响都可以分解成这两种效应，或者说，税收对相关经济变量的影响都可以从这两个方面进行分析。例如，可以从这两个方面分析课税对纳税人在商品购买、劳动投入及储蓄和投资等多方面的影响。这里仅以课税对商品购买的影响为例进行分析。

**1. 税收的收入效应**

**收入效应是指政府课税造成纳税人可支配收入减少，从而使纳税人降低了商品购买量和消费水平。**收入效应是因征税使纳税人的购买力减少，但不改变商品（或经济活动）的相对价格而产生的效应。收入效应仅说明资源从纳税人转移给政府，不发生超额负担，也不导致经济无效率。以图 8-10 所示来说明税收的收入效应。

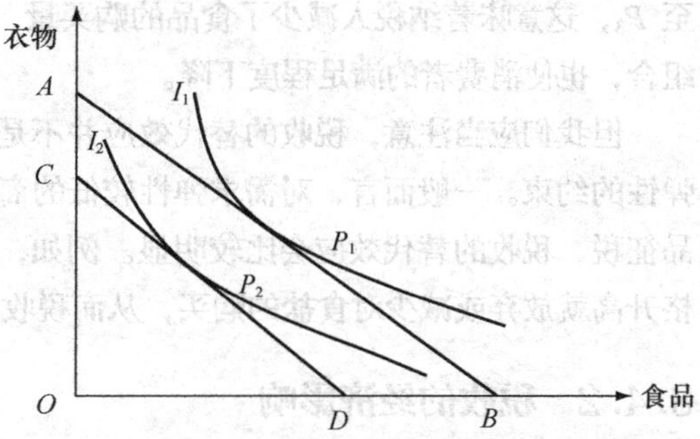

图 8-10 税收的收入效应

图 8-10 的水平轴和垂直轴分别计量食品和衣物两种商品的数量。假定纳税人的收入是固定的，而且全部收入用于购买食品和衣物，两种商品的价格也是不变的，则将纳税人购买两种商品的数量组合连成一条直线即图中的 $AB$ 线，此时纳税人对衣物和食品的需要都可以得到满足。纳税人的消费偏好可以由一组无差异曲线来表示，每条曲线表示个人得到同等满足程度下在两种商品之间选择不同组合的轨迹。由于边际效应随数量递减，因此无差异曲线凸向原点。$AB$ 线与无差异曲线 $I_1$ 相切，切点为 $P_1$。在切点 $P_1$ 上，纳税人以其限定的收入购买两种商品所得到的效用或满足程度最大，即用于衣物的支出为 $P_1$ 与轴线的垂直距离乘以衣物的价格，用于食品的支出为 $P_1$ 与轴线的水平距离乘以食品价格。

若政府决定对纳税人课征一次性税收（例如个人所得税），税款相当于 $AC$ 乘以衣物价格或 $BD$ 乘以食品价格，那么，该纳税人购买两种商品的组合线由 $AB$ 移至 $CD$，$CD$ 与另一条无差异曲线 $I_2$ 相切，切点为 $P_2$。在这一切点上，纳税人以其税后收入购买两种商品所得到的效用或满足程度最大，即用于衣物的支出为 $P_2$ 与轴线的垂直距离乘以衣物价格，用于食品的支出为 $P_2$ 与轴线的水平距离乘以食品价格。

由以上分析可以看出，由于政府课征一次性税收而使纳税人购买商品的最佳选择点由 $P_1$ 移至 $P_2$，这说明在政府课税后对纳税人的影响，表现为因收入水平下降从而减少商品购买量或降低消费水平，而不改变购买两种商品的数量组合。

**2. 税收的替代效应**

**替代效应是当税收影响商品（或经济活动）的相对价格时，导致纳税人以一种商品或经济行为替代另一种商品或经济行为而产生的效应。**替代效应的结果是使纳税人的福利水平降低，这种福利损失是扣除政府税收后的净损失，所以是税收的超额负担。

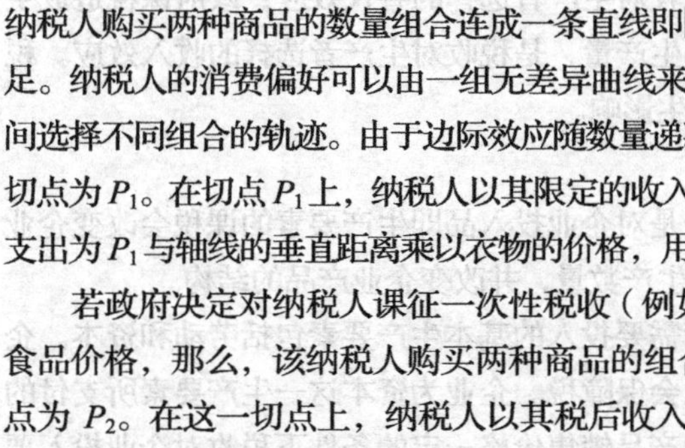

图 8-11 税收的替代效应

替代效应对纳税人在商品购买方面的影响，表现为当政府对不同的商品实行征税或不征税、重税或轻税的区别对待时，会影响商品的相对价格，使纳税人减少征税或重税商品的购买量，增加无税或轻税商品的购买量，即以无税或轻税商品替代征税或重税商品。以图 8-11 来说明税收的替代效应。

仍假定政府不征税或征税前纳税人购买两种商品的组合线为 $AB$，最佳选择点仍为 $P_1$。现假定只对食品征税，税款为 $BE$ 乘以食品价格，对衣物不征税。在这种情况下，该纳税人会减少食品的购买量，购买两种商品的组合线便由 $AB$ 移至 $AE$，与其相切的无差异曲线则为 $I_3$，切点为 $P_3$。在这一切点上，纳税人以税后收入购买商品所得效用或满足程度最大，即用于衣物的支出为 $P_3$ 与轴线的垂直距离乘以衣物价格，用于食品的支出为 $P_3$ 与轴线的水平距离乘以食品价格。

由此可见，由于政府对食品征税而对衣物不征税，改变了纳税人购买商品的选择，其最佳点由 $P_1$ 移至 $P_3$，这意味着纳税人减少了食品的购买量，相对增加衣物的购买量，从而改变了购买两种商品的数量组合，也使消费者的满足程度下降。

但我们应当注意，税收的替代效应并不是对于任何商品都有同样的效果，其效果还要受到商品需求弹性的约束。一般而言，对需求弹性较低的商品征税，税收的替代效应并不明显，对需求弹性较高的商品征税，税收的替代效应会比较明显。例如，对于食盐等生活必需品征税，纳税人并不会因为食盐的价格升高就放弃或减少对食盐的购买，从而税收的消费替代效应就不能明显地显现出来。

## 8.4.2 税收的经济影响

税收通过对市场价格机制的影响进一步影响纳税人的生产行为。政府课税造成生产者减少课税或重税商品的生产量，而增加无税或轻税商品的生产量，是税收对生产者选择的替代效应；政府课税造成生产者可支配的生产要素的减少，从而使生产者降低了商品生产量，是税收对生产者选择的收入效应。税收效应理论表明，税收对生产、投资和储蓄等方面都会产生影响。

### 1. 税收对生产的影响

税收对企业生产决策的影响主要表现在两个方面：一是对企业投入品即生产要素的课税会改变企业的要素投入选择；二是对企业产出品的课税会降低企业的生产数量，并改变企业产品的结构。

**（1）税收对企业投入要素的替代效应。**企业生产经营需要投入的基本生产要素包括劳动和资本。企业为劳动这一生产要素所支付的税收一般称为工资税或社会保障税。企业为资本这一生产要素所支付的税收一般称为企业所得税或公司利润税。在企业产出量和产品销售价格一定的条件下税收对企业投入要素的替代效应主要有以下几种情况。

① 如果降低企业社会保障税负担，其他税种的税负不变，则会促使企业从自身利益最大化出发，采用一种资本密集程度更低的技术，例如减少机器设备投资、增加职工人数，以相对减少社会保障税的税收负担；反之，如果政府降低企业所得税，其他税种的税负不变，企业则倾向于增加机器设备投资而减少雇工。

② 如果政府按每个劳动者开征一种固定税，例如假定政府要求企业为其职工每人每月缴纳 1　　元的社会保障税，就会相对地提高非熟练劳动的成本，或者说熟练劳动的成本就变得相对便宜，征税后便会鼓励企业以熟练劳动代替非熟练劳动，以期减少用工人数，少纳税。

③ 如果政府对资本品直接课税，就会影响企业对资本耐久性的选择。如果税收制度和税收负担设计合理，就会刺激企业倾向于耐久性长的资本品投资，引导企业向长期行为发展；反之，如果耐久性长的资本品税负重，耐久性短的资本品税负轻，则会鼓励企业以耐久性短的资本品投资来替代耐久性长的资本品投资，助长企业的短期投资行为。

**（2）税收对企业生产规模或产量的影响。**在生产要素和市场供求关系等条件一定的情况下，从自身利益考虑，企业生产者实际得到的不含税价格的高低，直接决定着企业的投资收益水平。因此通常企业对某种商品是否生产以及生产多少的决策，是以生产该商品实际得到的不含税价格为依据的，而不是以消费者支付的含税价格为依据。因此，政府课税减少了企业的自身利益，可能会迫使企业减少课税商品的产量，甚至选择不生产的决策。具体情况有以下几种。

① 如果政府课税后企业仍然能够获得超额利润，只不过是因政府征税而使盈利率下降了。这样，企业就要调整自己的产量，使产量定在其边际成本加上税额等于产品价格这一点上，以便实现企业利润最大化的目标。

② 如果政府课税后企业不能获得超额利润，企业生产无利可图甚至出现亏损，那么，企业可能会做出不生产的决策。

③ 如果某一行业中所有的企业都要承担政府的商品课税，并且假定所有企业的成本水平都一样。由于每一个企业都因政府课税而在现行的市场价格水平上削减了产量，那么，由该行业提供的某种产品的总产量将会下降，根据供求关系和价格机制变化规律，该商品的市场价格将因产量下降而上升，从而刺激企业扩大生产。这样，价格上涨会在一定程度上抵消税收减少行业生产量的效应，最终使企业所发生的减产幅度小于价格不上涨时企业的减产幅度。

④ 如果政府对商品课税一视同仁，即对所有商品同等课税，但由于各个企业的生产经营管理水平和成本费用水平不同，这样，一视同仁的税收就会使得行业中的部分企业有利可图，部分企业无利可图甚至亏损，迫使无利可图或亏损的企业退出某一个生产行业，从而使整个行业的产出最终下降。

**（3）税收对企业生产产品结构的影响。**税收对企业生产规模的影响，往往反映在对企业产品结构的影响上。在市场经济条件下，生产要素在行业之间、地区之间、企业之间和产品之间是自由流动的，如果政府的税收负担分布不合理，将会造成生产者减少课税商品或重税商品的生产量，增加无税或轻税商品的生产量，即以无税商品或轻税商品来替代课税商品或重税商品。

**2. 税收对投资的影响**

税收对企业投资决策的影响，主要是通过对投资收益率和折旧因素的影响体现出来。

对企业来说，税收与投资收益率是呈反方向变化的。在其他因素一定时，税率提高，投资收益率下降。因此，税率的变动会直接引起投资收益与投资成本的比例发生变动，并对纳税人的投资行为产生方向相反的两种效应：如果其影响是降低了投资对纳税人的吸引力，就会造成纳税人以消费来替代投资。即税收对投资产生了替代效应；如果其影响是减少了纳税人的可支配收入，促使纳税人为了维持其以往的收入水平而增加投资，就产生了收入效应。同时，通过税收制度规定的税收折旧率与实际折旧率通常是不一致的。若两者相等，则税收对私人投资的影响表现为中性；若前者高于后者，则税收对私人投资的影响就表现为一种激励；若前者低于后者，则税收对私人投资的影响表现为一种抑制作用。因此。政府应视不同的经济环境，合理利用税收对投资的影响，调控投资需求，从而实现社会总供求的平衡。

**3. 税收对储蓄的影响**

储蓄按其主体可分为政府储蓄和私人储蓄。其中，私人储蓄又可分为企业储蓄和家庭储蓄两部分。一般说来，国内储蓄的主要来源是私人部门的储蓄，发展中国家的私人部门储蓄占储蓄的比例一般在 80%以上。因此，分析税收对储蓄的影响，一般就是指税收对私人储蓄的影响。私人储蓄在经济生活中占有重要地位，它是影响私人投资和经济增长的一个重要因素，而税收是影响储蓄的重要因素之一。

税收对私人储蓄的影响效应是通过税收对个人可支配收入和税后利息率的影响来实现的，并分别表现为收入效应和替代效应两个方面。

**（1）税收对私人储蓄的收入效应。**税收对私人储蓄的收入效应，是指政府课税使私人可支配的收入减少，纳税人为了维持既定的储蓄水平而被迫减少现期消费。例如，纳税人在收入一定的前提下，政府开征所得税会相应减少纳税人的可支配收入，进而会迫使纳税人对消费和储蓄做出重新选择。如果纳税人要维持现有的储蓄水平，就必须以压低现期消费为代价。在这种情况下，税收对私人储蓄就产生了收入效应。

**（2）税收对私人储蓄的替代效应。税收对私人储蓄的替代效应，是指政府课税会减少纳税人的实际利息或利润收入，从而降低储蓄对纳税人的吸引力，促使纳税人以消费来代替储蓄。**例如，政府对储蓄的利息收入征收所得税，这使纳税人为将来消费（储蓄）而节约的经济利益比现期消费要小。因为储蓄和投资除时间因素外要付出利息或利润所得税。因而使节约的经济利益降低。这就促使纳税人减少储蓄数额，并相应地增加消费数额，或者说纳税人将会做出以现期消费替代将来消费的抉择。再如，遗产税和赠与税也有这种替代效应，对个人所得到的馈赠和遗产征税，其目的是为了防止少数人财产和收入畸高而形成两极分化，减轻财富的集中程度。但是对遗产征税后会影响个人的储蓄行为。财产税也会影响私人的储蓄行为，其影响力度与这些税种的税收负担呈正相关关系。遗产税、赠与税、财产税等税种的税负越重，私人储蓄的动力就越小，现期消费的动力就越大；反之，这些税种的税负越轻，就越有利于增加储蓄，减少现期消费。

**4. 税收对劳动供给的影响**

税收对劳动供给的影响，主要表现为对劳动的收入效应和替代效应。**收入效应是指征税后减少了个人可支配收入，促使其为维持既定的收入水平和消费水平，而减少或放弃闲暇，增加工作时间。替代效应是指由于征税使劳动和闲暇的价格发生变化，劳动收入下降，闲暇价格降低，促使人们选择闲暇以替代工作。**对于税收对劳动产生的这两种效应，如果是收入效应大于替代效应，征税对劳动供给是激励作用，它促使人们增加劳动；如果是收入效应小于替代效应，征税对劳动供给就会形成超额负担，人们选择闲暇替代劳动，减少劳动。从税种来看，税收对劳动供给的影响，最明显的是个人所得税。因为个人所得税直接课征于人们的所得，包括工资所得，改变了人们的税后可支配收入，从而影响人们对工作和闲暇的选择。另外，消费税等商品课税的征收，会使商品的价格提高，使一定量的货币工资实际购买力下降，也会影响人们对劳动与闲暇的选择。从税基来看，单纯对劳动所得征收的所得税，例如对工资征税，比对一般所得普遍征收的所得税，产生的替代效应更大些；对非劳动所得征税而对劳动所得免税，可以避免征税对劳动供给产生的超额负担。从税率来看，累进税率产生的影响作用最大，累进程度越高，超额负担就越大。

## 8.5 最适课税理论

### 8.5.1 最适课税理论的基本涵义

**最适课税理论（optimal tax theory）是以资源配置的效率性和收入分配的公平性为准则，对构建经济合理的税制体系进行分析的学说。**

从税制结构的角度，它研究以怎样的方式对应税行为征税最为合理。从课税原则上说，尽管学术界有各种主张，但在公平与效率原则上存在着共识。最适课税理论则围绕着公平与效率原则，对到底应该对哪些商品征税，所得税应当累进到何种程度，商品课税与所得课税应该如何组合等非常重要的问题进行了深刻的分析。特别是 20 世纪 70 年代以来，对这些问题的规范性研究取得了长足进展，从而形成了“最适课税理论”。英国剑桥大学经济学教授詹姆斯·米尔利斯和加拿大籍美国哥伦比亚大学名誉教授威廉·维克里也因对该理论的形成所做出的重要贡献而共同分享了 1996 年度诺贝尔经济学奖。

## 8.5.2 “最优原则”和“次优原则”

“最优原则”（first-best principle）源自福利经济学，即“市场配置效率原则”。福利经济学认为，如果不存在任何市场失灵，市场机制就能使商品的供求达到均衡，消费者对最后一个单位商品所愿意支付的价格即商品的边际价格，正好等于竞争性生产者生产该商品的成本，即边际成本。在这种条件下，价格机制调节着供给与需求，使各种生产要素与经济资源得到充分的利用和有效的配置，从而在交换、生产与总体市场上都实现了均衡，这就是所谓资源配置的“帕累托最优状态”。

然而，公共物品、外部效应、垄断与信息不对称等现象的存在，导致市场机制失灵，使得市场机制不能有效地进行资源配置，无法实现“帕累托最优”，这就需要政府的干预，即需要公共部门配置资源。而对税收来说，就是实现“最优课税”，但这需要政府掌握纳税人的完全信息并具有无限的征管能力。那么，税收制度能否符合最优原则，实现最优课税呢？

首先，从信息的角度看，在现实中，政府对纳税人的能力和课税对象等的了解并不完全，在信息不对称的情况下，政府只能根据纳税人的收入、支出等可观测到的信息来征税，这就难免产生纳税人经济行为的扭曲。

其次，从征管角度看，政府的征管能力从来都是有限的。过高的成本限制了政府的征管能力。

再次，从税收本身的特点来看，绝大部分税收是不符合最优原则的。因为税收的征收等于在市场有效配置资源的过程中，加进了一个“楔子”，即“税收楔子”（tax wedge），这使得消费者支付的价格与生产者获得的价格发生了分离，产生了消费者剩余损失或生产者剩余损失，进而影响到消费者或生产者的行为。或者说，因税收楔子的存在，资源的利用不能充分反映消费者与生产者的偏好，也就无法实现最优配置。

鉴于最优原则在税制设计中无法实现，20 世纪 60 年代后西方经济学家把“次优原则”应用于税制建设中。

“次优原则”（second-best principle）概念最早是由加拿大经济学家李普斯和美国经济学家兰卡斯特提出来的。这一理论原则论证了市场存在失灵的既定条件下，如何建立能使这些失灵损失达到最小的优化价格条件。20 世纪 70 年代初以来，当西方财税学界再次对如何更好地筹集财政收入这一传统问题感兴趣时，就把次优原则应用到了税制理论上。阿特金森、米尔利斯、斯特恩等许多著名经济学家认为，应在维持一定的政府税收收入的前提下，使课税行为所导致的效率损失达到最小化。按这一思想进行的税制设计可称之为“次优课税”，这构成了最适课税理论的重要理论基础。

毫无疑问，最适课税理论是建立在最优原则与次优原则的发展与应用基础上的，但无论是最优原则还是次优原则，都关注的是资源配置效率问题，这当然不能满足人们对税制的全部需要。换言之，税制还必须关注收入分配的公平方面。只有将资源配置的效率与收入分配的公平结合起来考虑的税制，才可能是合意的税制，即“最适”的税制。

## 8.5.3 最适课税理论的主要内容

最适课税理论的观点主要体现在直接税与间接税的搭配理论、最适商品课税理论和最适所得课税理论上。

**（1）直接税与间接税应当是相互补充的而非相互替代。**许多经济学家从不同角度分析了直接税（所得税）和间接税（商品税）的优劣，虽然莫衷一是，但一般认为所得税是一种良税，而差别商品税在资源配置效率方面也是所得税所不能取代的。所以，最适课税理论首先承认无论是商品税还是所得税都有其存在的必然性。原因在于：一是由于所得税不能对闲暇课税，因此政府应利用商品税对闲暇的互补商品课征高税，以抑制人们对闲暇的消费。二是由于存在外部负效应，故政府应通过征收差别商品税使各项经济活动的私人成本等于社会成本，以使资源得到更合理的配置。

**（2）税制模式的选择取决于政府的政策目标。**在所得税和商品税并存的复合税制情况下，是以所得税还是以商品税作为主体税种影响到税制的总体功能。一般而言，所得税适用于实现分配公平目标，商品税适用实现经济效率目标。如果政府的政策目标以分配公平为主，就应选择以所得税为主体税种的税制模式；如果政府的政策目标以经济效率为主，就应选择以商品税为主体税种的税制模式。所以，一国的税收制度最终实行何种税制模式，要取决于公平与效率目标间的权衡。

**（3）逆弹性命题。这是指在最适商品课税体系中，当各种商品的需求相互独立时，对各种商品课征的各自的税率必须与该商品自身的价格弹性呈反比例。这种逆弹性命题也称为拉姆斯法则**（the ramsey rule）。逆弹性命题的涵义表明，一种商品的需求弹性越大，征税的潜在扭曲效应也就越大。因此，最适商品课税要求，对弹性相对小的商品课以相对高的税率，而对弹性相对大的商品课以相对低的税率。如果对无弹性或低弹性商品（如食品）采用高税率征税，会使总体超额负担最小化，是一种最适税制。

逆弹性命题的涵义是显而易见的，一种商品的需求弹性越大，潜在的扭曲影响也就越大。因此，有效率课税要求对需求弹性相对小的商品课征相对高税率的税收；对需求弹性相对大的商品课征相对低税率的税收。然而，问题又产生了，我们会发现，需求弹性小的商品许多是生活必需品，而需求弹性大的商品许多是奢侈品。根据逆弹性法则，对生活必需品要课征比奢侈品更重的税收，显然这违背了收入分配公平的原则，必须加以适当修正。基于公平的考虑，政府应对生活必需品制定较低的税率，而对高收入阶层偏重消费的奢侈品课征较高的税率，以增加商品税的累进性，即使会因此产生一定的效率损失。需要说明的是，这种对逆弹性法则的修正，并非否定其意义，因为除了必需品和奢侈品以外的商品仍应按逆弹性法则行事。

**（4）最适商品课税要求开征扭曲性税收。**这是因为政府在大多数情况下不能获得完全的信息，而且征税能力受到限制，因此，按拉姆斯法则课征商品税不能保证生产高效率，还必须课征其他扭曲性税收。同时，要使商品税具有再分配功能，也必须征收扭曲性商品税。就现实的一般情况而言，要使商品税具有再分配功能，需要如下两个前提条件：①要有一套差别税率；②对必需品适用低税率或免税，对奢侈品适用高税率。

**（5）所得税的边际税率不能过高。**在政府目标是使社会福利函数最大化的前提下，社会完全可以采用较低累进程度的所得税来实现收入再分配，过高的边际税率不仅会导致效率损失，而且对公平分配目标的实现也无益。

**（6）最适所得税率应当呈倒“U”形。**从社会公平与效率的总体角度来看，中等收入者的边际税率可适当高些，而低收入者和高收入者应适用相对较低的税率，拥有最高所得的个人适用的边际税率甚至应当为零。这一结论是基于这样的判断：在同样的效率损失情况下，政府通过提高中等收入者的边际税率，从较为富裕者那里取得更多的收入，而通过降低最高和最低收入者的边际税率，增加这一群体的福利（效用），从而既能实现帕累托改进，又能促进收入分配公平。

总之，最适课税理论的基本内容可归结为以下三个方面：①直接税与间接税两者不能偏废，同时要依据一国的经济发展阶段和政府的经济政策目标确立税制模式；②对商品和劳务征税要实行差别征税制度，对必需品适用低税率，对奢侈品则适用高税率；③对所得征税最好采用低累进税率制度，而且实行倒“U”形所得课税，即对低收入者和高收入者适用相对较低的税率，而对中等收入者适用较高的税率。

最适课税理论的发展已有 100 余年的历史，迄今为止，从最适课税理论到实际税制设计之间尚有相当的距离。但随着理论的进步和完善，这种距离正在逐步缩小。事实上，这一理论在 20 世纪 90 年代已成为西方税制改革的主要理论依据。正如著名经济学家阿特金森和斯蒂格里茨所言，最适课税理论的结论是定性的而非定量的，是税制设计的重要指导原则而不是税制改革的实践基础。仅就此意义来说，它也应在我国的税制优化过程中发挥重要的作用。

## 本章小结

1. 税收是以实现国家公共财政职能为目的，基于政治权力和法律规定，由政府专门机构向居民和非居民就其财产或特定行为实施强制、非罚与不直接偿还的金钱或实物课征，是国家最主要的一种财政收入形式。税收的涵义可以从以下几个方面理解：①税收属于分配范畴；②税收分配的依据是政治权力；③税收分配的目的是满足国家履行其公共职能的需要；④税收分配的价值源泉是剩余产品的价值。税收的主要特征包括强制性、无偿性和固定性。根据征税对象的性质、计税依据、税收收入归属税负是否转、税收与价格的关系、OECD 等分类依据，税收有不同的分类方法。

2. 税收原则是制定、评价税收制度和税收政策的标准，是支配税收制度废立和影响税收制度运行的深层次观念体系，反映一定时期、一定社会经济条件下的治税思想。随着客观条件的变化，税收原则也在发展变化。现代课税的两大主要原则是公平原则和效率原则。

3. 税收政策的核心是税收负担。税收负担是指纳税人因向国家缴纳税款而承受的经济利益的牺牲。可分为宏观税收负担和微观税收负担。一般用宏观税收负担率和微观税收负担率来衡量税收负担。

4. 拉弗曲线表明，税率越高，政府的税收就越多，但税率的提高超过一定的限度时，反而导致政府的税收减少。

5. 税收转嫁的方式主要有前转、后转、混转、消转和税收资本化等。税负转嫁与归宿的一般规律：①如果供给完全有弹性或需求完全无弹性，税收负担完全由买方承担；②如果课税品是生活必需品、不易替代品、用途狭窄品或耐用品，人们的需求弹性小，消费者处于不利地位；③如果课税品属于资本密集型产品或生产周期较长的产品，这类产品的生产规模变动较难，供给弹性较小，生产者处于不利地位；④如果课税的范围较窄，课税产品的替代性较大，消费者可减少对此的需求因而课税产品的需求弹性较大，税负易向卖方转嫁；⑤如果课税商品的需求弹性大于供给弹性，则消费者在税收的转嫁中处于有利地位；⑥从短期看，产品的供给弹性低于需求弹性，故短期来说，税负归宿有利于买方；从长期看，供给也将富有弹性，长期税负归宿难以确定。

6. 税收效应主要表现为收入效应和替代效应两个方面，各个税种对经济的影响都可以分解成这两种效应。收入效应是指政府课税造成纳税人可支配收入减少，从而使纳税人降低了商品购买量和消费水平。替代效应是当税收影响商品（或经济活动）的相对价格时，导致纳税人以一种商品或经济行为替代另一种商品或经济行为而产生的效应。税收效应理论表明，税收对生产、投资和储蓄等方面都会产生影响。

7. 根据“次优原则”建立的最适课税理论，是以资源配置的效率性和收入分配的公平性为准则，对构建经济合理的税制体系进行分析的学说。①直接税与间接税两者不能偏废，同时要依据一国的经济发展阶段和政府的经济政策目标确立税制模式；②对商品和劳务征税要实行差别征税制度、对必需品适用低税率，对奢侈品则适用高税率；③对所得征税最好采用低累进税率制度，而且实行倒“U”形所得课税，即对低收入者和高收入者适用相对较低的税率，而对中等收入者适用较高的税率。

## 案例分析

### 治理大气污染需用税收手段

近年来，我国生态环境持续恶化，各类污染事故频发，给人民的生命财产安全带来严重威胁。特别是我国部分城市持续出现的雾霾天气，更是引起了全社会的高度关注。我国传统的以收取排污费、罚款为主要经济手段的治污方式正在遭遇大自然的严峻“拷问”。

现实中，“权力寻租”和“利益博弈”的纷扰是收“费”方式挥之不去的“梦魇”，这是有费不征、弹性征收和“关系费”、“人情费”盛行的根源。更为严重的是，这将导致产品价格形成机制人为扭曲，进而在客观上起到鼓励生产者和消费者破坏生态环境、诱导国际资本（污染企业）流入我国的逆向“激励”作用。更令人啼笑皆非的是，为了追求政绩，某些地方政府甚至打起了将减免排污费作为“招商引资”优惠政策的歪主意。

在这种情况下，根据我国国情并借鉴国际惯例，实行环境税取代排污费的“费改税”，是积极寻求环保经济手段“升级版”的内在要求。环保经济手段的作用机理是：消除“负外部性”，避免“公地悲剧”。也就是说，通过征收费或税，迫使企业将本应该内在化的生态环境成本纳入产品成本核算体系之内，使其产品成本能够真实反映资源环境代价——私人成本“逼近”社会成本——然后在市场竞争机制的作用下，“倒逼”企业加大技改投入，开发采用先进清洁生产技术，淘汰落后产能，最终达到节能减排的目的。

众所周知，收费、罚款方式存在“权力寻租”空间，用机制设计理论的行话来说，是一种“不可行不可实施”的机制。相反，税收则完全不同，无论是实施效果、社会经济效应，还是体现公平效率原则，“税”都明显优于“费”，这是由税收的性质所决定的。

十八届三中全会《决定》明确指出“推动环境保护费改税”。开征环境税已写入我国“十二五”规划。我国《环境保护税法（送审稿）》目前也已进入征求意见阶段。环境税开征，箭在弦上。

开征环境保护税，对于构建我国绿色税收体系，创造经济社会可持续发展的资源环境支撑条件等具有重要意义。从征收环节上来看，可以改对产业链末端征收为对生产、消费等多个环节征收，调节功能大大增强；从管理权配置效率来看，可以改环保“地方意志”为“国家意志”，让地方政府彻底摆脱“利益博弈”的困局。

——摘编自杨孟著，“治理大气污染需用税收手段”，中国科技报。

**分析讨论**

运用征收庇古税的税收手段治理环境污染的内在机理是怎样的？

## 关键术语

税收　课税主体　课税对象　税率　所得税　资源税　从价税　从量税　直接税　间接税　价内税　价外税　定率税　配赋税　纳税成本　税收中性原则　税收负担　宏观税收负担　微观税收负担　税收转嫁　税收归宿　税收资本化　税收的无关性定理　税收的收入效应　税收的替代效应　逆弹性命题

## 思考题

1. 说明税收的定义和特征。
2. 税收的分类有哪些？
3. 说明课税原则的涵义。
4. 现代课税原则包括哪几个方面并具体说明。
5. 根据宏观税收负担率与微观税收负担率分析我国纳税人负担。
6. 分析影响税收负担水平的因素。
7. 画出拉弗曲线并简述其经济意义。
8. 税收转嫁的形式有哪几种？
9. 税收转嫁与归宿的一般规律有哪些？
10. 税收效应的作用机制有哪些？
11. 作图分析税收的收入效应和替代效应。
12. 税收对生产、投资、储蓄有哪些影响？
13. 简述最适课税理论。
14. 试着结合自己的亲身体验，说明税收对自己生活的影响。

# 第 9 章 税收制度

税收制度是规范国家征税和纳税人纳税的各种税收法规的总称。税收制度随着社会经济的发展及政府职能的变迁而不断演进，是国家按一定政策原则组成的税收体系，其核心是主体税种的选择和各税种的搭配问题。税收制度是要从法律依据上解决对什么征税、征多少税、如何征税，向谁征税的问题。税制结构及其税种的设计不同，对经济发展和人们福利的影响也就不同。我国的税制结构是多种税同时并存，且主次有序、相辅相成的双主体复合税制结构。

## 9.1 税收制度概述

### 9.1.1 税收制度涵义

**1. 税收制度的概念及其构成**

**税收制度是国家各种税收法令和征收管理办法的总称。**它规定了国家和纳税人之间的征纳关系，既是税务机关代表国家向纳税人征税的法律依据和工作规程，又是纳税人履行纳税义务的法律规范。

税收制度有广义和狭义两种解释。**广义的税收制度**是国家各种税收法令和征收办法的总称，包括税法（条例）、实施细则、税收的计划、会计、统计工作制度、税收管理体制、征收管理办法、专项管理制度等。**狭义的税收制度**是指各种税的基本法规，包括已完成立法手续的各种税法和虽未完成立法手续，但起着税法作用的各种税收条例。税收制度是国家向纳税人征税的法律依据和工作规程，规定国家和纳税人之间的征税关系。它是国家按一定政策原则组成的税收体系，其核心是主体税种的选择和各种税种的搭配问题。

税收基本法规是税收制度的重要组成部分，它分为三个层次：第一层次是税收的各种法律、条例，是各种税收的基本法律规范；第二层次是各种税收法律、条例的实施细则或实施办法，是对各种税收法律、条例所作的扩展性或限定性、解释性规范；第三层次是各种税收的具体规定，是对税收法律、条例或实施细则所作的补充性规定。

税收制度一般是由具体税种构成的。关于税收制度的基本构成，不外乎有两种：一种是**单一税制**，**指以一种课税对象为基础设置税种所形成的税制**。它表现为单一的土地税、单一的财产税、单一的消费税、单一的所得税等较为单纯的税种构成形式。另一类是**复合税制，指由多种征税对象为基础设置税种所形成的税制，它是由主次搭配、层次分明的多个税种构成的税收体系。**由于单一税制理论仅限于理论上的探讨，并没有哪个国家真正实施过。因此，世界上绝大多数国家实行的是复合税制。

在复合税制下，税制结构的构建主要包括三方面的问题：一是主体税种的选择；二是辅助税种的设计；三是税种间的相互关系及各税种对经济的调节功能考虑。主体税种的选择，不仅要考虑税源充裕，征收简便的问题，而且要考虑课税是否公平，对经济的调节作用大小。在经济全球化条件下，还要考虑能否维护国家主权和经济利益。主体税和辅助税要求协调配套，互相补充，以更好地发挥税收组织收入和调节经济的作用。主体税种的差异显示出税制结构模式的不同类型。从税收产生发展的历史看，各国开征的税种名目繁多，主体税种不断变化，经历了由原始的直接税为主体到间接税为主体，再到以现代直接税为主体的漫长的"否定之否定"发展演变过程。从现代各国的税务实践看，由于各国经济发展不平衡，税制结构模式的选择也多种多样，可以分为三种类型：一是以直接税为主体的税制结构模式；二是以间接税为主体的税制结构模式；三是直接税和间接税双主体的税制结构模式。

从世界各国税制发展来看，税制结构一般呈现以下特征。

其一，经济发展水平相同、经济管理体制相似、税收管理水平相当的国家，其税制结构具有相同性。例如，高收入国家几乎都是以所得税为主体税种；而低收入国家则都以流转税为主体税种。

其二，经济发展水平不同、经济管理体制不相似、税收征收管理水平不相当的国家，其税制结构存在差异性。大部分高收入国家以所得税为主体税种；中等收入国家所得税和流转税并重，所得税比重略小于流转税；低收入国家则以流转税为主体税种。

其三，经济发展水平越高的国家，个人收入水平和企业利润率就越高，因此所得税在整个税收收入中所占的比重就大。

其四，税收征收管理水平越高的国家，所得税的征收力度就越大，因此所得税在整个税收收入中所占的比重就大。

其五，20 世纪 90 年代以来，随着各国经济发展水平、税收征收管理水平的进一步提高，中等收入国家以及低收入国家所得税占总税收收入的比重一直呈上升趋势[①]。

**2. 税收制度的意义**

（1）税收制度从立法上解决税种体系设置和征管制度配套的问题。

（2）税收制度从法律依据上解决对什么征税、征多少税、如何征税及向谁征税的问题。

（3）税收制度从操作规范上解决征税机关如何行使职权的工作规程问题。

（4）税收制度从税收职能上解决如何筹集财政资金、体现国家政策和对税收分配关系的保护问题。

### 9.1.2 税收制度的构成要素

一国税制通常是由多个税种组成的，而每一个税种的设置都离不开三方面的内容，即对什么征税、征多少税以及由谁缴纳。因此，税制有三个基本要素，即纳税人、征税对象和税率。

**1. 纳税人**

**纳税人是纳税义务人的简称，也称课税主体，是指税法规定的直接负有纳税义务的单位和个人，即税款的缴纳者。**纳税人可以是自然人，也可以是法人。前者是指依法独立享有民事权利并承担民事义务的公民个人；后者是指依法成立，拥有独立支配的财产并且能够以其名义享有民事权利和承担民事义务

① 靳东升，魏志梅. 各国税制结构的基本特点及发展趋势.
刘佐. 中国税制改革前沿. 北京：中国税务出版社，2007. P144.

的社会组织，例如企事业单位、社会团体等。在税负不能转嫁的条件下，纳税人即为负税人，最终负担税款；在税负可以转嫁时，纳税人并不最终负担税款。每个国家一般由征税主体向纳税人依法征缴相应的税收。**征税主体是指法律、行政法规规定代表国家行使征税权利的征税机关。**在我国，征税主体包括各级税务机关、财政机关和海关。

**2. 课税对象**

**课税对象又称征税对象，是指课税客体，即对什么进行征税，是税法规定的征税的标的物。**每一种税都必须选择确定的征税对象。征税对象从总体上确定了一个税种的征税范围，明确了征税与不征税的法律界限。凡列入征税对象的，就属于该税种的征税范围，否则就不属于其征税范围。征税对象体现了征税的广度和各种税在性质上的差别，是一种税区别于另一种税的主要标志。在现代社会，国家的课税对象主要包括所得、商品和财产三类。

与征税对象有关的概念包括税目、计税依据、税源等，它们与征税对象共同组成一个系统，补充或延伸了征税对象的功能并使其具体化。

**税目是税法规定的同一课税对象范围内的具体项目或课税对象的具体划分。**它的设置更加明确了具体的征税范围，反映了征税的广度。便于针对不同的项目确定差别税率，可以使国家灵活地运用税收调节经济。

**计税依据是指根据征税对象计算应纳税款的数量依据，体现所征税对象的量的规定性。**计税依据既可规定为征税对象的价格或金额，也可以规定为征税对象的重量、容积、体积、数量等。计税依据与征税对象尽管联系密切，但却是两个不同的概念。在各个税种中，计税依据与征税对象有的是一致的，如各种所得税，其征税对象和计税依据都是应税所得额；有的是不一致的，如消费税，其征税对象是应税消费品，计税依据则是消费品的销售收入。在同一征税对象中，征税对象一般只能有一类，而计税依据却可以有多种。

**税源是指税款的最终来源。**从根本上说，税源来自当年创造的剩余产品。税源与征税对象有重合的时候，但在大多数的情况下二者不一致。

**3. 税率**

**税率，是指税额与征税对象数额或税基之间的法定比率。**它是计算纳税人应纳税额的尺度，体现着征税的深度。在征税对象确定以后，税率的高低直接关系到政府财政收入和纳税人的负担程度。因此，税率是税收制度的中心环节，体现着国家的税收政策。税率的基本形式有比例税率、累进税率和定额税率三种。

**（1）比例税率。比例税率是对征税对象只规定一个征税比率，不论其数额的大小，都按同一比率征税。**在具体运用上，比例税率又有不同的表现形式，例如行业比例税率、产品比例税率、地区差别比例税率、幅度比例税率等。

比例税率具有计算简便、利于征管、促进效率的优点。缺点是在一定条件下，不利于税收负担公平，即在税收负担上具有累退性，表现为收入越高，负担越轻。它一般适用于对商品或劳务的征税。

**（2）累进税率。累进税率是指按征税数额的大小划分若干等级，不同等级规定高低不同的税率。**征税对象数额越大，税率越高；数额越小，税率就越低。

累进税率的基本特点是税率等级与征税对象的数额同方向变动，符合量能负担的公平原则。从宏观上看，累进税率可以在一定程度上抑制经济的波动，具有稳定经济的功能，但其计算较为复杂。累进税率一般适用于对所得和财产的课税。

累进税率按其累进依据和累进方式的不同，可以分为全额累进税率和超额累进税率两种。**全额累进**

**税率是指把课税对象的全部数额都按照与之相应的那一级税率征税。超额累进税率是指把全部课税对象按数额大小划分为若干等级，对每一等级分别规定相应的税率，计算应纳税额时先分别用各级税基增量乘以对应的税率求出各级税额，然后加总。**其优点体现在累进的幅度比较小，税收负担较为合理，特别是当课税对象处于不同级距间税率变化的临界点附近时，因只就增量部分按高一级税率征税，可以避免全额累进税率下出现的税负增加超过应税所得额增加的不合理现象。但是，超额累进税率下应纳税额的计算较之全额累进税率要复杂，但这可通过“速算扣除数”的办法予以解决。超额累进税率的合理性使其应用较为普遍和广泛。

（3）**定额税率。定额税率又称固定税额，是指按照征税对象的单位数量直接规定一定的税额。**定额税率可以是单一定额税率，既在同一税种中采用一种定额税率，也可以是差别定额税率，即同时采用几个定额税率。定额税率具有计算简便，税额不受价格和收入变动影响，一般适用于从量计征的税种。其缺点是税负不尽合理，只适用于特殊税种，例如我国的资源税、车船牌照税等。

为了分析税收负担和税收作用效果以及简化征收管理，税率还可划分为名义税率和实际税率，边际税率和平均税率。名义税率是指税法所规定的税率。实际税率是指纳税人实际缴纳的税额占其征税对象实际数额的比例，它反映了纳税人的实际税负水平。在一些情况下，实际税率与名义税率有差异，其原因主要有起征点的规定、税收优惠及税收征管的漏洞等。边际税率是指在征税对象的一定数量水平上，由征税对象的增加导致的所纳税额的增量与征税对象的增量之间的比例。而平均税率指全部税额与征税对象总量之比。

## 9.1.3 我国税收制度的发展

我国的税收制度是根据各个不同时期政治、经济形势发展的需要而制定的。现行的税收制度是在新中国成立初期建立的税收制度的基础上，经过数次较大的改革逐步发展演变而来的。这一发展大致可分为以下几个阶段。

**1. 改革开放前工商税制的演进**

（1）1950 年统一税政，建立新税制。新中国的税收制度是在 1950 年确立的。中央人民政府于 1949 年 11 月在北京召开了首届全国税务会议，制定了《全国税政实施要则》，并于 1950 年 1 月公布施行。这一要则规定，除农业税外，全国统一开征 14 种工商税。新税制的确立，保证了当时国家财政的需要，促进了国民经济的发展，也基本上做到了统一课税，税负公平，从而为我国税制的进一步发展和建设奠定了良好的基础。

（2）1953 年修订税制。1953 年，我国财政经济状况逐步好转，完成了恢复国民经济的任务，并进入第一个五年计划时期，原有税制与新形势在某些方面出现不适应的情况，例如，国营经济与私营经济之间、工业和商业之间税负不平衡等。这次改革的核心内容有三个方面：一是开征商品流通税，即从原来征收货物税的品目中，划出一部分改征商品流通税；二是修订货物税和营业税；三是取消特种消费行为税，取消或停征除牲畜交易税以外的其他交易税。

（3）1958 年改革工商税制，统一全国税制。1958 年进入第二个五年计划，由于 1956 年完成了社会主义改造，社会经济结构由多种经济成分并存转变为基本单一的社会主义公有制经济，因而建立在原有经济结构基础上的税制必须改革，以适应新的形势。这一次改革的原则是“基本上在原有税负基础上简化税制”，一共设立 14 种税收。具体内容包括：①实行工商统一税，取代原有的货物税、商品流通税、营业税和印花税；②建立工商所得税，即把原有的工商业税中的所得税改为一个独立的税种；③在全国范围内统一税制。

（4）1973 年进一步改革工商税制，试行工商税。1973 年是在特殊的历史背景下对工商税制进行的一次改革，当时由于受“左”的错误思想的影响，税收制度被视为“管、卡、压”的工具，“税收无用论”甚嚣尘上，因而把“简化”作为改革税制的主要原则。这一次税制改革实际上是对经过 20 多年努力建设起来的较为完善的税制的破坏和摧残。主要内容有两项：一是合并税种。把工商统一税及其附加、对企业征收的城市房地产税、车船使用牌照税和屠宰税及盐税合并为工商税。合并以后，对国营企业只征收工商税，对集体企业只征工商税和工商所得税。二是简化税目和税率。税目由原来的 108 个减为 44 个，税率由原来的 141 个减为 82 个。

**2. 改革开放后工商税制改革**

**（1）1979—1993 年期间的工商税制改革。**

党的十一届三中全会决定将党工作重点转移到社会主义现代化建设上来，开始全面实行改革开放的政策。改革开放使税收制度受到巨大的冲击，这不仅由于作为经济体制一个组成部分的税制必须随着整个经济体制的改革而改革，而且由于作为国家调节经济的重要手段的税收，只有通过改革才能较好地发挥作用。但原有税制已被弄得支离破碎，与改革开放新形势的要求差距过大，可以说，新时期的税制改革实际上是一次税制的重建。从 1979 年开始的税制改革主要包括以下内容：①商品税方面，陆续开征产品税、增值税、营业税、消费税和一些地方工商税收，取代原有的工商税；②所得税方面，陆续开征国营企业所得税、集体企业所得税、城乡个体工商户所得税、私营企业所得税、个人收入调节税，健全了所得税体系；③在财产和资源课税方面，陆续开征或恢复城市房产税、车船使用税、土地使用税、资源税和盐税；④在涉外税收方面，陆续开征了中外合资经营企业所得税、外国企业所得税和个人所得税。另外，国家为了达到某些特定的政治经济目的，还开征了建筑税（后改为投资方向调节税）、国营企业工资调节税、奖金税、筵席税、城市维护建设税等。在此期间已经建成了包含有 30 多个税种的较为完整的税收体系。

应当指出，从 1979 年开始的税制改革，十分重视主体税种的选择问题。如果说，从 1950 年开始我国基本上实行的是以商品课税为单一主体税种的税制，那么，这次税制改革则突破了原有的税制结构，初步建成了以商品课税和所得课税为双主体的税制。对于发展中国家来说，过分倚重商品课税，固然有利于保证税收收入，征收简便，且有一定的经济调节力，但税负分配不够公平，也不利于维护民族权益，例如难以解决对跨国投资者的利润征税问题。过分倚重所得课税，可以较好地体现课税公平和维护民族权益，但对于个人收入水平和税收征管水平都较低的发展中国家来说，税源则不够充裕，征管也有失简便。因而，实行所得课税和商品课税并行的双主体税制，往往可以互补其短，各显其长。从我国目前的情况看，商品课税占整个税收收入的 60%以上，所得税占整个税收收入的近 30%，而后者所占比重呈上升的趋势。

**（2）1994 年的分税制改革。**

随着经济体制改革的深化，党的十四大明确提出我国的改革目标是建立社会主义市场经济体制，原有的税制体系已经不能完全适应市场经济发展的要求，主要表现为以下 3 个方面。①税制结构不合理。1993 年以前，我国陆续设立了 30 多个税种，这些税种都是根据当时的客观情况，为了一定的经济目的制定并发布执行的。有些税种出台仓促，没有理顺和其他税种的关系，因而各税种之间不能很好地配合和协调，制约了整体税收职能作用的发挥。②内外资企业执行着两套不同的税制，不仅流转税制、所得税制不统一，而且地方税制也不统一。③税收的作用没有得到充分发挥。第二步利改税后虽然形成了以流转税、所得税为主，其他税种为辅的相互配合的复合税制，但由于以下原因复合税制的作用没有得到充分发挥：一是税制建设缺乏严密的总体规划，税种过多，税制总体结构松散且互不协调、互不配合；二是从中央到地方层层放宽的多种形式的税收优惠，特别是繁杂的所得税优惠，严重地侵蚀了税基；三是税收征收管理不严、征管制度不完善，导致管理偏松，税款流失严重。所有这些问题都影响了税收作用的充分发挥。

1994年工商税制改革主要涉及以下4个方面的内容。①以推行规范化的增值税为核心，相应设置消费税、营业税，建立新的流转课税体系，对外资企业停止征收原工商统一税，统一实行新的流转税制。②对内资企业实行统一的企业所得税，取消原来分别设置的国营企业所得税、国营企业调节税、集体企业所得税和私营企业所得税。同时，国有企业不再执行企业承包上缴所得税的包干制。③统一个人所得税，取消原个人收入调节税和城乡个体工商户所得税，对个人收入和个体工商户的生产经营所得统一实行修改后的个人所得税法。个人所得税的政策是主要对收入较高者征收，对中低收入者少征或不征。④调整、撤并和开征其他一些税种。改革后的税种设置由原有的32个减至23个，初步实现了税制的简化与高效的统一。

1994年我国进行的工商税制改革是新中国成立以来规模最大、范围最广、内容最深刻、力度最强的带有全面性的改革。通过这次改革，初步建立起了与社会主义市场经济体制相适应的税制体系，正是上述分税制改革，奠定了20年来中国财政管理体制的基础。但随着形势的发展，一些问题也渐次暴露。例如，中央政府与地方政府财权事权不匹配、事权和支出范围越位等现象，成为制约新时期中国经济持续发展的重要因素。

**（3）建立现代财政制度阶段。**

党的十六届三中全会通过的《中共中央关于完善社会主义市场经济体制若干问题的决定》做出了“分步实施税收制度改革”的部署，政府对完善税收制度提出了具体要求。下一步税制改革的基本思路是：根据“简税制、宽税基、低税率、严征管”的原则，围绕统一税法、公平税负、规范政府分配方式、提高税收征管效能的目标，在保持税收收入稳定增长的前提下，适应经济形势和宏观调控的需要，积极稳妥地分步对现行税制进行有增有减的结构性改革。2013年，中共十八届三中全会提出，未来经济体制改革是全面深化改革的重点，而经济体制改革的重点与难点就在财税改革。必须完善立法、明确事权、改革税制、稳定税负、透明预算、提高效率，建立现代财政制度，发挥中央和地方两个积极性。要改进预算管理制度，完善税收制度，建立事权和支出责任相适应的制度。

深化财税体制改革的目标是建立现代财政制度。我国现行18种税只有三种税出台了法律，其他都是暂行管理条例。新一轮财税体制改革2016年基本完成重点工作和任务，2020年基本建立现代财政制度。通过《深化财税体制改革总体方案》进行部署，重点推进三个方面的改革：一是改进预算管理制度，强化预算约束、规范政府行为、实现有效监督，加快建立全面规范、公开透明的现代预算制度；二是深化税收制度改革，优化税制结构、完善税收功能、稳定宏观税负、推进依法治税，建立有利于科学发展、社会公平、市场统一的税收制度体系，充分发挥税收筹集财政收入、调节分配、促进结构优化的职能作用；三是调整中央和地方政府间财政关系，在保持中央和地方收入格局大体稳定的前提下，进一步理顺中央和地方收入划分，合理划分政府间事权和支出责任，促进权力和责任、办事和花钱相统一，建立事权和支出责任相适应的制度。税制改革重点锁定六大税种，包括增值税、消费税、资源税、环境保护税、房地产税、个人所得税。此外，税制改革将会遵循三个前提：保持税负基本不变、改变财力分配格局、财税法定。

**现代财政制度就是健全有利于优化资源配置、维护市场统一、促进社会公平、实现国家长治久安的科学的可持续的财政制度。**总体来讲，新一轮财税体制改革的基本思路，一是完善立法。树立法治理念，依法理财，将财政运行全面纳入法制化轨道。二是明确事权。合理调整并明确中央和地方的事权与支出责任，促进各级政府各司其职、各负其责、各尽其能。三是改革税制。优化税制结构，逐步提高直接税比重，完善地方税体系，坚持清费立税，强化税收筹集财政收入主渠道作用。改进税收征管体制。四是稳定税负。正确处理国家与企业、个人的分配关系，保持财政收入占国内生产总值比重基本稳定，合理控制税收负担。五是透明预算。逐步实施全面规范的预算公开制度，推进民主理财，建设阳光政府、法治政府。六是提高效率。推进科学理财和预算绩效管理，健全运行机制和监督制度，促进经济社会持续健康发展，不断提高人民群众生活水平。

财政是国家治理的基础和重要支柱，财税体制在治国安邦中始终发挥着基础性、制度性、保障性作用。新一轮财税体制改革是一场关系国家治理体系和治理能力现代化的深刻变革，是立足全局、着眼长远的制度创新。

## 9.2 商品课税

### 9.2.1 商品课税的特征与功能

**商品课税是泛指所有以商品和劳务为征税对象的税类。国际上的税收分类称之为“商品及劳务税”。**就我国现行税制而言，包括增值税、营业税、消费税、土地增值税、关税及一些地方性工商税种。同其他税类对比而言，商品课税有下述 4 方面的特征。

**（1）课征普遍。**商品课税以商品交换并形成销售收入为前提。在现代社会中，商品是社会生产、交换、分配和消费的对象，商品生产和商品交换是社会生产的主要形式，对商品的课税自然是最具普遍性的税类。

**（2）以商品和非商品的流转额为计税依据，税收负担易于转嫁。**这里的商品流转额指商品销售的收入额，非商品流转额指交通运输、邮政通信及各种服务性行业的营业收入。由于商品课税以流转额为计税依据，在税率既定的前提下，税额大小直接依存于商品和劳务价格的高低及流转额的多少，而与成本和费用水平无关。根据商品课税的这一特征，又被称为**流转课税**。此外，税收负担能随商品价格的运动而转嫁给消费者。当然，税收负担能否转嫁出去，转嫁多少，还取决于商品的供求弹性。

**（3）实行比例税率，税收负担具有累退性。**商品课税一般不考虑纳税人经济条件和负担能力的差别，除少数税种实行定额税率外，多采用比例税率征收。由于消费者的收入有很大差别，随着个人收入的增加，个人消费支出占收入的比重下降。如果按消费支出比例征税，则税收占个人收入的比例必然下降，形成高收入者税负轻，低收入者税负重，商品课税具有明显的累退性，不符合税收的量能纳税的公平原则。

**（4）计征简便，保障财政收入的及时稳定。**商品课税以流转额为计税依据，与商品成本和盈利水平无关，又是实行比例税率，所以计税征税都十分简便。此外，商品课税不受或较少受生产经营成本、费用和利润的影响，税收收入相对比较稳定，但也使税收收入缺乏弹性。

商品课税的优点是：①负担普遍；②收入充裕，可以稳定、便利地取得财政收入，是收入功能较强的一个税类；③征收方便；④抑制特定消费品的消费，由于流转税一般可以转嫁并最终以消费领域为税负归宿，所以可以起到抑制消费，增加储蓄和投资的作用。

商品课税的缺点是：①不符合纳税能力原则；②不符合税收的公平原则；③商品税缺乏弹性。此外，商品课税与商品价格相联系，在国内会干扰市场运行并形成分配不公的局面，在国际间会阻碍资金、劳动力和商品的自由竞争和流动。

总之，商品课税是特征鲜明、功能突出，缺陷也明显的一个税类。在税收实践中，必须扬长避短，这也正是我国商品课税制度建设中应遵循的基本原则。

## 9.2.2 增值税

**1. 增值税概述**

增值税是一种对商品生产流通和劳务服务各个环节上的增值额为征税对象的一种税。

增值额从理论上讲相当于企业生产商品过程中新创造的价值，也就是商品价值中扣除生产中消耗的生产资料价值 $C$ 之后的余额，即 $V+M$ 部分。具体到一个生产单位，增值额是指这个单位的商品销售收入或劳务收入扣除外购商品价值后的余额。就一个产品来讲，增值额是生产经营各环节的增值额之和，相当于产品最终销售收入。

**（1）增值税的特点。**增值税始建于法国，20 世纪 50 年代在法国首先初步实践成功。以后在西欧和北欧各国迅速推广，现在已成为许多发达国家和发展中国家广泛采用的一个国际性税种。中国从 1979 年开始增值税的试点，1994 年全面推行增值税。2013 年财税体制改革以来，我国开始了增值税转型和扩大增值税范围的改革。

增值税的最大特点是在就一种商品多次课征中避免重复征税。这一特点适应社会化大生产的需要，在促进生产的专业化和技术协作，保证税负分配相对公平等方面，有较大功效。增值税还有其他一些优点，诸如增值税采取道道课税的课征方式，并以各企业新创造的价值为计税依据，可以使各关联企业在纳税上互相监督，减少乃至杜绝偷税漏税。因为上游企业漏税必然使下游企业多纳，在经济利益原则驱使下，下游企业必然主动监督上游企业的纳税情况；增值税的课征与商品流转环节相适应，但税收额的大小又不受流转环节多少的影响；企业的兼并和分解都不影响增值税税额，可以保证收入的稳定；对于出口需要退税的商品可以实行“零税率”，将商品在国内已缴纳的税收一次全部退还给企业，比退税不彻底的一般流转税更能鼓励外向型经济的发展。

**（2）增值税的类型。**一般而言，增值税的计税依据是商品和劳务价款中的增值额，但各国的增值税制度对购进固定资产价款的处理有所不同，据此增值税可分为三种类型。

**一是生产型增值税。**计税依据中不准许抵扣任何购进固定资产价款，就国民经济整体而言，计税依据相当于国民生产总值，称之为生产型增值税。其特点是存在重复征税并抑制投资。

**二是收入型增值税。**只准许抵扣当期应计入产品成本的折旧部分，就国民经济整体而言，计税依据相当于国民收入，称之为收入型增值税。其特点是：①不存在重复征税；②征税过程相对复杂，在采取购进扣税法时，需要固定资产已纳税款（进项税款）在固定资产使用期内进行分摊；③与生产型增值税相比，较有利于投资。

**三是消费型增值税。**准许一次全部抵扣当期购进的用于生产应税产品的固定资产价款，就国民经济整体而言，计税依据只包括全部消费品价值，称之为消费型增值税。其特点是：①不存在重复征税；②容易引起税收收入的波动，购进固定资产的时期，税收收入减少；③与收入型增值税相比，更有利于投资。

由于计税依据有差别，因而不同类型增值税的收入效应和激励效应是不同的。从财政收入着眼，生产型增值税的效应最大，收入型增值税次之，消费型增值税最小；从激励投资着眼，则次序相反。西方国家采用生产型增值税者较少，普遍采用后两种类型。

【例 9-1】2003 年购进固定资产 1000 万元进项税款 170 万元，固定资产使用期为 5 年。

若采用收入型增值税，销项税款每年为 250 万元，购买原材料进项税款每年为 30 万元，则企业每年应纳税为 250－170/5－30=186 万元，总共纳税为 186×5=960 万元。

若采用消费型增值税，则 2003 年企业纳税=250－170－30=50 万元，以后 4 年，每年各纳税为 250－30=220 万元，总共纳税为 50+220×4=960 万元。

消费型增值税对企业更有利，更有利于投资，企业得到的额外好处是享受了财政提供的 1 年期、2 年期、3 年期和 4 年期的无息贷款各 34 万元。

若采用个生产型增值税，则企业每年纳税为 250-30=220 万元，5 年共计纳税 220×5=1100 万元。

收入型增值税的税收流：186；186；186；186；186；现值大

消费型增值税的税收流：50；220；220；220；220；现值小

生产型增值税的税收流：220；220；220；220；220；现值最大

（3）增值税的计征方法。增值税的计征方法比较复杂，从理论上讲，有 3 种计征方法。

① 加法。将纳税单位纳税期内新创造的价值（如工资、利润、利息和其他增值项目）逐项相加作为增值额，然后按适用税率求出增值税额，称为加法。公式为：

增值额=增值项目金额之和

应纳增值税额=增值额×增值税率

② 减法（也叫扣额法）。从企业单位纳税期内的销售收入额减去法定扣除额（如原材料、燃料、动力、零配件等）后的余额，作为增值额，称为减法（或扣额法）。公式为：

增值额=销售收入-非增值项目（即外购项目）金额

③ 扣税法（也叫购进扣税法）。不直接计算增值额，而是从按销售收入额计算的税额中，扣除法定外购商品的已纳税金，以其余额作为增值税应纳税额，通常称为扣税法。公式为：

应纳税额=增值额×增值税率=（销售收入-外购项目金额）×税率

=销售收入×税率-外购项目金额已纳税金

在实践中，由于加法计算复杂，误差较大，很少有哪个国家采用。一般采用第三种扣税法。

**2. 我国现行的增值税制度**

我国自 20 世纪 80 年代开始试行增值税，当时的增值税是由原产品税转化过来的，仅限于对部分工业品征收，而且设置多档税率。1994 年全面改革工商税制时，增值税被列为改革的核心内容，其目标是按国际上通行的做法，在我国现存条件下，建立一种比较完整的增值税课征机制，使之符合市场经济的要求。

1994 年 1 月 1 日起施行《中华人民共和国增值税暂行条例》主要有以下内容。

（1）增值税的征收范围。增值税征收范围包括在我国境内销售货物和提供加工、修理修配劳务及进口货物，即不仅包括货物的生产、批发、零售和进口商品，而且包括提供的加工、修理修配，同时，对视同销售货物、混合销售行为和兼营行为做出特殊规定。2015 年随着营改增改革的完成，增值税的课征将涉及所有商品及劳务部门。

（2）增值税的纳税义务人。增值税的纳税义务人是所有销售应税货物和提供应税劳务的工商企业及其他单位和个人。原缴纳工商统一税的外商投资企业，因已通过法律程序废止工商统一税，也属于增值税的纳税人。随着营改增改革的完成，营业税的消失，原营业税纳税人都将变为增值税的纳税人。

（3）增值税税率。税率采取一档基本税率和一档低税率的模式，基本税率为 17%，低税率为 13%。除条例规定的适用低税率的 5 类商品外，根据国务院的决定，对农业产品、金属矿采选产品、非金属矿采选产品增值税率也为 13%。对出口商品实行零税率，即出口商品不但不必纳税，而且在报关出口后可以退还已缴纳的全部税款。2002 年 1 月 1 日起，生产企业自营或委托外贸企业代理出口自产货物，除另有规定外，增值税一律实行免、抵、退税管理办法。

**（4）实行价外计算办法。**现行增值税的基本税率（17%）是在原有的产品税、增值税和营业税的基础上转换而来的，原来的产、增、营三税都是价内税，即价税合一，以含税价格作为计税依据。现行的增值税则实行价外税，即将原来含税价格中的价和税分开，并以不含税价格作为计税依据，在零售以前各环节销售商品时，专用发票上要求分别填写税金和不含税金的价格。据测算，原商品的含税价格中税款所占的比重平均为14.5%左右，即100元的商品价格中大体包含税款14.5元。现行增值税实行价外计税办法以后，首先要求按现行税率将原含税价格换算为不含税价格，计算公式是：含税价格÷（1+税率），即100元÷（1+17%）=85.5元，应缴税款则是85.5元×17%=14.5元。因此，由于实行价外计税办法，实行17%的基本税率，从国民经济整体来看，仍保持原来的总体税负水平，更不意味着在原含税价格（100元）之外另加17%的税金。在零售环节，消费者购买的商品为自己使用，已不存在税款抵扣问题，为了照顾我国广大消费者的习惯心理，零售环节仍实行价、税合一的办法。

**（5）按购进扣税法计算应纳税额，实行根据发货票注明税金进行税款抵扣制度。**

应纳税额=当期销项税额-当期进项税额；销项税额=销售额×税率

准予从销项税额中抵扣的进项税额为下列扣税凭证上注明的增值税额：从销售方取得的增值税专用发票上注明的税额；从海关取得的完税凭证上注明的税额。购进免税农产品原材料从2002年1月1日起准予按照买价和13%的扣除率计算进项税额，从当期销项税额中扣除。外购货物（固定资产除外）所支付的运输费用，以及一般纳税人销售货物所支付的运输费用，根据运费金额7%的扣除率计算进项税额，但随同运费支付的装卸费、保险费等其他杂费不得计算进项税额。外购的资本性固定资产中所含的税款，计算应纳税额时不得扣除，因而我国1994年税制改革实行的增值税属于生产型增值税。

**（6）对年销售收入小于规定的额度且会计核算不健全的小型纳税人，实行简易征收办法。**商业企业属于小规模纳税人的，其适用的征收率为4%，商业企业以外的其他企业属于小规模纳税人的适用6%的征收率。在降低小规模纳税人增值税征收税率的同时，寄售商店代销寄售商品、典当业销售死当物品、销售旧货、经批准的免税商店零售免税货物，增值税征收率也降为4%。

**（7）按规范化办法计算纳税的增值税纳税人要进行专门的税务登记，并使用增值税专用发票。**以便建立纳税人购销双方进行交叉审计的稽核体系，增强增值税自我制约偷漏税和减免税的内在机制。

1994年工商税制改革当时实行生产型增值税，自2009年1月1日起，修订增值税暂行条例，在全国推开增值税转型改革，改革的核心是在企业计算应缴增值税时，允许扣除购入机器设备所含的增值税，实现增值税由生产型向消费型的转换。

增值税转型改革后，我国增值税改革的进程并没有完结。现行增值税制仍存在征收范围不规范、征收链条不完整等诸多问题，扩大增值税征税范围（简称“扩围”）将是进一步完善增值税制度的必然选择。我国现行增值税征税范围是在中华人民共和国境内销售货物或提供加工、修理修配劳务及进口货物。销售不动产、转让无形资产以及除加工、修理修配以外的其他劳务不在增值税征税范围之内，而是征收营业税。这就形成了不同行业分别属于不同的流转税征收区域，从制度上人为地造成增值税抵扣链条割裂，划分范围复杂，税负失衡，也加大了征管难度。

从增值税理论来说，增值税必须兼备征收范围广泛和统一的特点，才能保证税负公平、有效发挥本身具有的增加税收收入和税收中性的功能；增值税征税范围覆盖经济活动各个领域，才能形成一个连接紧密、环环紧扣的链条以及链条中的各个环节形成足额抵扣的相互稽核、相互制约的机制。理想的增值税征收范围应包括所有创造和实现增值额的领域。从横向看，应包括采矿业、制造业、建筑业、能源交通运输业、商业和劳务等各行各业，甚至应将与生产经营和人民生活都有一定关联度的行业，例如金融保险、邮政电信最终也纳入增值税征税范围。从纵向看，应涵盖从原材料、加工、批发、零售、仓储等所有环节。首先是“扩围”将消除或减弱增值税与营业税的重复征税，是一项减税措施，有利于刺激投资和经济增长，但在宏观上必须避免税收收入的骤减和投资增长的结构失调。其次，作为当前地方主体税种的营业税消失了，如何来弥补因营业税消失而减少的地方财政收入？这就要求在增值税“扩围”的同时必须加强以财产税为主的地方税种建设，并调整分税制和转移支付制度，也就是说，处理好中央与地方财政关系是增值税“扩围”改革的前提。

财政部发布自 2011 年 11 月 1 日开始实施新修改的《增值税暂行条例实施细则》和《营业税暂行条例实施细则》，提高增值税和营业税起征点。调整的目的为了贯彻落实国务院关于支持小型和微型企业发展的要求，减轻小型和微型企业税负。如表 9-1 所示。

表 9-1 增值税与营业税起征点调整表①

| 类别 | | 调整前 | 调整后 |
|---|---|---|---|
| 增值税 | 销售货物 | 月销售额 2000 ~ 5000 元 | 月销售额 5000 ~ 20000 元 |
| | 销售应税劳务 | 月销售额 1500 ~ 3000 元 | 月销售额 5000 ~ 20000 元 |
| | 按次纳税 | 每次（日）销售额 150 ~ 200 元 | 每次（日）销售额 300 ~ 500 元 |
| 营业税 | 按期纳税 | 月营业额 1000 ~ 5000 元 | 月营业额 5000 ~ 20000 元 |
| | 按次纳税 | 每次（日）营业额 100 元 | 每次（日）营业额 300 ~ 500 元 |

**3. 中国现行增值税改革**

（1）生产型增值税转为消费型增值税。增值税改革目标是按照税收中性原则，建立规范的消费型增值税制度。

（2）增值税范围由生产领域扩展到服务领域。营改增范围将逐步扩大到生活服务业、建筑业、房地产业、金融业等各个领域，“十二五”即 2015 年全面完成营改增改革目标，相应废止营业税制度，适时完成增值税立法。经国务院批准，决定自 2013 年 8 月 1 日起，在全国范围内开展交通运输业和部分现代服务业营改增试点，进一步解决货物和劳务税制中的重复征税问题，完善税收制度，支持现代服务业发展。

（3）降低税负。一般纳税人适用的税率有：17%、13%、11%、6%、0 等。其中，提供有形动产租赁服务，税率为 17%；提供交通运输业服务，税率为 11%；提供现代服务业服务（有形动产租赁服务除外），税率为 6%；财政部和国家税务总局规定的应税服务，税率为 0。这次增值税制度改革，取消了营业税，同时新设两档低税率，既是一次税制的重大改革，也是一次结构性减税的重大措施。

（4）增值税四档征收率合并为一档。从 2014 年 7 月 1 日起，将自来水、小型水力发电等特定一般纳税人适用的增值税 6%、5%、4%、3%共 4 档征收率合并为一档，统一按现行简易计税办法，执行 3%的征收率。每年将为相关领域企业减轻税负约 240 亿元。

## 9.2.3 消费税

**消费税的课税对象是消费品的销售收入**，是 1994 年工商税制改革中新设置的一种商品课税。**凡从事生产和进口应税消费品的单位和个人均为消费税的纳税人。**在对商品普遍征收增值税的基础上，选择少数消费品再征收一道消费税，主要是为了调节消费结构，引导消费方向，保证国家财政收入。

对烟、酒、汽油等消费品实行高税率或单独设置税种课以较重的税收，是国际上普遍的做法。从 1994

① 数据来源：中华人民共和国财政部令第 65 号——关于修改《中华人民共和国增值税暂行条例实施细则》和《中华人民共和国营业税暂行条例实施细则》的决定。

年税制改革方案的设计上看，消费税的收入是由原税制的产品税、增值税中分离出来的一部分收入所构成，属于新老税制收入的转换，并不是额外向消费者再加一道税。征收消费税商品的价格中，过去就含有产品税、增值税，而且比例相对较高，现在按照统一税率征收增值税后，对这些商品征收的税款比过去减少，把减少的税款通过设置消费税这个税种进行单独征收，并没有增加这些商品的总体税收负担，也就是说征收消费税的消费品基本上维持了改革前的税负水平。

**1. 征税范围**

消费税征收范围的选择，主要是考虑以下几方面的因素：一是流转税制格局调整后税收负担下降较多的产品；二是非生活必需品中一些高档、奢侈的消费品；三是从保护身体健康、生态环境等方面的需要出发，不提倡也不宜过度消费的某些消费品；四是一些特殊的资源性消费品。在种类繁多的消费品中，征收消费税的为数极少。《消费税暂行条例》中，确定征收消费税的品目有11个，包括烟、酒、化妆品、护肤护发品、贵重首饰、汽油、柴油、汽车轮胎、摩托车、小汽车、烟花爆竹等。

**2. 纳税人**

消费税的纳税人是在我国境内从事应税消费品生产、委托加工和进口的单位和个人。征税选择在生产、进口或委托加工环节征收，体现了征收环节的单一性。

**3. 税率和应纳税额**

消费税采取从价定率和从量定额两种征税办法。从价定率的办法是根据商品销售价格和税法规定的税率计算征税，包括雪茄烟、烟丝、化妆品等。比例税率为3%～45%，幅度差异大。从量定额的办法是根据商品销售数量和税法规定的单位税额计算征税，对黄酒、啤酒、汽油、柴油适用从量定额，共分4档。例如汽油的应纳税额=销售数量（升）×单位税额1.0元；对白酒和卷烟采用从价定率和从量定额复合税率计征：

应纳税额=应税销售数量×定额税率+应税销售额×比例税率

例如，粮食白酒定额税率为每斤（500克）0.5元，比例税率25%。消费税根据不同的税目或子目确定相应的税率或单位税额。消费税实行价内征收的办法。从价定率征收，以含有消费税税金而不含增值税税金的消费品价格为计税依据。消费税从理论上说最终是由消费者负担的，但为了减少纳税人的数量，从而降低征收费用，防止税款流失，消费税的纳税环节确定在生产环节。

消费税自实施以来，对组织财政收入和引导消费方向发挥了重要作用，但随着经济形势的发展变化，在征收范围、税目设置、税率结构等方面逐渐出现一些不相适应的问题，因此，自2006年4月1日起对消费税制度进行重大调整。这次调整突出两个重点：一是突出环境保护和资源节约；二是突出合理引导消费并间接调节收入分配。例如，对高尔夫球及球具和游艇等高档消费和消费品开征消费税，对已具有大众消费特征的护肤品护发品停征消费税，提高白酒、小汽车税率。调整的主要内容是：①新增高尔夫球及球具、高档手表、游艇、木制一次性筷子、实木地板等税目。增列成品油税目，原汽油、柴油税目作为该税目的两个子目，同时新增石脑油、溶剂油、润滑油、燃料油、航空煤油5个子目。②取消“护肤护发品”税目。③调整部分税目税率。现行11个税目中，涉及税率调整的有白酒、小汽车、摩托车、汽车轮胎几个税目。

2008年11月，财政部、国家税务总局按照国务院关于实施成品油价格和税费改革的要求，曾联合下发通知，决定从2009年1月1日起调整成品油消费税政策。主要内容是：①提高成品油消费税单位税额。汽油、石脑油、溶剂油、润滑油消费税单位税额由每升0.2元提高到每升1.0元；柴油、航空煤油和燃料油消费税单位税额由每升0.1元提高到每升0.8元。②调整特殊用途成品油消费税政策。对进口石脑油恢复征收消费税。航空煤油暂缓征收消费税。对用外购或委托加工收回的已税汽油生产的乙醇汽油免征消费税。用自产汽油生产的乙醇汽油，按照生产乙醇汽油所耗用的汽油数量申报纳税。对外购或委托加工收回的汽油、柴油用于连续生产甲醇汽油、生物柴油的，准予从消费税应纳税额中扣除原料已缴的消费税税款。

2010 年 12 月 31 日前，对国产的用作乙烯、芳烃类产品原料的石脑油免征消费税；对进口的用作乙烯、芳烃类产品原料的石脑油已缴纳的消费税予以返还。成品油消费税政策调整是成品油价格和税费改革的重要内容之一，对促进节能减排和经济结构调整、规范政府收费行为和公平社会负担，都具有非常重大的意义。

鉴于营业税、消费税与增值税之间存在较强的相关性，为了保持这 3 个税种相关政策和征管措施之间的有效衔接，在 2009 年 1 月 1 日施行的《中华人民共和国增值税暂行条例》中同时对消费税条例进行修改，内容是：①将 1994 年以来出台的政策调整内容，更新到新修订的消费税条例中，例如，部分消费品（金银首饰、铂金首饰、钻石及钻石饰品）的消费税调整在零售环节征收、对卷烟和白酒增加复合计税办法、消费税税目税率调整等。②与增值税条例衔接，将纳税申报期限从 10 日延长至 15 日，对消费税的纳税地点等规定进行了调整。

新的财税体制改革中，将调整消费税征收范围、环节、税率，把高耗能、高污染产品及部分高档消费品纳入征收范围。优化税率结构，改进征收环节，增强消费税的调节功能。

### 9.2.4 营业税

营业税是我国营业税改征增值税完成后即将被废止的税种。**营业税是以纳税人从事经营活动的营业额（销售额）为课税对象的税种**，属于商品课税的范畴，其主要特点是计算征收较为简便。我国原工商税制中就有营业税这个税种，1994 年税制改革时予以保留，同时进行了适当的调整和改革。

根据 1994 年工商税制改革的布局，规范化的增值税将扩大征税范围，在工业生产和流通领域普遍实行，原来征收营业税的一些行业，包括商品批发、零售和公用事业中水、电、热、气的销售等，要改为征收增值税，未改征增值税的行业继续征收营业税。改革后的营业税的征税范围可以概括为提供劳务和销售不动产两种经营行为。

**1. 税目和纳税人**

营业税共设置了 9 个征税项目：①交通运输业。征税范围包括陆路、水路、航空、管道运输及装卸搬运。②建筑业。征税范围包括建筑、安装、修缮、装饰及其他工程作业。③邮电通信业。征税范围包括邮政、电报、电话、报刊发行等。④文化体育业。征税范围包括文化活动、艺术表演、体育比赛等。⑤金融保险业。征税范围包括金融、保险、典当等。⑥服务业。征税范围包括代理业、旅店业、饮食业、旅游业、仓储业、租赁业、广告业及其他服务业。⑦转让无形资产。征税范围包括转让土地使用权、专利权、非专利技术、商标权、著作权、商誉等。⑧销售不动产。征税范围包括销售建筑物及其他土地附着物。⑨娱乐业。征税范围包括歌厅、舞厅、卡拉 OK 歌舞厅、音乐茶座、台球、高尔夫球、保龄球、游艺等。**凡从事上述经营活动的单位和个人均为营业税的纳税人。**

**2. 税率和纳税额**

营业税根据不同行业设置不同税率，目前为三档税率：交通运输业、建筑业、邮电通信业、文化体育业税率为 3%；服务业、转让无形资产、销售不动产税率为 5%；金融保险业自 1997 年 1 月 1 日至 2000 年 12 月 31 日止，统一执行 8%的税率，从 2001 年起，每年下调 1 个百分点，分 3 年将金融保险业的税率从 8%降低到 5%；夜总会、歌厅、舞厅、射击、狩猎、跑马、游戏、高尔夫球、保龄球、台球、游艺、电子游戏厅等娱乐业一律按 20%税率征收。营业税应纳税额的一般计算公式为：

$$应纳税额=营业额（销售额）\times 税率$$

1994年的税制改革采取划分增值税与营业税的征收范围、两税并行征收的制度。这种制度既使我国增值税的覆盖面偏窄，限制了增值税作用的发挥，同时两种税的征收范围又难以划分清楚，由此而带来了一系列的矛盾。当前营业税存在的问题突出地表现在交通运输业和建筑业。按照现行税制，交通运输业属于营业税的课征范围，增值税纳税人购入运输劳务无法取得增值税专用发票，因而形成增值税抵扣链条的中断。为了避免纳税人因进货成本结构不同而形成的税负畸轻畸重的问题，又规定购进货物（不包括固定资产）和销售货物所付运输费用准予按运费金额7%抵扣进项税额。这样，从国家征税方面看，运输企业只缴纳了3%的营业税，而允许购入运输劳务的企业按运费金额7%抵扣进项税额，征少扣多，使国家税收蒙受损失；同时，税法规定的以增值税专用发票作为抵扣凭证的制度，又另外规定一个扣除率，使增值税进项税额的确定方法不够规范。建筑业也存在类似问题。当建筑业购入的原材料，基本上是从增值税纳税人那里购进的，而建筑业课征营业税，原材料中所含的已征增值税得不到抵扣，要全额缴纳营业税，破坏了增值税环环相扣的完整性；建筑业中的安装、装饰、修缮劳务与增值税中的加工、修理修配劳务经营性质相似，但由于适用税种不同，形成税收负担相差悬殊，有失税收公平。通过上述分析可以看出，当前营业税存在的问题是和增值税课征范围过窄以及两税的征收范围划分不清相联系的，就税制发展来看，扩大增值税征收范围必然的趋势，实现了增值税的"扩围"，就不再存在所谓营业税问题了。随着2015年营改增的完成，营业税随之废止。

## 9.3 所得课税

### 9.3.1 所得课税的特征和功能

**1. 所得税的涵义**

**所得课税是以纳税人各项所得或收益为课税对象的税种的统称。**英国1799年对所得进行课税，是最早对所得进行课税的国家。19世纪以来，各国相继效仿实行。

所得税的课税对象是纳税人的各项所得。但对所得有不同的理解。从经济学角度看，所得是指人们在两个时点之间以货币表示的经济能力的净增加值。据此所得包括工资、利润、租金、利息等要素所得和赠与、遗产、财产增值等财产所得。从会计角度看，所得是一段时期内一切交易所实现的收入减去为实现收入所消耗的成本、费用后的余额。由此所得只包括利润、工资、租金、利息等要素所得和资本所得，不包括不经过交易的遗产、赠与和财产增值等。从各国税收实践看，各国税法所确定的应税所得不尽相同，但以下原则基本上是一致的。

（1）应税所得是交易收入扣除成本和周期亏损后的净所得。通常把一定时期内（一般为1年）所完成的交易和所实现的收入，减去为取得这些收入所消耗掉的成本，再减去周期内亏损后的净额为"税法所得"。但对股息、利息、特许权使用费的征税例外。

（2）以合法来源所得为主。纳入征税范围的所得必须是合法所得。非法交易获得的所得不在征税范围，因为对非法所得征税，事实上是承认了它的合法性。

（3）能反映纳税人纳税能力的所得。政府征税不能影响纳税人的基本生活，同时对纳税人的各种公共福利支出，例如捐赠、购买公债、社会保险支出等，允许纳税人在税前列支或扣除一部分收入和支出，作为应税所得的减量。

（4）所得是指已实现的所得。一般情况下不包括自有资产的重估价。

（5）所得是指货币所得或可推算的实物所得。

**2. 所得课税制度的类型**

各国对所得税的课征一般分为申报法和源泉控制法。申报法是指由纳税人依据实际收入情况自行申报纳税的制度。源泉控制法是指由支付单位在付款时负责代扣代缴税款的制度。

按照各国所得课征方式的差异，所得税制度分为3种类型。

（1）**分类所得税制，就是把纳税人的各种所得按一定的标准进行分类，按不同类型所得设置不同税种，或规定一个税种，但对各类所得规定不同的税率和计征方法分别课税。**其依据是：收入的性质不同，付出的劳动不同，应采取不同的税率征收。对劳动所得应课以较低的税，对资本所得应课以较重的税。税率可以采用比例税率，也可采用累进税率，以做到区别对待、合理负担和税负公平。此外，分类课征可以采用源泉扣缴，有利于简化税收的征收管理，减少税款流失。但缺点是难以按纳税人的负担能力贯彻量能负担原则。例如对工商企业盈利课征公司所得税，对利息收入课征利息所得税等。

（2）**综合所得税制，就是把纳税人一定时期内获得的各种总纯所得都汇总起来，统一按照累进税率计征。**其指导思想是：所得税是对人课税，课税依据是人的总体负担能力，其应税所得应是纳税人全年各种所得的总额，在根据法定规定减去各种优惠后，按同一累进税率征收。因此，该税制的优点是，便于实施累进税率，符合支付能力原则要求。但缺点在于，综合税制必须由个人自行申报并汇总缴纳，不但计算复杂，而且易造成税款流失。此外，不区别收入的性质，有悖于税收公平合理的原则。

（3）**混合所得税制，就是把分类所得税制和综合所得税制综合起来，采用并行征收制。**当代多数国家实行混合所得税制，即先按分类所得依法征税，然后再综合纳税人的全部所得，计算其应纳税额，并允许将已缴税款进行抵免。这种混合税制既坚持了量能课征的原则，又达到了区别对待、合理负担的目的。缺点是使税收制度复杂化。

**3. 所得课税的特征**

所得课税是一种优缺点十分鲜明的税类，具有以下4个方面的特征和优点。

（1）税负相对公平。所得课税是以纯收入或净所得为计征依据，并一般实行多所得多征、少所得少征的累进征税办法，合乎量能课税的原则。同时，所得课税往往规定起征点、免征额及扣除项目，可以在征税上照顾低收入者，不会影响纳税人的基本生活。

（2）一般不存在重复征税问题，不影响商品的相对价格。所得课税是以纳税人的总收入减去准予扣除项目后的应税所得额为课征对象。征税环节单一，只要不存在两个以上的课税主体，则不会出现重复征税，因而不致影响市场的运转。所得税的应税所得额不构成商品价格的追加，且不易转嫁，因而一般不会干扰各类商品的相对价格。

（3）有利于维护国家的经济权益。在国际经济交往与合作不断扩大的现代社会，跨国投资和经营的情况极为普遍，于是就必然存在跨国所得。对跨国所得征税是任何一个主权国家应有的权益，这就需要利用所得税可以跨国征税的天然属性，参与纳税人跨国所得的分配，维护本国权益。

（4）课税有弹性。所得来源于经济资源的利用和剩余产品的增加，从长远来看，随着资源利用效率的提高，剩余产品也会不断增长，因而所得课税不仅税源可靠，而且可根据国家的需要灵活调整，以适应政府支出的增减。

所得课税也存在某些缺陷，主要是：①所得税的开征及其财源受企业利润水平和人均收入水平的制约；②所得税的累进课税方法会在一定程度上压抑纳税人的生产和工作积极性的充分发挥；③计征管理也比较复杂，核算和稽查纳税人的收入、成本、费用、利润、免税额、扣除额、应税所得等，工作量和难度很大。对个人纳税人征税，由于纳税户多，税源小、税源分散，易造成征收管理成本高、难度大。因此，需要较高的税务管理水平，在发展中国家广泛推行往往遇到困难。另外，有一种观点认为同商品课税相比所得税的经济调节功能较弱，不易有效地体现政府的经济政策。

我国的所得税有自身的特点：一是，我国一向以商品课税为主，所得课税还刚刚起步。二是，西方发达国家的所得课税是以个人所得税为主，而我国当前仍是以企业所得税为主，个人所得税的地位和作用已经受到重视，正在显露头角。因此我国所得课税的功能自然有所不同，目前的功能仍然相对较弱，但随着商品经济的发展和经济改革的深化，可以预期，所得课税的功能将逐步得到运用和发挥。

**4. 所得课税的功能**

所得税是国家**筹措资金**的重要手段，也是**促进社会公平分配**和**稳定经济的杠杆**。所得税的后两种功能在当今社会备受重视，并成为各国社会政策和经济政策的主要传导工具。

所得税是一种有效的再分配手段。它通过累进课征可以缩小社会贫富差距和企业之间实际收入水平的差距；通过减税免税对特殊困难的纳税人给以种种照顾，从而缓解社会矛盾，保持社会安宁。所谓税收的社会政策，主要是指所得税政策。所得税也是政府稳定经济的重要工具。由于所得税的弹性较大，因而政府可以根据社会总供给和总需求的平衡关系灵活调整税负水平，抑制经济波动：当经济增长速度过快，总需求过旺时，提高所得税税负水平；当经济处于萧条时期，社会总需求萎缩时，降低所得税税负水平。由于所得税一般实行累进税率，当经济过热，社会总需求过大时，企业和个人的所得会大幅度增加，原来按较低税率纳税的人要改按较高税率纳税，税收收入会自然增加，从而可以抑制纳税人的投资和消费冲动，维持经济稳定；反之，当经济萧条，纳税人收入下降时，适用税率自动下降，又可以刺激投资和消费，促进经济复苏。具有这种功能的所得税被称为**"内在稳定器"**。所得税内在的稳定功能，在西方发达国家构成国家财政政策的核心内容。

## 9.3.2 中国的企业所得税

我国现行所得课税的主要税种有**企业所得税**、**个人所得税**及**土地增值税**。下面分别按所得课税的主要税种简要介绍各税种的课税对象、纳税人、税率和计征方法等税制中的主要问题。

我国自改革开放以来，内外资企业一直实行两种不同的所得税法规。1991年将分别适用于外商投资企业和外国企业的两种企业所得税制合并为《中华人民共和国外商投资企业和外国企业所得税法》，1994年将适用于内资的国有、集体和私营企业所得税条例合并为《中华人民共和国企业所得税暂行条例》，由此形成内外资企业两套企业所得税制度并存的格局。然而，两种税制之间存在很大的差异，诸如：基本税率，内资企业为33%，外资为15%和24%；外资企业在低税率的基础上还享受"两免三减半"及行业特殊减半的优惠；税前扣除标准，内资实行计税工资，外资实行全额扣除；外商再投资可以退还部分或全部已缴所得税款，内资企业不能享受，等等。显然，由于名义税率和优惠待遇的不同，形成实际税收负担率存在较大的差异，内资企业大体为25%左右，而外资企业仅有11%左右，在统一的市场下使内资企业长期处于非公平竞争的地位。

加入WTO以后，我国按照WTO规则的非歧视原则统一内外资企业所得税法，即实行"两税合一"经多年的酝酿和论证，2007年我国重新制定了《中华人民共和国企业所得税法》，并于8月1日正式实施。现行企业所得税主要有以下内容。

**1. 纳税人**

在中华人民共和国境内，企业和其他取得收入的组织（统称企业）为企业所得税纳税人。企业分为居民企业和非居民企业。**居民企业**是指依法在中国境内成立，或者依照外国（或地区）法律成立但实际管理机构在中国境内的企业。**非居民企业**是指依照外国（地区）法律成立且实际管理机构不在中国境内，但在中国境内设立机构、场所的，或者在中国境内未设立机构、场所，但有来源于中国境内所得的企业。

**2. 税率**

企业所得税的税率为25%。非居民企业取得本法第三条第三款规定的所得，适用税率为20%，第三条第三款规定的所得是指“非居民企业在中国境内未设立机构、场所的，或者虽设立机构、场所但取得的所得与其所设机构、场所没有实际联系的，应当就其来源于中国境内的所得缴纳企业所得税”。

**3. 应税所得额**

企业每一纳税年度的收入总额，减除不征税收入、免税收入、各项扣除及允许弥补的以前年度亏损后的余额，为应纳税所得额。收入总额为企业以货币形式和非货币形式从各种来源取得的收入，包括销售货物收入、提供劳务收入、转让财产收入、股息红利等权利性投资收益、利息收入、租金收入、特许权使用费收入、接受捐赠收入、其他收入。不征税收入有财政拨款、依法收取并纳入财政管理的行政事业性收费和政府性基金、国务院规定的其他不征税收入。税法还明确规定了准予扣除和不得计算扣除的费用和支出。

**4. 税收优惠**

国家对重点扶持和鼓励发展的产业和项目，给予企业所得税优惠，例如，从事农、林、牧、渔业项目的所得，从事国家重点扶持的公共基础设施项目投资经营的所得，从事符合条件的环境保护、节能节水项目的所得，符合条件的技术转让所得免征所得税；国家需要重点扶持的高新技术企业，减按15%的税率征收企业所得税；创业投资企业从事国家需要重点扶持和鼓励的创业投资，可以按投资额的一定比例抵扣应纳税所得额；企业的固定资产由于技术进步等原因，确需加速折旧的，可以缩短折旧年限或者采取加速折旧的方法；企业综合利用资源，生产符合国家产业政策规定的产品所取得的收入，可以在计算应纳税所得额时减计收入；企业购置用于环境保护、节能节水、安全生产等专用设备的投资额，可以按已购置用于环境保护、节能节水、安全生产等专用设备的投资额，按一定比例实行税额抵免；等等。

### 9.3.3 中国的个人所得税

《中华人民共和国个人所得税法》于1980年9月10日经第五届全国人民代表大会第三次会议审议通过，随后，经过全国人大常委会1993年10月31日第一次修正、1999年8月30日第二次修正、2005年10月27日第三次修正、2007年6月29日第四次修正、2007年12月29日第五次修正、2011年6月30日第六次修正，形成目前的个人所得税法。2013年十八届三中全会通过的《中共中央关于全面深化改革若干重大问题的决定》提出，“逐步建立综合与分类相结合的个人所得税制”。未来个人所得税改革将会设立个人的单一账号，也就是个人所得税的纳税账号，逐步减少现金结算。

2011年的修正主要是对工薪所得税的修正，内容有：①减除费用标准由2000元/月提高到3500元/月；②调整工薪所得税税率结构，由9级调整为7级，取消了15%和40%两挡税率；③将最低的一挡税率由5%降为3%，适当扩大了低挡税率和最高挡税率的适用范围。同时，调整个体工商户生产经营所得和承包承租经营所得税率级距，减轻了所有的个体工商户纳税人的税负，纳税期限由7天改为15天，方便纳税人。

因此，我国现行个人所得税法，是在不断总结历史经验和借鉴外国有益做法的基础上形成的。随着居民基本消费水平的不断提高，工薪所得税的减除标准也不断提高，原定减除费用为800元/月，2005年调整为1600元/月，2007年调整为2000元/月，2011年又调整为3500元/月。据有关部门测算，减除费用提高到3500/月元后，纳税人纳税负担普遍减轻，工薪收入者的纳税面由原来的约28%下降到约7.7%，纳税人数由约8400万人减至约2400万人。这就意味着，经过调整，约6000万人不需要缴纳个人所得税，只剩下约2400万人继续缴税。连带这次修改税率表，由原来的9级超额累进税率减为7级超额累进，又将最低挡税率由5%降低到3%，静态测算，个人所得税收入全年减收1600亿左右。

在当前情况下，基本体现了公平税负、简化税制、合理调节的指导思想，体现了对高收入者征收、对中低收入者少征或不征的原则，标志着我国个人所得税制度逐步走向法制化、科学化、规范化和合理化。

我国现行的个人所得税主要内容如下所述。

**1. 个人所得税的课税对象和纳税人**

个人所得税的课征对象是个人所得。按税法规定，在中国境内有住所，或者无住所而在境内居住满一年的个人，从中国境内和境外取得的所得，依照本法规定缴纳个人所得税。在中国境内无住所又不居住或者无住所而在境内居住不满一年的个人，从中国境内取得的所得，缴纳个人所得税。

应纳税的个人所得包括：①工资、薪金所得；②个体工商户的生产、经营所得；③对企事业单位的承包经营、承租经营所得；④劳务报酬所得；⑤稿酬所得；⑥特许权使用费所得；⑦利息、股息、红利所得；⑧财产租赁所得；⑨财产转让所得；⑩偶然所得；⑪经国务院财政部门确定征税的其他所得。

**2. 个人所得税的税率**

①工资、薪金所得，适用超额累进税率，税率为 3%~45%（见表 9-2）；②个体工商户的生产、经营所得和对企事业单位的承包经营、承租经营所得，适用 5%~35%的超额累进税率（见表 9-3）；③稿酬所得，适用比例税率，税率为 20%，并按应纳税额减征 30%；④劳务报酬所得，适用比例税率，税率为 20%，对劳务报酬所得一次收入畸高的，实行加成征收制度。对个人一次取得劳务报酬，其应税所得额超过 20000 元至 50000 元的部分，依照税法规定计算应纳税额后再按照应纳税额加征五成；超过 50000 元的部分，加征十成；⑤特许权使用费所得，利息、股息、红利所得，财产租赁所得，财产转让所得，偶然所得和其他所得，适用比例税率，税率为 20%。

表 9-2　现行个人所得税税率①

（工资、薪金所得适用）

| 级数 | 全月应纳税所得额（元） | 税率（%） | 速算扣除数（元） |
|---|---|---|---|
| 1 | 不超过 1500 的部分 | 3 | 0 |
| 2 | 超过 1500~4500 的部分 | 10 | 105 |
| 3 | 超过 4500~9000 的部分 | 20 | 555 |
| 4 | 超过 9000~35000 的部分 | 25 | 1005 |
| 5 | 超过 35000~55000 的部分 | 30 | 2755 |
| 6 | 超过 55000~80000 的部分 | 35 | 5505 |
| 7 | 超过 80000 的部分 | 45 | 13505 |

注：本表所称全月应纳税所得额是指依照《中华人民共和国个人所得税法》第六条的规定，以每月收入额减除费用 3500 元以及附加减除费用后的余额。

表 9-3　个人所得税税率①

（个体工商户的生产、经营所得和对企事业单位的承包经营、承租经营所得适用）

| 级数 | 全年应纳税所得额（元） | 税率（%） | 速算扣除数（元） |
|---|---|---|---|
| 1 | 不超过 15000 的部分 | 5 | 0 |
| 2 | 超过 15000~30000 的部分 | 10 | 750 |
| 3 | 超过 30000~60000 的部分 | 20 | 3750 |
| 4 | 超过 60000~100000 的部分 | 30 | 9750 |
| 5 | 超过 100000 的部分 | 35 | 14750 |

注：本表所称全年应纳税所得额是指依照《中华人民共和国个人所得税法》第六条的规定，以每一纳税年度的收入总额减除成本、费用以及损失后的余额。

① 数据来源：国家税务总局网站《个人所得税》，2011 年 9 月 26 日发布。

**3. 应纳税所得额的计算**

（1）工资、薪金所得，以每月收入额减除费用3500元后的余额，为应纳税所得额。

（2）个体工商户的生产、经营所得，以每一纳税年度的收入总额减除成本、费用及损失后的余额，为应纳税所得额。

（3）对企事业单位的承包经营、承租经营所得，以每一纳税年度的收入总额，减除必要费用后的余额，为应纳税所得额。

（4）劳务报酬所得、稿酬所得、特许权使用费所得、财产租赁所得，每次收入不超过4000元的，减除费用800元；4000元以上的，减除20%的费用，其余额为应纳税所得额。

（5）财产转让所得，以转让财产的收入额减除财产原值和合理费用后的余额，为应纳税所得额。

（6）利息、股息、红利所得，偶然所得和其他所得，以每次收入额为应纳税所得额。

应纳税所得额=总工资−三险一金−免征额

应纳个人所得税税额=应纳税所得额×适用税率−速算扣除数

**4. 允许免、减项目和扣除项目**

免纳个人所得税项目包括：省级人民政府、国务院部委和中国人民解放军上单位，以及外国组织、国际组织颁发的科学、教育、技术、文化、卫生、体育、环境保护等方面的奖金；国债和国家发行的金融债券利息；按照国家统一规定发给的补贴、津贴；福利费、抚恤金、救济金；保险赔款；军人的转业费、复员费；按照国家统一规定发给干部、职工的安家费、退职费、退休工资、离休工资、离休生活补助费；依照我国有关法律规定应予免税的各国驻华使馆、领事馆的外交代表、领事官员和其他人员的所得；中国政府参加的国际公约、签订的协议中规定免税的所得；经国务院财政部门批准免税的所得。

经批准可以减征个人所得税项目包括：残疾、孤老人员和烈属的所得；因严重自然灾害造成重大损失的；其他经国务院财政部门批准减税的。纳税义务人从中国境外取得的所得，准予其在应纳税额中扣除已在境外缴纳的个人所得税税额。但扣除额不得超过该纳税义务人境外所得依照本法规定计算的应纳税额。

**5. 开征利息税**

1999年8月30日九届人大常委会第十一次会议对原《中华人民共和国个人所得税法》关于“储蓄存款利息”不征收个人所得税的规定作出修改，决定开征利息税。凡从中国境内的储蓄机构取得人民币、外币储蓄存款利息所得的个人都应按法律规定缴纳个人所得税。国务院1999年9月30日颁布了《对储蓄存款利息所得征收个人所得税的实施办法》，规定储蓄存款在1999年10月31日前生成的利息所得，不征收个人所得税，1999年11月1日后生成的利息所得征收个人所得税，适用20%的比例税率，2007年8月将税率调低为5%。2008年10月8日国家宣布次日开始取消利息税，储蓄存款在2008年10月9日后（含10月9日）的利息所得，暂免征收个人所得税。

现行个人所得税法分项定率、分项扣除、分项征收的模式。随着财税体制总体方案的落实，我国将逐步建立综合与分类相结合的个人所得税制。从世界各国的实践来看，理想的模式是实行综合课征制。综合所得课税模式是对总收入课税，可以消除收入来源不同和多寡对税负的影响，能较好地体现量能负担的公平原则和补偿原则，便于科学地进行费用扣除，避免纳税人将税率高的一类收入转为税率低的另一类收入进行避税的弊端；此外，综合所得课税模式还有助于培养公民的纳税意识，因为它要求除了无需缴税的低收入阶层外，所有纳税人都必须申报纳税。但是，由于我国目前居民平均收入水平还较低，多数人的收入达不到税制设置的征税标准，采用综合课征制则缺乏必要的纳税人基础，同时，由于收入分配方式多样，现金流通领域较广，难以掌握纳税人的收入情况，采用综合课征制也缺乏必要的征管基础。因此，一般认为，我国当前现实的选择是实行综合与分类相结合的课征模式。所谓综合与分类相结合，就是将一部分有连续性或经常性的收入项目实行综合征收，实行统一的累进税率，这类项目包括工资薪金所得、承包承租经营所得、劳务报酬所得、财产租赁所得等，同时对其余所得，包括财产转让所得、特许权使用费所得、稿酬所得、股息、利息、红利以及偶然所得等，仍按现行的比例税率分项课征。我国2010年个人所得税收入为4837.17亿元，占税收总收入的比重为6.6%，2014年1～9月，个人所得税实现收入5697.9亿元，同比增长12.4%，个人所得税收入占税收总收入的比重为6.3%，还不能充分发挥“内在稳定器”和调节收入分配差距的作用。目前我国个人所得税中工薪所得税收入占 50%左右，重视工薪所得税的改革是十分重要的，但要确实发挥个人所得税的作用，还必须重视对那些高收入所得项目（如劳务报酬所得、股息、红利等）的征管，特别是通过信息共享，追踪高收入的动态，切实掌握税源资料，以便确实体现对高收入者征收、对中低收入者少征或不征的原则。

**6. 个人所得税的征管方式**

个人所得税实行源泉扣缴和自行申报两种征管方式，支付所得的单位或个人为个人所得税的扣缴义务人。有以下情形之一的纳税义务人，应当自行申报纳税：①年所得12万元以上的；②从中国境内两处或者两处以上取得工资、薪金所得的；③从中国境外取得所得的；④取得应税所得，没有扣缴义务人的；⑤国务院规定的其他情形。

## 9.3.4 土地增值税

**1. 土地增值税纳税人和税率**

土地增值税的征税对象，是转让国有土地使用权、地上建筑物及其附着物（简称转让房地产）所取得的收入，减除相关的成本、费用及税金后的余额，即转让房地产的增值额。我国的土地增值税是一种财产税，但按其课征对象则属于所得课税的性质。

不分经济性质，不分内外资企业及中外籍人员，不论是专营还是兼营房地产，只要在中华人民共和国境内转让房地产并取得收入的单位和个人，都是土地增值税的纳税义务人。土地增值税是1994年税制改革新开征的一个税种。土地增值税实行四级超率累进税率，其税率表如表9-4所示。

表9-4 土地增值税税率表①

| 级数 | 土地增值税税率表 | 税率（%） | 速算按扣除率（%） |
|---|---|---|---|
| 1 | 未超过扣除项目金额50%的部分 | 30 | 0 |
| 2 | 超过扣除项目金额50%，但未超过扣除项目金额100%的部分 | 40 | 5 |
| 3 | 超过扣除项目金额100%，但未超过扣除项目金额200%的部分 | 50 | 15 |
| 4 | 超过扣除项目金额200%的部分 | 60 | 35 |

注：扣除项目包括取得土地使用权所支付的金额，开发土地的成本费用，新建房及配套设施的成本费用，或者旧房及建筑物的评估价格，与转让房地产有关的税金等。

土地增值税计算公式：

$$应纳税额=增值额\times适用税率-扣除项目金额\times速算扣除系数$$

**2. 土地增值税的特点**

与其他税种相比，土地增值税具有以下4个特点。

（1）以转让房地产的增值额为计税依据。土地增值税的增值额是以征税对象的全部销售收入额扣除与其相关的成本、费用、税金及其他项目金额后的余额，与增值税的增值额有所不同。

（2）征税面比较广。凡在我国境内转让房地产并取得收入的单位和个人，除税法规定免税的外，均

① 数据来源：国土资源部网站《中华人民共和国土地增值税暂行条例》1993年12月13日发布。

应依照土地增值税条例规定缴纳土地增值税。换言之，凡发生应税行为的单位和个人，不论其经济性质，也不分内、外资企业或中、外籍人员，无论专营还是兼营房地产业务，均有缴纳增值税的义务。

（3）实行超率累进税率。土地增值税的税率是以转让房地产增值率的高低为依据来确认，按照累进原则设计，实行分级计税，增值率高的，税率高，多纳税；增值率低的，税率低，少纳税。

（4）实行按次征收。土地增值税在房地产发生转让的环节，实行按次征收，每发生一次转让行为，就应根据每次取得的增值额征一次税。

20 世纪 80 年代后期，我国开始尝试土地使用制度的改革，实行国有土地使用权的有偿出让、转让。1990 年 5 月，国务院发布了《中华人民共和国城镇国有土地使用权的出让和转让暂行条例》，对国有土地使用权的出让和转让做了界定，为土地使用权成为生产要素进入市场提供了法律保障。近年来，我国房地产业迅猛发展，在改善人民群众居住条件，合理配置土地资源，充分发挥土地效益，改善投资环境，增加财政收入等诸多方面都起到了一定作用。但是房地产市场在发展的同时也存在一些问题，主要是由于房地产市场的管理制度尚不健全，交易行为尚不规范，使得转让土地使用权及房地产经营者获得过高利润。为促进房地产业健康发展，完善房地产业的税收制度，国家决定开征土地增值税对转让房地产过程中取得高收入者进行专门的调节。

## 9.4　资源课税与财产课税

### 9.4.1　一般特征

人类的财富有两类：一是大自然赐予的各种资源，例如土地、河流、矿山等；二是人类经过劳动，利用已有资源制造出的社会财产，例如房屋、机器设备、股票证券等。两类财富有时是难以截然分开的，例如土地，既是一种自然资源，又是一种社会财富，而且两类财富具有某些相同或类似的性质。与此相适应，对两类财富的课税也具有某些相同的特点和作用。

对自然资源的课税称为资源税。**资源税有两种课征方式**：一是以自然资源本身为计税依据，这种自然资源必须是私人拥有的；二是以自然资源的收益为计税依据，这种自然资源往往为国家所有。前一种资源税实质上就是财产税，即对纳税人拥有的自然财富的课征，它与对纳税人拥有的其他形式财产的课税并没有根本的差别。很多国家的自然资源为私人拥有，因而这些国家只有财产税而没有资源税。**财产税也有两种课征方式**：其一是以财产价值为计税依据；其二是以财产收益为计税依据。而第二种财产税又与资源课税有密切联系，如果是对自然财富收益的课税，往往可以纳入资源课税。很明显，财产课税和资源课税具有较强的同一性。有一种观点认为，财产课税和资源课税的划分主要是由政府思考问题的标准不统一所致。

财产课税和资源课税的特征可以归纳为以下 3 点。

**（1）课税比较公平**。个人拥有财产的多寡往往可以反映他的纳税能力，对财产课税符合量能纳税原则。企业或个人占用的国家资源有多和少、有和无的差别，有质量高低的差别，而这种差别又会直接影响纳税人的收益水平，课税可以调节纳税人的级差收入，也合乎受益纳税原则。

**（2）具有促进社会节约的效能**。对财产的课税可以促进社会资源合理配置，限制挥霍和浪费。对资源的课税可以促进自然资源的合理开发和使用，防止资源的无效损耗。

**（3）课税不普遍，且弹性较差**。这是财产课税和资源课税固有的缺陷。无论是财产课税还是资源课税都只能选择征税，不可能遍及所有财产和资源，因而征税范围较窄。同时，由于财产和资源的生成和增长需要较长时间，速度较慢，弹性较差，因而财产课税和资源课税都不可能作为一个国家的主要税种，一般是作为地方税种。

## 9.4.2 资源税与财产税

### 1. 现行资源税

资源税的课税对象是开采或生产应税产品的收益，开采或生产应税产品的单位和个人为资源税的纳税人。它的作用在于促进资源的合理开发和利用，调节资源级差收入。资源税分别由国家税务局和地方税务局负责征收管理，所得收入由中央政府与地方政府共享。

我国于1984年10月开征资源税，按当时的条例规定，征收范围包括原油、煤炭、金属矿产品和非金属矿产品，但根据当时价格不能大动的情况，为了避免企业既得利益受到影响，资源税实际征税只限于少数煤炭、石油开采企业。资源税开征时，是按照资源产品销售利润率确定税率征收的。1986年鉴于资源产品销售利润率下降的情况，为了稳定资源税收入，决定将资源税计税办法在原设计税负的基础上，改为按产量和销量核定税额从量征收。我国还有一个属于资源税性质的税种，即历史上延续下来的盐税。盐税与资源税相同之处在于，它也是按照不同盐产区资源条件不同，确定不同的税额从量征收的；不同之处是盐税普遍征收，包括国家储备盐在动用时也要补缴盐税，并且盐税征税定额相对而言比资源税要高得多。

现行的资源税体现了三个原则：一是统一税政，简化税制，将盐税并入资源税，作为其一个税目，简化原盐税征税规定；二是贯彻了普遍征收，级差调节的原则，扩大了资源税的征税范围并规定生产应税资源产品的单位和个人都必须缴纳一定的资源税；三是资源税的负担确定与流转税负担结构的调整作了统筹考虑，一部分原材料产品降低的增值税负担转移到了资源税。

1994年，税制改革后资源税的征税范围包括所有矿产资源，征税品目有原油、天然气、煤炭、其他非金属矿原矿、黑色金属矿原矿、有色金属矿原矿和盐。资源税实行按产品类别从量定额计算征税的办法，设置有上下限的幅度税额，同类产品资源条件不同，税额也不相同。

近年来，随着社会经济的迅速发展，我国矿产资源产业的市场化、现代化不断推进，矿产资源在国民经济中的重要地位日益显现。目前，从国际国内市场看，矿产价格增长较快，矿产开采企业的利润也相应增长，而我国在资源产业中普遍存在着严重浪费资源和破坏环境的现象。因此，于2004年对山东、陕西、山西、青海、内蒙古5个省区煤炭资源税单位税额进行调整，2005年又调整了河南等12个省区市煤炭资源税单位税额，调整了全国原油天然气资源税单位税额，还调整了部分金属矿产品的资源税单位税额。自2007年8月1日起上调铅锌矿石、铜矿石和钨矿石的资源税，其中，铅锌矿一等矿山的矿石，资源税由原来每吨4元调整为每吨20元；铜矿一等矿山矿石由原来每吨1.6元调整到7元；钨矿三等矿山矿石由每吨0.6元提高到9元。这是自资源税开征以来第一次大幅度调整这三类矿石的资源税，预示着为了贯彻节能减排方针，将加快资源税改革的步伐。

资源税是以各种自然资源为课税对象，体现国有资源有偿使用原则，发挥保护资源、有效利用资源并调节级差收入的作用。1994年税制改革，我国首次对矿产资源全面征收资源税，此后相当长一段时间里，相关税率几乎没有较大的变化，同时从量计征也一直延续下来。近年来，国际市场资源价格普遍上涨，显然，过低的资源税水平和从量计征方式已经不能发挥有效利用和保护资源的效应，也不符合转变经济发展方式和建设资源节约型社会的宏观目标。因此，资源税改革的目标是提高税率，改革计征方式。从2004年开始，政府相继对石油、天然气等多种资源产品的单位税额进行了调整，调整范围和规模逐步扩大，在2006年还开征了被称为“暴利税”的石油特别收益金，这些措施，实际上已经拉开了资源税改革的帷幕。显然，在资源产品价格偏低的情况下，通过调高税率能够真实地反映级差地租，有利于资源的节约和合理开发，使得开发行为走向规范的轨道。但是，现行资源税仍采取从量计征的方式，对课征对象分别以吨或立方米为单位征收固定的税额。在国际市场资源价格普遍上涨的情况下，从量征收不受价格变动影响，只与数量有直接关系，而与资源价格及资源价格的变动脱钩，因而，在调整资源税负的同时，必须将计征方式由从量计征改为从价计征，从而将税收与资源市场价格直接挂钩。

经国务院批准，2010 年 6 月 1 日起在新疆进行原油天然气资源税改革试点，2010 年 12 月 1 日起又在其他西部省（区）进行了这项改革试点，将原油天然气资源税由"从量定额"改为"从价定率"，即按照应纳税资源产品的销售收入乘以规定的比例税率计征。从实践情况看，改革试点运行平稳，成效明显。按照"十二五"规划纲要提出的全面推进资源税改革的要求，总结改革试点的成功经验，国务院决定，修改资源税暂行条例，增加规定从价定率的资源税计征办法，自 2011 年 11 月 1 日起施行，在全国范围内实施资源税改革。目前先对原油、天然气实行从价定率计征，条件成熟时再逐步扩大到其他资源产品。这是我国税收制度改革的又一重大措施。这次修改，除重点调整了油气资源税的计征办法和税率外，还调整了焦煤和稀土矿的资源税税额标准，在这次资源税暂行条例的修改中，将焦煤和稀土矿分别在煤炭资源和有色金属原矿资源中单列，相应提高了这两种重要稀缺资源的税额标准，对其他煤炭资源和有色金属原矿的资源税税额标准则未作调整。

**2. 现行财产税**

财产税是历史上最悠久的税收，是现代国家三大税收体系之一，具有其他税种不可替代的作用。**财产税，是对纳税人拥有或支配的应税财产就其数量或价值额征收的一类税收的总称。**财产税在我国的香港地区称为物业税。财产税不是单一的税种名称，而是一个税收体系。

财产税可分为两大类：一类是对财产的所有者或者占有者课税，包括一般财产税和个别财产税；另一类是对财产的转移课税，主要是遗产税、继承税和赠与税。我国现行的具有对财产课税性质的税种有房产税、城市房地产税、土地使用税、耕地占用税、车船税和契税，土地增值税也属于财产税的一个税种。

我国的财产税具有以下特征：①财产税收入比重偏低，限制了其应有功能的发挥。②财产课税制度设计不尽规范，计税依据、税额标准不够科学。③征税范围较小，税基偏窄，房产税对城镇个人所有的非营业性的房产、广大农村的经营性房产及位于农村的企业房产均免税。④内外税制不统一。目前，对内资征收的是房产税和城镇土地使用税，对外资征收的是房地产税（土地除外）和土地使用费（不由税务机关征收），两套制度在征收范围、税（费）率、计税（费）依据方面都有所不同。⑤税制改革相对滞后，与经济发展脱节。1994 年出台的税制改革，其侧重点是流转税和所得税的改革，而对财产税的触动不大。例如现行房产税法是 1986 年颁布的《房产税暂行条例》，现行车船使用税的基本规范也是于 1986 年颁布的《车船使用税暂行条例》，有的税种是在 20 世纪 50 年代出台而至今基本上仍按当时的税法执行，如城市房地产税、车船使用牌照税等。另外还有一些应该开征的财产税税种至今尚未开征，如遗产与赠与税。

如前所述，财产税不是单一的税种名称，而是一个税收体系，我国财产税改革的方向是：整合税种、统一名称、统一内外税制，扩大征收范围，建立既符合 WTO 原则，又适合我国国情的财产税制。

## 本章小结

1. 税收制度是规范国家征税和纳税人纳税的各种税收法规的总称。它规定了国家和纳税人之间的征纳关系。税收制度有广义和狭义之分。有单一税制和复合税制，世界上绝大多数国家实行的都是复合税制。

2. 税收制度的构成要素包括纳税人，课税对象，税率，纳税环节和纳税期限，附加、加成和减免税，违章处理等。我国的税收制度从新中国成立后也经历了一个不断改革的历史演进过程。经过1994年的税制改革，初步建立起了与社会主义市场经济体制发展相适应的现行税制体系。随着经济形势和国内外环境的不断变化，我国目前的税制仍需有步骤地进一步完善和调整。建立现代财政制度是市场经济发展的需要。

3. 商品税是泛指所有以商品和劳务的流转额为征税对象的课税体系。我国现行税制体系是以商品税为主体税种的，商品税主要包括增值税、消费税、营业税。介绍这几种具有代表性的税种及其基本制度规定，说明商品税的课税对象、纳税人、税率及计征方法等税制中的主要问题。随着“十二五”规划的完成，营业税被增值税取代，营业税被废止。

4. 所得税是以纳税人各项所得或收益为课税对象的税种的统称。在我国，所得税是仅次于商品税的主体税系之一。我国现行所得税的税种主要有企业所得税、个人所得税。在西方国家，由于所得税的内在稳定功能，使它成为国家财政政策的核心内容。

5. 资源税和财产税是税收制度的重要组成部分。但由于资源课税和财产课税固有的缺陷，它们都不可能作为一个国家的主要税种，一般是作为地方税种。我国现行资源税和财产税的主要税种包括资源税、房产税，土地增值税也属于财产税的一个税种。

## 案例分析

### 电信业营业税改征增值税试点

为进一步完善税制，释放改革红利，经国务院批准，财政部和国家税务总局于2014年4月30日印发《关于将电信业纳入营业税改征增值税试点的通知》，明确从2014年6月1日起，将电信业纳入营改增试点范围，实行差异化税率，基础电信服务和增值电信服务分别适用11%和6%的税率，为境外单位提供电信业服务免征增值税。改革实施后，营业税制中的邮电通信业税目将相应停止执行。通知要求，各地要加强对试点工作的组织领导，周密安排，明确责任，确保改革的平稳顺利进行。

《关于将电信业纳入营业税改征增值税试点的通知》

各省、自治区、直辖市、计划单列市财政厅（局）、国家税务局、地方税务局，新疆生产建设兵团财务局：

经国务院批准，电信业纳入营业税改征增值税（以下称营改增）试点。现将有关事项通知如下：

一、在中华人民共和国境内（以下称境内）提供电信业服务的单位和个人，为增值税纳税人，应当按照本通知和《财政部国家税务总局关于将铁路运输和邮政业纳入营业税改征增值税试点的通知》（财税〔2013〕106号）的规定缴纳增值税，不再缴纳营业税。

二、电信业服务纳入财税〔2013〕106号文件规定的应税服务范围。具体应税服务范围注释为：电信业，是指利用有线、无线的电磁系统或者光电系统等各种通信网络资源，提供语音通话服务，传送、发射、接收或者应用图像、短信等电子数据和信息的业务活动。包括基础电信服务和增值电信服务。

基础电信服务，是指利用固网、移动网、卫星、互联网，提供语音通话服务的业务活动，以及出租或者出售带宽、波长等网络元素的业务活动。

增值电信服务，是指利用固网、移动网、卫星、互联网、有线电视网络，提供短信和彩信服务、电子数据和信息的传输及应用服务、互联网接入服务等业务活动。卫星电视信号落地转接服务，按照增值电信服务计算缴纳增值税。

三、提供基础电信服务，税率为11%。提供增值电信服务，税率为6%。

四、纳税人提供电信业服务时，附带赠送用户识别卡、电信终端等货物或者电信业服务的，应将其取得的全部价款和价外费用进行分别核算，按各自适用的税率计算缴纳增值税。

五、中国移动通信集团公司、中国联合网络通信集团有限公司、中国电信集团公司及其成员单位通过手机短信公益特服号为公益性机构（名单见附件）接受捐款服务，以其取得的全部价款和价外费用，扣除支付给公益性机构捐款后的余额为销售额。

六、境内单位和个人向中华人民共和国境外单位提供电信业服务，免征增值税。

七、以积分兑换形式赠送的电信业服务，不征收增值税。

八、在2015年12月31日以前，境内单位中的一般纳税人通过卫星提供的语音通话服务、电子数据和信息的传输服务，可以选择按照简易计税方法计算缴纳增值税。

九、《国家税务总局关于印发〈营业税税目注释（试行稿）〉的通知》（国税发〔1993〕149号）中，邮电通信业税目停止执行。

十、本通知自2014年6月1日起执行。各地要高度重视电信业营改增试点工作，切实加强试点工作的组织领导，周密安排，明确责任，采取各种有效措施，做好试点前的各项准备以及试点过程中的监测分析和宣传解释等工作，确保改革的平稳、有序、顺利进行。遇到问题及时向财政部和国家税务总局反映。

财政部 国家税务总局

2014年4月29日

**分析讨论**

根据上述内容，讨论我国电信行业营改增的必要性及对我国税收的影响。

## 关键术语

税收制度　纳税人　征税主体　课税对象　税率　全额累进税率　超额累进税率　定额税率　边际税率　商品税　增值税　消费税　所得税　分类所得税制　综合所得税制　土地增值税　资源税　财产税

## 思考题

1. 简述税收制度的主要构成要素。
2. 我国税收制度的发展大致经过了几个阶段？
3. 简述我国建立现代财政制度的思路。
4. 试述商品课税的一般特征和功能。
5. 增值税类型有哪些？各类型之间的区别是什么？
6. 简述增值税的特点和作用。
7. 试分析我国增值税为什么要由生产型转为消费型。
8. 分析增值税“扩围”的必要性和前景。
9. 分析商品税是否具备成为未来主体税种的条件？
10. 试述所得税的一般特征和功能。
11. 试述我国财产税进一步改革的思路。

# 第10章 公　　债

政府的主要收入来源是税收，用以满足公共支出的需要。当入不敷出或出现财政赤字时就要举债。现代经济运行中，公债不仅是当代各国财政融资的重要方式，也是弥补财政赤字的一个手段，同时还是金融市场上的一个特殊工具，更是政府调节宏观经济的一个重要杠杆。因此，公债在现代市场经济中具有重要而又独特的作用。本章将围绕公债的发行规模与结构、公债的经济效应和政策功能、公债与税收在收入分配差别、谁来承担债务负担及什么条件下债务是为政府支出筹措资金的适当方式展开分析和论证。

## 10.1　公债原理

### 10.1.1　公债的涵义

财政收支平衡是一种理想状态，在现代社会只是一种偶然状态，而常态则是财政赤字或财政盈余。年度财政赤字或盈余计算公式为：

年度财政盈余或赤字 = 经常收入 –（经常支出+投资支出+公债付息支出）

这种计算方法，现为世界多数国家所采用，是目前国际通用方法。其优点是能准确反映财政赤字的真实情况和财政收支对经济的影响。我国自2000年开始采用。这里的**经常收入是指除债务收入以外的所有财政收入，例如税收、国有资产收入、基金收入、规费收入等。经常支出是指财政的各项消费性支出和转移性支出。**

改革开放以来，我国不再奉行“财政收支平衡，略有结余”的理念，结束了既无外债又无内债的状况，开始出现财政赤字，甚至许多年来一直采取赤字财政政策。财政赤字与赤字财政不同。**所谓财政赤字，指的是财政活动完成时出现的赤字，这是实际的真实财政赤字。而赤字财政，指的是编制预算时安排的赤字，这是计划中的赤字，是国家有意识地用赤字来调节经济的一种政策。**赤字财政通过赤字扩大政府支出的规模，刺激社会有效需求的增长。因而实行赤字财政不是个别年度或少数年度存在赤字，它的主要标志是连年的巨额赤字。我国自 1998 年以来，一直采用赤字财政政策。当财政出现赤字时，政府一般通过发行公债来弥补。

公债是公共债务的简称，是各级政府借债的统称。**公债是指政府为筹措财政资金，凭其信誉按照一定程序向投资者出具的，承诺在一定时期支付利息和到期偿还本金的一种格式化的债权债务凭证。**具体形式有发行有价证券和直接借款等。作为一种以政府财政承担还本付息为前提条件的借贷行为，公债的实质是以政府为债务人的债权债务关系。

公债一般具有三个特点：①有偿性。政府如期偿还公债，并向认购者支付利息。②自愿性。公债的发行或认购建立在认购者自愿承购的基础上。③灵活性。公债发行与否及发行多少，一般完全由政府根据有关因素灵活确定，不能通过法律形式预先规定。除特定时期的某些强制性公债外，公众在是否认购、认购多少等方面，拥有完全自主的权利。

公债是政府信用或财政信用的主要形式。**政府信用是指，政府按照有借有还的商业信用原则，以债务人身份来取得收入或以债权人身份来安排支出，又称为财政信用。**公债只是财政信用的一种形式。财政信用的其他形式包括：政府向银行借款、财政支农周转金及财政部门直接发放的财政性贷款等。

严格来说，公债和国债是有区别的。公债作为政府债券，包括中央政府债券和地方政府债券，通常将中央政府债券称为国债，因为只有中央政府才能代表国家。

公债最早产生于公元前 4 世纪左右时期的古希腊和古罗马。据有关文献记载，早在公元前 4 世纪的奴隶制时代，希腊和罗马就出现了国家向商人、高利贷者和寺院借款的情况。但这在当时仅仅是偶然的现象和临时的措施，公债仍处于萌芽时期。进入封建社会，公债得到了进一步的发展，许多封建主、帝王和城市共和国每当财政遇到困难，特别是发生战争时，就要发行公债。作为一个财政范畴，公债的产生在历史时序上要晚于税收。公债的真正发展是在商品经济和信用经济高度发达的资本主义社会才得以实现的，它是伴随资本主义生产关系的产生和发展，依附于资本主义信用而产生和发展起来的。12 世纪末期，在当时经济最为发达的意大利城市佛罗伦萨，政府曾向金融业者募集公债。到 16 ~ 17 世纪公债已广泛地流行于欧洲资本主义国家，成为资本的原始积累的有效工具。19 世纪末 20 世纪初，资本主义由自由竞争阶段进入垄断阶段，资产阶级国家也从“夜警国家”一跃成为全能的统治者。由于国家职能的空前扩大，以及国内外战争和经济危机的频繁发生，财政入不敷出，致使公债发行规模越来越大。19 世纪初，整个资本主义世界公债总额不过 20 亿 ~ 30 亿美元，到 20 世纪初，竟高达 300 亿美元，发展到第一次和第二次世界大战期间，公债成为筹集军费的重要途径，大约有 20% ~ 80%的军费来自公债。

从中国来看，公债经历了一个曲折的发展过程。旧中国的公债最早的是外债，始于 1865 年向英格兰银行的借款，最早的内债是 1894 年的“息借商款”[①]。

新中国的公债大致经历了如下所述四个阶段。

第一阶段，1950—1958 年，有限、有条件使用公债阶段。1950 年首次发行“人民胜利折实公债”3.02 亿元，1954—1958 年发行经济建设公债 35.44 亿元。

第二阶段，1959—1978 年，公债停滞及空白阶段。在“既无内债，又无外债是社会主义优越性表现”的思想指导下，导致中国 1959 年停止公债发行，并出现了 20 年公债空白期。1969 年 5 月 11 日，《人民日报》就中国成为一个既无内债，又无外债的国家发表署名蔡正的文章。

第三阶段，1979—1990 年，公债恢复和重建阶段。1979 年首次重借外债，1981 年恢复发行国内公债，

① 息借商款：1894 年（光绪二十年），中日甲午战争爆发。为了筹集巨额军费，李鸿章联合户部招集京城钱庄票号等巨商，决定向他们借款，并希望以此来带动其他各省的官绅、商民凑集资本，借给官用。这是清政府发行的第一次公债，也是中国最早发行的国家公债。

叫国库券。1981 年恢复发行国债之初，主要采取行政摊派方式，由财政部门直接向认购人（主要是企业和居民个人）出售国债，带有半摊派的性质。我国从 1981 年恢复发行国债到 1988 年的 7 年期间，还没有国债二级市场。只有一级发行市场，国库券不能买卖和流通。

第四阶段，1991 年至今，公债飞速发展阶段。中国真正意义上的国债发行市场始于 1991 年。该年 4 月，财政部第一次组织了国债承销团，有 70 多家国债中介机构参加了国债承销。一、二级公债市场迅速发展并不断完善，公债不仅规模上不断扩大，结构趋于合理，而且公债制度日益趋于完善，对国民经济的稳定和调节作用越来越大。2013 年年末国债余额为 86750.46 亿元。据中国国家外汇管理局公布的数据，截至 2014 年 6 月末，中国外债余额为 9072.35 亿美元。

公债的产生离不开商品经济和信用经济的发展，只有当商品经济发展到一定阶段时，社会上才会出现较为充裕的闲置货币资金，并进而出现基于借贷关系基础上的信用经济的时候，公债的产生才有了现实的土壤。公债是一种虚拟的借贷资本，公债体现了债权人（公债认购者）与债务人（政府）之间的债权债务关系。

现代信用是建立在市场经济的信用关系基础上，是在借贷资本运动的基础上产生的。公债的属性主要包括以下 3 个方面。

**1. 财政性**

公债是一种特殊的财政收入形式，是一种自愿、有偿、灵活的财政收入形式，具有弥补财政赤字的功能，从而具有财政性。公债的产生无一例外都是出于弥补财政赤字的需要，财政性是公债最初始和最基本的属性。通过公债筹集的资金是一种非经常性的财政收入。公债的偿还性，决定了公债是一种预期的财政支出。这使其区别于无偿性的税收。从公债还本付息的来源来说，由于公债的归还最终要依靠税收，所以说公债是变相的、延期的税收，或者是税款的提前使用。马克思指出："由于国债是依靠国家收入来支付年利息等开支，所以现代税收制度就成为国债制度的必要补充，借债可以使政府抵补额外的开支，而纳税人又不会立即感到负担，但借债最终还是要提高税收。"①

**2. 金融性**

从金融投资的角度看，公债和其他债券都是一种能在未来带来收益流的金融资产，因而具有投资价值和市场价格。但公债与其他债券的不同之处在于，公债是以国家信用为依据的，是以政府的未来税收为偿还保证的，因而是所有有价证券中信用风险最低的，被称为无风险的"金边债券"。公债收益一般都享有免税优惠。公债无信用风险，公债利率往往成为市场基准利率，并成为其他金融资产定价的依据。

**3. 经济性**

公债是宏观调控的一种重要经济杠杆，促进经济稳定与发展，因而又具有经济性。它一头连着财政收支，一头连着货币供给，通过增债增支或减债减支的调整，来决定财政政策的扩张和收缩；又通过中央银行在公开市场上买卖公债券，来决定货币政策的松紧。

## 10.1.2 公债种类

为了从不同角度对公债进行经济分析，公债可按多种标准进行分类。

**1. 内债和外债**

按发行的地域分，公债分为内债和外债，也叫国内公债和国外公债。内债指的是政府在本国境内发行的公债，其认购主体是国内法人和本国公民，一般以本国货币为计量单位。外债指的是政府在境外发

① 马克思. 资本论，第一卷[M]. 北京，人民出版社，1975. 第 827.

行的公债，其认购者可以是外国政府、国际金融组织、外国企业、国外金融机构、组织团体和个人等，通常以债权国通货或具有世界货币功能的第三国通货为计量单位。

发行内债表示本国资源在不同用途之间的转移，它不改变国内资源的总量。但发行过多，容易造成国内资金紧张，利率上扬。发行外债会导致资源在国家之间转移，进而影响到国内资源总量的增减变化。发行失度会引起国际收支的不平衡，甚至会使一国陷入严重的债务危机，在政治、经济上受制于债权国，例如南美、东欧、非洲的一些国家就是如此。

在债券自由流通、自由买卖的前提下，内债和外债可以自由转化。例如，债务国居民将持有的国内公债拿到国外金融市场上去卖，被外国投资者购买，这时国内公债就转化为国外公债。相反，债务国在国外发行的公债券由本国投资者购买回来，国外公债就转化为国内公债。

**2. 短期公债、中期公债和长期公债**

按债务偿还期限分，公债分为短期公债、中期公债和长期公债。**短期公债指债务期限在一年内的公债，具有较强的流动性。**短期公债的发行，通常是为了弥补财政由于季节性原因而发生临时性入不敷出。在西方国家，短期国债主要指国库券。短期公债由于其流动性较强，可成为金融市场上中央银行开展公开市场业务的主要对象，所以政府可根据需要随时发行。

**中期公债是指债务期限在1年以上10年以下的公债，主要用于弥补财政赤字或进行中长期投资。**中期公债由于期限较长，政府可以相对稳定地使用债务收入，因而在目前各国发行的公债中占有重要的地位。我国建国以后发行的国债和国债券，中期国债占有很大的比例。

**长期公债是指债务期限在10年以上的公债，一般用于较大的经济建设项目或突发事件。**发行长期公债对政府是比较有利的，因为在短期内不必筹措偿债基金，因而不会给财政造成压力，尤其在通货膨胀的条件下，如果利率稳定，那么期限越长，偿债的负担就越轻。

目前对于长期公债的看法不一，有的把5年以上的偿还期叫作长期公债，有的把10年以上偿还期称为长期公债，还有的把20年以上的偿还期称为长期公债。另外，长期公债还包括永久公债或无期公债。**所谓永久公债或无期公债，是指政府不规定到期时间，债券持有人无权要求偿清本金，但可按时领取利息。**政府可根据需要，随时按市场价格购回公债。这种永久公债在18世纪的英国曾大量发行，现在各国基本上不再发行了。公债由于发行期限过长，债券持有人容易受到币值变动的影响，因而给公债的销售带来较大的困难，在通货膨胀条件下，这种情况尤为明显。因此，长期公债只在公债发行初期较为流行，在现代，长期公债在各国的债务总额中占的比重较小。

**3. 中央公债和地方公债**

按发行主体分，公债分为中央公债和地方公债。中央公债，是指以中央政府为债务主体而发行的公债。地方公债，是指以地方政府为债务主体而发行的公债。

中央公债和地方公债对国民经济的影响是不同的，前者的影响是全局的和整体的，后者的影响是局部的和区域的，同时地方政府的筹资能力明显弱于中央政府。目前全世界已有多个国家实行地方政府债券模式，其中美国和日本的地方政府债券发行规模最大，发行模式也最具代表性：美国的市政债券代表着分权制国家的地方债券市场制度；日本的地方政府债券则代表了集权制国家的地方债券市场制度。

地方政府债券一般用于交通、通信、住宅、教育、医院和污水处理系统等地方性公共设施的建设。一般也是以当地政府的税收能力作为还本付息的担保。地方有两种发债模式，第一种为地方政府直接发债；第二种是中央发行国债，再转贷给地方，也就是中央发行国债之后给地方用。在某些特定情况下，地方政府债券又被称为“市政债券”（municipal securities）。地方政府债券的安全性较高，被认为是安全性仅次于“金边债券”的一种债券，而且，投资者购买地方政府债券所获得的利息收入一般都免交所得税，这对投资者有很强的吸引力。

我国1995年施行的《预算法》规定：除法律和国务院另有规定外，地方政府不得发行地方政府债券。“地方政府债券”的禁令一直保持至2009年。《国务院关于安排发行2009年地方政府债券的报告》，由财政部代理发行2000亿元地方债券。首期地方政府债券为新疆维吾尔自治区政府债券（一期）4月3日上市。债券为固定利率债券，票面年利率为1.61%，期限3年，利息每年支付一次，2012年3月30日偿还本金并支付最后一年利息。其他省区包括四川、河北、安徽、云南等。经国务院批准，2014年上海、浙江、广东、深圳、江苏、山东、北京、江西、宁夏、青岛10试点地方政府债券自发自还。这意味着地方债发行朝着市场化路径迈出了实质性步伐。国务院公布的《关于2014年深化经济体制改革重点任务的意见》指出，“要规范政府举债融资制度，对地方政府债务实行限额控制，分类纳入预算管理”。

我国允许地方政府发行债券，无疑解决了地方政府的一些财政困难。地方政府可以根据地方人大通过的发展规划，更加灵活地筹集资金，解决发展中存在的问题。更主要的是，由于地方政府拥有了自筹资金、自主发展的能力，中央政府与地方政府之间的关系将会更加成熟，中国的宪政体制将会得到进一步巩固。

但我国地方政府发行债券筹集资金总额面临着《预算法》的制约。地方政府发行债券将会产生一系列的法律问题，如果没有严格的约束机制，一些地方政府过度举债之后，将会出现破产问题。而我国目前尚未对政府机关破产作出明确的规定，一旦地方政府破产，中央政府将承担怎样的责任，地方人大将作出怎样的安排，所有这一切都必须通盘考虑。

**4. 可转让公债和不可转让公债**

以公债能否转让分，公债分为可转让公债和不可转让公债。**可转让公债，指能够在金融证券市场上自由流通买卖的公债。**可转让公债流动性强，价格取决于市场供需和市场利率。西方发达国家的公债多数是可转让公债，它之所以受欢迎，是因为认购者在资金周转困难时可以随时出售，具有较强的灵活性，有利于公债的推销。对于政府而言，也可利用可转让公债的流动性，调节国家债务总额及构成，从而调节金融市场。

**不可转让公债，也称非上市公债，是指不能在金融市场上自由买卖，而只能由政府对购买者到期还本付息的公债。**例如美国政府发行的“特别证券”、我国1988年以前的国库券都属于这一类。这类公债一般规定较长期限，利率水平通常要高于一般公债，且多采用记名方式发行，以防止上市出售影响债券市场的稳定。

**5. 零息公债、附息公债和贴现公债**

按利息的支付方式分，公债可分为零息公债、附息公债和贴现公债。零息公债是指公债到期时随本金一起一次性支付利息。附息公债是指按票面利率每一年（或半年）支付一次利息，一般票面上附有息票，剪息票附息，无纸化发行可凭证券账户在规定附息日领取利息。贴现公债是指券面上不含利息或附有息票，以低于票面额发行，按票面额偿还，发行价格与票面额的差额，即为所得利息。

**6. 其他分类**

按举借形式分，公债可分为政府契约性借款和发行公债券。政府契约性借款，又称合同之债，主要用于向外国政府、金融机构举借的外债和向本国中央银行的借款。发行公债券，又分为记账式国债（无纸债券）、凭证式国债（半无纸储蓄债券、无纸化电子记账）和实物券三种（有纸债券）。**凭证式国债是指国家采取不印刷实物券，而用填制“国库券收款凭证”的方式发行的国债。**凭证式国债其票面形式类似于银行定期存单，利率通常比同期银行存款利率高，具有类似储蓄、又优于储蓄的特点，通常被称为“储蓄式国债”。凭证式国债通过各银行储蓄网点和财政部门国债服务部面向社会发行，可以记名、挂失，但不能上市流通，没有二级市场的风险，安全可靠，类似于西方国家的储蓄债券，适合于个人投资者购买。**记账式公债，又称为“无纸化公债”，是指将投资者持有的公债登记于证券账户中，投资者仅取得收据或对账单以证实其所有权的一种公债。**这种公债可上市，有二级市场风险，完全通过电脑网络系统发行、流通、转让、兑付，投资风险强，适合于机构投资人。又因为此种公债可以记名、挂失、安全性能好，且发行成本低，效率高，手续简便，目前成为世界各国发行公债的主要方式。

以发行主体为标准，公债又可分为政府部门公债和公共企业部门公债。以经济用途作为划分标准，公债可分为生产性公债和非生产性公债。以利率变动为标准，公债可以分为固定利率公债和浮动利率公债。以偿还期限的长短为标准，公债又可分为定期公债和不定期公债。以流通性质作为分类标准，公债可分为上市公债和非上市公债。按发行性质分，公债分为自由公债和强制公债。按计量单位分，公债分为实物公债和货币公债。按发行目的对象分，公债分为普通公债（不定向）和特种公债（定向）。按是否保值分，公债分为保值公债和不保值公债。按是否记名分，公债分为记名公债和无记名公债。按利息支付方式分，公债分为有息公债和有奖公债。

新中国成立时，人民政府面临的是整个国民经济处于崩溃状态的烂摊子，约有1/2的财政支出不得不依靠增发通货来弥补，财政赤字上升，物价猛烈上涨。为了解决财政赤字问题，1949年12月2日中央人民政府政务会议通过并颁发了《1950年第一期人民胜利折实公债条例》。由于当时处于严重的通货膨胀状态下，为了保护公债购买者的经济利益不受通货膨胀的影响，也为了公债推销更为顺利，该项公债的发行采用了“折实”形式，即公债的募集与还本付息，均以实物为计算标准，折合成人民币的价值。该公债的单位定名为“分”，每分以沪、津、汉、穗、渝和西安6大城市的大米（天津为小米）6市斤，面粉1.5市斤，白细布4尺，煤炭16市斤的加权平均批发价的总和计算得出，其权重定为上海占45%，天津占20%，汉口占10%，广州占10%，西安占5%，重庆占5%。市价由中国人民银行10日公布一次。公债券面额有：1分、10分、100分、500分4种。人民胜利折实公债于1950年1～3月份发行了1.48亿分，大大超出了原定第一期计划发行1亿分的额度。实际发行额，约相当于43亿市斤细粮，按当时各地加权平均粮食价格0.06元/斤计算，总值2.58亿元。

### 10.1.3 公债的功能

**公债的功能是指公债本身所固有的内在作用。**总结国内外公债发行的实践经验，公债的功能主要包括以下三个方面。

**1. 弥补财政赤字**

公债产生的主要动因是弥补财政赤字，这也是公债最基本的功能。一般来讲，在年度预算中，政府财政存在两种状况：财政赤字或财政盈余。**所谓财政赤字，是指财政收入小于财政支出的差额。所谓财政盈余，是指财政收入大于财政支出的差额。**对于盈余的使用，一般可以通过减税或增支来实现财政预算平衡。对于财政赤字的弥补，一般来说，有3条途径。

一是增加税收。税收是按税法规定，依法定程序和固定标准强制征收的，其增加取决于经济发展水平。如果提高税率或增加新税种，会影响经济发展。而且税收的调整要受立法程序的制约，容易遭到纳税人的反对，在政治上有一定风险。

二是向中央银行借款。这种向银行透支的方式弥补财政赤字，会造成中央银行货币供给增加，由此诱发或加剧通货膨胀。

三是发行公债。当国家正常的财政收入难以满足支出需要而出现财政赤字时，通常认为发行公债是弥补财政赤字的理想手段，这是现代国家普遍采取的做法。用公债弥补财政赤字，实质是将社会资金在一定时期内让度给财政使用，是社会资金使用权的单方面转移，是社会资金存量的内部结构性转移。以发行公债的方式弥补财政赤字，由于公债的认购通常遵循自愿的原则，基本上是社会资金运动中游离出来的资金。资金来源比较分散，一般不会影响经济发展，可能产生的副作用也较小。

同时，还必须把赤字与债务两个概念区别开来。某一既定时期的债务是过去所有预算赤字的总和。即债务是过去的支出大于过去的收入的累计差额。因此，在有赤字的一年里，债务增加；在有盈余的一年里，债务减少。债务是一个存量，而赤字或盈余则是流量。

应注意的是，若财政赤字过大，债台高筑，最终会导致财政收支的恶性循环。同时，社会闲散资金是有限的，国家集中资金过多，往往会侵蚀经济主体的必要资金，从而降低社会的投资和消费水平，产生挤出效应。

**2. 筹集建设资金**

我国财政一方面承担着国有资产投资及安排其他经济建设支出的任务，另一方面则由于生产力发展水平不高而使收入在量上受到限制。这就使经济建设对资金的需求量与财政正常收入量之间存在着突出的矛盾。国家通过发行国债，动员社会闲置资金参加社会经济建设，可以缓解上述矛盾，发挥国债筹集建设资金的功能，保证基础设施和重点建设。用发行国债的方法筹集资金，只要规模适度，方式妥当，一般不会对经济产生不利影响，也易于被认购者接受。此外，举借外债还可以引进外国资本弥补国内建设资金的不足，为现代化建设服务。1981 年我国发行 40 亿元的国库券、1988 年 80 亿元的财政债券以及 1989 年发行的 120 亿元的保值国债都是为了弥补赤字而发行的。其他年份发行的债券有的是弥补赤字，有的用于建设。

**3. 调节经济运行**

作为财政调节重要手段的公债反映了社会资源的重新配置，是对 GDP 的再次分配。

（1）调节社会总需求，促进社会总供给与总需求在总量和结构上的平衡。这部分财力用于弥补财政赤字，就是政府平衡社会总供给和社会总需求关系的过程。

（2）调节积累与消费，促进两者比例关系合理化。这部分财力用于生产建设，将扩大社会的积累规模，改变既定的积累与消费的比例关系；用于消费，则扩大社会的消费规模，使积累和消费的比例向消费一方偏移。

（3）调节投资结构，促进产业结构优化。用国债把地方的一部分预算外资金集中起来投向国家急需的能源、交通等重点建设项目上。这样既减少了预算外资金的盲目、重复建设，又缓解了国家资金紧张的矛盾，使目前不太合理的投资结构得以矫正，例如 1998—2001 年实行的积极财政政策。

（4）调节金融市场，维持经济稳定。公债是一种金融资产、一种有价证券，公债市场可以成为间接调节金融市场的政策工具。当流通中的货币量大于商品流转所必需的货币量时，运用公债形式回笼一部分货币，可以防止因货币流通量过多而引起的通货膨胀，从而达到稳定经济的目的。当经济发展需要资金启动时，可以买入公债，向流通中注入资金。

（5）公债可以作为中央银行进行公开市场操作的重要宏观调控手段。一是公债中的国债可以形成市场基准利率。利率是整个金融市场的核心价格，对股票市场、期货市场、外汇市场等金融工具的定价均产生重要影响。国债是一种收入稳定、风险极低的投资工具，这一特性使得国债利率处于整个利率体系的核心环节，成为其他金融工具定价的基础。国债的发行与交易有助于形成市场基准利率。国债的发行将影响金融市场上的资金供求状况，从而引起利率的升降。在国债市场充分发展的条件下，某种期限国债发行时的票面利率就代表了当时市场利率的预期水平，而国债在二级市场上交易价格的变化又能够及时地反映出市场对未来利率预期的变化。二是作为财政政策和货币政策配合的结合点。首先，扩大国债的发行规模是国家实施扩张性财政政策的主要手段；其次，国债，特别是短期国债是央行进行公开市场操作的合适工具。国债的总量、结构对公开市场操作的效果有重要的影响。如果国债规模过小，央行在公开市场上的操作对货币供应量的控制能力就非常有限，不足以使利率水平的变化达到央行的要求；如果国债品种单一，持有者结构不合理，中小投资者持有国债比例过大，公开市场操作就很难进行。三是作为机构投资者短期融资的工具。国债的信用风险极低，机构投资者之间可以利用国债这种信誉度最高的标准化证券进行回购交易来达到调节短期资金的余缺、套期保值和加强资产管理的目的。

## 10.2 公债的规模与结构

### 10.2.1 公债的规模

**公债规模就是国家负债的总水平，其内容包括当年国债发行规模，历年公债累计总规模和尚未归还的公债总规模等。**公债规模过小或过大，都会影响经济的正常发展，公债规模是一个国家政府在一定时期内举借债务的数额及其制约条件。公债作为政府弥补财政赤字、筹措建设资金、合理配置资源、调控经济运行的重要手段，在社会经济生活中发挥重要作用。当公债的发行突破其用于弥补财政赤字范畴，还用来作为筹措建设资金和宏观调控的手段时，公债的发行量也就突破了正常财政支出的需要量。但公债的发行并不是一个无限的量，由于公债发行存在负担问题，这就要求公债发行要有一个适度规模。目前，公债规模已成为各国普遍采用的合理界定公债负担的指标。

**1. 影响公债规模的因素**

在现实生活中，公债的发行要受到多种因素的制约，这些因素主要有以下 4 个方面。

（1）社会应债能力。社会上个人和应债机构的资金能力是制约公债规模的重要因素。公债的发行量首先受认购者承受能力的制约。一般来说，公债发行规模不能超过全社会的应债能力，否则会对社会消费和投资带来负面影响。

**个人的应债能力是指一定时期内居民个人对公债的认购能力。**这一能力主要由两个因素决定：居民的收入水平和社会平均消费水平。一般讲，居民对公债的认购能力与其收入水平成同方向变动关系，而与社会平均消费水平成反方向变动关系。居民收入水平越高，其收入中用于购买公债的部分越多，其对公债的承受能力也就越强。公债发行规模占城乡居民储蓄存款的比例是衡量居民个人应债能力的一个重要指标。

**应债机构的承受能力是指一定时期各经济实体对公债的认购能力。**制约这一能力的因素也有两个：各经济法人实体自有资金的数量和维持正常生产经营及兴办各项事业对资金的正常需要量。各经济实体对公债的认购能力与各经济法人实体自有资金的数量成正比，与其维持正常生产经营及兴办各项事业对资金的正常需要量成反比。即各经济实体自有资金数量越多，企业生产经营规模及事业发展对资金的需要量越小，则其中可用于购买公债的份额越大。

（2）政府偿债能力。**政府偿债能力是指政府作为债务主体对其所借债务还本付息的能力。**公债是有偿使用的，不论其期限长短，最终都是要偿还的。国债在借入期可以增加财政可支配资金，但其偿还期则要增加财政支出。因此，公债的发行规模要受政府偿债能力制约，如果超过偿债能力而过度发行公债，就可能导致政府债务的信用危机。政府的偿债能力通常由财政收入增长速度和国内生产总值增长速度两个因素决定。国内生产总值增长状况反映了一定时期经济发展的状况及国民经济发展对公债的承受能力。如果国内生产总值增长速度快，则一定时期的国内生产总值在满足正常的投资与消费后，有较大的余地为政府所调度；如果正常的财政收入在满足正常的支出需要后不足以抵偿债务，政府可以通过继续发行新债来归还旧债，从而缓解政府的还债负担。在国内生产总值一定的情况下，财政收入的规模越大，则财政收入在满足了其他正常支出后，可能用于归还到期公债本息的资金越多，政府对公债的偿还能力越强；反之，则越弱。

（3）公债的使用效益。公债规模在一定程度上受公债使用效益的制约。如果公债用于投资效益较高的生产建设项目，公债再投资的收益可以满足还本付息的需要，不会形成政府的债务负担。在这种情况下，公债的规模可以大一些。如果公债用于社会效益性项目，或公债再投资的收益不足以支付公债的还本付息，就会造成政府的新负担，则公债规模就应小一些。

（4）其他因素。社会总供给的结构和外贸出口创汇能力也是确定公债规模应考虑的因素。在确定公债发行规模时，要对公债再分配所引起的物资需求结构的变化进行估计，这时社会总供给结构就成为其发行的一个制约因素。这是因为发行公债会引起国民财富分配结构的变化。通常情况下，这种变化主要表现为消费需求向投资需求的转化，或投资需求内部结构的重组，这必然受到一定时期既定的供给结构的制约。外贸出口创汇能力是制约外债规模的一个重要因素。外债需用外汇偿还，因此，外债的规模不仅受国内经济发展的影响，还受外贸出口创汇能力的制约。外贸出口创汇能力强，则外汇收入在应付了正常外汇支出后仍有较大余额，用于偿还外债的能力就强；反之，就弱。

**2. 公债规模量化指标体系及其控制**

由于各种制约因素的存在，公债规模是否合理不能单纯从公债规模的绝对量来考虑。从理论上说，**公债的适度规模是指公债规模处于使公债的积极影响达到最大化这样一种数量状态。**所以，防止产生债务危机的一个重要手段就是必须要有一定的公债发行限度。制定公债限额时不仅要考虑当年发行债务的总额，还要考虑历年累积债务的总规模，以及到期需要还本付息的总额。总结世界各国的普遍做法，用以衡量公债规模的指标体系主要包括以下3个方面。

（1）债务依存度。**债务依存度是指当年债务发行额占当年财政支出的比例。**它着眼于债务的流量，反映当年财政支出对债务收入的依赖程度。因为国债收入只是一种补充性的收入，国债规模的合理性主要可以根据这一指标来判断。我国的债务依存度有两种不同的计算口径：一是国家财政债务依存度，即当年公债发行占当年全国财政支出总额的比重；二是中央财政债务依存度，即当年公债发行额占当年中央财政总支出的比重。据国际公认的标准，债务依存度的安全线为20%以下，警戒线为25%～35%。

$$债务依存度=\frac{当年公债发行额}{当年财政支出额}\times 100\%$$

（2）公债负担率。**公债负担率是指公债累计余额占当年国内生产总值的比例。**该指标着眼于公债的存量，反映公债累积总量相对于当年经济总规模的比例关系。主要是从宏观经济的整体来考查其对赤字和债务的承受能力，把握公债的数量界限，同时在一定程度上反映政府债务对经济的影响。据国际公认的标准，公债负担率的安全线为10%～30%，警戒线为45%～60%。一般认为经济发达国家承受的比例可以高些，而发展中国家承受的比例相对低一些。例如《马斯特里赫特条约》[①]（简称《马约》）规定，欧盟成员国政府债务负担率不得超过60%，赤字率必须低于3%。**所谓赤字率，是指一定时期内财政赤字额与同期国内生产总值之间的比例关系。**赤字率和债务负担率都是衡量财政风险的重要指标。我国长期以来也参照《马约》规则约束赤字和债务，特别是实施积极的财政政策时期也没有放松这种约束，这是我

①《马斯特里赫特条约》：又称《欧洲联盟条约（Treaty of Maastricht）》，它是于1991年12月9日至10日第46届欧洲共同体首脑会议上签署的条约，包括《欧洲经济与货币联盟条约》和《政治联盟条约》。这一条约是对《罗马条约（Treaty of Rome）》的修订，它为欧共体建立政治联盟和经济与货币联盟确立了目标与步骤，是欧洲联盟成立的基础。

国财政政策取得良好效益的主要原因。与之相反，20 世纪 70—80 年代的阿根廷和巴西的债务危机，很大程度上就是因为缺乏明确的财政规则和有效的约束机制，这是一个反面的典型案例。

$$公债负担率=\frac{公债累积余额}{当年国内生产总值}\times 100\%$$

**（3）公债偿债率。公债偿债率指当年到期公债还本付息额占当年财政收入的比例。**这个指标反映着财政还本付息的能力和由于公债所引起的财政负担，数值越高，表示偿债能力越差；反之，则越强。国债偿债率也可以通过两种口径来衡量：一是政府财政偿债率，即当年债务支出占当年财政总收入的比重；另一个是中央财政偿债率，即当年债务支出占中央本级财政收入的比重。一般情况下，一个年度的债务偿还不能影响社会再生产正常进行和人民生活正常需要。国际上参考标准是：国债偿债率的安全线应在 8%~10%。美、英、法、日等国家的偿债率均在 10%以内。

$$公债偿债率=\frac{当年公债还本付息额}{当年财政收入}\times 100\%$$

还有其他一些参考指标：如国债发行额与国民生产总值的比率，国债偿还额与国民生产总值比率等。表 10-1 所示为中国近年来国债依存度三项指标变化情况。

表 10-1　中国 1994—2004 年国债依存度等三项指标情况　　单位：%

| 时间 | 1994 | 1995 | 1996 | 1997 | 1998 | 1999 | 2000 | 2001 | 2002 | 2003 | 2004 |
|---|---|---|---|---|---|---|---|---|---|---|---|
| 国债依存度（%） | 20.3 | 22.7 | 24.8 | 26.8 | 30.6 | 28.1 | 26.3 | 24.3 | 25.7 | 24.9 | 24.1 |
| 国债偿债率（%） | 7.43 | 7.37 | 7.8 | 8.78 | 13.3 | 14.9 | 16.5 | 17.9 | 19.5 | 20.2 | 19.6 |
| 国债负担率（%） | 9.6 | 14.1 | 18.3 | 22.2 | 23.8 | 16.7 | 11.8 | 12.2 | 13.6 | 13.6 | 13.9 |

资料来源：国债理论与制度，http：//www.doc88.com/p-978197018590.html。

**3. 反映外债规模的主要指标**

衡量外债适度规模的主要指标也有 3 个。

（1）外债偿债率，即年度外债本息偿还额与当年出口总收入（贸易和非贸易外汇收入）之比。这一指标反映了一国当年偿付外债本息所需外汇额与其当年自有外汇收入额的数量比例。国际公认的安全线为 20%以下，最高不能超过 25%这一警戒线。如果超过这一界线，就被认为外债偿还能力不足。

$$外债偿债率=\frac{当年外债还本付息额}{当年出口总收入}\times 100\%$$

（2）外债负债率，即外债余额与当年国民生产总值（GNP）之比。国际公认的安全线为 30%以下。

$$外债负债率（经济债务率）=\frac{当年外债余额}{当年国民生产总值}\times 100\%$$

（3）外债负担率，即外债余额与当年出口总收入（贸易和非贸易外汇收入）之比。国际公认的安全线为 100%以下。当然这一标准也不是绝对的，外债负担率的控制还应该考虑债务的期限结构、利率水平等其他因素。如果期限、利率条件比较优惠，这一比率可适当高一些；反之，则比较低一些。

$$外债负担率=\frac{当年外债余额}{当年出口总收入}\times 100\%$$

## 10.2.2　公债的结构

公债结构指的是不同种类或不同性质的公债间的相互搭配，以及各类公债收入来源的有机组合。为了提高公债的使用效益，保持合理的公债规模，减轻政府的债务负担，必须选择合适的公债结构。公债结构分为内债结构和外债结构。

**1. 内债结构**

（1）公债期限结构。**公债期限结构是指不同期限的公债在公债总额中的构成比例。**期限结构对公债的顺利发行、流通、偿还及政府对经济的调控都有重要的影响。较为合理的公债期限结构，应是短期、中期、长期公债并存的结构，避免某一期限的债务过于集中，增加还本付息压力。

现代社会，短、中、长期并存的公债要优于单一长期或短期的公债结构。这首先是因为认购者对公债有多元化需求。对认购者来讲，一笔收入用于购买长期公债就丧失了它的流动性，出于流动性的要求，他们会倾向于认购短期公债，特别是在公债不能上市流通的情况下更是如此。也有认购者愿意认购中长期公债，因为期限较长，相应的公债利率和收益率也就越高，那些对流动性需求不大，将主要目标放在赚取投资收益的认购者，更倾向于中长期公债。

其次是政府对公债资金的需求与管理的要求。从政府对公债资金的需求看，长期公债意味着政府可以在较长期限内拥有资金的支配权，便于政府安排长期性的经济建设项目，而季节性国库收支的不平衡则需要借助于短期国债（如国库券）。从公债管理看，公债期限单一，容易出现公债集中偿还，形成还债高峰期，存在较大的偿债风险，而长、中、短期公债的合理搭配则可使偿债负担在以后不同年度合理分摊，降低政府的偿债风险。

三是宏观经济调控的需要。中央银行在公开市场上吞吐短期公债是调节货币供应量的重要手段。在需要扩张经济时，中央银行大量买入短期公债，向市场投放货币；在需要紧缩经济时，中央银行在公开市场上卖出短期公债，回笼货币，紧缩银根。为配合央行的公开市场业务，在确定公债的期限结构时，一般市场化国家都非常重视短期公债的发行，例如，美国国债总量中，60%属于短期国债。

我国国债期限结构中，中期国债数量较大，缺少长期和短期国债。1998年以来，由于市场利率较低，政府增加了长期国债的发行，国债期限结构有所改善，但短期国债短缺的问题依然比较突出。

（2）公债持有者结构。公债持有者结构，即“公债资金来源结构”，也叫作公债的投资人结构，指在公债中不同性质的承购主体持有公债的构成比例。**在不同的经济条件下，应根据国家宏观调控的政策需要，适当考虑公债发行成本，选择适当的公债持有者结构。**

公债持有者结构不同于公债的认购者结构。认购者可能是公债的最终持有者，也可能是公债的承销者，后者要在交易市场上将所承销的公债转售给投资者。公债的持有者一般分为个人投资者和机构投资者。机构投资者包括银行、养老保险基金、保险公司、企业和外国投资者等。

公债持有者结构的确定要与资金持有者结构相匹配。通常，除了居民个人拥有大量储蓄，可用于公债投资外，各种基金拥有长期资金，也是公债稳定的投资者，而且大多是做长期投资；银行自有资金有限，又要保持其流动性，一般只是购买短期公债，也便于参与中央银行的公开市场操作；外国机构投资者出于资金安全或收益的考虑，也是公债潜在的投资者。要实现公债持有者结构与资金持有者结构的匹配，必须在公债政策和公债品种结构上为上述不同的资金持有者提供认购公债的条件。如果做不到这一点，公债持有者结构就会出现与资金持有者结构的脱节，就不是最佳的持有者结构。

在我国国债持有者结构中，个人持有者所占比重过高，而机构投资者所占比重过低，并且国债持有人为单一的国内投资者，国外投资者目前还不能持有我国国债。一般来讲，市场经济国家的公债持有者结构中，机构投资者所占的比重较高，例如美国、德国、英国、日本等国家，机构投资者持有的公债占公债总量的比例高达 80%～90%。机构投资者比重高，既有利于培养稳定的公债投资者，从而有利于公债市场的稳定，又可以减少发行环节，降低发行成本，同时，商业银行大量持有公债也有利于中央银行实施公开市场操作。因此，提高机构投资者的公债持有比重应是我国公债结构调整的一个方向。

（3）公债利率结构。**公债利率结构是指不同利率水平的公债在公债总额中的构成比例。公债利率是公债利息占公债票面金额的比率。**利率对于公债发行者和公债投资者来说有不同的作用。不同期限的公债，会有不同的利率。在发达国家的金融市场上，公债利率是影响市场利率的重要因素。而我国国债利率结构不尽合理，国债利率高于银行同期存款利率，致使偿债负担沉重。应根据资金供求状况、市场利率水平、公债的使用方向和公债发行的需要与偿还的可能等因素，来综合确定合理的利率水平和利率结构。

**2. 外债结构**

外债结构是指外债的各构成部分在外债总体中的排列组合与相互地位。

（1）外债的期限结构。**外债的期限结构是指短期、中期和长期债务分别占外债总额的比重。**中长期债务由于偿还期限较长，易于管理，并且有利于国家根据社会经济发展的需要，统筹安排一些长期的项目；短期外债的大部分形成于企业、公司的贸易结算中，在对外经济繁荣时期由于交易量大，容易积累。当对外经济陷入萧条引起国际收支逆差时，为了弥补逆差，往往需要借入短期外债。但短期债务规模要有所控制，避免形成偿债高峰。当然任何期限的债务如果发行规模过大，发行时期比较集中，都会形成偿债高峰，即在未来的某一时点上，要集中偿还以前发行的若干笔到期的债务或支付利息，这将使政府面临巨大的偿债压力。不过，由于偿债周期不同，中长期债务暂时不会形成近期的偿债高峰，而短期债务则有可能形成近期的偿债高峰。一旦外债形成偿债高峰，在本国外汇收入不能大幅度提高，外汇储备又比较少的情况下就有可能造成债务危机，从而引发不良的国际影响，对国内经济造成负面影响。基于避免形成偿债高峰的考虑，应发行长期债务，但短期债务又有着自身的优势和必要性，是不能被中长期债务完全替代的。因此，不同期限的外债债种应保持适当的比例，在债务的期限分布上要求不同时间到期的外债数量要与本国在各个期限内的偿债能力相适应，以便相互协调，避免形成偿债高峰，并满足经济发展的多方位、各层次的需要。目前国际上比较流行的做法是：合理的期限结构应该以中长期为主，适当借用部分短期债务。一般认为短期外债不应超过全部债务的25%为宜。

（2）外债的利率结构。**外债利率结构指外债中的固定利率和浮动利率计算的债务之间的比例关系。浮动利率债务是指借贷利率随金融市场供求关系的变化而变化的债务。固定利率债务是指借贷利率确定之后，在契约规定的债务期限内不做变更的债务。**国际金融市场变化多端，其中一个重要的表现便是市场利率的复杂多变，如果借入过多浮动利率的债务，这部分债务很有可能在将来因为利率上升而加大债务负担；如果借入过多固定利率的债务，很有可能在将来因为市场利率下降而遭受损失。当然在相反情况下是有好处的。外债的利率结构是否合理，关系到利息支付总额与偿还能力的高低。通常一个合理的外债利率结构是以固定利率计算的债务额占外债总额的比重为 70%～80%，而按浮动利率计算的债务额占外债总额的比重为20%～30%。

（3）外债的债权结构。**外债的债权结构主要是指外债中各种债权主体提供的贷款在外债总额中的构成比例。**这是按债务来源的不同所划分的债种之间的关系，也即债务的债权人分布，或不同类型的贷放者主体的构成。国外公债的债权人通常包括外国政府，国际货币基金组织，世界银行等国际金融组织，外国商业银行，工商企业以及外国公民等。由于不同债权的债务具有不同的性质，它们之间也应保持适当的比例。政府间贷款利率低，期限长，带有援助性，条件优惠。但事实上，有些政府贷款用于买卖方商品进出口信贷，其商品价格较高，从而抵消了一部分优惠利率带来的好处；而且政府贷款有一定的条件，其数量也有限。官方贷款如果偏重于某种资本货币的出口信贷，通常会使借款国的投资格局出现畸形发展。国际金融组织的贷款条件比政府贷款严格，不够优惠，但比私人贷款优惠得多。国际金融组织贷款中的国际货币基金组织贷款，主要解决成员国国际收支不平衡的短期资金需要；世界银行贷款主要用于解决成员国所需长期开发资金；国际开发协会主要解决发展中国家的债务问题，其贷款免息，只收0.75%的手续费，期限长达 50 年；国际金融公司是专门对成员国私人企业提供贷款和投资的金融机构，贷款对象不需政府担保，期限一般为 7～15 年，贷款利率相当于国际金融市场利率。此外国际农业发展基金会作为联合国的一个专门机构，其宗旨是筹集更多的资金，以优惠条件帮助发展中国家发展农业。我国在积极争取国际金融组织贷款的同时，也应注意适当平衡国际金融组织内部贷款的结构。通常一个合理的外债债权主体结构是债权主体尽可能分散，以防止在经济上受制于人。

（4）外债的币种结构。**外债的币种结构是指不同外币计价的债务占外债总额的比例关系，即外债总体的币种构成。**国际金融市场上各种货币之间的汇率是变幻莫测的。因此，根据国际市场汇率的变化趋势借入不同币种的债务，以形成优化的币种结构，规避汇率不确定性的风险，是安排外债币种结构的主要目的。从总体上安排币种的选择，使自己外债中的币种达到多样化，并使币种之间有着优化的比率，以降低借债的实际成本，应对国际金融市场的变幻莫测，平抑国际经济波动造成的外债负担不确定性的风险。如果一国外债的货币构成以一种货币为主，那么，当该种货币汇率上升时，就意味着借款人在偿还时要支付更多的货币。因此，为了分散汇率变动的风险，在举借外债时，要恰当安排外债的币种结构，使不同币种外债保持适当的比例关系，达到汇率上涨的外债收益和汇率下跌的外债损失互相抵消的目的，从而化解偿债所面临的汇率风险。长期以来，我国中长期外债以美元和日元债务为主。20 世纪 80 年代中期，美元债务占 60%，日元债务占 30%，到 80 年代末，日元债务比重上升到 42%，90 年代初又有所提高。1986 年日元对美元大幅升值，我们承受着出口美元收入的贬值与偿还外债日元升值的双重损失，损失金额达 30 多亿美元。

# 10.3 公债与资源配置

## 10.3.1 公债与税收资源配置方面的区别

用税收筹资方式为社会提供公共产品，其受益者与成本负担者一般来说是一致的。用公债筹资方式为社会提供公共产品，其受益者与成本负担者往往不一致。其区别主要为以下两方面。

**1. 税收筹资与资源配置**

从整个社会来说，税收的多少直接关系到公共产品的数量和质量，社会成员若希望能享受更多更好的公共产品，就要缴纳更多的税，这就意味着要减少自己的可支配收入，从而减少私人产品的消费。因此，社会必须进行成本—效益分析。社会必须将公共产品增加的效益与个人收入减少的损失加以权衡比较。若公共产品的边际效用大于私人产品的边际效用，社会就会扩大公共产品的提供，让更多的资金通过税收方式流入政府，一直达到边际效用与边际成本相等为止。在这里，税收起到了一种价格机制的作用。税收筹资方式为社会的选择提供了一种成本效益比较的权衡体制，这有助于使社会决策受到资源配置效率的约束。

**2. 公债筹资与资源配置**

公债筹资把公共产品的受益和成本分担分成了两个时期，使受益者与成本负担者变得不一致。现在的社会成员享用了公共产品，却不承担其成本；而未来的社会成员承担成本，却不享受其利益。公债的期限越长，其不一致性就越明显。假如今年借债明年偿还，受益人与成本负担人之间的区别不大；如果今年借债，50 年后再偿还，则受益人与成本负担人就会不一致，本代人受益，而后代人负担成本。这种受益人与成本负担人的不一致会影响公共产品的有效配置。社会在享受公共产品时无法与它的成本相权衡，有可能使公共产品的提供规模呈现过分扩张的趋势。

### 10.3.2 政府部门债务实现效率的机制

**1. 政府部门经常性支出的筹资方式**

经常性支出是指政府部门支出中直接形成社会当前消费利益的支出。

如果以公债筹资来承担经常性支出，就意味着让现在的人无偿享受公共产品的利益，而让以后的人来承担公债偿还的责任。容易形成支出过度的倾向，偏离资源配置的效率目标。

如果采用税收筹资承担经常性支出，当前人享受支出利益同时也为此付出了代价，可以形成成本与收益的权衡机制。为了使公共产品的配置接近效率状态，政府部门的经常性支出原则上应以税收方式筹资。

**2. 政府部门资本性支出的筹资方式**

资本性支出是指所产生的利益不仅在本期发挥作用，同时还在以后较长的一段时期内产生效益的支出。

用税收来承担全部资本性支出，相当于让现在的人承担它的全部成本，而让以后的人无偿享受它带来的好处。从资源配置的角度来说，它会使公共产品的提供水平低于效率所要求的水平。因此，资本性支出应主要依靠公债来解决。

但资本性支出中应由本期承担的部分，原则上应通过税收方式来筹资，如果用公债来垫付这一部分成本，实际上就是将本期的成本推给未来，这样会造成公共产品的受益人与成本承担人不一致，效率的权衡机制将受到损害。

### 10.3.3 公共企业部门债务实现效率的机制

**1. 公共企业部门的收入来源**

公共企业部门有以下 3 种收入来源。

（1）价格或使用费。这是公共企业部门取得收入的主要方式。如果生产符合效率，它所取得的销售收入应能补偿其生产成本，并取得正常利润。

（2）发行企业债券或向银行贷款。这是公共企业部门的重要筹资渠道，可促使企业提高资金使用效益。

（3）政府拨款。这是政府部门将取得的税收收入通过拨款转移到公共企业部门。

**2. 公共企业部门的公共拨款**

用税收收入补贴公共企业部门或作为扩大生产的追加投资，会导致生产的无效率。具体原因如下所述。

（1）销售收入能够补偿产品成本是判断效率的基本标准。说明社会从这产品中得到的好处不小于为生产这一产品所付出的代价。用税收收入去弥补亏损，则掩盖了企业生产的无效率，并且使这种无效率状态依靠补贴持续下去。

（2）用税收为公共企业追加资金，缺乏有效的成本约束。这意味着公共企业可以无成本地获取资金，企业会不关心资金的使用效率，只关心自己可以得到多少拨款。

（3）用税收为公共企业筹资影响社会生产方式的选择。这意味着税收对不同所有制企业的非中性。由于企业之间的实际税负不一致，企业选择经营组织形式会受到税收政策导向的左右，而不是根据经营管理的需要，这将影响社会对不同生产方式的选择。

3. **公共企业部门债务的效率界限**

当公共企业部门短期周转资金和长期投资资金不足时，应当通过借债来进行融资。

借债融资能反映投资的机会成本的市场利率，为鉴别公共企业部门债务的合理界限提供了一个标准。

要使公共企业的债务规模符合效率准则，必需建立一个完善的金融市场环境，公共企业必须独立承担偿债责任。

## 10.4 公债的负担和效应

### 10.4.1 公债负担

**公债负担是指公债的发行和偿还给各相关方面造成的利益损失和政府因负债所承受的经济压力。**公债是政府按照信用原则形成的借贷关系，这种借贷关系中的债权人、债务人客观上就存在着经济负担问题。纳税人不仅要进行债务的还本付息、支付税收，而且要承担公债的实际成本。尽管债务发行增加了政府可支配的资源，在资源使用期间不会把实际成本加在任何人身上。在存在公债的情况下，为了给债务利息提供资金，纳税人被强制纳税。这些由债务筹资的公共支出的实际成本，是对以前发生的公共支出的支付。

对于社会而言，公债是否构成负担取决于如何使用公债资金。若公债用于投资性支出时，公债是否会产生负担，则取决于公共投资的效率。如果公共投资是有效率的，则公共投资的得益，能够偿还公债的利息。此时，公债持有者到期收回本金和利息，其经济利益未受损；公债的使用者公共部门因此获得了利润。在这种情况下，公债不给任何一方造成负担。只有当借债的代价大于它所带来的效益时，才认为公债产生了负担。

公债的负担由直接负担和间接负担两部分组成。借债总要还的，因此公债的直接负担是指，还债收入来自税收，增加税收必然会减少纳税人的福利，即马克思所说的公债是延期的税收。公债的间接负担是指公债会给经济带来损失，间接影响到公众的利益。

对公债负担的理解，主要可以从债务人负担、纳税人负担和代际负担3个角度来把握。

1. **债务人负担**

**债务人负担，也称为政府负担，是指公债到期还本付息所形成的财政负担。**公债发行的过程，也是公债的财政负担形成的过程。因此，政府举债首先要考虑自身的财政偿债能力。债务偿还包括本金和按本金的一定比例计算的利息。政府发行内债时，国内认购者将一部分资源转移给本国政府；发行外债时，国外居民将一部分境外资源转移给本国政府使用，两者都表现为发债国政府支配资源的增加。而政府按契约支付利息并到期偿还本金，是将资源转移给债权人。这时偿还本金所减少的一国政府所掌握的资源，与其举债时所获得的资源增量是一致的，所不同的是增加了一笔利息支付。所以只有利息支付才真正构成了纳税人的负担和债务人负担。

2. **纳税人负担**

**纳税人负担，指的是政府公债偿还的还本付息的资金来源，对纳税人造成的税收负担。**公债与直接征税相比，纳税人的负担是延迟了的。不论国债资金的使用方向如何，效益高低，还债的收入最终来源还是税收，也就是当政府以新债还旧债的方式难以继续时，最终还是要用税收来还本付息，对纳税人造成负担。

3. **代际负担**

**代际负担，指将当代人的债务负担转移给后代人，而对后代人造成的负担，但其需要视公债资金的**

使用方向而定。如果政府将公债资金用于消费性用途，而公债偿还的资金来源又来自于未来税收，那么公债就会引起未来负担和代际负担。就意味着让现在的人无偿享受公共产品的利益，而让以后的人来承担公债偿还的责任。如公债资金用于公共投资，建成的公共基础设施和形成的公共资本为后代人所受益，那么根据受益原则，并不产生代际负担。从长远来看，由于一些公债偿还期限长，使用效率低下，不仅形成当前的一种社会负担，而且可能转化为下一代甚至几代人的负担。因此，必须注意提高国债的使用效率，为后代积累更多财富。

从另外一个角度分析，公债的负担又可以分为货币负担和真实负担，货币负担指纳税人承担的货币量，表明负担的数额。真实负担指由于发行公债导致公众消费量的减少、工作量的减少、社会福利的减少，表明负担轻重。

从表面上看，公债中的内债似乎没有直接的货币负担，它只是在国民之间的货币使用权的转移，甚至可以取得利息，但实际上，公债使财富由年青一代转移至年老一代，由经济活动者转移到食利者。内债负担会加重课税，导致纳税人工作努力和储蓄能力的降低。外债的负担从直接负担角度来讲，货币负担是还本付息，真实负担是损失国内物资和经济福利，减少购买力。阻碍或减缓生产力的发展则是外债的间接负担。

## 10.4.2 公债理论的发展

经济学家对公债的认识经历了一个漫长的由否定到肯定再到否定之否定的辩证发展过程。

**1. 古典经济学的公债有害论**

在自由资本主义阶段，由于西方国家奉行不干预主义政策，国家很少介入生产经济活动，加上私人积累资本的需要特别迫切，因此 18—19 世纪的主流经济学家大都反对政府举债，对公债持否定态度，认为国家负债有害。理由是公债具有非生产性，会减少生产资金，浪费人、财、物。

**2. 凯恩斯革命与公债有益论**

1929—1933 年，资本主义爆发了历史上最严重、最持久、最广泛的经济危机，史称“大衰退”，1936 年凯恩斯（John Maynard Keynes）出版了他的《就业、利息与货币通论》，西方经济学家把该书与斯密的《国富论》和马克思的《资本论》并列为经济学说史上的三本同样伟大的著作，从根本上动摇了资本主义自由放任的传统经济理论。凯恩斯把资本主义发生经济衰退和严重失业的原因归之于有效需求不足，即消费需求不足和投资需求不足。他认为资本主义不存在自动达到充分就业均衡的机制，因而主张政府干预经济，通过政府的政策、特别是财政政策来刺激消费和增加投资，以实现充分就业。“凯恩斯革命”导致赤字财政政策和国家干预主义思想盛行于西方各国，并成为西方占统治地位的正统经济思想。受此影响，第二次世界大战之后的西方主流学派经济学家大都赞成政府举债，对公债持肯定态度，认为政府为了稳定经济而负债是有益的、必要的。理由是公债必要时可以用于扩大消费和投资，公债用于投资也具有生产性，会促使物质财富增加，可成为政府调节经济的杠杆。

**3. 现代经济学的公债益害论**

20 世纪 70 年代后，西方非主流学派倾向于否定凯恩斯主义的公债观，对公债有害性的一面揭示较多。而主流学派则倾向于维护凯恩斯主义的公债观，对公债有益性的一面探讨也有了更深的认识。其争论的焦点主要在于公债政策是否有效，如何才能有效。

（1）非主流学派认为公债政策无效或基本无效。

① 理性预期学派。罗伯特·巴罗根据李嘉图《政治经济学及赋税原理》中有关征税和举债效应问题的比较，认为在理性预期下，政府以课税或举债筹资的实际效果相等，其对消费和投资的影响是无差别

的，不会引起人们经济行为的调整，公债政策最终是无效的。这就是西方公债理论中被布坎南称作“李嘉图等价定理”（ricardian equivalence theorem）的一个著名命题。

② 货币主义学派。弗里德曼认为中央银行的货币供应量政策将最终决定公债政策的有效性，公债政策自身无法单独有效。

③ 公共选择学派。布坎南认为政府因内部效应，导致依靠发行公债来扩大公共消费，结果势必会摧毁一个民族、一个国家或一个社会的资本或资产。这种公债政策，实际上不仅无效，而且有害。

（2）主流学派认为公债政策基本有效。

凯恩斯之后的主流经济学派（后凯恩斯主义、新凯恩斯主义）仍坚持认为积极的公债政策是有效的。当经济面临有效需求不足的衰退时，举债扩大支出将能刺激需求，对经济产生积极影响。但在反对学派的挑战之下，他们更加注重公债政策适用的经济条件（有效需求不足）、公债支出的投向（主要是投资性支出）、公债还本付息负担的安全性与公平性（债务规模与结构、债务转移问题）等的研究，从而深化了对公债的认识。

## 10.4.3 李嘉图等价定理与公债效应

### 1. 李嘉图等价定理

公债理论中，对公债效应的研究构成了公债理论的重要组成部分。而关于公债效应的研究方面，影响深远和争执持久的是李嘉图等价定理。

（1）李嘉图等价定理的基本涵义。19 世纪英法第二次百年战争（1689—1815 年）后期，英国因战争费用庞大，国库入不敷出。在如何筹措军费上，英国议会对征税筹款还是公债筹款展开了争论，经济学家也卷入其中。例如，马尔萨斯（Thomas Robert Malthus，1766—1834 年）就认为，征税会减少消费支出，引起经济紧缩，而公债的影响要小得多。李嘉图则认为，无论是征税，还是发行公债，对经济的影响本质上是没有区别的，这也就是后来被称为李嘉图等价定理的基本思想。

**李嘉图等价定理的基本涵义为：在某些条件下，政府无论采用发行公债还是增税来增加收入，其效果都是相同的或者等价的。**李嘉图在《政治经济学及赋税原理》一书中认为，举债和增税两者的效应是一样的，既不影响居民的消费，也不影响资本的生成。表面上看，以税收筹资和以债券筹资并不相同，但是，政府的任何债券发行都体现着将来的偿还义务；从而在将来偿还的时候，会导致未来更高的税收。如果人们意识到这一点，他们会把相当于未来额外税收的那部分财富积蓄起来，结果此时人们可支配的财富的数量与征税的情况一样。

李嘉图等价定理认为，征税和政府借款在逻辑上是相同的。“一个国家为筹划战争费用或政府一般开支而课征的税，以及主要用来维持非生产性劳动者的税，都是从该国的生产性劳动中取得的。这种开支没有节省，即使不是增加到纳税人的资本之中，一般也会增加到他们的收入之中。如果为了一年的战费支出而以发行公债的办法征集 2000 万英镑，这就是从国家的生产资本中取去了 2000 万英镑。每年为偿付这种公债利息而课征的 100 万英镑，只不过是由付这 100 万英镑的人手中转移到收这 100 万英镑的人手中，也就是由纳税人手中转移到公债债权人手中。实际的开支是那 2000 万英镑，而不是为那 2000 万英镑必须支付的利息。付不付利息都不会使国家增富或变穷。政府可以通过赋税的方式一次征收 2000 万英镑；在这种情形下，就不必每年课征 100 万英镑。但这样做并不会改变这一问题的性质。”[①]

李嘉图等价定理的核心思想在于：公债不是净财富，政府无论是以税收形式，还是以公债形式来取

① 李嘉图．李嘉图著作和通信集．第一卷．北京：商务印书馆 1962．208.

得公共收入，对于人们经济选择的影响都是一样的。即公债无非是延迟的税收；在具有完全理性的消费者眼中，债务和税收是等价的。根据这个定理，政府发行公债并不提高利率，对私人投资不会产生挤出效应，也不会增加通货膨胀的压力，但这些仍然未得到实际经济运行的论证。

（2）巴罗的佐证。李嘉图的等价思想按照现代经济学的严谨要求来看，只能算是一般的假设，而称不上是定理，但是由于1982年美国新古典经济学家罗伯特·巴罗（Robert Barro）发表了一篇题为《政府债券是净财富吗？》的论文，他试图以现代经济学的方法主要依靠理性预期理论和遗产动机来论证李嘉图的假设，并据此反对凯恩斯主义的赤字财政政策，从而使李嘉图假设走向定理化。也正是由于巴罗挑衅性的论文将尘封了一百多年的李嘉图假设重新激活，所以现在这一理论也称为“李嘉图—巴罗等价定理”。但是这个定理的成立取决于许多不现实的假设条件，所以一开始就遭到凯恩斯主义经济学家如托宾、曼昆的重创，现在几乎名誉扫地。李嘉图等价定理到底成不成立，其实早在100多年以前就有了分晓，因为英国当时的现实选择实际上已经告诉了答案。如果仅从为战争筹资的特殊情况看，征税筹资与举债筹资还是大有差别的，他们不可能等价。在战争期间，举债筹资显然要优于征税筹资，因为公债可以比赋税更好、更容易地迅速筹措到战争所需的大量军费，而且举债筹资的超额负担更小，即对经济的影响相对较小。而英国实际上也是采用了举债筹集战争军费的方式，并且最终打败了法国人。

当然，在非战争条件下，虽然无法在经验事实上完全否认巴罗的观点，但李嘉图等价定理在大多数情况下是不成立的，例如在经济危机时期，征税筹资与公债筹资显然是不等价的，征税筹资在经济危机时只能加重经济紧缩，是不合时宜的办法。而公债筹资在经济危机时则可以刺激经济，是对症下药的良策，此时公债筹资优于征税筹资。又例如在经济膨胀时期，征税筹资与公债筹资也是不等价的，征税筹资在经济过热时可以起到抑制经济的功效，是合时宜的办法，而公债筹资在经济过热时只会加重经济膨胀，是不合时宜的办法，此时征税筹资优于公债筹资。

对于个人来讲，如果政府采取公债筹资的方式，相当于当前减税，个人购买政府公债相当于投资，个人不仅不会觉得未来财富会减少，反而觉得可能会增加，因此，个人的消费和投资趋向增加；但如果政府采取税收筹资的方式，相当于当前增税，个人交了税后，会明显觉得当前财富减少了，因此，个人消费和投资趋向减少。这样，李嘉图等价定理就不成立了。所以李嘉图等价定理的有效性是非常值得怀疑的，不过它所引起的争论还将会继续下去。

（3）对李嘉图等价定理的质疑。巴罗假说一提出就遭到新古典综合派和新凯恩斯主义的质疑和批评。对李嘉图等价定理的疑问之一就是人们是否有动机为超出生命界限的未来增税因素而储蓄。莫迪利安尼（Modiligani）在有限期界理论中提出，人们并不关心生命以外的事情，因此，由于发债带来的减税效应会带来消费需求的增加，这样，民间储蓄在这种情况下的增加就不足以抵补政府储蓄的减少，所以总储蓄下降，即使消费需求增加能够刺激短期经济增长，但总储蓄下降会影响长期经济增长。托宾（Tobin）也认为李嘉图等价定理限制条件太多，与现实不符。曼昆（Gregory Mankiw）从消费者的短视、借债约束和代际财富再分配三个角度分析了李嘉图等价定理不成立的原因。曼昆认为，人们所具有的是普遍的利己主义行为动机。举债导致将来税收的增加会落在下一代人身上。举债代表一种财富的转移，从下一代人向当代人的转移。当代人会以下一代人消费减少为代价而增加自己的消费。

（4）李嘉图等价定理的意义。李嘉图等价定理的意义在于，公众是否将政府发行的债券视为财富的一部分，关系到国民收入水平的决定。帕廷金（Patinkin，D）在其1965年的著作《货币、利息和价格》中指出，公开发行并已出售的政府债券，有比例为K的部分被视为财富。按李嘉图等价定理的涵义，即如果人们意识到，手中持有的政府债券要通过将来的税收来偿还，政府债券就不会被看作总财富的一部分。于是，举债同课税一样，不会引起人们消费水平的变化，即 $K=0$；如果人们并不将手中的政府债券同未来的税收负担联系起来，政府债券就会被全部或部分地看作总财富的一部分，则 $0<K\leqslant 1$。其结果是，公众会因总财富的增加而增加当前和未来的消费。

总之，如果政府以公债替代税收，公众将以 $K$ 倍的速度增加即期的消费数量。由此可见，面对征税和发行公债，公众是否会采取不同的行为，对政府财政政策的制定具有重要意义。

**2. 公债效应**

（1）公债的资产效应。**公债的资产效应是指公债发行不仅影响国民收入，而且影响居民所持有资产的变化。**最早提出公债的资产效应的是著名经济学家阿巴·勒纳。公债的资产效应是说发行公债会增加民众持有的资产，和公债发行相联系，民众觉得认购公债是自己的财富增加了，从而导致民间公债持有的消费支出的增加。事实上，自凯恩斯革命以来，宏观经济学界的注意力很大程度上转向了公债资产效应。发行公债能增加居民的金融资产。一方面是收入效应使居民觉得比以前富裕了，从而增加消费支出；另一方面是替代效应使民众减少劳动，增加闲暇，从而增加了消费。也就是说，公债的发行具有刺激消费增加需求的作用。

政府运用税收和举债为支出筹措资金是否存在差别的问题，最终可归结为以下问题：若消费者将债券仅看作是延期的税收，那么这些债券就不能作为总财富的一部分，李嘉图定理成立；若消费者认为当前发债和未来的税收并没有直接联系，或者认为这些债券根本不需要税收来偿还（例如借新债还旧债），那么这些债券就被看作是总消费函数中总财富的一部分，李嘉图定理就不成立。

正因为公债的资产效应，所以公债在经济增长中具有稳定功能。由于公债的增加比税收的增加更能增加居民持有的资产，一方面人们感到富有了而增加消费，另一方面人们的劳动意愿可能随之下降而减少储蓄。因而发行公债在经济不景气时具有扩大消费功能，而在经济过热时具有抑制消费功能。而且人们持有资产是为了预防萧条，所以经济萧条时效应更大，经济过热时效应相对较小。此外，公债利息的支出总是维持在一定的水平之上。萧条时期，公债利息支付会起到刺激消费的作用；繁荣时期，税收收入会比国民收入增长更快，公债的利息支付是一定的，这又会起到抑制通货膨胀，具有稳定经济的作用。公债的资产效应和"公债错觉"相联系。**公债错觉是指公债持有者在持有公债时认为自己的财富增加了，由此可能增加自己的消费需求，公债的积累与消费的增加相联系。**承认公债的资产效应，也就否定了李嘉图等价定理。

（2）公债的需求效应。根据凯恩斯主义理论，公债融资增加财政支出，并通过财政支出乘数增加总需求，或通过将储蓄转化为投资，并通过投资乘数推动经济增长。

公债对总需求的影响包括两个方面：一方面是叠加在原有总需求之上，增加总需求；另一方面是在原有总需求内部改变总需求结构，而不增加需求总量。至于究竟属于哪一方面，主要取决于不同的应债主体即不同应债资金来源，需要进行具体分析判断。

一是公债的货币扩张效应。若中央银行购买公债，相当于传统经济体制下的财政向银行透支或借款，也就是债务货币化。中央银行购买公债，银行持有的公债账户增加，同时财政国库存款账户增加。财政用公债支付时，则形成企业存款和居民储蓄或手持现金的增加，则商业银行存款增加。从而使银行准备金增加，进而增加基础货币，通过货币乘数作用，对总需求产生扩张作用。所以，一般而言，中央银行购买公债是叠加在原有总需求之上扩张总需求。当然，这种扩张效应也不是绝对的。随着经济的增长货币需求增加，从而要求增加货币供给。而在每年增加的货币中必然有一部分是适应经济增长而增加的基础货币。如果在这个限度内购买公债，就不一定会发生通货膨胀，或者说，只要中央银行购买公债时又严格限制贷款规模，就可能不会发生货币供给过量的问题。

二是拉动投资需求的效应。商业银行或居民购买公债与中央银行不同，一般只是购买力的转移或替代，不会增加货币供给从而产生扩张总需求的效应。因为购买国债时表现为商业银行在中央银行的存款准备金的减少，或居民个人在商业银行储蓄存款的减少，而当财政支出时又会表现为商业银行准备金的恢复或居民储蓄存款的恢复，货币供给规模不变；只是商业银行拥有的资金暂时转为财政使用，或居民储蓄通过公债转化为投资，也就是购买力或资金使用权的转移或替代，从而不产生扩张总需求效应。如果在经济繁荣期，由于资金供求紧张，发行公债会带动利率上升，可能对民间投资产生挤出效应，不利于民间投资的增长；如果在经济萧条时期，则是商业银行暂时闲置的资金转由财政使用，将居民储蓄转化为投资，弥补了储蓄与投资之间的缺口，这不但拉动投资需求的增长扩张，推动经济增长，而且有利于提高商业银行的效益。

（3）公债的供给效应。发行公债作为一种扩张性财政政策，可以刺激需求，治理经济衰退，拉动经济增长。但国债不仅具有需求效应，同时也具有供给效应，即可以增加供给总量和改善供给结构。国债用于投资，会增加投资需求，但也必然增加供给，而且由于投资领域不同，也就同时改变供给结构。市场经济条件下，需求和供给是互动的。只要存在有支付能力的有效需求，即使暂时缺乏相应的商品供给，也会很快通过市场调节来满足这种需求；当新产品上市时，只要人们需要，必然有需求。但当供求失衡时，就需要政府干预解决。而政府发行公债，就是政府宏观政策中用于调节总需求与总供给平衡的一种重要手段。

政府发行公债用于投资，主要是用于公共产品领域的投资，例如基础设施投资、高新技术投资、风险投资、农业投资、教育投资等。公债投资可以集中力量建成大批重大基础设施项目，又可以增加供给，改善供给结构。

（4）公债的分配效应。**公债的发行、流通和偿还都会对国民财富的分配产生影响，这种影响就是公债的分配效应。**公债是政府信用的最主要的形式，它是政府运用信用手段进行财政分配的特殊形式，从贷者（居民、企业、金融机构）愿贷，借者（政府）愿借并付息这个角度来看，公债体现借贷双方的交换关系。但从政府借入公债形成财政收入，并将它用于财政支出这个角度来分析，公债又体现分配关系，而且是以政府为分配的主体，分配职能是公债的首要财政职能。

公债改变当代人之间的收入分配关系。公债不仅要还本还要付息，在币值不变的情况下，公债购买者会增加收入，多买者多受益，少买者少受益，不买者不受益。由于为支付公债利息而征收的税款，在负担的分布上与利息的收益者之间不可能是一致的，会产生收入再分配效应。并且一般来说，在公债自愿认购的原则下，收入高者多购买，收入低者少购买或不购买，在以商品税为主体税种的发展中国家，中低层收入者为商品课税较多，在公债偿付时，利息收入绝大部分从低收入者手中流向高收入者，税收负担却落在社会公众身上，于是公债发行越多，社会财富分配愈趋于不平均，尤其在发展中国家这种再分配效应使其收入分配差距进一步拉大。其次公债产生代际之间的分配关系。在将公债偿还责任向下代人推移的情况下，就会产生公债究竟是给后代人造福还是加重后代人负担的问题。

（5）公债的挤出效应。**公债的筹资会产生挤出效应，公债的发行导致民间部门可借贷资金的减少，引起利率上升，资本投资的减少。**其形成机制为：政府通过举债扩大其支出规模时，导致其在资金需求上和民间进行竞争，使部分原可支撑民间部门投资的资金发生转移，在货币供应量不变的情况下，这一方面增加了政府的货币需求，另一方面减少了民间部门的资金供应。相应还会有高市场利率水平提高企业生产成本，降低企业的投资收益率，从而对民间部门投资产生“挤出”。公债挤出效应的大小，在不同的经济条件下存在很大差异。

首先挤出效应的大小取决于政府举债时的市场投资意愿、投资机会、资金供求状况、利率变动趋势等因素。当市场投资需求不旺、闲置财力较大、利率趋于下滑时，政府债务融资对利率的影响较小，挤出效应也较小；相反，政府债务融资对利率的影响较大，挤出效应也较大。

其次，公债的挤出效应在很大程度上受中央银行货币政策的影响。对公债挤出效应的分析通常以货币供给量不变为前提，而现实生活中，货币供给量会随中央银行货币政策的调整而发生相应变化。因此，当公债发行规模扩大时，只要经济尚未达到充分就业状态，其挤出效应会因同期中央银行货币政策的松动而有所减弱。实际上在存在挤出效应的情况下，公债发行的利弊还取决于对其机会成本的评估，当公债投资效益高于市场平均效益时，即使存在对民间投资的挤出，公债发行仍是有利的；相反，则是不利的。

**3. 研究公债效应的两种方法**

政府的收支必须满足政府预算约束的要求，就是说在一定时期内，政府的所有支出（转移性支出加购买性支出）必须等于政府从各种融资渠道（包括印刷货币）获得的所有的收入。用一个简单的公式表示为：

$$G=T+\Delta D+\Delta H$$

式中，$G$ 为政府支出；$T$ 为税收收入；$D$ 为公债的余额；$H$ 为基础货币的供给量；$\Delta$ 为变化量。

政府预算约束式表明：政府的支出所需要的资金既可以通过税收，也可以通过发行公债，还可以通过增加货币发行量来筹集，当然也可以是上述 3 种方法的某种组合。同时政府预算约束也意味着单独研究举借公债的经济效应是不可能的，因为在其他政府预算变量（$G$、$T$ 和 $\Delta H$）保持不变的条件下，公债余额的变化量（$\Delta D$）也不可能单独变化。政府预算约束要求公债余额的变化量必然与政府支出、税收和基础货币变化量三者之和相等（$\Delta D=G-T-\Delta H$）。由此可见，公债的经济效应不是一个一维的概念：公债的经济效应只能是公债余额的变化量和相应的其他政府预算变量的变化量的净效应。因此，分析公债的经济效应时必须明确何种预算变量被假定为保持不变，何种预算变量发生了补偿性的变化。由此产生了研究公债的经济效应的两种基本方法：一种是绝对的方法，一种是差别的方法。应当指出，在分析公债经济效应时产生的许多混乱，主要原因之一就是没有明确区分这两种研究方法。

前者研究的情况是，增加财政支出，同时保持税收和货币发行量不变，由此形成的财政赤字通过发行公债弥补，即公债的发行量与政府支出的增加量相等。按照绝对的方法研究公债的经济效应就是分析比较以下两种情况中经济运行结果的差异：一种情况是政府增加支出并通过发行公债为增加的政府支出融资；另外一种情况则是政府支出不变，也不发行新公债。后者研究的情况则是保持原来的财政支出水平不变，减少税收形成的财政赤字通过发行公债弥补，这种方法本质上是研究在保持财政支出水平不变的前提下，公债和税收发生等额但方向相反的变化对经济运行产生的影响。简而言之，绝对的方法就是研究为政府支出增加而发行的公债的经济效应，差别的方法则研究在政府支出不变的前提下为弥补由于减税而减少的财政收入而发行的公债的经济效应。

## 10.5 公债市场及其功能

### 10.5.1 公债市场概述

**公债市场又称政府债券市场，是政府债券发行和流通市场的统称，是专门买卖政府债券的交易场所或系统。**它本身是证券市场的构成部分，与证券市场密不可分，对证券市场又具有一定的制约作用。

公债市场通常由发行市场（一级市场）和流通市场（二级市场）组成。公债一级市场和二级市场是紧密联系，相互依存的。一级市场是二级市场的基础和前提，只有具备了一定规模和质量的发行市场，二级市场的交易才有可能进行。同时，二级市场又能促进一级市场的发展，二级市场为一级市场所发行的债券提供了变现的场所，从而增强了投资者的投资热情，有利于新债券的发行。

公债运行是一个复杂的过程。例如国债的运行过程为：首先，财政部门决定发行一定品种一定额度和一定利率的国债，通过国债承销商向社会发售，政府取得债务收入，居民、企业、商业银行等可以在承销商那里购买国债，国债到期前，政府一般按年度向债券持有者支付利息，到期偿还本金；其次，国债持有者可以将持有的国债作为融资贷款的抵押凭证，也可在二级市场进行买卖流通，不断转让以实现收益的增值。通过这个过程，不仅完成了国债的发行和偿还，而且活跃了证券市场，保证了债权人能够随时变现持有的国债，满足其保值或增值的需要。由于政府不断发行新债，这个过程会循环往复地进行下去。发行和流通一般为公债运行的两个层次或两个阶段，这两个阶段互相配合互相影响，财政政策主要在第一个阶段发挥作用，货币政策主要指第二个阶段发挥作用，使公债的运行成为财政政策和货币政策的连接点和结合点。

### 10.5.2 公债市场的功能

公债既是财政政策工具，又是货币政策工具。公债市场一般具有两个方面的功能：一是筹资功能，实现国债的发行和偿还；二是调节功能，调节社会资金的运行。

**1. 筹措资金的功能**

（1）公债市场为政府公债的发行和交易提供了有效的渠道，增强了公债的流动性，具有顺利实现公债发行和偿还的功能。

（2）为社会闲置资金提供良好的投资场所。由于政府债券风险小，投资收益回报稳定，有助于减少投资风险。引导资金流向，实现资源要素的优化配置。

（3）公债市场还突破了单一的银行信用，促进证券市场的发展。国家可以采取固定收益出售方式和公募拍卖方式在公债市场的交易中完成发行和偿还公债的任务，促进经济的发展。

**2. 宏观调节的功能**

公债的调节功能是随着公债市场与经济社会环境的发展演变而发展和完善起来的，并且其重要性日渐增强。公债的调节功能表现在以下两个方面。

（1）调节预算年度内财政收支不平衡。这种调节是由财政收支的特点决定的。财政收入主要由税收构成，税收收入在时间上、数量上具有一定的稳定性，但是财政支出的时间与数量常常与财政收入获得的时间与数量不一致，这种不一致可以通过发行短期公债来调节，财政根据收支状况确定短期国债发行时间、期限、数量，满足预算年度内的财政支出需要。

（2）中央银行开展公开市场业务，是宏观调控的重要手段。这种功能是公债市场的一个派生功能。随着央行对货币流通调节方式的改变和调节力度的加强，这种功能的重要性逐渐增强。在央行的诸多货币政策工具中，公开市场操作与其他货币政策工具相比具有明显的优势：一是公开市场操作的主动权由央行控制，买卖时间和规模完全由央行决定；二是公开市场操作可以大规模进行，也可以是微调；三是公开市场操作可以连续进行；四是公开市场操作灵活性强，既可买进也可卖出，便于调整；五是公开市场操作作用迅速。公开市场业务的上述优势使得许多国家中央银行已经把公开市场操作作为一种重要的货币政策工具经常使用。这使得公债市场具有调节社会资金运行和提高社会资金效率的功能。同时也是传播和获取经济信息的重要场所。

# 10.6 公债政策

## 10.6.1 公债政策的内容

公债政策是指政府为实现一定的经济政策目标，而采取的控制和调节公债总量或结构的各种措施的总称，包括公债发行、流通、使用、偿还等整个运行过程中所制定的活动规范和管理规则。

公债政策是宏观经济政策的一个重要政策手段和组成部分，但公债政策也有自己的相对独立性，在现代宏观经济政策中发挥着独特的作用。如表 10-2 所示是公债政策与财政政策的比较。

表 10-2 公债政策与财政政策比较

| | 公债政策 | 财政政策 |
|---|---|---|
| 目标 | 弥补财政赤字<br>降低公债的发行成本<br>满足不同投资者的需要<br>保证公债的顺利发行 | 经济稳定增长、充分就业<br>物价稳定，国际、收支平衡 |
| 对市场的影响 | 直接进入资本市场，形成对资本的供求，由此可能引起市场利率的变化，进一步影响资本市场的变化 | 直接作用的对象是产品市场 |
| 效应作用方向 | 因其购买者或发行对象的不同，而产生不同的政策效应 | |

**1. 公债政策**

公债政策，从其运行的不同阶段来看，主要有以下几方面的内容。

（1）公债的发行政策。公债发行的不同方式有不同的经济和社会效果。例如公募发行可以较广泛地吸收社会资金，发行费用也较低廉，但是这种方法往往费时较长，不能满足国家资金急需，因而在非常时期（如遇战争或灾害）不宜采用此法。

（2）公债的流通政策。主要指政府债券发行后的再转让问题。为了顺利推销公债，使其在市场上流通，满足投资者对其流动性、安全性、增值性的要求，必需建立和完善公债的流通体系。

（3）公债的使用政策。原则上，公债资金使用的收益率应大于公债的利息率，使公债的偿还具有坚实的基础。

（4）公债的偿还政策。政府根据不同时期的财政经济形势、政治形势和政策目标，选择适当的方式和时间偿还公债。例如，在经济萧条或衰退时期，增加公债的偿还以刺激经济复苏，在经济高涨时期则减少公债的偿还以收到抑制通货膨胀之效。

（5）公债的总量政策和结构政策。**总量政策是指如何确定公债的适度规模**。公债的规模应当控制在一个合理的界限以内，这个界限主要是由政府的财政经济实力和公债管理水平决定的。**结构政策则是指如何在各种类型的公债之间保持适当的比例**。债务结构包括期限结构、利率结构、种类结构等。

公债政策从总体上看，还有一个公债总量的调控，以及国内公债和国外公债比重及其协调的问题。

**2. 公债政策的经济效应**

从公债政策自身的相对独立性来看，公债政策在宏观经济管理上有两大效应，即流动性效应和利息率效应。

（1）流动性效应。**流动性效应（liquidity effect），指通过改变公债的流动性来影响国民经济的货币推动力**。其传导过程可表述为：公债流动性程度变动，引起社会的流动性状况变动，进而引起经济活动水平变动。具体包括以下两方面。

① 确定公债的期限构成。债券的期限愈短，流动性愈大。当经济中的扩张性力量过大时，政府可以

增加长期债券，减少短期债券，以紧缩资本市场，抑制通货膨胀；反之，在经济衰退时期，则可转向短期债券的发行，以增加经济中的流动性金融资产，刺激经济复苏。

② 确定公债的应债来源。公债的应债来源亦会影响一国经济的货币推动力。银行系统认购公债，通常会扩大信用规模，增加货币供应量；非银行系统认购公债，则只会导致资金使用权的转移，不会增大货币供应量。因此，公债应债来源的选择应当同财政政策和货币政策协调起来。在经济高涨或通货膨胀时期，可从非银行系统借入资金，与紧缩性的财政政策和货币政策相配合；在经济紧缩或衰退时期，则可增加银行系统持有的国债，与扩张性的财政政策和货币政策相配合。

（2）利息率效应。利息率效应（interest rate effect），指通过调整国债利息率和影响其供求状况来影响金融市场利率的升降，从而对经济施加扩张性或紧缩性影响。其传导过程可表述为：公债的利息率水平变动，将引起市场利率水平变动，进而引起经济活动水平变动。具体包括以下两方面。

① 决定公债的发行利率。公债利率是金融市场上的一种有代表性的利率，它的高低通常会对金融市场利率产生直接的影响。因此，当经济需要紧缩时，可相应调高公债的发行利率；反之，当经济需要扩张时，则可相应调低公债的发行利率。

② 买卖政府债券。债券价格和市场利息率呈反方向变动，债券价格变动会使其实际利率发生变化，进而对整个金融市场利率产生影响。因此，政府可通过在金融市场买卖来影响债券的价格，从而影响金融市场利率，以达到调节经济的目的。在西方市场经济国家中，通过买卖政府债券调节经济的公开市场业务，是中央银行"三大政策工具"中最灵活的政策手段。由此可见，公债政策是财政政策和货币政策的连接点，是货币政策的传导器之一。

### 10.6.2 公债政策的作用

公债在宏观经济政策中主要起微调作用，它是连接财政政策与货币政策的桥梁和纽带，被誉为财政政策与货币政策的"联合传导器"和"联合调节工具"。其作用机制如图 10-1 所示。公债政策顺利发挥作用需要具备一定的前提条件，主要是：①公债种类的多样化；②债券和股票等有价证券的数量要达到一定的规模，其中公债要占有一定的比例；③要有一个比较发达的金融市场。

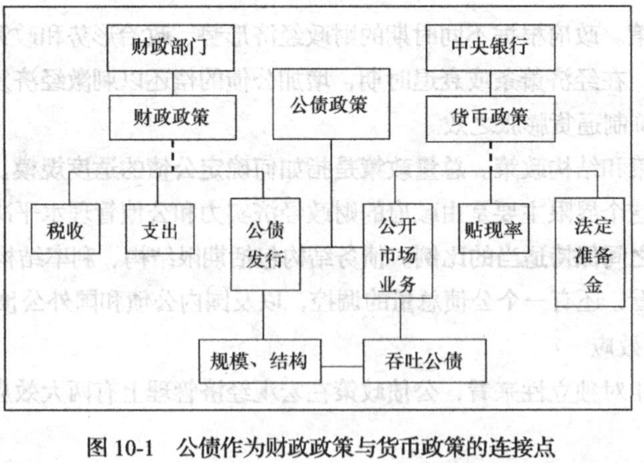


图 10-1 公债作为财政政策与货币政策的连接点

### 10.6.3 公债的影响

公债对经济的影响是双重的。积极方面的影响是它能够弥补财政赤字；与此同时，由于利用公债政策有一定的限度，所以超过这一限度，公债就带来消极的作用。特别是长期推行赤字财政政策，成为财政的沉重负担，会对经济发展产生消极影响。

**1. 公债对经济的积极影响**

第一，发行公债可以调节社会总供给与总需求，可以充分运用社会资金，从而减轻经济周期波动。当一些社会资本处于闲置状态时，特别是经济衰退时期闲置资本较多时，通过发行公债可以吸收社会闲置资金扩大政府的公共支出，从而扩大社会有效需求，有助于克服经济衰退，促进经济发展。在经济过度繁荣阶段，通过增加税收建立偿债基金能够抑制经济发展的过旺势头，有利于经济的稳定发展，减轻经济周期的波动。

第二，通过发行公债，政府可以广泛吸收、有效集中社会上的小额游资用于政府投资，从而有助于整个社会经济的发展。这些资金分散在广大公众手中，由于每人所持数额太少，难以达到有效投资量，因而无法用于投资，造成社会资金的浪费。发行公债有利于充分有效地利用社会闲置资金，加快经济发展速度。

第三，公债是调节金融市场运行状况的有效手段。当物价上涨迅猛时，政府通过发行公债，吸收社会资金以减少货币流通量，从而起到平抑物价的作用。当银行贷款利率上升时，公债价格将下跌，这时政府可以通过偿还公债或收买公债的方式，增加社会货币资金的供给量，从而保证国民经济的正常运转。

**2. 公债对经济的消极影响**

首先，在金融市场上资金一定的情况下，公债通过挤出效应排挤了一部分私人投资。如果政府以优惠条件同私人投资者竞争，将影响主要是由货币供求关系决定的市场利率，成为利率波动的因素之一。

其次，公债除了一部分由企业、公司和个人购买外，如果还通过中央银行承购一部分，则中央银行购买公债的过程，也就是向流通中投入货币的过程，且通过货币乘数进一步扩大货币流通量，会引起通货膨胀。

再次，公债在累积过程中使政府支出中的利息费用迅速增加，从而成为了财政的沉重负担，限制了财政政策功能的发挥。

**3. 公债政策的利弊权衡**

第一，从公债发行环境的角度来分析，公债发行首先看其对经济发展有无稳定作用。在经济衰退和繁荣阶段公债政策如果运用得当，都可发挥出良好的调节作用。经济繁荣时期社会资金投向利润率高的行业，容易形成过度繁荣。这时政府发行公债可以吸收部门社会资金，防止通货膨胀局面的出现。当经济衰退时，消费与投资都不足，此时的政府可以运用公债政策扩大公共支出，以免资本冻结而阻碍经济发展。另外，当国民纳税负担能力低，增加税收较困难时，运用公债为政府的公共支出筹资不失为一个较好的选择。

第二，从公债收入使用的角度来分析，使用方向不同将对经济产生不同的影响。如果公债收入用于政府投资，可以增加资本累积，使公共设施和基础设施得到改善，加速经济发展的进程。特别是在经济衰退时期，政府将公债用于各种公共设施，可以提高就业率，增大有效需求，刺激私人投资，促进经济的复苏和繁荣。

## 本章小结

1. 公债是指政府为筹措财政资金，凭其信誉按照一定程序向投资者出具的，承诺在一定时期支付利息和到期偿还本金的一种格式化的债权债务凭证，是各级政府借债的统称。公债一般具有有偿性、自愿性和灵活性三个特点。公债是政府信用或财政信用的主要形式。

2. 公债的属性主要包括财政性、金融性和经济性三个方面。

3. 公债可按多种标准进行分类。包括内债和外债；短期公债、中期公债和长期公债；中央公债和地方公债；可转让公债和不可转让公债；零息公债、附息公债和贴现公债；政府契约性借款和发行公债券等。

4. 公债的功能主要包括：弥补财政赤字、筹集建设资金和调节经济运行。

5. 对于财政赤字的弥补，一般有三条途径：一是增加税收，二是向中央银行借款，三是发行公债。

6. 公债规模，就是国家负债的总水平，其内容包括当年国债发行规模，历年公债累计总规模和尚未归还的公债总规模等。公债的发行要主要受以下因素的制约：社会应债能力、政府偿债能力、公债的使用效益。社会总供给结构和外贸出口创汇能力也是确定公债规模应考虑的因素。

7. 债务依存度是指当年债务发行额占当年财政支出的比例。国际公认的标准，债务依存度的安全线为 20%以下，警戒线为 25%~35%。公债负担率是指公债累计余额占当年国内生产总值的比例。公债负担率的安全线为 10%~30%，警戒线约在 45%~60%。公债偿债率指当年到期公债还本付息额占当年财政收入的比例。国际上参考标准是：公债偿债率的安全线应在 8%~10%。美、英、法、日等国家的偿债率均在 10%以内。

8. 衡量外债适度规模的主要指标有三个：外债偿债率、外债负债率和外债负担率。

9. 公债结构分为内债结构和外债结构。较为合理的公债期限结构，应是短期、中期、长期公债并存的结构，避免某一期限的债务过于集中，增加还本付息压力。公债持有者结构的确定要与资金持有者结构相匹配。公债利率结构应根据资金供求状况、市场利率水平、公债的使用方向和公债发行的需要与偿还的可能等因素，来综合确定合理的利率水平和利率结构。

10. 税收筹资方式为社会的选择提供了一种成本效益比较的权衡体制，这有助于使社会决策受到资源配置效率的约束。公债筹资把公共产品的受益和成本分担分成了两个时期，使受益者与成本负担者变得不一致。政府部门经常性支出的筹资方式原则上应以税收方式筹资。政府部门资本性支出的筹资方式应主要依靠公债来解决，但应由本期承担的部分原则上应通过税收方式来筹资。

11. 公共企业部门有三种收入来源：价格或使用费、发行企业债券或向银行贷款和政府拨款。

12. 公债负担是指公债的发行和偿还给各相关方面造成的利益损失和政府因负债所承受的经济压力。公债的负担由直接负担和间接负担两部分组成。公债负担包括债务人负担、纳税人负担和代际负担

13. 经济学家对公债的认识经历了一个漫长的由否定到肯定再到否定之否定的辩证发展过程。

14. 李嘉图等价定理的基本涵义为：在某些条件下，政府无论采用发行公债还是增税来增加收入，其效果都是相同的或者等价的。

15. 公债效应包括公债的资产效应、需求效应、供给效应、分配效应和挤出效应。

16. 公债市场通常由发行市场（一级市场）和流通市场（二级市场）组成。一般具有两个方面的功能：一是筹资功能，实现国债的发行和偿还。二是调节功能，调节社会资金的运行。

17. 公债政策包括公债发行、流通、使用、偿还等整个运行过程中所制定的活动规范和管理规则。公债政策在宏观经济管理上有两大效应，即流动性效应和利息率效应。

18. 公债在宏观经济政策中主要起微调作用，它是连接财政政策与货币政策的桥梁和纽带，被誉为财政政策与货币政策的“联合传导器”和“联合调节工具”。

## 案例分析

### 300 亿元凭证式国债 5 年期票面年利率 5.32%

2015 年 3 月 10 日财政部面向个人发行总额 300 亿元的 2015 年凭证式（一期）国债。2015 年凭证式

（一期）国债中3年期180亿元，票面年利率为4.92%；5年期120亿元，票面年利率为5.32%。本期国债发行期为2015年3月10日至2015年3月19日。

投资者提前兑取本期国债按实际持有时间和相对应的分档利率计付利息，具体为：从购买之日起，本期国债持有时间不满半年不计付利息，满半年不满1年按年利率1.66%计息，满1年不满2年按3.39%计息，满2年不满3年按4.41%计息；5年期本期国债持有时间满3年不满4年按4.91%计息，满4年不满5年按5.05%计息。

投资者购买的凭证式国债从购买之日开始计息，到期一次还本付息，不计复利，逾期兑付不加计利息。各期凭证式国债发行公告日至发行结束日，如遇中国人民银行调整金融机构人民币存款基准利率，利率调整日（含）以后发行的当期凭证式国债利率及提前兑取分挡利率的调整情况另行通知。

——摘自《京华时报》，300亿凭证式国债今发行5年期票面年利率5.32%，2015-03-10。

**分析讨论**

国债的发行规模、期限、利率及上市节奏取决于哪些因素？

## 关键术语

经常收入　经常支出　财政赤字　赤字财政　公债　政府信用　内债　外债　短期公债　中期公债　长期公债　中央公债　地方公债　可转让公债　不可转让公债　零息公债　附息公债　贴现公债　凭证式公债　记账式公债　财政盈余　个人应债能力　政府偿债能力　公债的适度规模　债务依存度　公债负担率　赤字率　公债偿债率　外债偿债率　外债负债率　外债负担率　公债结构　外债结构　公债负担　债务人负担　纳税人负担　代际负担　李嘉图等价定理　公债的资产效应　公债的挤出效应　公债政策　公债的经济效应

## 思考题

1. 公债理论研究的主要问题是什么？
2. 公债的功能有哪些？
3. 财政赤字与赤字财政的区别是什么？
4. 如何才能使公债有助于实现效率？
5. 什么情况下公债会给后代造成负担？
6. 公债的负担有哪几种？
7. 分析影响公债规模的因素。
8. 公债规模的量化指标及其适度范围？
9. 试比较公债与税收的特点及在资源配置方面的区别。
10. 公债有哪些效应？
11. 公债对经济有哪些影响？
12. 应实施怎样的公债政策？

# 第 4 部分

# 国家预算与财政管理体制

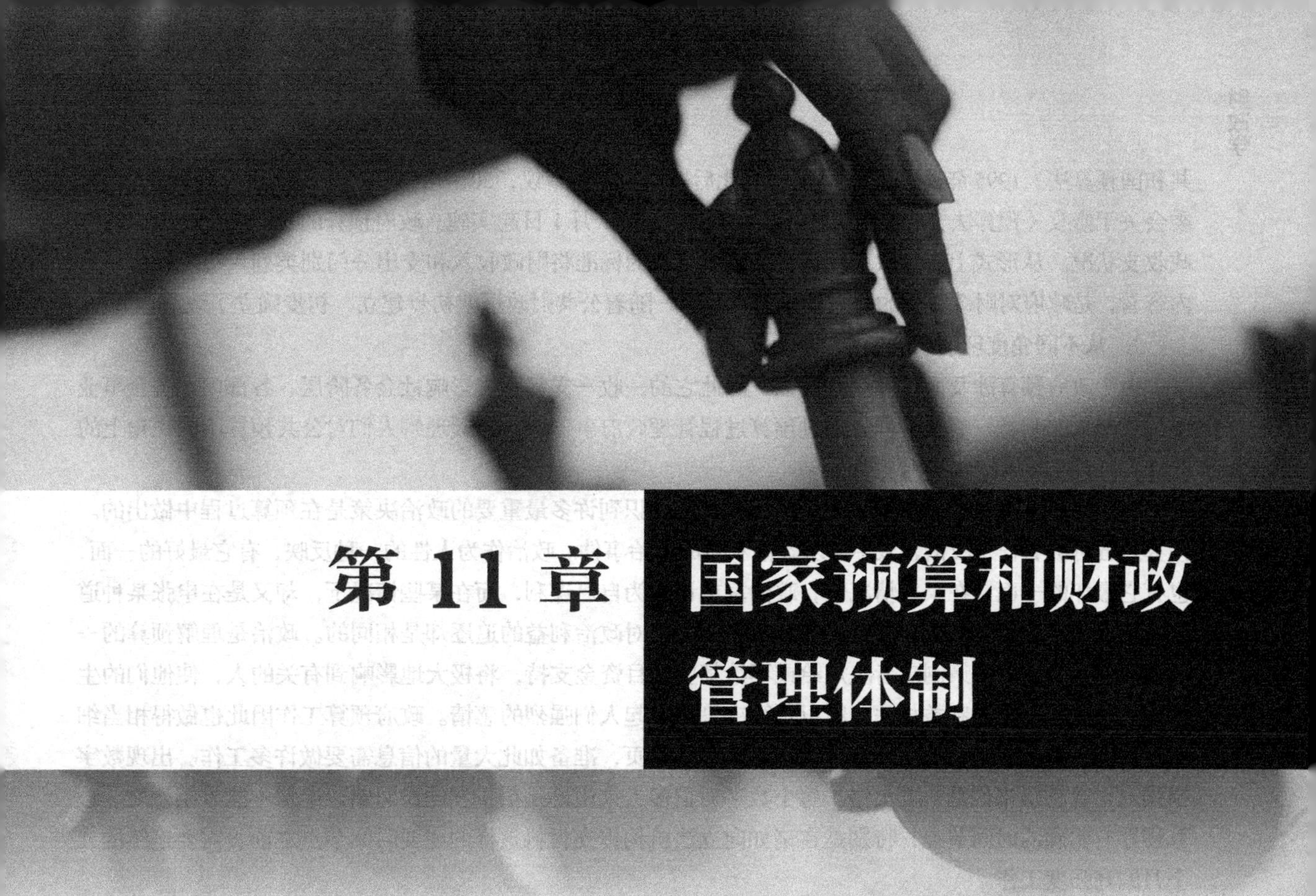

# 第 11 章 国家预算和财政管理体制

财政活动是由各级政府按各自的利益及行为目标进行的。政府预算制度是在市场经济条件下，政府具有法律效力的财政收支计划。它是国家（政府）财政严格按大多数选民的意愿提供公共产品的重要制度保证。政府预算同时又是连接公共收支与国民经济宏观调控的重要桥梁。本章主要介绍政府预算和财政管理体制，主要包括政府预算的基本内容、种类、主要理论及政府决算，中央政府与地方政府之间的财政关系、事权与财权的划分以及政府间的转移支付等。

## 11.1 政府预算的基本内容

### 11.1.1 政府预算的涵义

**1. 政府预算定义**

**政府预算是指由政府编制经法定程序批准，具有法律效力和制度保障的年度财政收支计划，全面反映了政府活动的内容、范围和政策取向。**它规定着政府收支规模、结构和平衡状况，成为政府参与国民收入分配的重要工具以及管理社会经济事务和调控社会经济活动的主要经济杠杆，在整个国家的政治经济活动中具有重要的地位和作用。政府预算的本质是受民主程序控制的财政收支计划，这也是现代预算区别于古代财政收支计划的根本意义所在。

政府预算起源于英国，具有很强的政治性。13—17 世纪，新兴的资产阶级缴纳的税金成为当时欧洲封建领主和王朝财政收入的主要来源。为了防止封建领主挥霍浪费，利用政治和军事力量压制工商业发展，英国资产阶级经过长期斗争，首先在议会中占据了主导地位，并于 1789 年编制了世界上第一个预算。这就使国家预算不可避免地打上政治斗争的烙印。时至今日，在西方民主政治中，议会对预算的审议也一直是各派政治力量斗争的主要内容。我国于 1994 年 3 月 22 日经全国人民代表大会通过，《中国人民共和国预算法》1995 年 1 月 1 日起实行。此后，历经四次审议，2014 年 8 月 31 日通过了《全国人大常委会关于修改〈预算法〉的决定》，并决议于 2015 年 1 月 1 日起实施。政府预算的功能是反映政府的财政收支状况。从形式上看，政府预算就是按照一定的标准将财政收入和支出分门别类列入特定表格。从内容看，是政府对财政收支的计划安排。在我国，随着公共财政框架初步建立，初步确立了政府预算。

**2. 从不同角度理解政府预算**

由于政府预算涉及面广，综合性强，因此它的一收一支都直接影响社会各阶层、各部门、各企事业单位和个人的利益。公共管理者通过预算过程管理政府事务时，必须理解人们对公共预算不同视角上的认知。

（1）政府预算是一种政治。政府领导人都会意识到许多最重要的政治决策是在预算过程中做出的。预算过程可被看作是政治领域中寻求政治利益的政治事件。政治作为人性的一种反映，有它最好的一面，也有它最坏的一面。在某些情况下，政治家或许在为自己谋利，而在某些情况下，却又是在申张某种道德立场或无私地帮助别人。每个人的动机不同，但对政治利益的追逐却是相同的。政治是理解预算的一个重要视角。政府政策制定者决定给或不给某些项目资金支持，将极大地影响到有关的人，使他们的生活为之改变。正因为利益相关，所以预算决策能唤起人们强烈的感情。政府预算工作因此也做得相当细致，政府预算常常包括许多表格，有几百页或几千页，准备如此大量的信息需要做许多工作。出现数字错误对财政官员来说是一项大错。每个数字对很多人来说都是很重要的，对错误绝对不能等闲视之。预算程序有明确的时间节点，特别是在诸如向立法机构提交材料这样的主要时间节点之前，需要连续的几个月的高强度工作。

政府预算深受政治因素的影响。因素与时变换，预算政策的决策者对政治因素相当敏感，这主要是因为他们在某些问题上的立场直接决定了人们投票时支持或反对他们。因此，政治家想知道预算与这些原因究竟是何关系。毫无疑问，预算的合理性常常由这些原因所决定。例如，在经济衰退时期，当人们大量失业，一项主要项目的正当性首先在于提供工作机会。

（2）政府预算是一个决策。当经济学家分析预算决策时，他们假设预算决策是在严格的财务条件下做出的，因而经济分析有助于确定最优决策。每一个预算决策中都包括可能得到或可能丢失的潜在利益，它也包括机会成本。如果可得的资金被用于一个项目，那么另一个项目就得不到或仅能得到较少的资金。即每一预算决策中都有机会的损失，永远不会有足够的钱用于每个项目。在必须做出决策时，经济分析能帮助人们评价相对的成本和收益。强调政府预算是决策，强调经济分析对于决策者制定“更好的”决策的重要性，具有相当重要的价值。

（3）政府预算是政府的收支报告。会计学家强调取得准确财务信息的重要性。对会计学家而言，政府预算是对所期望政策的陈述，通过实际支出信息与预算的比较，判断政策是否被执行，这当中包括对原政策适宜性的评价。会计学家的视角在很大程度上表明了公共管理者应如何执行预算并如何对他们做出考评。

（4）政府预算是政府计划和政策的重要工具。政府预算阐明了与政府活动计划有关的资金量，因而在反映政府政策和计划方面比大多数计划性文件都要明确。政府预算还体现了行政首脑的施政纲领，明确规定了在给定的有限资源内，政府将建设、强调或忽略哪些项目。每种视角对于更好地理解政府预算都是有用的。

（5）政府预算是一种计划。政府预算是针对一段特殊时期的计划（通常是一年），对这段时期内所需的资源做出预测。预测包括收入和支出两方面。对政府预算编制而言，预测是一个挑战，因为谁也不能保证预计的收入能够实现或维持政府的运转。财政支出易于控制，但难以预测紧急情况的出现和偶然事件的发生所导致的支出增加或减少。大多数政府预算是在以往经验和未来需求的基础上确定当年计划项目的。

在某些情况下，为揭示预算年度决策在未来年份的意义，政府预算也对计划年度以后的年度需求做出预计。

（6）政府预算表现为一套数字、表格和图表。如果审视一份政府预算，你会发现许多表格和图表。如果你在政府部门工作，为准备、执行和评估政府预算必须填许多表格。表格中的详细内容是政府预算的基础部分，但仅靠阅读报表本身永远不会理解政府预算。数字和体现数字的表格仅是一些方法而非政府预算的全部。预算实际上是政府政策的一种好的体现方式。通常它所体现的效果比正式的演说或文字报告要好。但并不是说所有的政策都反映在政府预算中，因为某些重要的政策没有财政内涵。也并不是说所有政府预算都很好地诠释了政策，但专家可以通过阅读这些信息来了解政府机关执行政策的效果。政府预算通常表示政府想做什么，它是控制政府事务的一项工具。资金支出后，它可以被用来与计划作比较，但却不能被称作政府预算，而是代表着实际的义务或支出。在资金被支出这一时点之前，政府预算可以进行调整。

（7）政府预算是资金的申请。政府预算是政府运作所需资金的申请，这一申请通常由行政首脑提交给立法机构或国会。申请中还包括对平衡支出需求所需的收入和其他来源的财力所作的说明。通常，**由行政首脑提交给立法机构的政府收支文件称作政府预算草案，经过立法机构批准后，就成为正式的立法文件，就是政府预算**。当政府预算草案修改并通过后，行政机构便着手执行预算，即在预算年度中进行实施。当预算执行结束后，行政机构要进行总结和报告，而立法机构要对执行情况进行审计。

上述内容表明，学习政府预算的学生必须使用政治学、经济学、会计学、行为学、管理学、财务学和其他学科中建立的概念。政治学有助于预算编制者对政府的政治属性和政府决策过程的理解。经济学提供了有用的分析工具和有影响力的理论。会计学使我们能够对资金的复杂使用方式进行跟踪。行为科学则使预算编制者将参与预算的人作为预算过程的一部分来理解。财务学给了实践者一些可以使用的概念工具，特别是在预算的收入方面。公共管理学将所有这些信息归集在一起。

### 11.1.2 政府预算的基本特征

政府预算作为一个独立的财政范畴，是经济发展到一定历史阶段的产物，并在其发展演变中逐步形成了自己独特的内在质的规定性。政府预算的基本特征体现了公共预算的基本原则，其主要特征如下所述。

**1. 计划性**

“预算”就是预先的计算，是事先对活动进程所安排的计划。因此，**政府预算的计划性，就是一种事先确立的收支计划，就是政府开展收支活动必须遵循的计划**。换言之，政府预算的直接表现形式就是“计划”，就是政府为下一年度财政收支编制的计划。而计划具有预测性，预测性是指国家通过编制预算可以对预算收支规模、收入来源和支出用途做出事前的设想和预计。各级政府及有关部门一般在本预算年度结束以前，需要对下一年度的预算收支做出预测，编制出预算收支计划，进行收支对比，进而研究对策。预测与实际是否相符并能否实现，取决于预测的科学性和民主化程度，也受预算执行中客观条件变化，以及预算管理水平和预算管理手段的影响，但提高预测性的准确度是第一位的。当代预算管理手段如大数据分析的应用提高了计划的科学性。

**2. 归一性**

**政府预算制度的归一性，指的是所有的政府收入和支出，都应当纳入政府预算，都必须处于政府预算的约束和规范下**。预算内容应包含政府的一切事务所形成的预算收支，不准少列收支、造假账、预算外另列预算，体现预算的完整性。我国《预算法》规定：“政府的全部收入和支出都应当纳入预算”。政府正是通过预算进行集中性分配以满足社会共同需要，反映国家方针政策，全面体现政府年度整体工作安排和计划，使预算成为政府各项收支的汇集点和枢纽。

**3. 公开性**

**所谓政府预算的公开性，指政府全部的预算收支必须经过人民代表大会（议会）审查批准，并向社会公布，让人民共同监督。**即政府收支活动的透明性，政府所有的收支计划和活动过程，除了某些特殊的例外，都必须向立法机构和社会公众公开，都必须接受立法机构、社会公众和社会舆论的监督。市场经济下政府的财政活动，其收入取自纳税人，其支出必须为纳税人的利益服务。社会公众要能够真正决定和支配政府的收支活动，就必须将政府的收支计划及活动全过程公开。预算作为公开性的法律文件，其内容必须明确，以便于全社会公众及其代表理解、审查；同时，政府预算收支计划的制定、执行以及决算的全过程也须向公众全面公开。政府预算公开性所采用的形式是向社会公布其预、决算报告。中国国务院 2011 年 5 月，要求中央部门公开 2010 年度出国（境）费、车辆购置及运行费、公务接待费“三公”经费支出情况，地方比照中央公开经费。2012 年 4 月，国务院再下“三公经费”公开令，要求省级政府两年内全面公开“三公经费”。2013 年提出要进一步细化公开中央部门“三公”经费，细化中央部门 2014 年预算编制，将公务用车购置和运行费细化公开为购置费和运行费。各省（区、市）政府要全面公开省本级“三公”经费，并指导督促省级以下政府加快“三公”经费公开步伐，争取 2015 年之前实现全国市、县级政府全面公开“三公”经费。“三公”经费只是政府预算的一部分，要真正做到政府预算的全面公开从而接受社会公众的监督，还有很长的路要走。

**4. 法治性**

**政府预算的法治性，指编制的国家预算一旦经过国家最高权力机构批准就具有法律效力，必须贯彻执行。**违背政府预算就是违法行为，就要受到法律的追究和制裁。政府预算与一般的财政经济计划不同，它必须经过规定的程序，并最终成为一项法律性文件。各国的宪法和预算法都明确规定立法机构在预算审批方面的权限和职责。我国的《中华人民共和国宪法》和《中华人民共和国预算法》明确规定各级人民代表大会有审查批准本级预算的职权。各级预算确定的各项收支指标经国家权力机关审查、批准下达后，就具有法律强制性，各级政府、各部门、各单位都必须维护国家预算的严肃性、权威性，严格贯彻执行，并保证预算收支任务的圆满实现。非经法定程序，任何部门、组织和个人均不得擅自改变批准的预算。

**5. 年度性**

**预算年度，亦称财政年度，是指国家预算收支起止的有效期限，通常为一年。**预算年度是各国政府编制和执行预算所依据的法定期限。国家预算必须按年度编制，不允许将不属于本年度的财政收支内容列入本年度的国家预算之中。预算年度有历年制和跨年制两种形式。世界上大多数国家的预算年度采用历年制，即从公历 1 月 1 日—12 月 31 日止，例如中国、法国、德国、西班牙等。跨年制是从当年某月日起至翌年某月日止。跨年制大致可分为以下三种主要的形式：①从当年 4 月 1 日起至次年的 3 月 31 日止，英国、加拿大和日本等国采用这种财政年度；②从当年 7 月 1 日起至次年 6 月 30 日止，瑞典、澳大利亚等国采用这种财政年度；③从当年 10 月 1 日起至次年 9 月 30 日止，美国、泰国等采用这种财政年度。

## 11.1.3 政府预算的主要功能

**1. 控制政府规模，提高公共资金使用效率**

政府公共机构的膨胀和公共支出的增加是困扰世界各国的难题。对此最有效的办法就是釜底抽薪，即从控制政府公共支出着手进行抑制。预算就是控制政府公共支出的有效手段。

**2. 反映政府活动的深度、广度和政策取向**

政府预算将政府的公共收支分门别类地记载在统一的表格之中，全面反映了政府活动的内容、范围和方向，体现了政府的政策意图。政府资源配置、收入分配和稳定经济的三大职能，均可在预算中得到体现。政府为实现其职能主要通过政府预算参与国民收入的分配和再分配，集中必要的资金，用以满足社会的公共需要。预算收支活动体现财政分配活动中的筹集和使用资金两个方面。预算收入来源和支出用途全面反映政府的经济活动，体现政府集中财政资金的来源规模、去向用途，并在一定程度上反映社会经济发展的规模、比例、速度和效益。

**3. 政府预算是政府提供公共产品、进行资源配置、实现职能的重要工具**

公共产品具有非排他性和非竞争性，市场不能有效地提供，往往需要政府预算对其进行资源的配置。政府预算集中资金只是手段，分配资金满足国家各方面需要才是目的。国家根据社会共同需要，将集中的国民收入——预算收入在全社会范围内进行再分配，合理安排各项支出，保证重点建设、行政、国防和文教科卫等方面的需要，用于维持政府活动，为公共产品提供必要的财力保证。同时，预算支出的结构比例、去向用途体现国民经济和社会发展以及政府各部门之间的比例关系，在一定程度上影响着整个社会资源的配置。

**4. 政府预算是以计划为基础进行宏观调控的重要杠杆**

预算必须以国民经济和社会发展计划为基础。公共预算既是国民经济计划在财力上的主要反映，又是实现经济发展、社会进步以及进行宏观调控的财力保证。预算收入主要来源于国民经济各部门，预算支出主要用于各项经济和科技文教建设事业，并对国民经济和社会发展计划起积极的促进和制约作用。预算调控作用主要从 3 个方面实现：一是控制社会总供求。预算收支总规模可直接或间接影响社会总供求，其中主要通过预算支出控制社会总需求，用总需求制约总供给，使之保持基本平衡；二是调节结构。通过预算支出结构来调节国民经济结构，调节产业结构，协调国民经济的重大比例关系，促进生产要素的优化配置和经济效益的提高；三是公平分配关系。预算管理体制是划分预算收支范围和预算管理权责，处理中央和地方、地方之间、行业之间财政分配关系的根本制度，合理分配各地区的财力，可适当缩小地区间的经济社会发展差距。

**5. 政府预算综合反映和监督经济运行状态**

政府预算综合性强、联系面广，预算的一收一支涉及一系列的财政分配关系。政府预算通过其收支活动和收支指标，反映政府活动的范围和方向，政府各部门的情况，以及国民经济和社会发展各方面的活动。预算收入反映国民经济发展规模和经济效益水平，预算支出反映各项建设事业发展的基本情况。因此，通过政府预算的编制和执行，可以掌握国民经济的发展趋势，发现国民经济发展中存在的问题，从而及时采取对策措施，促进国民经济稳定、快速、健康地发展。预算部门运用信息优势，可以通过对比分析，从宏观方面反映国民经济发展的情况和存在的问题，为决策部门提供经济信息，不断提高宏观经济效益。

## 11.2 政府预算的分类

最初的政府预算十分简单，政府将财政收支数字按一定程序填入特定的表格，政府预算就形成了。因此，通常将政府预算称为政府收支一览表。但是，随着社会经济生活和财政活动逐渐复杂化，政府预算逐渐形成包括多种预算内容和预算形式的复杂系统。对政府预算进行科学、合理的分类，是进一步认识和研究政府预算的前提。有利于从本国国情出发，采用先进的预算形式和预算管理方法。

### 11.2.1 单式预算和复式预算

**1. 单式预算**

按照编制形式，政府预算可分为单式预算和复式预算。**单式预算是指所有政府收支通过一张计划表**

格来反映。单式预算是传统的预算组织形式，其做法是在预算年度内，将全部的财政收入与支出汇集编入单一的总预算内，而不去区分各项或各种财政收支的经济性质。

20 世纪 30 年代以前，世界各国普遍采用单式预算组织形式。当时各国推崇的是古典经济学家不干预经济的思想，在财政上提倡预算收支平衡，反对财政赤字。在当时的历史条件下，单式预算组织形式对监督政府预算行为和控制收支规模，维持预算收支平衡起到重要作用。

单式预算的优点是综合性强、结构简单、便于操作。它把全部的财政收支分列于一个统一的预算表上，单一汇集平衡，这就从整体上反映了年度内政府总的财政收支情况，整体性强。明确、完整地反映财政收支活动的全貌，便于立法机关审议批准和社会公众的了解；此外，只要是收入项目，就一概列入“收入”栏内，只要是支出项目就一概列入“支出”栏内，简便易行。

单式预算的主要缺点：一是没有把全部的财政收支按经济性质分列和汇集平衡，不利于经济分析和有选择地进行宏观经济调控；二是各项收入和各项支出分别加总，然后进行总量平衡，看不出预算赤字发生在哪个方面，容易掩盖预算赤字的真实状况；三是经常性收支和债务性收支混在一起，易造成经常性支出和建设性支出相互挤占，不利于考核预算资金的使用效益。正因为单式预算的上述缺点，所以不少国家放弃了这一预算形式，转而采用复式预算，或者对单式预算进行了改进。

**2. 复式预算**

**复式预算是指国家在编制预算时，将全部的财政收入与支出按经济性质汇集编入两个或两个以上的收支对照表，从而编成两个或两个以上的预算。**复式预算是从单一预算组织形式演变而来的。其做法是在预算年度内，将全部的财政收入与支出按经济性质汇集编入两个或两个以上的收支对照表，从而编成两个或两个以上的预算。这种组织形式的典型例子是把政府预算分成经常预算和资本预算两个部分。其中经常预算主要以税收为收入来源，以行政事业项目等经常性政务为支出对象；资本预算主要以国有资产收入、国债为收入来源，用于盈利性的经济建设支出。最早采用这种预算组织形式的国家是北欧的丹麦。1927 年，丹麦把政府预算按经济性质划分为“普遍预算”和“资本预算”两部分，从而创立了复式预算制度。但第二次世界大战后，丹麦又回复到单式预算制度。经常预算和资本预算包括的具体收支项目如图 11-1 所示。

复式预算组织形式的特点有以下几点。一是对应性强。由于把政府在一般行政上的经常收支列为经常预算，而把政府的资本投资支出列为资本预算，这样就区分了各项收入和支出的经济性质和用途，便于政府权衡支出性质，分出轻重缓急，做到资金使用有序，能比较合理地安排使用各类资金，便于经济分析和科学的宏观决策与控制。二是透明度高。把预算分成经常预算和资本预算两个部分，两个部分以各自来源应付各自的支出，一般不能相互混淆，资金不能相互挤占，应自成一体，各自平衡。各分预算的年终结余或赤字明确，增强了预算的透明度，其结转要经过一定的规程，共同构成一个完整的预算体系。三是预算结构清晰，便于分类管理和控制。复式预算把预算收支按经济性质划分得具体、明确，便于政府采取各种不同的预算政策，加强对各类预算收支的分类管理。有利于控制预算资金的流向和流量，有利于对经常性支出不合理增长的制约和对资本性支出的“成本—效益”分析。

复式预算的缺点主要表现在以下方面。复式预算的各分预算之间的划分标准上难以掌握。实行复式预算要求对每项预算收支必须进行定性分类，以便分别列入不同的分预算之中。这就要求较高的预算管理和技术处理标准。此外，复式预算自身对资本预算的规模没有量的限制，而资本预算有相当一部分资金来源于借债。若借口投资需要而大量举债，资本预算必然膨胀，造成国债规模失控。

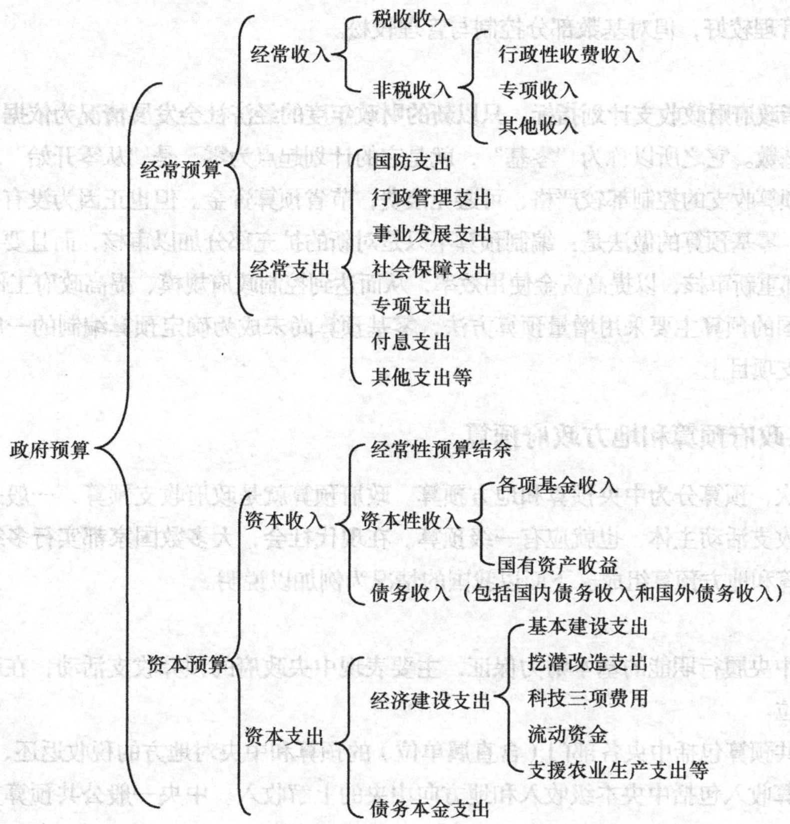


图 11-1　政府预算的具体收支项目

## 11.2.2　项目预算和绩效预算

**1. 项目预算**

按投入项目能否直接反映其经济效果分类，政府预算可分为项目预算和绩效预算。项目预算是指只反映项目的用途和支出金额，而不考虑其支出的经济效果，侧重于考察预期预算目标的完成情况。

**2. 绩效预算**

**绩效预算是指用以反映和考察预算支出效益的预算，侧重于采取了什么行动及每种行动的有效性如何。具体来说就是有关部门先制定需要从事的事业计划和工程计划，再依据政府职责和施政计划选定执行实施方案，确定实施方案所需的支出费用所编制的预算。绩效预算是一种比较科学的预算方法。其特点有二：一是绩效预算重视对预算支出效益的考察，预算可以明确反映出所产生的预计效益；二是按职责、用途和最终产品进行分类，并根据最终产品的单位成本和以前计划的执行情况来评判支出是否符合效率原则。**

## 11.2.3　增量预算和零基预算

**1. 增量预算**

公共预算在编制方法上可分为增量预算和零基预算两种。**增量预算是指政府财政收支计划指标是在以前预算年度的基础上，按新的预算年度的经济发展情况加以调整之后确定的。**它比较简单易编，对增量部分的控制与管理较好，但对基数部分控制与管理较松。

**2. 零基预算**

**零基预算是指政府财政收支计划指标，只以新的财政年度的经济社会发展情况为依据，而不考虑以前年度的财政收支基数。**它之所以称为“零基”，就是它的计划起点为零，是“从零开始”之意。因它没有基数，故对整个预算收支的控制都较严格，可避免浪费，节省预算资金。但也正因为没有基数，所以工作量大，费时费力。零基预算的做法是：编制预算不只是对新的扩充部分加以审核，而且要对所有正在进行的预算支出申请都重新审核，以提高资金使用效率，从而达到控制政府规模、提高政府工作效率的目的。

目前世界各国的预算主要采用增量预算方法，零基预算尚未成为确定预算编制的一般方法，通常只用在某些具体收支项目上。

### 11.2.4 中央政府预算和地方政府预算

按照政府级次，预算分为中央预算和地方预算。政府预算就是政府收支预算，一般来说，有一级政府就有一级财政收支活动主体，也就应有一级预算。在现代社会，大多数国家都实行多级预算。政府预算一般由中央预算和地方预算组成。下面以我国的情况为例加以说明。

**1. 中央预算**

中央预算是中央履行职能的基本财力保证，主要表现中央政府的预算收支活动，在政府预算管理体系中居于主导地位。

中央一般公共预算包括中央各部门（含直属单位）的预算和中央对地方的税收返还、转移支付预算。中央一般公共预算收入包括中央本级收入和地方向中央的上解收入。中央一般公共预算支出包括中央本级支出、中央对地方的税收返还和转移支付。

**2. 地方预算**

地方预算是经法定程序批准的地方各级政府的财政收支计划的统称，包括省级及省级以下的预算。地方预算负有组织大部分预算收入和相当部分预算支出的重要任务，是保证地方政府职能实施的财力保证，并在预算管理体系中居于基础性地位。

地方预算由各省、自治区、直辖市总预算组成。地方各级总预算由本级政府预算和汇总的下一级总预算组成；下一级只有本级预算的，下一级总预算即指下一级的本级预算；没有下一级预算的，总预算即指本级预算。地方各级一般公共预算包括本级各部门（含直属单位）的预算和税收返还、转移支付预算。

地方各级一般公共预算收入包括地方本级收入、上级政府对本级政府的税收返还和转移支付、下级政府的上解收入。地方各级一般公共预算支出包括地方本级支出、对上级政府的上解支出、对下级政府的税收返还和转移支付。

我国政府预算组成体系是按照一级政权设立一级预算的原则建立。我国宪法规定，国家机构由全国人民代表大会、国务院、地方各级人民代表大会和各级人民政府组成。与政权结构适应，并同时结合我国的行政区域划分，我国《预算法》明确规定我国实行一级政府一级预算，设立中央，省、自治区、直辖市，设区的市、自治州，县、自治县、不设区的市、市辖区，乡、民族乡、镇的5级预算（如图11-2所示）。不具备设立预算条件的乡、民族乡、镇，经省、自治区、直辖市政府确定，可以暂不设立预算。中央预算由全国人民代表大会审查和批准。地方各级预算由本级人民代表大会审查和批准。

联邦制国家的政府预算通常由联邦政府预算、州政府预算和地方政府预算组成。

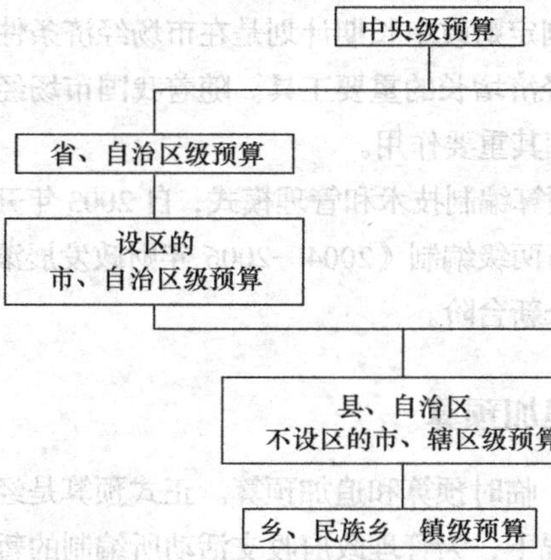


图 11-2　我国的 5 级预算

## 11.2.5　总预算、部门预算和单位预算

按照收支管理范围，政府预算分为总预算、部门预算和单位预算。部门预算是政府预算的基础，基层单位预算是部门预算的基础。

**1. 总预算**

总预算是指各级政府的预算，由汇总的本级政府预算和汇总的下一级政府的总预算汇编而成。没有下一级预算的，总预算即指本级预算。总预算不仅包括本级政府一般财政收支和特别预算，也包括下级政府的总预算。

**2. 部门预算**

部门预算是由各级政府的各个部门编制的反映各个政府部门所有的收入和支出的政府预算。各部门预算由本部门所属各单位预算组成。

**3. 单位预算**

**单位预算是指列入部门预算的国家机关、社会团体和其他单位的收支预算。**单位预算是由事业行政单位根据事业发展计划和行政任务编制的，并经过规定程序批准的年度财务收支计划，反映单位与财政之间的资金领拨缴销关系和事业计划、工作任务的规模和方向，它是各级总预算构成的基本单位。在我国根据经费领拨关系和行政隶属关系，单位预算可分为一级单位预算、二级单位预算和基层单位预算。单位预算管理对保证事业计划和行政任务的完成及财政预算的顺利执行都有重要意义。

## 11.2.6　年度预算和中长期预算

**1. 年度预算**

按照预算作用的时间分类：可分为年度预算和中长期预算。**年度预算是指时间跨度为 1 年（预算年度）的标准预算。**无论是日历年制，还是跨年制，只要时间是 1 个财政年度的预算都是年度预算。年度预算的编制技术要求相对比较容易，它只是一种提前 1 年编制的预算，工作量少，预测的不确定性小，编制起来也比较简单。

**2. 中长期预算**

**中长期预算也称中长期财政计划，一般 1 年以上 10 年以下的计划称中期计划。**市场经济国家通常是编制 5 年的中长期计划，10 年以上的计划称长期计划。多年度预算的编制技术要求相对比较严格，它是一种提前 2 年以上编制的预算，工作量多，预测的不确定性大，编制起来也比较复杂。在市场经济条件下，经济周期性波动是客观存在的，而制定财政中长期计划是在市场经济条件下政府进行反经济周期波动，从而调节经济的重要手段，是实现经济增长的重要工具。随着我国市场经济体制的日益完善和政府职能的转变，中长期财政计划将日益发挥其重要作用。

长期以来，我国一直采用的是年度预算编制技术和管理模式，自2003年开始我国开始采用三年滚动预算编制技术和管理模式。随着中央和省两级编制《2004—2006年财政发展滚动计划》的启动，我国的预算编制技术和管理模式也开始迈上一个新台阶。

### 11.2.7 正式预算、临时预算和追加预算

按照法律效力分类可分为正式预算、临时预算和追加预算。正式预算是经过立法机关审核通过后的预算。临时预算是在没有正式预算的情况下，为管理政府收支活动所编制的暂时性预算。追加预算是正式预算在执行过程中由于情况变化，需要增减收支，并突破预算，而编制的补充性或修正性预算。

### 11.2.8 我国现行的复式预算

我国1992年以前实行单式预算。1991年国务院颁布了《国家预算管理条例》，规定从1992年起国家预算按复式预算编制。我国《预算法》规定："中央预算和地方各级政府预算按照复式预算编制。复式预算的编制办法和实施步骤，由国务院规定。"1997年开始设立"一般预算"、"政府基金"、"债务预算"。需要说明的是，我国的复式预算制度基本上只是在中央政府预算层次上实施，并未完全实施和推广，地方政府大多仍是按单式预算编制。2015年1月1日起实行的修改后的《预算法》规定：预算包括一般公共预算、政府性基金预算、国有资本经营预算、社会保险基金预算。政府的全部收入和支出都纳入预算，接受人民的监督。

**1. 现行复式预算的级次和组成**

（1）我国现行复式预算实行五级预算：①中央；②省、自治区、直辖市；③设区的市、自治州；④县、自治县、不设区的市、市辖区；⑤乡、民族乡、镇。到2013年，我国省级行政区划预算单位有34个，其中直辖市4个、省22个（不含台湾地区）、自治区5个、特别行政区2个；市级（地级）区划行政预算单位有332个；县级行政区划预算单位有2853个、乡镇级行政区划预算单位有40466个（其中建制镇19683个）①。

（2）现行复式预算由中央预算和地方汇总预算组成。中央政府预算由中央各部门的预算组成。地方预算由各省、自治区、直辖市总预算组成；地方各级总预算由本级政府预算和汇总的下一级总预算组成；地方各级政府预算由本级各部门的预算组成。各部门预算由本部门所属各单位预算组成。单位预算是指列入部门预算的国家机关、社会团体和其他单位的收支预算。

**2. 现行复式预算的预算年度及运行规定**

公共预算在过程上可分为行政机构编制、立法机构审议批准、行政机构执行和立法机构批准决算四个阶段。预算年度虽然是1年，但是事前的编制审议和事后的审计监督却使这一过程大约需要2~3个年度才能完成。

我国预算年度为公历1月1日至12月31日。按照《中华人民共和国预算法》，财政部和地方各级政府财政部门具体编制中央和地方本级预算、决算草案；具体组织预算的执行；具体编制预算调整方案。中央预算和地方各级政府预算按照复式预算编制。中央和地方的预算草案、预算执行情况，必须经过全

① 数据来源：中华人民共和国民政部。

国人大和地方各级人大审查和批准；中央和地方的预算调整方案及决算，必须经过全国人大常委会和地方各级人大常委会审查和批准。

**3. 现行复式预算的结构内容**

2015年1月1日起实施的修改后的《预算法》规定："预算包括一般公共预算、政府性基金预算、国有资本经营预算、社会保险基金预算。"它们各自保持完整、独立，同时，政府性基金预算、国有资本经营预算、社会保险基金预算与一般公共预算相衔接。一般公共预算是对以税收为主体的财政收入，安排用于保障和改善民生、推动经济社会发展、维护国家安全、维持国家机构正常运转等方面的收支预算。政府性基金预算是对依照法律、行政法规的规定在一定期限内向特定对象征收、收取或者以其他方式筹集的资金，专项用于特定公共事业发展的收支预算。国有资本经营预算是对国有资本收益做出支出安排的收支预算。社会保险基金预算是对社会保险缴款、一般公共预算安排和其他方式筹集的资金，专项用于社会保险的收支预算。实行全口径预算管理：收入是全口径的，不仅包括税收和收费，还包括国有资本经营收入、政府性基金收入等；支出涵盖广义政府的所有活动；同时，将地方政府债务纳入预算管理，避免地方政府债务游离于预算之外、脱离人大监督，使政府全部收支预算接受人民监督。

**4. 政府预算程序**

程序是指政府机关办事的次序或步骤。按程序办事是行政管理的特点之一。

（1）预算编制。**政府预算编制是指财政部门根据国家的财政预算编制原则，下一年度本级政府可用财力和用款单位的需求，根据有关政策和政府决议，形成对行政事业单位财政资金分配指标草案的过程。**现阶段的政府预算采取"两上两下"制度（如图11-3所示）。预算编制是整个预算工作程序的开始。国务院应及时下达关于编制下一年度预算草案的指示，具体事项由财政部门部署。各地方政府应按国务院规定的时间，将本级总预算草案报国务院审核汇总。各级政府财政部门应在每年本级人民代表大会会议举行的一个月前，将本级预算草案的主要内容提交本级人民代表大会的专门委员会进行初审，在人民代表大会举行会议时做关于预算草案的报告。预算草案经人民代表大会审查和批准。中央预算由全国人民代表大会批准，地方各级政府预算由本级人民代表大会审查和批准。

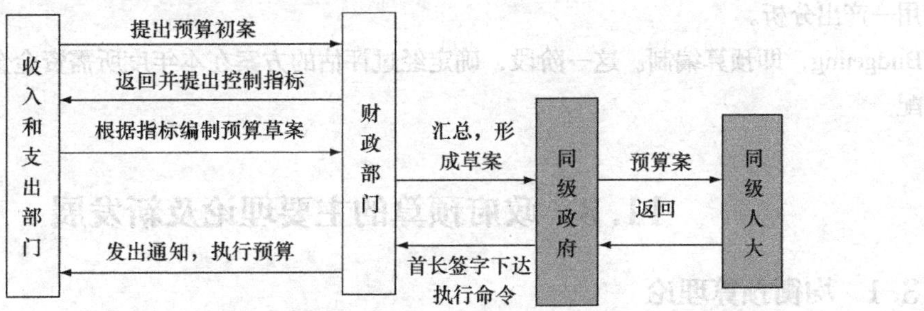


图11-3 政府预算编制的"两上两下"

（2）预算审查和通过。公共预算是政府活动的重大问题，财政部门在完成预算草案的编制后，必须先提交政府讨论。预算草案经政府讨论通过后，应当提交同级人民代表大会审议和讨论。经过人民代表大会讨论通过的公共预算具有法律效力，称为正式预算。这一过程称为审议通过。"国务院在全国人民代表大会举行会议时，向大会做关于中央和地方预算草案，以及中央和地方预算执行情况的报告。地方各级政府在本级人民代表大会举行会议时，向大会做关于总预算草案和总预算执行情况的报告。""经人民代表大会批准的预算，非经法定程序，不得调整。"①

① 2015年1月1日实施的《中华人民共和国预算法》。

（3）预算执行。在政府领导下，财政部门组织实施正式预算，安排和落实各项预算收支指标。预算执行中，财政部门还应当根据本地区政治和经济发展的实际，及时进行预算调整，预算调整包括动用总预备费、追加预算、追减预算和项目间预算划转等。预算执行是整个预算工作程序的重要环节。收入入库、支付拨付以及预算调整都必须按照法律和有关规定的程序进行。

（4）年度决算。**政府决算是指经过法定程序批准的，对年度预算执行结果的总结。**政府决算由基层单位的决算开始，逐项汇总。最后形成政府决算文件。政府决算文件通常分为文字、基本情况和各项收支决算数三部分。决算与预算是对应的。有一级预算，就应当有一级决算。编制决算，有助于评估预算的执行状况，总结预算执行的经验，为公共部门未来决策提供重要的参考依据。决算草案由各级政府、各部门、各单位，在每一预算年度终了后按国务院规定的时间编制，具体事项由国务院财政部门部署。"编制决算草案，必须符合法律、行政法规，做到收支真实、数额准确、内容完整、报送及时。"[①]决算草案的审批和预算草案的审批程序相同，各级政府决算批准后，财政部门要向本级各部门批复决算，地方各级政府还应将批准的决算，报上一级政府备案。

西方发达国家编制公共预算的主要方法是 PPBS 方式（见图 11-4）。PPBS 是 Planning Programming Budgeting System 的缩写，指由计划制定、方案评估和预算编制三阶段组成的体系。

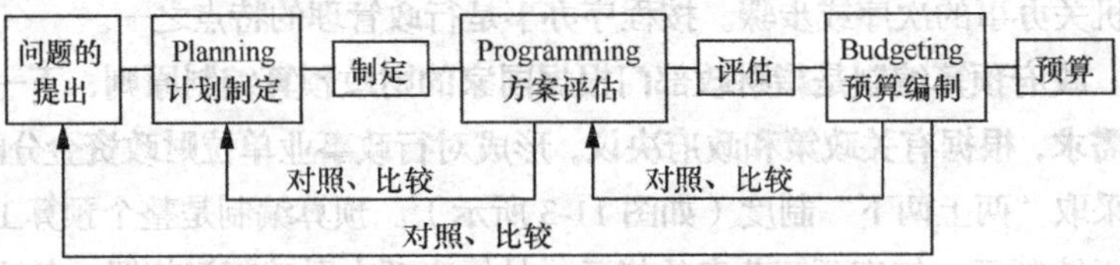


图 11-4　西方国家预算编制流程

Planning，即计划制定。这一阶段，预算编制者要为实现本届政府施政纲领设定的本年度预算基本目标而对可供选择方案进行评估和选择。

Programming，即方案评估。这一阶段，预算编制者对上一阶段筛选出来的方案，进行成本-效益分析和费用—产出分析。

Budgeting，即预算编制。这一阶段，确定经过评估的方案在本年度所需资金金额的预算资金进行合理分配。

## 11.3　政府预算的主要理论及新发展

### 11.3.1　均衡预算理论

均衡预算论是主张无赤字收支平衡预算的理论，其理论基础是市场竞争原则。这一理论认为以市场竞争为前提设立的各项财政制度本身就是经济内部的自动稳定器（built-in-stabilizers），反对任何形式的政府干预。

这一理论认为，税收本身可以作为自动稳定器发挥作用。当经济繁荣时，企业和个人收入增加，由于比例制或累进制税率会使税收增加，使个人可支配收入实际增长低于个人名义收入增长，从而使消费需求受到抑制，这在一定程度上防止了经济过热。反之，当经济萧条时，个人收入下降，由于比例制或累进制税率，使个人可支配收入的下降低于个人名义收入的下降，从而保持一定的消费需求，维持了一定程度的经济增长。

均衡预算论在实践上有以下两种体现：一是年度均衡预算。即每个财政年度均是收支相抵，没有赤字，也不发行公债；二是周期均衡预算。如图 11-5 所示，这种预算不要求每一年的平衡，而是谋求整个经济循环周期的平衡。不过这种方法带有较强的政府干预色彩，已经比较接近于功能预算论了。

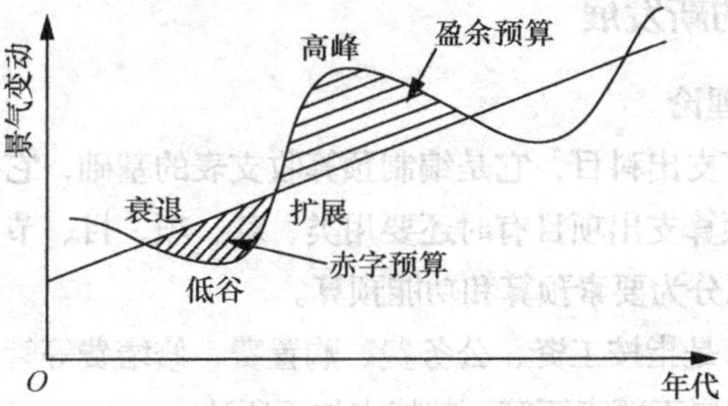

图 11-5　周期均衡预算示意图

## 11.3.2　功能预算论

与均衡预算论不同，功能预算论不拘泥于预算本身平衡与否，而是着眼于预算对整体国民经济的影响，追求没有通货膨胀的充分就业。其核心是实行相机抉择的财政政策，理论基础是凯恩斯主义。

功能预算论的实施过程可以表述为：当国民收入低于充分就业水平时，实行扩张性的财政政策，减少财政盈余或造成财政赤字以刺激经济，达到充分就业。图 11-6 中，横轴代表国民收入，纵轴为消费或投资，$C$ 为消费，$I$ 为投资，当总需求只有 $C_1+I_1$ 时，国民经济在小于充分就业时达到均衡，国民收入为 $Y_1$，此时，若增加政府的购买需求 $G$，则总需求曲线移动到 $C_1+I_1+G$，与 45° 线相交于 $E$，达到充分就业的均衡状态，均衡点为 $E$ 点，国民收入由 $Y_1$ 增加到 $Y_f$。反之，当国民收入高于充分就业水平时，实行紧缩性财政政策——减少赤字或增加盈余——抑制需求，减缓通胀压力。

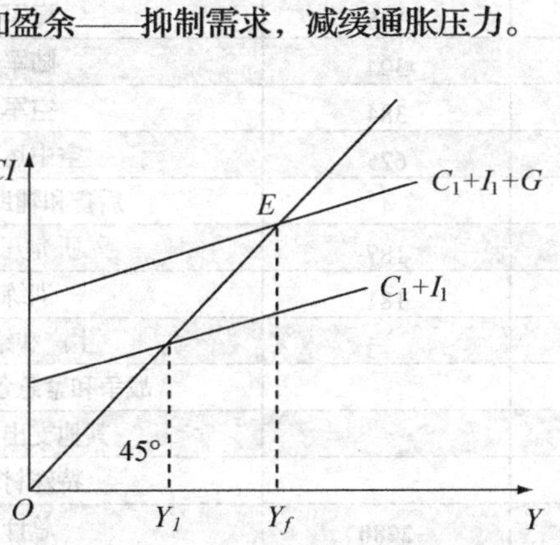

图 11-6　政府支出与国民经济均衡

## 11.3.3　高度就业预算论

高度就业预算论亦即结构性预算理论，在 20 世纪 60 年代由美国经济发展委员会提出。它的提出是对凯恩斯主义的反思，是均衡预算理论的发展。

其核心是政府的财政支出应该由充分就业条件下的净税收来确定，预算要保持一定的财政盈余，用作公债的还本付息。要恢复和发挥财政制度的内在稳定器作用。这种理论强调，预算不只着眼于熨平经济周期，而是要致力于在经济循环中取得动态平衡。这一理论的实施有三个原则：一是高度就业水平下的预算平衡原则，即按95%以上的劳动者有工作的前提来设定税收水平，使预算收入与预算支出保持平衡；二是边际预算平衡原则，即额外支出由额外税源去补，支出盈余通过减税去消除；三是货币当局独立于财政的原则，政府不可向银行透支。

### 11.3.4 政府预算理论的新发展

**1. 要素预算与功能预算理论**

预算支出项目也称为预算支出科目，它是编制预算收支表的基础，它指明政府的资金将被用在哪些领域。为了满足管理需要，预算支出项目有时还要用类、款、项、目、节等进行多层细化。按照预算支出项目的不同列示方式，可以分为要素预算和功能预算。

（1）要素预算。要素预算是指按工资、公务费、购置费、修缮费等管理要素来细分和列示预算支出项目的预算方式。基数法预算属于要素预算。其特点如下所述。

一是将政府支出分成建设支出（基本建设支出、经济建设支出等）、行政支出、事业支出和专项支出等四个大类。以此来建立政府支出的构架（见表11-1）。

二是各类支出的资金不得相互移用，否则就称为挪用资金。

三是整个预算支出的编制以行政、事业支出为核心，以工资、公务费、购置费等管理要素为基础。

**表11-1 功能预算与要素预算的比较** 单位：百万英镑

| 要素预算 | | 功能预算 | |
|---|---|---|---|
| 账户名 | 支出数 | 账户名 | 支出数 |
| 工资和津贴（海军） | 111 | 核战略力量 | 32 |
| 工资和津贴（陆军） | 208 | 欧洲地区基地力量 | 211 |
| 工资和津贴（皇家空军） | 153 | 一般目的的战斗力量 | |
| 抚恤金 | 125 | 海军 | 295 |
| 行政、商店、军需品 | 304 | 陆军 | 143 |
| 民用支付 | 384 | 空军 | 365 |
| 国防设备 | 625 | 空中运输 | 105 |
| 皇家兵工厂 | 4 | 后备和辅助军队 | 27 |
| 技术国防支出部 | 187 | 研究开发 | 222 |
| 公共设施国防支出部 | 181 | 训练 | 222 |
| | | 生产和维修 | 189 |
| | | 战争和紧急备用存货 | 25 |
| | | 其他支出用途 | 420 |
| | | 特殊材料 | 24 |
| 总计 | **2280** | 总计 | **2280** |

资料来源：C·布朗，P·杰克逊. 公共部门经济学. 北京：中国人民大学出版社，2000. 210.

（2）功能预算。功能预算也称为职能预算，是指按照政府职能设置支出预算项目的预算。其基本思想如下。

第一，按政府各项职能设置预算支出项目。例如，将其分为一般公共服务、社会服务、经济服务、其他职能服务等。显然，这与原来的建设支出、行政支出、事业支出和专项支出等分类是有区别的。

第二，预算编制依据是政府在这一职能上应当支付的必要资金。为此，他们要建立事业成本标准，如每万人应当配备多少警察，警察的各类供给标准和设备配备标准等。借以计算出政府“应当”在这方面的支出是多少。

归纳起来，功能预算的优点有以下两点：一是清楚、直观。即使局外人，通过阅读预算收支表，也能知道政府的钱是用到哪里去了，政府的哪些职能花了多少钱；二是支出项目不易重复，符合形式逻辑的分类规则。

我国目前的预算属于要素预算。现行预算支出科目表（见表11-2）中，从01到08属于按管理内容设置的科目。09到25属于政府的经常性支出，26到29属于列举的专项支出，而60又是专项支出科目，这样，就产生了以下问题。

第一，表格所要传达的信息不明确。究竟要表达的是管理，还是预算支出用途信息？

第二，各项科目所表达的信息上存在严重的重复和混乱，例如，行政单位的基本建设费应属于“基本建设支出”，还是属于“行政管理费”？

第三，项目叠床架屋。各支出科目的界限是不明确的。它反映了混乱的预算编制指导思想。不仅概念混乱，也使读者无法理解其真实内容。

**表11-2　政府预算支出科目表（2001）**

| 编号 | 支出项目 | 编号 | 支出项目 | 编号 | 支出项目 |
|---|---|---|---|---|---|
| 01 | 基本建设支出 | 14 | 科学事业费 | 25 | 城市维护费 |
| 02 | 企业挖潜改造支出 | 15 | 卫生经费 | 26 | 政策性补贴支出 |
| 05 | 地质勘探费 | 16 | 税务等部门的事业费 | 27 | 对外援助支出 |
| 06 | 科技三项费用 | 17 | 抚恤和社会福利救济费 | 28 | 支援不发达地区支出 |
| 07 | 流动资金 | 18 | 行政事业单位离退休经费 | 29 | 海域开发和场地使用费支出 |
| 08 | 支援农村生产支出 | 19 | 社会保障支出 | | |
| 09 | 农林水利气象等部门的事业费 | 20 | 国防支出 | 60 | 专项支出 |
| 10 | 工业交通等部门的事业费 | 21 | 行政管理费 | 61 | 其他支出 |
| 11 | 流通部门事业费 | 22 | 外交外事支出 | 62 | 总预备费 |
| 12 | 文体广播事业费 | 23 | 武装警察部队支出 | 66 | 一般预算调拨支出 |
| 13 | 教育事业费 | 24 | 公检法司支出 | | |

资料来源：中华人民共和国财政部. 2001年政府预算收支科目. 北京：中国财政经济出版社，2000. 8.

这一预算“外行看不懂，内行说不清”，与技术官僚制度有关。因此，可通过建立功能预算加以克服。

**2. 尼斯克南模型**

政府的支出浪费究竟有多大？对此，尼斯克南（W·Niskanen）于1973年对这一现象进行了模型论证，结论是，这一规模会超出政党需要的一倍。

尼斯克南的假定：政府官员是经济人，并服从于“管理效用函数”，其变量不仅是薪水，而且还包括为他工作的员工的人数及其工资、知名度、特权、权利或地位。由于这些变量中的许多项目都直接与预算规模相关，因而，追求本部门的预算最大化就成为其目标。如图11-7所示，政府的选择必然是产量$Q_3$，其原因如下。

（1）政府官员希望有较大的公共产品规模，不仅是出于成本考虑，而且从政府官员对利益的追求看，他们也希望扩大公共产品规模，以获得管理效用函数中的最大收益。

（2）政府领导人虽然不一定希望政府有庞大的机构和支出，但他们并不可能了解政府机构的运作，而真正处于运作地位的是那些机关的中层和基层人员。信息的不对称性使得决策往往为中层和基层人员所左右。官员会隐瞒不利信息，夸大有利信息来说明这一支出水平是必要的。

（3）从政治制度建设看，民主政治下的政府和议会是选举产生的，而在多数原则下所反映的中位选民的需求，实际上已经是扩大了的需求。

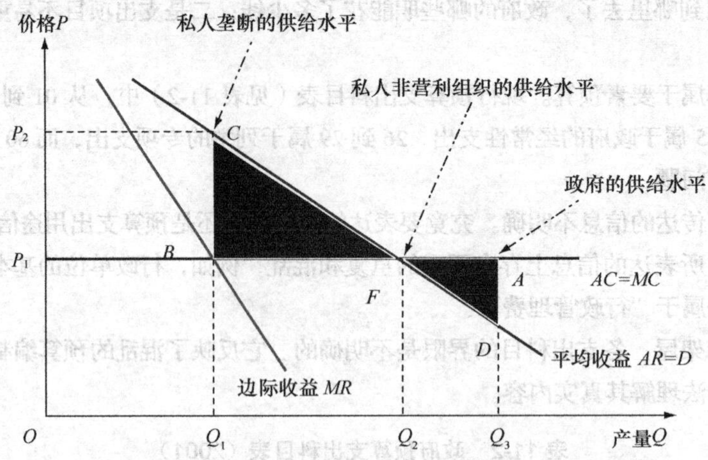


图 11-7 不同条件下的公共产品供给水平

简单的尼斯克南模型表明，政府官僚机构具有把公共部门产量扩大到两倍于“社会最适产量水平”的趋势。倘若公共产量与预算规模（公共支出）之间存在着一种简单关系，那么可以认为，政府的规模就是其社会最适规模的两倍。这种观点为削减公共部门规模的政策需要奠定了基础。

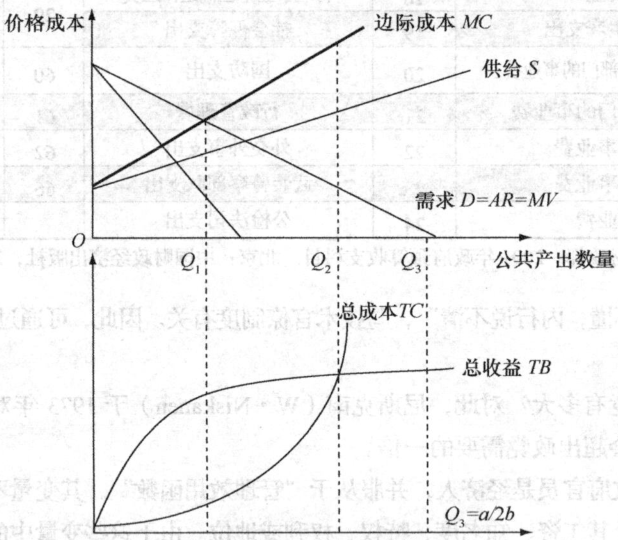


图 11-8 尼斯克南模型

如图 11-8 所示，$MV$ 表示中间投票人的边际收益曲线，即其需求曲线 $D$。若公共产品通过市场提供，$D$ 即市场需求曲线。$TB$ 是总收益曲线，$Q$ 代表官僚机构产出水平，$a$ 和 $b$ 是常数。即

$TB=aQ-bQ^2$，（$a>0$，$b>0$） 则

$$MV=\mathrm{d}TB/\mathrm{d}Q=a-2bQ,$$

与供给曲线相联系的总成本 $TC$：

$$TC=cQ+eQ^2,\ (c>0,\ d>0);\ MC=c+2eQ;$$

$$TB=TC: aQ-bQ^2=cQ+eQ^2$$

此时的产量为 $Q_2$：

$$Q_2=(a-c)/(b+e)$$

与收益函数 *TB* 最大值相符产出水平 $Q_3$：

$$Q_3=a/2b$$

在垄断的条件下，*MV=MC*：

$$a-2bQ=c=2eQ$$

此时产量水平为 $Q_1$：

$$Q_1=(a-c)/2(b+e)$$

由上述证明可见，$Q_1$ 是 $Q_2$ 的一半。也就是说，社会最适预算规模（$Q_1$）是总收益等于总成本时的预算规模（$Q_2$）的一半。尼斯克南模型对于公共选择学派的形成起了重要作用。这一模型还告诉我们：第一，政府预算具有膨胀趋势，其原因不是外部，而是在于政府结构内部，官员们追求“政绩工程”、高标准、大项目等都是其表现形式；第二，一旦公共支出预算失去约束，官员们会私心膨胀，即不顾社会利益而追求个人利益的最大化，加上其权力的垄断性，就可能将公共支出变成“租金”，在这种情况下，追求高预算是一种必然结果。

对尼斯克南模型的不同意见如下所述。

（1）政府方面。①更多的人认为工作是实现理想或体现价值。美国学者英格拉姆（P. Ingraham）引用美国联邦政府人事管理办公室的调查资料称：1979 年，99%的高级行政官员认为他们所做的事非常重要，在回答“你在多大程度上为金钱所动时”，只有 45%的人回答“较大程度”或“很大程度”。②政府机构职业化，职业精神驱使他们把事做好；③对那些即将消失的机构来说，官员不大可能去争预算。

（2）议员方面。①沉默规则，即对于其他各地区有利的事，出于搞好关系，议员会保持沉默，以换取他人对自己的支持。因而具有“分肥”性质。②当预计自己有稳定的地位时，议员也不必去扩大预算。

（3）利益集团。利益集团会扩大自己的利益，并尽可能游说政府，但利益集团是相互对立的，因而会相互抵消。在这种情况下政府是自由的。

（4）社会规则方面。尼斯克南模型只是一种假定，许多社会规则决定了政府官员不可能无限制地追求自身利益，例如，机关公务用车标准等也受到控制，而不是取决于其意愿。

**3. 软预算约束理论**

政府预算是约束政府行为的强有力手段，规定了政府服务的内容和质量。**如果政府预算无法对政府行为形成强有力的约束，就是软预算约束。**软预算约束主要表现为：政府行为失去控制，政府部门不按照预算的既定目标行事；财政支出失控，年度支出计划不对政府的实际支出具有约束力；预算失控，收支平衡计划被打破。政府预算软约束会带来严重的危害，例如，削弱预算制度约束政府行为的功能，影响国家宏观调控的效果，削弱货币政策传导机制的作用等。政府预算软约束的原因是多方面的。

匈牙利经济学家科尔奈（Kornai）对政府软预算约束的分析集中于政府与国有企业的关系，他指出，社会主义国有企业的预算约束之所以软，其原因是政府对企业实行了“父爱主义”。破产威胁不可执行，以及国有部门享受各种补贴、信贷和价格支持。软预算约束通过影响国有企业管理者的预期直接影响了国有部门的效率。Penner 和 Swidler 的研究指出不确定性和风险也是造成政府预算软约束的客观原因，使政府预算变得更加复杂。他们强调可以通过对不确定性和风险分析，将灵活的财政计划、预算和重审预算应用于国家收支中，以增加对不确定性预算预测的准确性，提高预算的总体效率。雅诺什·科尔奈认为预算约束的软化是 2008 年以来金融危机的主要成因之一。

我国软预算原因包括：

（1）政府预算制度本身存在严重的制度缺陷。一是政府预算没有明确的法律地位，没有法律约束力；二是政府预算没有涵盖绝大多数财政性资金，形不成约束力；三是部分预算制度脱离实际，削弱了政府预算的约束力；四是政府预算粗放，起不到约束政府行为的作用。

（2）配套的制度不匹配，导致政府间财权与事权严重失衡。违反政府预算规定的行为得不到制止，使政府预算缺乏约束力。

（3）政治安定；为了自己的前途而挽救发生财政危机的组织。若破产的政治代价太高，政府就会救助企业或银行。机构间的裙带关系、政治压力和贿赂等对预算支持体的不良影响软化了政府预算约束。此外，公共资金分配不公平性，使大量的预算外资金存在，政府预算失去了约束力；整个政府支出水平失去控制；随着不收费单位与收费单位工作人员收入水平拉大，引发单位之间攀比。最后造成处处收费，事事收费。

政府预算软约束的危害很大，不仅限制政府预算管理职能的发挥，影响国家宏观调控政策的效果，而且是腐败的重要源头。

**4. 公共决策中的“排队”理论**

公共决策中的“排队”是由公共资源短缺所引起的。由于社会对公共支出需求是无限的，而政府财力是有限的，在这一情况下，“排队”是不可避免的，可以是按效率排队，也可以是按权力排队，它属于公共资源配置理论（如图 11-9 所示）。

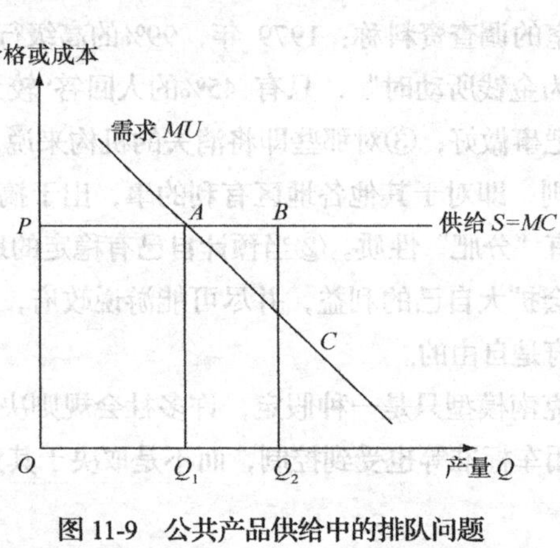


图 11-9　公共产品供给中的排队问题

**（1）按效率规则排队。资源短缺必然产生竞争。市场竞争是解决资源短缺的有效方式。因而，可以模拟市场竞争方式来解决资源配置问题。按效率规则排队是指政府运用市场规则，优先安排那些效率高的支出项目。其排队方式有以下两种。**

**① 公共资源市场化。**政府将那些具有竞争性的公共产品（准公共产品、俱乐部产品）通过市场竞争来选择。例如，政府拍卖公路、海滩、土地经营权，将其转化为私人经营等。对于那些需要政府补贴的公共产品，在政府补贴后转由市场经营也是公共资源市场化的方式。

**② 选优法。**政府模拟市场方式对公共支出项目进行排队，以效率标准决定哪些支出项目优先。这种排队，通常应通过成本—收益分析来确定。在当公共资源无法采用市场化来选择时，通常可以使用选优法来排队。但成本—收益分析涉及项目的外部收益和外部成本问题，它受分析者个人影响较大，因而可作为决策参考。

**（2）按权力规则排队。**“权力规则”也称为权力竞争规则。其特点是：①决策取决于少数精英，即领导，因此，本质上是一种集中决策。②决策结果在很大程度上取决于“权力协议”。“拍脑袋、批条子”等都是通常的“排队”方式。

“权力规则”的弊端：当领导十分了解下情，且不徇私利时，往往会做出准确决策。缺陷：①领导并非“万能的上帝”和无所不知的“圣人”，很难克服以个人偏好来替代公众偏好问题。②决策缺乏公开性和透明度，又往往为“寻租”，即贪污腐败和“权钱交易”提供了条件。③由于决策者不必为之付款，容易产生决策失误。

总之，在公共预算分配过程中，建立民主的、科学的决策程序，尤其是引进绩效分析法，限制和避免“权力排队”是必要的。

# 11.4 财政管理体制

## 11.4.1 财政管理体制的涵义

**财政管理体制是国家管理和规范财政分配关系，确定中央和地方及地方各级政府之间，划分财政收支范围和管理职责，并规定同级政府各财政职能机构之间职责分工的一项根本制度。**它规定财政分级管理的原则，划定各级政权在财政管理方面的权限、财力和收支范围，处理财政分配中各方面的责、权、利关系，实现财政管理和财政监督。它是国家经济管理体制和行政管理体制的重要组成部分，其实质是正确处理国家与各级财政部门的集权与分权关系。它是国家预算编制、执行、决算及实施预算监督的制度依据和法律依据，是财政管理体制的主导环节。

财政管理体制有广义和狭义之分。广义财政管理体制主要包括预算管理体制、税收管理体制、公共部门财务管理体制、国家金库管理体制等。狭义的财政管理体制是指政府的预算管理体制。由于预算管理体制是财政管理体制的中心环节，因此，人们通常所说的财政管理体制指的就是政府预算管理体制。本章的财政管理体制就是狭义的概念。

随着我国公共财政的逐步确立，人们对财政管理体制内涵的认识不断深化，财政管理体制内涵主要包括以下3方面。

**1. 财政管理体制责任主体是各级政府**

国家的各项职能是由各级政府共同承担的，为了保证各级政府完成一定的职能，就必须在中央政府与地方政府、地方各级政府之间，明确划分各自的财政收支范围、财政资金支配权和财政管理权。有一级政府就要求有一级财政。各级政府和各级财政在法律上都不同程度地拥有税费征管权和财政支出安排权。一般地说，各级政府有什么样的行政权力（事权），就应当有相应的财权，以便从财力上保证各级政府实现其职能。

**2. 财政管理体制调整或规范的客体是财政收支范围和财政管理职权**

一般来说，各财政行为主体的职能和事权不同，由此各自的财权和财力也就有所不同。财政管理体制就是根据不同财政行为主体的职能界定和事权划分为依据，对各自的财政收支范围和管理职责加以划分，并以制度形式将其确定下来。只有这种制度性规定，才能明晰各财政行为主体的财力支配权和财政管理责任。这种财权财力的划分是侧重于集中还是分散，是根据国家政治经济发展形势和管理的需要而确定的。划分财权财力这一核心问题具体体现在财政管理体制中。

**3. 财政管理体制是国家经济管理体制的重要组成部分**

财政管理体制是一个国家经济管理体制的组成部分，它是国家财政财力在管理制度上的具体化。二者是全局与局部的关系。这就要求财政管理体制的确定必须与经济管理体制保持一致。经济管理体制的改革和完善也需要财政管理体制与之相适应。

### 11.4.2 财政管理体制的内容

**1. 建立财政管理体系**

建立财政管理体系，主要是建立财政管理的组织机构，并明确其在财政管理中的职责和权力。它是建立财政管理体制的基础性工作。只有财政管理体系的各构成部分关系协调、职责明确、高效运转，财政管理体制的建立和实施才有可靠的组织保障。当前，我国财政管理体系由公共财政管理体系、国有资产财政管理体系和国家信用财政管理体系构成。其中，公共财政管理体系是财政管理体系的主体，国有资产财政管理体系是财政管理体系的基础，国家信用财政管理体系是前两者的调剂和补充。

人类社会发展到今天，世界各国都建立了专门的财政机关来管理财政，并形成一个庞大的管理机构系统。目前我国的财政管理机构分为五级：中央级、省级、市级、县级和乡镇级。各级财政部门内部又设置不同的业务机构，分别负责各项财政业务管理。

**2. 划分财政收支范围，确定财政分配方式和分配比例**

政府间财政收支范围的划分是财政管理体制的核心内容。划分财政收支范围，就是在各级政府之间进行财政收支项目的划分，确定哪些收支归中央，哪些收支归地方。在国家与企业的分配关系上，就是要确定国家与企业之间的分配比例和分配方式。所有的物质利益关系都是通过收支划分和比例确定反映出来的。只有科学划分收支范围、合理确定分配方式和分配比例，才能保证各利益主体充分实现其职能。依据国际经验，政府间财政收支划分的结构呈现出以下状况：在财政收入划分中，侧重于中央政府；在财政支出的划分中，侧重于地方政府。即在年度财政收支总量中，划归中央政府的财政收入，超过其实质性的事权所要的相应财力；而划归地方政府的财政收入，又小于所承担的实质性事权所承担的财力。这样就形成了财权与事权的不对称。

**3. 明确各级财政管理权责**

财政管理权限的划分是财政管理体制的重要内容。明确各级财政管理权责，就是根据一定时期国家政治、经济体制的要求，明确各级政府及有关部门、企业在财政管理方面的权力和责任。例如，财政法规的制定颁布权；国家预决算的编制、审批权；国家预算执行和调整的监督权和审批权；税收的征管权、减免权；国有资产的占有、使用、收益、处置权及其他管理权；国家信用资金的管理权等。

市场经济体制下，各级政府之间财政管理权责的划分，是以各级政府的行为目标的差异性为其基础和前提的。不同级次的政府，其行为目标的差异性又是以公共需要的层次性为基础。这种不同层次的公共需要，有不同的需求范围。财政既然是一种满足社会公共需要的政府经济行为，那么国家就可以根据公共需要的覆盖面和受益范围划分为不同层次，科学、合理地确定各级政府之间的事权范围和财政管理权责。尤其是在中央政府和地方政府之间更是如此。

**4. 建立规范的政府间转移支付制度**

政府间转移支付制度是中央政府为均衡各地方政府的财力状况，协调地区间的经济发展，将中央政府掌握的部分财力转移给地方政府使用的一种调剂制度。它是财政管理体制的重要组成部分。现代社会，在以分税制为主要特征的分级财政管理体制下，政府间转移支付制度是协调中央政府与地方政府财政关系的一项重要的配套制度。建立转移支付制度的目的在于：①为地方财政提供额外收入来源，弥补地方财政不足，以增强地方政府提供公共产品的能力；②中央政府通过对地方政府财力的补助，使地方政府财政支出行为符合中央政府宏观政策的实施要求；③地方政府提供某些公共产品具有外溢性，这在理论上就要求上级政府采取一定的形式对该地方政府予以补助，以鼓励地方政府提供这种具有外溢的公共产品或服务；④通过转移支付制度，促进各地区经济发展的均衡化和某些特殊社会目标的实现。

### 11.4.3 财政管理体制的类型

在不同的国家或同一国家的不同历史时期，财政体制都存在着差别。根据财政的集权与分权、财力的集中与分散程度的不同，财政体制大体上可分为以下三种类型。

**1. 集权型财政体制**

**集权型财政体制是指预算分配权限主要集中在中央的管理体制。**在集权型财政体制下，预算资金的支配权和预算管理权由中央高度集中统一，地方的权限和机动财力均很小，收支指标是指令性的，地方只有照办，没有收支调剂权。这种体制的主要特点是：财权、财力高度集中于中央，地方组织的财政收入都统一上缴中央，地方的支出统一由中央拨付，地方间的收入和支出基本上不发生联系。我国 1950 年到 1968 年采用的“统收统支”办法即属于集权型的财政管理体制。

**2. 行政性分权型财政体制**

**行政性分权型财政体制是在中央统一领导和统一计划下，由地方掌握部分预算分配权限的管理体制。**这种体制的主要特点是：除中央必须集中的财政资金外，给地方或大或小的机动财力和调剂权限；在中央与地方政府之间的财政收支关系的确定上，随意性比较大，且缺乏稳定性。我国 1994 年以前的大多数年份所实行的财政体制均属于该种类型。

**3. 经济性分权型财政体制**

**经济性分权型财政体制是现代市场经济中实行地方财政自治的财政体制。**这种体制的主要特点是：在保持中央调控能力的前提下，地方有自主的财政收支权与调剂权；一般是以法律的形式规定中央与地方政府之间的财政收支关系，政府间财政关系一经确定，不能随意更改，且有较强的稳定性。

与财政管理体制相适应，税收收入划分的方式有不同的组合。一是分割税额。即先统一征税，然后再将税收收入的总额按照一定比例在中央与地方政府之间加以分割。例如，原来的“总额分成”。二是分割税率。按税源实行分率计征的方式，即由各级财政对同一课税对象按照不同的税率征收。三是分割税种，即分税制。四是分割税制。分别设立中央税和地方税两个相互独立的税收制度和税收管理体系。五是混合型。

## 11.5 我国的财政管理体制

我国从 1994 年 1 月 1 日起改革当时的地方财政包干体制，实行分税制财政管理体制。地方财政开始成为相对独立的预算主体。由于旧的财政包干制弊端明显，如税收调节功能弱化，影响统一市场的形成和产业结构优化；国家财力偏于分散、制约财政收入合理增长，特别是中央财政收入比重不断下降，影响到中央政府的宏观调控能力。分税制改革正是在这个背景下出台的。分税制财政体制改革是我国财政管理体制的一次重大而意义深远的根本性改革，为建立适应社会主义市场经济体制要求的财政管理体制奠定了基础。

### 11.5.1 分税制财政管理体制的具体内容

**1. 中央与地方事权和支出的划分**

政府之间事权的划分是各级财政支出划分的依据和前提。市场经济条件下，政府的主要职能是提供公共产品。因此，政府间事权的划分也就表现为提供公共产品的职责和任务的划分。其划分应遵循以下 3

条原则。

（1）受益原则。受益原则是指根据公共产品的受益范围来划分政府的事权，在全国范围内受益的事权划归中央；在区域范围内受益的事权划归地方；受益范围涉及多个区域的事权，划归相关地区的政府协商承担，或由中央出面协调，由受益地区共同承担。

（2）效率原则。效率原则是根据公共产品的配置效率来确定事权的归属，公共产品由哪一级政府提供效率更高，就由哪一级政府管理。有些公共产品具有规模效益递增性，由中央政府集中提供比分散到地方更能体现效率原则。如果由地方政府介入，会使产品规模分解，效应分散，资源配置效率降低。

（3）区域原则。区域原则是根据公共产品的区域性特征来划分政府事权，将没有区域性特征的全国性公共产品的管理事权划归中央，将具有区域性特征的地区性公共产品的管理事权划归地方，并在此基础上明确中央政府和地方政府各自的事权管理范围。

根据现有中央政府与地方政府事权的划分，全国性公共产品由中央政府提供。中央财政主要承担国家安全、外交、全国性法律法规的制定和监督执行、全国性金融外汇管制、全国性宏观经济管理、立法、司法、行政等和中央国家机关运转所需经费，调整国民经济结构、协调地区发展、实施宏观调控所必需的支出以及由中央直接管理的事业发展支出。

区域性公共产品由辖区地方政府提供。这类公共产品主要有：区域性行政管理、社会治安、环境保护、文化教育、基础设施、公益事业等。地方财政主要承担本地区政权机关运转所需支出以及本地区经济、事业发展所需支出。

对于那些属于区域性公共产品，但受益范围跨域两个或两个以上地区的跨区域性公共产品，其事权应属于相关地区的地方政府。但由于受益地区的交叉，可以由受益地区的地方政府协商解决，也可由中央政府出面协调，或者部分参与，但事权与责任必须明确。

混合物品既具有公共产品的性质，也具有私人产品的性质。这种产品的提供一般是市场配置与政府干预相结合。全国性的混合公共产品的事权划归中央，例如，全国性交通运输、邮电通信等，中央统一定价；区域性混合公共产品的事权划归地方，例如，地方性道路、桥梁、供水、供电等，管理权由地方政府负责解决。

**2. 中央与地方收入的划分**

市场经济条件下，政府间财政收入的划分一般采取分税制为基本制度，主要特点是以税种和税权的划分为财权财力划分的载体。由于税收具有法律性和规范性，因此，中央与地方收入的划分也就具有规范性和稳定性。政府间税种划分的原则包括以下 4 个方面。

（1）功能性原则。功能性原则要求按税收的功能划分税种的归属，有利于为实现中央政府管理职能的税种划归中央；有利于实现地方政府管理职能的税种划归地方。这是提高经济效率和行政效率的要求。按照税种功能来确定税种归属，可以有效发挥中央政府和地方政府的经济管理作用，使经济效率提高；减少税收管理成本，使行政效率提高。

（2）受益性原则。受益性原则要求根据公共产品的受益范围和区域性来确定税种归属。一般情况下，受益于中央政府提供服务的税源划归中央；受益于地方政府提供服务的税源划归地方。形成责任与受益对等的税种划分格局。

（3）恰当性原则。以税收负担的分配是否公平作为标准来划分中央与地方政府收入。所得税应划归中央政府。

（4）经济分权原则。要求在划分税种时尽量以经济因素为依据，以增进经济利益为标准来划分中央与地方收入。淡化行政隶属关系对税种划分的影响。

按照上述原则，并结合事权与财权相结合的原则，我国将税种统一划分为中央税、地方税和中央与地方共享税。将维护国家权益、稳定宏观经济功能，实施宏观调控必需的税种和国际收支平衡、以调节收入水平为目的的税种划归中央。将同经济发展直接相关的主要税种划为中央与地方共享税；将适合地方征管的税种，如税源分散、税基较小，区域性特征明显、主要为提供区域性公共产品而开征的税种，例如，房产税、土地税、土地增值税等，以及与地方政府支出责任紧密相连的税种划归地方。分设国家与地方两套税务机构，中央税和共享税由国家税务机构负责征收，地方税由地方税务机构负责征收。具体划分如下所述。

中央固定收入主要有：关税、消费税、中央企业所得税、其他等（1999 年 11 月 1 日起，对储蓄存款开征税率为 20%的个人所得税，所得收入作为中央固定收入；2001 年起开征车辆购置税，所得收入作为中央固定收入）。

地方固定收入主要有：营业税（不含铁道部门、各银行总行、各保险公司总公司集中缴纳的营业税）、地方企业所得税、个人所得税、房产税、车船使用税、印花说、耕地占用税、契税、遗产和赠予税、土地增值税、城镇土地使用税等。

中央与地方共享收入主要有：增值税、资源税、证券交易税。其中，增值税中央分享 75%，地方分享 25%。资源税按不同的资源品种划分，大部分资源税作为地方收入，海洋石油资源作为中央收入。证券交易税，中央与地方各分享 50%（证券交易税 2000 年后分三年比例调为中央 97%，地方 3%；企业所得税和个人所得税 2002 年起实行中央和地方分享体制，分享比例 2002 年为 5∶5，2003 年后为 6∶4）。

**3. 转移支付体系**

在中央财政对地方税收返还数额的确定方面，考虑我国地区的实际情况，实行规范化的转移支付制度的条件尚不成熟，1994 年分税制改革时采用的是税收返还、中央补助和地方上解等过渡办法。为了保有原地方既得利益格局，中央财政对地方税收返还数额以 1993 年为基期年核定，1994 年以后，税收返还额在 1993 年基数上逐年递增。从 1995 年起实行过渡时期转移支付办法。对原体制的中央补助、地方上解以及有关结算事项，原则上保持原体制的分配格局暂不变，过渡一段时间后再逐步推行规范的财政转移支付制度。中央财政根据各地方增值税和消费税的增长情况向地方返还部分税收。中央财政每年通过转移支付方式向经济最困难地区和民族省区、非民族省区的民族自治州提供资金帮助。

1999 年中央实施提高低收入者收入水平的一系列政策，2001 年中央又出台两次调整工资政策，对财政困难的老工业基地和中西部地区给予适当补助。为配合西部大开发战略的实施，从 2000 年起加大对民族地区的转移支付力度。从 2002 年起，过渡时期转移支付的概念不再使用，统称为一般性转移支付。2002 年继续对民族省区和非民族省区的民族自治州等实施民族地区转移支付。

**4. 原体制中央补助**

为顺利推行分税制改革，1994 年实行分税制后，原体制的分配格局暂时不变，过渡一段时间再逐步规范化。原体制中央对地方的补助继续按规定补助。原体制地方上解仍按不同体制类型执行。原来中央拨给地方的各项专款，该下拨的继续下拨。

**5. 配套改革和其他政策措施**

为了使分税制能够顺利推行，政府采取了一些配套改革和其他政策措施：改革国有企业利润分配制度；同步进行税收管理体制改革；改进预算编制办法，硬化预算约束；建立适应分税制需要的国库体系和税收返还制度；建立并规范国债市场；妥善处理原由省级政府批准的减免税政策问题；各地区进行分税制配套改革。

### 11.5.2 财政管理体制的进一步改革

现行的财政管理体制对于增强政府尤其是中央政府在市场经济中的宏观调控能力，起到了积极的作用。分税制通过大量的中央对地方的税收返还，强化了中央在上下级财政分配中的主导地位，通过对收入增量的调整，形成了有利于中央财政收入适度增长的运行机制，增强了中央财政的经济实力，使中央财政建立和完善转移支付制度，实施有效的横向和纵向经济调节成为可能，但毋庸讳言，现行财政管理体制还不是彻底的分税制，还存在着一些需要改进的地方。

**1. 各级政府事权的划分**

现行分税制只是确定了中央和地方的收支基数及收入分成比例等数量关系，而对于各级政府的事权的划分做得不够。彻底的分税制必须建立在明确界定各级政府事权的基础之上，各级政府需要做些什么，这些职责的履行需要多少开支，而后在此基础上划分收入来源。

**2. 地方财政还不是独立的财政**

这突出表现在地方财政收入在很大程度上受制于中央，地方税的征收要根据中央统一税法征收，地方没有税收立法权。同时，只有一部分地方财政有发行公债的权力。这种规定，既不符合客观实际的要求，也不能适应分税制财政体制下地方财政作为独立一级财政的需要。此外，地方政府没有主体税种，地方所开征的税种多为难以征收的小税种。

**3. 收入和支出基数的确定**

现行税制仍基本沿用基数法，这是一种承认既得利益的方法。其有很大的局限性。因此，在明确各级政府事权的基础上，应采用因素分析法确定各级政府的收支。

**4. 税种的划分**

税种的划分还存在着不合理之处，例如，现行分税制将个人所得税划分为地方税种，在许多发达国家，个人所得税是中央财政（联邦财政）的主体税种。

**5. 企业利润的划分**

目前的做法是中央企业收入归中央，地方企业收入归地方，这一做法只会导致地方保护主义，不利于全国统一市场的形成。因此，把现行划分方法改为不按行政隶属关系分利，将有助于财政体制的进一步规范。

2013 年以来，新一轮财税体制改革要求建立现代预算制度，现代预算制度是现代财政制度的基础，改进预算管理制度主要从七方面推进：以推进预算公开为核心，建立透明预算制度；完善政府预算体系，研究清理规范重点支出同财政收支增幅或生产总值挂钩事项；改进年度预算控制方式，建立跨年度预算平衡机制；完善转移支付制度；加强预算执行管理；规范地方政府债务管理；全面规范税收优惠政策。进一步理顺中央和地方收入划分，主要是在保持中央与地方收入格局大体不变的前提下，合理调整中央和地方收入划分，遵循公平、便利、效率等原则，考虑税种属性和功能，将收入波动较大、具有较强再分配作用、税基分布不均衡、税基流动性较大的税种划为中央税，或中央分成比例多一些；将地方掌握信息比较充分、对本地资源配置影响较大、税基相对稳定的税种，划为地方税，或地方分成比例多一些。收入划分调整后，地方形成的财力缺口由中央财政通过税收返还方式解决。

此外，合理划分各级政府间事权与支出责任，要充分考虑公共事项的受益范围、信息的复杂性和不对称性以及地方的自主性、积极性。根据这样的原则，将国防、外交、国家安全、关系全国统一市场规则和管理的事项集中到中央，减少委托事务，通过统一管理，提高全国公共服务水平和效率；将区域性公共服务明确为地方事权；明确中央与地方共同事权。在明晰事权的基础上，进一步明确中央和地方的

**支出责任。中央可运用转移支付机制将部分事权的支出责任委托地方承担。**

## 本章小结

1. 政府预算是指由政府编制，经法定程序批准，具有法律效力和制度保障的年度财政收支计划，全面反映了政府活动的内容、范围和政策取向。

2. 政府预算作为一个独立的财政范畴，有5大基本特征：计划性、归一性、公开性、法治性和年度性。

3. 政府预算的主要功能为：控制政府规模，提高公共资金使用效率；反映政府活动的深度、广度和政策取向；是政府提供公共产品、进行资源配置、实现职能的重要工具；是以计划为基础进行宏观调控的重要杠杆；公共预算综合反映和监督经济运行状态。

4. 政府预算可以根据不同标准分类，主要有：单式预算与复式预算；项目预算和绩效预算；增量预算和零基预算；中央预算和地方预算；总预算、部门预算和单位预算；年度预算和中长期预算；正式预算、临时预算和追加预算。

5. 我国中央预算和地方各级政府预算按照复式预算编制。1997年开始设立一般预算、政府基金、债务预算。2015年1月1日起政府预算包括一般公共预算、政府性基金预算、国有资本经营预算、社会保险基金预算。政府预算程序包括：预算编制、预算审查和通过、预算执行和年度决算。西方发达国家编制公共预算的主要方法是PPBS方式，指由计划制订、方案评估和预算编制三阶段组成的体系。

6. 政府预算的理论主要有：均衡预算论、功能预算论和高度就业预算论。政府预算理论的新发展主要包括：①要素预算和功能预算理论；②尼斯克南模型；简单的尼斯克南模型表明，政府官僚机构具有把公共部门产量扩大到两倍于"社会最适产量水平"的趋势；③软预算约束理论；④公共决策中的"排队"理论等。

7. 财政管理体制是国家管理和规范财政分配关系，确定中央和地方以及地方各级政府之间，划分财政收支范围和管理职责，并规定同级政府各财政职能机构之间职责分工的一项根本制度。财政管理体制责任主体是各级政府，它调整或规范的客体是财政收支范围和财政管理职权，是国家经济管理体制的重要组成部分。

8. 财政管理体制的内容包括：建立财政管理体系，划分财政收支范围，确定财政分配方式和分配比例，明确各级财政管理权责，建立规范的政府间转移支付制度。

9. 财政体制大体上可分为以下三种类型：集权型财政体制、行政性分权型财政体制和经济性分权型财政体制。

10. 政府之间事权的划分是各级财政支出划分的依据和前提。划分应遵循三条原则：一是受益原则；二是效率原则；三是区域原则。政府间税种划分的原则：一是功能性原则；二是受益性原则；三是恰当性原则；四是经济分权原则。

## 案例分析

### 新预算法实施，规定政府全部收支纳入预算

"经济宪法"预算法修订版2015年1月1日施行。酝酿10年，跨3届人民代表大会，4易其稿，征集3.4万多条公众意见……经历中国立法史上不多见的曲折和漫长后，完成20年来首次大修的《中华人

民共和国预算法》从2015年1月1日起实施。新预算法规定政府全部收支纳入预算，预算不公开将被追责，赋予地方政府有限发债权。

预算法素有“经济宪法”之称，对政治经济生活影响深远，此次修改传递出建立现代财政制度的改革方向，政府预算将更加公开透明、接受全社会监督，“打造阳光财政”。

**亮点一：从“政府管”到“管政府”**

新预算法第一条明确了预算法的立法宗旨，“为了规范政府收支行为，强化预算约束，加强对预算的管理和监督，建立健全全面规范、公开透明的预算制度”。

而修改前的表述则是：“为了强化预算的分配和监督职能，健全国家对预算的管理，加强国家宏观调控……”从“健全国家对预算的管理”到“规范政府收支行为”，这是一个从“政府管钱袋子”到“管好政府的钱袋子”的重大转变。

**亮点二：地方政府债务受人大监督**

新预算法“实行全口径预算管理”，明确规定：政府的全部收入和支出都应当纳入预算。除了国有资本经营收入、政府性基金收入，地方政府的债务也纳入预算管理，并接受人民代表大会监督。

将政府全部收支纳入预算，是体现预算完整性的进步之一。这一规定有利于预算管理的完整性与规范性，通过整治政府预算的碎片化管理方式，进而清除预算外与体制外资金的滋生环境。

**亮点三：预算公开打造阳光财政**

新预算法首次对“预算公开”做出全面规定，“经批准的预算、预算调整、决算、预算执行情况的报告及报表，应当在批准后20日内由本级政府财政部门向社会公开。经本级政府财政部门批复的部门预算、决算及报表，应当在批复后20日内由各部门向社会公开”。

**亮点四：钱去哪儿了一目了然**

新预算法要求预算支出要按功能分类编制，明确支出方向。同时，还要按照经济分类编制，基本支出应当编列到款。即围绕资金用途编制，详细列出钱用来做什么了，例如，发工资、买公车或盖学校等。既有功能分类，又有经济分类，纵向、横向一对照，对资金的使用就更加清楚了。

**亮点五：政府乱花钱要被问责**

新预算法规定，政府的支出必须以已经批准的预算为依据，没有依据的不得支出。经人民代表大会批准的预算，非经法定程序，不得调整。

针对一些地方政府在预算执行过程中，随意更改预算，违规使用预算预备费、预算周转金、超收收入的情况，新预算法作出“追究行政责任”的惩戒规定，并列出近20条具体的违法情形，对负有直接责任的主管人员和其他直接责任人员追究行政责任。

**亮点六：地方举债有限额要报批**

新预算法把规范地方政府债务管理单独作为一部分，规定只有“经国务院批准的省、自治区、直辖市的预算中必需的建设投资的部分资金”，可以在国务院确定的限额内，通过发行地方政府债券举借债务的方式筹措。

除法律另有规定外，地方政府及其所属部门不得为任何单位和个人的债务以任何方式提供担保。

适应组织税收收入模式的转变，地税部门要坚决将组织收入原则落实到位，坚持依法征税，做到不收“过头税”、不收“人情税”、应征不漏、应免不收。还要增强收入预算的准确性，加强税源的分析预测和监控，提升对经济发展、税收改革等形势判断的准确性，使收入预算更加贴近经济社会发展水平，更加有利于依法征税。

此外，还要进一步增强组织收入考核的导向性。要将考核重点从收入进度考核转到收入依法性和收入质量考核上，建立与相关经济指标变化情况相衔接的考核体系，促进组织收入工作更加科学合理。

——摘自《广州日报》魏丽娜，“新预算法明日实施，规定政府全部收支纳入预算”，2014年12月31日。

**分析讨论**

分析讨论《中华人民共和国预算法》对财政预算制度的约束主要有哪些？

## 关键术语

政府预算　单式预算　复式预算　项目预算　绩效预算　增量预算　零基预算　年度预算　中长期预算　正式预算　临时预算　追加预算　政府决算　要素预算　功能预算　尼斯克南模型　软预算约束　按效率规则排队　按权力规则排队

## 思考题

1. 如何理解政府预算？
2. 简述政府预算的基本特征。
3. 政府预算的功能有哪些？
4. 为什么政府预算必须经各级人民代表大会批准和通过？
5. 简述政府预算的程序，政府预算是怎样编制的？
6. 试述政府预算的理论及主要内容。
7. 简述尼斯克南模型。
8. 比较要素预算与功能预算的差异。
9. 财政管理体制的主要内涵是什么？
10. 分税制财政管理体制的主要内容有哪些？

# 第 5 部分

# 开放经济下的财政及财政政策与货币政策的协调

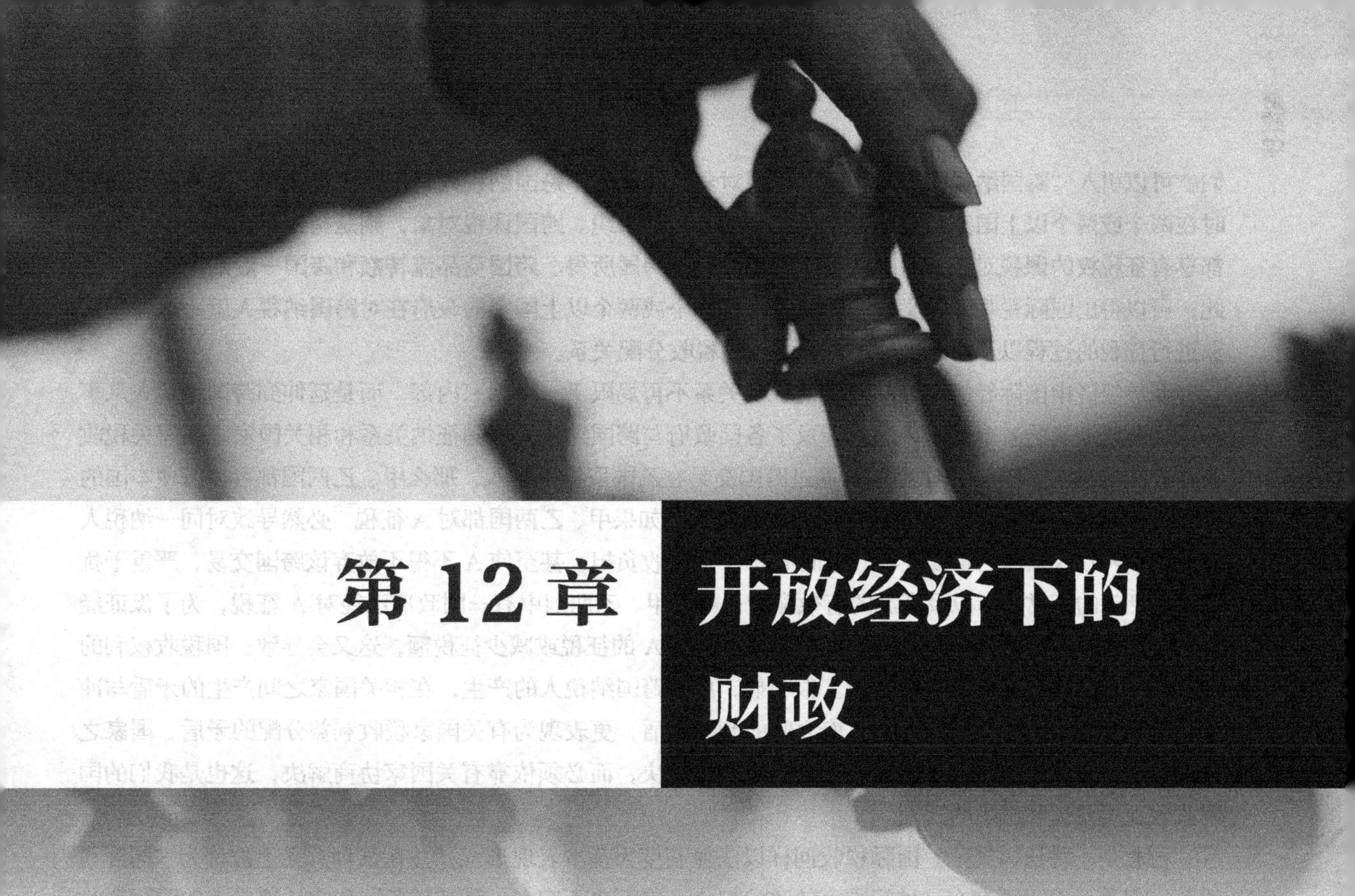

# 第 12 章 开放经济下的财政

税收与一国的政治管辖权有直接的关系。长期以来，税收一直被严格限定在各个国家的地域范围内，各国政府的课税权及税收利益并不直接发生冲突。随着经济全球化的到来，国际化分工的出现，使得一国政府征税所产生的税收关系开始跨越国界。经济生活的国际化带来收入的国际化，商品输出以及资本、技术和人员的跨国流动带来了跨国所得和跨国财产。由于各国都有对其管辖范围内的居民以及其境内发生的经济活动征税的权力，所以无论是企业还是个人，一旦参与了国际经济活动，就可能面临被两个或两个以上的国家征税的问题。税收政策是政府筹集财政收入、发挥调控作用的重要手段，税收政策的自主制定与执行是国家主权的象征。开放经济下的财政问题主要涉及国际税收学、关税、出口退税以及开放经济下财政—货币政策的配合等方面的内容。本章我们将对这些问题进行一一探讨，从而更深入了解如何妥善处理国际经济活动中产生的国家间税收分配关系，以及如何利用好 WTO 规则，通过关税、出口退税等手段实现国家经济的内外均衡。随着我国改革开放脚步的进一步加快，深入研究开放经济下的财政问题有着重要而深远的理论与现实意义。

## 12.1 国际税收

### 12.1.1 国际税收内涵

税收是主权国家凭借政治权力向其管辖范围内的个人和经济组织强制、无偿征收的行为。在封闭经济中，税收征收的对象只能是本国纳税人在本国境内的活动、收入和财产，因而一国的税收权具有较强的可预见性和明确性；但在开放经济中，跨国交易的存在不仅使各国之间的商品互相流动，而且使各国居民的收入来源不再局限于本国。此时，一国政府可以将其税收范围和对象扩展至本国出口商品和外国进口商品、本国纳税人来源于他国的收入或财产以及外国居民来源于本国的收入或财产。这样一来，我们就可以引入“跨国纳税人”和“跨国课税对象”的概念：**跨国纳税人是指由于存在跨国交易行为而同时在两个或两个以上国家负有纳税义务的个人或经济组织。跨国课税对象，则是指两个或两个以上国家都享有征税权的课税对象。跨国课税对象主要包括跨国所得、跨国商品流转额和跨国一般财产价值。**由此，可以得出国际税收的定义：**国际税收是指两个或两个以上国家的政府在对跨国纳税人就跨国课税对象进行征税的过程以及由此形成的国家之间的税收分配关系。**

开放经济中国际经济交往的发生使税收关系不再局限于一个国家内部，而是延伸到跨国纳税人从事跨国交易所涉及的各个国家，这就涉及了各国政府与跨国纳税人之间征纳关系和相关国家之间有关税收利益分配的协调。假定甲国居民 A 通过跨国交易在乙国取得了收入，那么甲、乙两国都可以行使本国的税收主权而对 A 征税，此时 A 就成为跨国纳税人。如果甲、乙两国都对 A 征税，必然导致对同一纳税人 A 的同一种收入来源的重复征税，进而提高 A 的税收负担，甚至使 A 不得不放弃该跨国交易，严重干扰了经济活动的正常进行以及资源的有效配置；如果甲、乙两国中有一国政府已经对 A 征税，为了保证经济活动的正常进行，另一国政府不得不选择放弃对 A 的征税或减少征税额，这又会导致一国税收权利的损害，并引起两国之间的税收纷争。很明显，由于跨国纳税人的产生，在相关国家之间产生的矛盾与冲突不仅表现为跨国纳税人与各国政府之间的利益矛盾，更表现为有关国家税收利益分配的矛盾，国家之间税收利益分配的矛盾不可能由某一个国家自行解决，而必须依靠有关国家协商解决，这也是我们的国际税收所要研究和解决的问题。

税收是一种法律规范，国际税收同样以法律制度为基本表现形式，并在某种意义上被称为“国际税法”。但是，由于不存在一种超国家的政治权力，因而也不存在一种超越各国税收法律之上的国际税收法律。所谓国际税收法律，实质上是指协调各个国家对外征税法律的约束性规范，是处理国家之间税收分配关系的惯例，国际税法只有被世界各国所接受才具有实践意义。国际税收实际上是对各国税制综合抽象而成，是各个国家共同协商和认可的一种税收规范。因而，国际税收要受各国税制的制约，同时，各国税制建设也应遵循国际税收的各种准则和规范。

需要特别注意的是，各个国家的涉外税收制度是国际税收存在和发展的基础，因为各个国家课征涉外税，最容易引起国际税收问题。有人称涉外税收为国际税收，就是出于这样的考虑。但是，涉外税收毕竟不等于国际税收，就像涉外法律不等于国际法一样。当然，对国际税收理论的研究将有利于本国涉外税收的建设，特别是对于我国这样对外开放时间较短，国际合作和交往处于发展阶段的国家。

### 12.1.2 税收管辖权

管辖权是任何一个主权国家都拥有的一种基本权利。而**税收管辖权是国家管辖权的派生物，是一国政府在税收领域内的主权，表现为一国政府可以自主选择对本国有利的税收制度，它是国家主权在税收领域上的具体体现。**税收管辖权是国际税收的基本范畴。如何选择和确立税收管辖权，是国际税收中最重要的问题，也是各国涉外税收建设中的主要问题。税收管辖权的确立和行使必须遵循国家管辖权的基本原则，例如，国家对处于本国疆域的外国人行使征税权时，必须遵循地域管辖权的要求，而对处于国外的本国人行使征税权时，必须符合国籍管辖权的要求。但是，税收管辖权在不违背国家管辖权基本原则的前提下，具有特定的确立和行使方法。例如，在征税时不仅考虑国家与纳税人的法律关系，还要考虑二者的经济联系。

**1. 属地原则**

各国确立和行使税收管辖权属于国家的内政，但这并不意味着可以无限制地行使税收管辖权，行使税收管辖权要受本国政治权力涉及范围的限制，否则必然引起国际争端。行使税收管辖权需要遵守两个基本原则：属地原则和属人原则。**属地原则指一国政府可以在本国领土范围内行使政治权利，即以纳税**

**人的收入来源地或经济活动所在地为标准，确定国家税收管辖权范围的一种原则。**根据属地原则，可以确立地域税收管辖权或收入来源地税收管辖权，一国有权对来源于本国境内的一切所得征税，不论这种收入为谁所有。属地原则被认为是最基本、最适用的原则，它有以下两个标准。

（1）最终实现地标准。关键是对非居民的营业利润、投资和特许权转让所得、劳务所得三项收入的确认。

（2）辛劳标准。主要是把最终实现地收入再按形成的辛劳程度划分为一份收入（如制造收入、销售收入等），然后再按地域归属不同的收入来源地。

一般来说，行使地域管辖权对发展中国家有利，因为外国的资本流入本国多。

**2. 属人原则**

**属人原则指的是一国政府可以对本国的全部公民和居民行使政治权利。**按照属人原则确立的税收管辖权，分为公民税收管辖权和居民税收管辖权。前者的基本涵义为国家有权对本国公民课税，而不论其收入来源于何处；后者的基本涵义为国家有权对本国居民课税，不论其收入从何处取得。这两种税收管辖权实际上都属于按人员标准课税的类别，只不过又按人员身份进一步划分而已。

（1）自然人居民身份的确认。包括以下标准：①住所标准；②时间标准；③意愿标准；④国籍标准（公民）。

（2）法人居民身份的确认。包括以下标准：①登记注册标准；②总机构标准；③管理中心标准；④控制选举权标准；⑤主要经济活动标准。

一般来说，行使该原则对发达国家有利，因为发达国家人口流出和资本输出多。

**3. 税收管辖权的选择**

世界各国有权选择和行使其中的一种或几种税收管辖权，他国不得干预。毫无疑问，任何一个国家在选择税收管辖权时都必然会从本国的政治经济条件和维护本国民族权益的角度出发。一般而言，发达国家的资本、技术和人员流出较多，其来自境外的收入也较多，因此他们要求扩大居民或公民管辖权的实施范围；发展中国家一般是资本输入国，因此注重本国的地域管辖权（表12-1所示为世界部分国家实行的税收管辖权类别）。当然，任何一个国家都不会轻易放弃任何一种税收管辖权，因为放弃就意味着民族权益的丧失。当前的实际情况是，世界上大多数国家都同时行使两种税收管辖权，大部分国家都采用地域管辖权优先原则，即在出现税收管辖权冲突时，由来源国优先课征。

（1）三权并用型：收入来源地、居民管辖权、公民管辖权（美国、墨西哥等）。

（2）两权并用型：收入来源地、居民管辖权（英国、法国、日本、中国等）或收入来源地、公民管辖权（罗马尼亚）。

（3）一权独用型：收入来源地（避税港——巴拿马、所罗门等）。

**表12-1 世界部分国家实行的税收管辖权类别**

| 实行的税收管辖权 | 国家和地区 |
|---|---|
| 地域管辖权 | 香港地区、澳门地区、巴西、阿根廷、巴拿马等 |
| 居民管辖权<br>公民管辖权<br>地域管辖权 | 美国、墨西哥 |
| 公民管辖权<br>地域管辖权 | 罗马尼亚、菲律宾 |
| 居民管辖权<br>地域管辖权 | 中国、英国、德国、法国、日本、韩国等绝大部分国家 |

### 12.1.3 国际重复征税及其减除

**1. 国际重复征税的概念**

根据不同的税收管辖权确定国际税收原则，不同国家可以对跨国纳税人的同一笔交易、同一笔收入或财产拥有征税权，这就导致了国际双重征税问题的产生。**所谓国际重复征税，是指纳税人的同一课税对象或同一经济来源被两个或两个以上的国家征税。**国际重复征税作为一种特殊的经济现象，必然会对国际经济合作与交往产生影响，而且这种影响往往是消极的。

**2. 国际重复征税的消极影响**

首先，国际重复征税给跨国纳税人造成额外的税收负担。其次，国际重复征税阻碍国际资本、商品、劳务和技术的自由流动，阻碍国际经济发展。再次，国际重复征税违背税收负担公平合理的原则。最后，国际重复征税还会影响有关国家之间的财政利益关系。正是由于存在上述问题，世界各国和各种国际联盟都把解决国际重复征税作为一个极其重要的国际问题。经过几十年的努力，在世界范围内确立并贯彻了一系列减除国际重复征税的方法。

**3. 消除国际重复征税的基本方法**

目前，国际税法或税收协定一方面通过制定约束居民（公民）、地域税收管辖权的国际规范来做到事前的防范，另一方面通过扣除法和低税法、免税法、抵免法及其他方法来做到国际双重征税事后的减轻或免除。

首先，可以通过以下三种途径尽量避免国际重复征税：一是限定各国唯一地行使居民（公民）税收管辖权；二是限定世界各国唯一地行使地域税收管辖权；三是允许各国同时行使两种以上的税收管辖权，在发生冲突时，承认一种税收管辖权的优先地位，而其他的税收管辖权从属行使。无疑，第三种做法可以在相当程度上减轻重复征税现象，而且得到大多数国家的认可和赞同。

目前国际上有一些具体的减除国际重复征税的方法。从世界各国的实践考察来看，主要有以下三种方法。

（1）扣除法和低税法。扣除法指一国政府为了减除国际重复征税，从本国纳税人来源于国外的所得中，扣除该所得所负外国所得税款，就其余额征税的方法。低税法指一国政府对本国人来源于国外的所得，单独制定较低税率以减轻国际重复征税的方法。这种方法与扣除法类似，不能彻底消除国际重复征税。

（2）免税法。**免税法指一国政府单方面放弃对本国纳税人国外所得的征税权利，以消除国际重复征税的方法。**这种方法的特点是行使居民税收管辖权的国家，不仅承认地域税收管辖权的优先地位，而且承认其独占地位。例如，有的国家仅对国外已税所得免税，鼓励本国企业、个人向海外投资；有的国家不论国外所得是否已税，只要汇回本国就予以免税，以鼓励向国内汇款。免税法对本国经济权益影响较大，事实上其会造成本国应得税收的丧失和外流。采用此法的只有法国、澳大利亚等少数国家。

（3）抵免法。抵免法指一国政府在优先承认其他国家的地域税收管辖权的前提下，在对本国纳税人来源于国外的所得征税时，以本国纳税人在国外缴纳税款冲抵本国税收的方法。它是目前世界各国普遍采用的一种方法。

此外，值得一提的是，近几年，电子商务作为新型的商业交易方式，因具有交易虚拟化、全球化和成本低廉等特点，在国际经济交往中被广泛运用。跨国电子商务虽降低了国际商务主体间的交易成本，但给避免国际重复征税带来了更大的挑战。例如，通过互联网提供跨国的技术咨询、设计、医疗、法律、金融和会计等服务，对其跨国服务所得来源地国的所得，来源地税收管辖权和本国的居民税收管辖权这两种税收管辖权的界定变得更加复杂。因此在完善电子商务时代的国际税法规则时，要在遵循国际税法的基本原则下，更加注重对避免重复征税的考量。

### 12.1.4 税收饶让

税收饶让是税收抵免的延伸和扩展，与税收抵免有着极为密切的联系，因而，在研究税收抵免时必然涉及税收饶让。**税收饶让是指居住国政府对于收入来源国给予外国投资者的减免税视同已经缴纳，给予抵免，不再要求本国投资者补交在非居住国得到减免的税款。**在目前世界经济中，发展中国家为了吸引外国资本到本国投资，在税制上特别是在所得税上往往给予许多减免优惠待遇。通过例 12-1，我们可以对税收饶让有更深入的了解。

【例 12-1】

甲国 A 公司国内所得 40 万元，税率 40%，A 公司在乙国的分公司所得 20 万元，乙国税率 30%且减半征收，甲国实行抵免法允许税收饶让。

※如果甲国不允许税收饶让，结果如下所述。

1. 分公司向乙国纳税：20×15%=3 万元
2. A 公司在甲国的抵免限额：20×40%=8 万元
3. 允许抵免额：3 万元
4. A 公司向甲国纳税：（40+20）×40%-3=21 万元
5. 总税负：21+3=24 万元

※如果乙国不给税收优惠，结果如下所述。

1. A 公司向乙国纳税：20×30%=6 万元
2. A 公司在甲国的抵免限额：20×40%=8 万元
3. 允许抵免额：6 万元
4. A 公司向甲国纳税：（40+20）×40%-6=18 万元
5. 总税负：18+6=24 万元

※如果甲国允许税收饶让，计算方法如下所述。

1. 分公司向乙国纳税：20×15%=3（视同纳税 6 万元）
2. A 公司在甲国的抵免限额：20×40%=8 万元
3. 允许抵免额：6 万元
4. A 公司向甲国纳税：（40+20）×40%-6=18 万元
5. 总税负：18+3=21 万元

从上述例子我们可以看出，A 公司纳税额减少 3 万元，这是甲国允许税收饶让的结果。因此发展中国家提供税收优惠，需要求发达国家给予税收饶让，否则优惠不到投资者身上，税收抵免失去意义。目前世界各国对税收饶让的认识并不一致，有的国家，例如，美国，反对税收饶让，而英国、法国、日本等国同意税收饶让。

### 12.1.5 国际税收协定

近几十年来，由于国际经济交往的不断发展，双重征税问题越来越突出。虽然各国都在采取种种免除双重征税的单边措施，但由于国家之间的经济往来日益频繁，涉及的国际税收问题日益复杂，一些国家单方面解决双重征税问题，已远远不能适应客观形势的需要。因此，通过缔结税收协定来解决双重征税问题已成为国际经济发展的迫切要求。

国际税收协定就是指两个或两个以上的主权国家，为了协调相互间的税收分配关系和处理跨国纳税人征税事务等方面的问题，本着平等的原则，通过协商、谈判等程序签订的具有法律效力的条约。由于税收条约有时常常只通过政府就可以缔结而无需经过议会，所以常常采取“协定”的称呼，而不用“公约”或“条约”等称呼。

按参加国家的多少可以将国际税收协定分为双边和多边两类。**由两个国家参加缔结的称为双边国际税收协定。有两个以上国家参加缔结的称为多边国际税收协定。**例如，中美税收协定属于双边国际税收协定，欧洲经济共同体为消除共同体内部双重征税的税收协定，属于多边国际税收协定。目前，国际上大批的税收协定是双边的，多边的协定占少数。按其涉及的内容范围大小，又可将国际税收协定分为一般和特定两种，例如，中、美两国1982年缔结的空运、海运免税协定属于特定税收协定，1984年4月30日缔结的国际税收协定属于一般国际税收协定。

第二次世界大战结束以来，以免除双重征税为目的的税收协定不断增加，到目前为止已达几百个。目前国际上有两个最重要、影响力最大的国际税收协定范本——经济合作与发展组织的《关于对所得和财产避免双重征税的协定范本》（《OECD 协定范本》）；联合国的《关于发达国家与发展中国家间避免双重征税的协定范本》（《UN 协定范本》）。各国在签订协定的活动中，不仅参照两个税收协定范本的结构和内容来缔结各自的税收协定，而且在协定大多数的税收规范上都遵循两个协定范本所提出的一些基本原则和要求。虽然各国的政治经济制度、税收制度、面临的经济问题不同，以及各缔约国对于有关国际税收问题的认识也不同，但是一般情况下，国际税收协定应包括以下三项内容：①免除双重征税问题，包括明确所得概念、协调缔约国之间的税收管辖权，以及确定免除双重征税的方法等；②保证税收无差别待遇，主要是确认缔约国一方的跨国纳税人在另一国所负担的税收和有关条件，不能与该国的本国纳税人在相同情况下的税负和有关条件有所差别；③消除和减少国际逃税。

随着我国对外经济往来不断扩大，外国资本在我国的投资和我国向外的投资迅速增多。为了更好地解决我国与其他国家之间的国际税收问题，我国也有必要同其他国家缔结双边或多边国际税收协定。我国对外签订的税收协定主要采取收入来源国税收管辖权优先、平等互利、友好协商、税收饶让抵免等原则；对外签订的双边税收协定，基本上采用的是上述《联合国范本》的条文结构。我国同其他国家缔结的第一个一般国际税收协定是《中日避免双重征税和防止偷漏税协定》，该协定于1983年9月6日在北京草签，1984年5月28日在北京正式换文，自1984年6月26日起生效。除中日国际税收协定外，我国还与美国、日本、德国等多国缔结了一些特定国际税收协定。我国政府2009年5月14日、2012年6月16日分别与埃塞俄比亚、丹麦两国政府签订的关于避免对所得双重征税和防止偷漏税的协定，也分别开始执行。截至2013年6月底，我国已对外正式签署99个避免双重征税协定，其中96个协定已生效，和我国香港、澳门两个特别行政区也签署了税收安排。[①]这些税收协定的签订有效避免了一些贸易摩擦，有利于国际资本的流动和我国对外开放的发展。

## 12.2 关　　税

### 12.2.1 关税内涵

**1. 关税概述**

关税指国家对进出本国国境（关境）[②]的商品课征的一种税，包括进口税、出口税、过境税或转口税。

① 数据来源：国家税务总局 http://www.chinatax.gov.cn/.

② 国境和关境是两个既有联系，又不完全相同的概念。国境是指一个主权国家行使行政权力的领域范围；关境是指一个主权国家行使关税权力的领域范围。一般情况下，国境和关境是一致的。但是，当存在自由港、自由贸易区，以及关税同盟国家在成员之间免征关税的情况下，国境和关境就不一致了。前者国境大于关境，后者关境大于国境。

按征税商品的流向划分，可把关税分为进口税、出口税和过境税。**进口税是对进口商品征收的关税，通常在外国商品进入关境或国境时征收，或者在外国商品由自由港、自由贸易区、海关保税仓库运往进口国国内市场销售时征收。出口税是对出口商品征收的关税。**目前，西方国家一般不征出口税，因为征收出口税会提高本国商品在国际市场上的销售价格，削弱出口商品的国际竞争力，不利于出口。在国家税务总局2014年4月1日发布的"营改增"文件中，第六条规定："境内单位和个人向中华人民共和国境外单位提供电信业服务，免征增值税"。这在一定程度上提高了我国电信服务贸易的竞争力。一些发展中国家为增加财政收入，保证国内生产所需原材料和国内消费品市场的供应，也征收出口税，出口税的税率一般比较低。

按关税的计征依据或标准分类，可把进口关税分为从价关税、从量关税和复合关税。**从价关税是指以货物的价格为标准而计征的关税。**从价关税具有关税收入和关税负担随商品价格变化而变化的特点。**从量关税是指以货物的实物量为标准而计征的关税。**从量关税的实物量计量单位一般包括重量、数量、长度、体积等。**复合关税是指对同一种进口商品同时采用从价和从量两种标准计征的一种关税。**具体课征时，或以从价税为主加征从量税，或以从量税为主加征从价税。按征税有无优惠及优惠的程度划分，可把关税分为普通税和最惠国税，以及特惠税和普惠税。最惠国税适用于从与该国签订有最惠国待遇原则贸易协定的国家或地区进口的商品。普通税适用于从与该国没有签订这种贸易协定的国家或地区进口的商品。最惠国税比普通税的税率要低，有时差幅很大。

第二次世界大战以后，大多数国家都已加入关税与贸易总协定或签订了双边贸易条约或协定，相互确认最惠国待遇原则，享受最惠国税率。因此，正常进口税通常指最惠国税。**特惠税是指对特定国家和地区的进口商品，全部或部分地给予低关税或免税待遇的一种优惠税制。**特惠税的优惠对象不受最惠国待遇原则的制约，其他国家或地区不得根据最惠国待遇原则要求享受这种优惠待遇。**普惠税是发达国家对发展中国家或地区输入的商品，特别是制成品和半制成品，普遍给予优惠的关税待遇。**按征税目的，可划分为保护性关税和财政性关税。**财政性关税是以增加国家财政收入为主要目的而征收的关税。**在历史上，关税产生以后的一个很长时期内，征收关税的目的主要是为了国家的财政收入或宫廷享受。在交通孔道、关卡、桥梁等处，对往来客商征收关税，构成既方便又充裕的税源。资本主义经济发展后，由于资本主义市场的激烈竞争，各国为了保护本国生产和经济的发展，利用关税作为手段，出现了**保护关税，即保护本国工农业生产为主要目的而征收的关税。**

**2. 我国的关税制度**

新中国成立前的海关行政权和关税课征权事实上掌握在帝国主义列强手中，成为帝国主义掠夺和压迫中国人民的工具。新中国成立后，政务院于1950年1月颁布了《关于关税政策和海关工作的决定》，随后又颁布了《中华人民共和国暂行海关法》和《海关进出口税则》，建立了独立自主的有益于国计民生的海关制度。

我国关税的税率，从建国至今经过多次变革，特别是1985年和1989年，为适应对外开放不断发展的要求，对关税制度做了较大的修订，主要精神是按照国际通行的《海关合作理事会商品分类目录》重新对税则、税目进行编排，并大幅度地降低了税率。我国现行关税的主要特点是只对少量出口商品征收出口税，且税负从轻，对进口商品按必需品、需用品、非必需品、限制进口品分别规定不同的税率。《关税及贸易总协定》创立后经过多轮谈判，目前使发达国家的平均关税税率约在5%的水平，发展中国家约在15%的水平。为了最终加入WTO，我国曾多次降低关税税率，2002年我国关税总水平(最惠国待遇的算术平均水平)由15.3%降低到12%，平均降幅21.6%。加入WTO后，降低关税税率的步伐逐步加快，截至2011年我国的关税总水平为9.8%，其中农产品平均税率为15.2%，工业品平均税率为 8.9%。[1]此外，我国还利用关税配额等措施对进出口贸易进行管理。如国务院关税税则委员会发布的《2013 年关税实施方案》中规定，我国 2013 年继续对小麦等 7 种农产品和尿素等 3 种化肥的进口实施关税配额管理，并对尿素等 3 种化肥实施 1%的暂定配额税率；对 784 种进口商品实施低于最惠国税率的年度进口暂定税率；继续以暂定税率的形式对煤炭、原油、化肥和铁合金等产品征收出口关税；进出口税目总数由 2012 年的 8194 个增至 8238 个。依据国际经验，随着一国国民经济实力的强大和关税收入占财政收入比重的下降，关税之增加财政收入的功能将越来越被弱化，同时，调节对外贸易将成为关税政策最重要的目标。

### 12.2.2 保护关税

**1. 保护关税概述**

根据上一节的学习，我们了解到征收关税的目的主要有两个。一是增加财政收入，即财政关税。20 世纪 90 年代以来，我国关税收入占税收总收入的比重平均为 5%左右。在 1994 年实行分税制以前，关税占中央财政收入的比重高达 20%以上，成为中央财政的主要收入来源之一。二是课征关税的主要目的在于减少进口，避免国外的强烈竞争，保护本国产业的发展，即所谓的保护关税。

一般来说，课征关税能够减少进口数量。下面我们就利用图 12-1 对两国之间的贸易进行局部均衡分析。在没有国际贸易的情况下，本国某种商品的市场均衡点是 $E$，产量为 $OX$，价格为 $P$；外国这种商品的市场均衡点是 $E'$，产量为 $OX'$，价格为 $P'$。两国发生国际贸易后，两国的均衡价格为 $P_1 = P_1'$。外国在新的价格水平下出现生产过剩（$Z'Y'$），而本国出现生产不足（$ZY$）。$Z'Y' = ZY$，这正是两国的贸易数量。

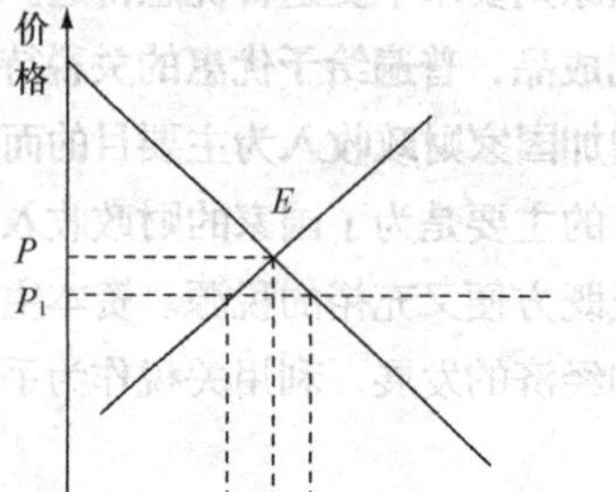


图 12-1　关税对进口数量的影响

如果本国打算禁止一切进口，只要课征数额为 $P_1P$ 的关税即可。这时，本国这种商品的市场恢复均衡，而外国因其出口产品的需求减少，价格下降，产量下降而需求增加，市场也重新达到均衡。因此，在没有运输成本的情况下，如果关税数额等于国际贸易前后的价格差额，就会使两国之间的贸易减少。

显然，对某种商品征收的关税税率越高，关税对这个行业中进行生产的本国企业提供的保护也越大。所以，为了具体量化关税对本国某商品的保护程度，我们定义了名义保护率和有效保护率两个指标。**名义保护率（NRP）是由于实行关税保护而引起的国内市场价格超过国际市场价格的部分与国际市场价格的百分比。**公式（12-1）中，$P$ 为进口商品国内价格，$P'$为进口商品国际价格。不难发现，名义保护率只考虑关税对某种成品的国内市场价格的影响，并未考虑对其投入材料的保护。由于对某种商品征收关税，

① 数据来源：《2011 年关税实施方案》。

不仅保护了本国生产这种商品的企业，而且也有助于保护向该行业提供原料的其他行业。因为，某一特定行业中的企业既受到对它们销售的产品征收关税的影响，也受到对它们的原料投入征收关税的影响。所以，关税的实际保护程度不能仅用名义关税税率来衡量，而且要用“有效保护率”来衡量。**有效保护率（ERP）是指一种加工产品在保护下可能带来的加工增加值对其在自由贸易下增加值的百分比。**公式（12-2）中，$V'$为保护下的产品增值，$V$为自贸下的产品增值[①]。

$$NRP=(P'-P)/P\times 100\% \qquad (12\text{-}1)$$

$$ERP=(V'-V)/V\times 100\% \qquad (12\text{-}2)$$

下面我们通过例12-2，来更好地理解名义保护率和有效保护率的涵义。

【例12-2】

在自由贸易条件下，一条移动设备天线的CIF价以外币折成人民币计算为20元，其投入原材料的价格为15元，占其成品价格的75%，余下的5元是国外加工增值额。

※如果对移动设备天线进口征税10%，原材料进口免税，则移动设备天线的有效保护率为：

1. 一条移动设备天线的国内市价：20×（1+10%）=22元
2. 国内增值额为：$W$=22元−15元=7元
3. 移动设备天线的有效保护率为：$ERP$=（7−5）/5×100%=40%

※如果对移动设备天线进口征税10%，其原材料进口也征税10%，则其有效保护率为：

1. 国内移动设备天线市价仍为：22元
2. 其原材料成本：15×（1+10%）=16.5元
3. 国内加工增值：22−16.5=5.5元
4. 有效保护率为：$ERP$=（5.5−5）/5×100%=10%

※如果在上例中，原材料进口征税由10%提高到20%，其余条件不变，则有效保护率为：

重复上面的计算过程：$ERP$=（4−5）/5×100%=−20%

通过上例，我们发现关税制度的作用使国内加工增值低于国外加工增值。生产者虽然创造了价值，但由于不加区别地对进口成品和原材料征收关税，使这种价值降低，使生产者收入减少或者无利可图。所以，在制定关税税率时，要充分考虑制成品和中间产品的关税税率差别。当然，关税的保护率要适度，否则，不仅会提高被保护产品的本国市场价格，增加消费者的负担，而且还会对整个经济产生不良后果，如浪费经济资源、改变收入分配、增加国际收支困难、阻碍生产力的提高等。

**2. 我国保护关税政策的优化**

关税政策作为国家宏观经济政策的重要组成部分，反映着一个国家在一定时期内，相关贸易政策、产业政策以及国民经济发展的基本思路。早在20世纪50年代，普雷维什等人指出传统的自由贸易理论完全不适用于发展中国家。他们认为，只有相互贸易的国家具有相同的经济发展水平时，自由贸易才对双方的经济发展都起积极作用。由于发展中国家的经济发展水平远远低于发达国家，自由贸易的结果非但没有促进发展中国家的经济发展，反而造成了发展中国家的经济落后。所以发展中国家需要通过高关税壁垒保护本国的产业。但随着经济一体化的发展，越来越多的发展中国家认识到传统保护性关税和其他贸易壁垒的危害性，开始逐步改革关税和贸易政策。到20世纪80年代，绝大多数发展中国家开始走向关税和贸易自由化的道路。在社会主义市场经济条件下，我国也应充分利用保护关税理论，降低总体关税水平，建立多元化关税结构，完善关税税率结构，严格控制关税减免，最大限度地发挥关税政策在

① 注：增值=最终产品价格-进口投入品成本。

宏观调控中的积极作用。

首先，建立多元化关税制度结构。无论从保护重点产业还是从增加税收收入角度来看，完善多元化关税制度结构，建立全方位的关税税种都非常必要。我国目前主要实行的是传统的从量关税、从价关税、复合关税以及配额关税，还应当设置差额税、季节性关税、反倾销税和反补贴税。特别是在与国际惯例接轨过程中，应积极考虑开征反倾销税和反补贴税，改变过去单凭税率调整来保护国内生产和消费的局面，以提高我国产品在国际市场上的竞争力。

其次，完善关税税率结构。从理论上来说，合理的关税税率应根据产品的加工程度，建立逐步升级的税率结构，即原材料进口免税，中间投入品免税或轻税，最终产品重税，即税率最高，目的在于对最终产品的有效保护程度大大高于名义关税税率水平。目前，我国应选择部分重点扶持产品，在降低税率的同时，拉大原材料、半成品和制成品之间的税率差，使重点产品在整体关税水平降低的同时，仍能得到较高的关税实际保护水平。

再次，严格控制关税减免。随着我国关税制度的不断完善和关税水平的逐步降低，关税减免政策的效应与作用逐渐弱化。过去许多不规范且名目繁多的关税减免，造成我国实际关税税率大大低于名义税率，导致大量税收收入流失。根据市场效率原则，关税减免有悖于市场公平竞争的原则，因此，我国今后应当严格控制关税减免。

## 12.3 出口退税

### 12.3.1 出口退税制度

**1. 出口退税制度的概念**

出口退税制度，是指一个国家或地区对已报关离境的出口货物，由税务机关根据本国税法规定，将其在出口前生产和流通各环节已经缴纳的国内增值税或消费税等间接税税款，退还给出口企业的一项税收制度。

对出口退税概念的理解，可以从三方面来分析：首先是“出口”，出口是退税的先决条件，不出口的商品无从谈起退税；其次是“退”，退是指将出口产品在国内缴纳的税收进行退还，而不是免、抵等其他方式；最后是“税”，出口退税所退还的是出口商品在国内生产及流通环节所缴纳的增值税、消费税等流转税，而不是退还其他的费用。出口退税作为一种政策并不是一个纯粹的税收学概念，它既不完全从属于国家税收范畴，也不完全从属于国际税收范畴。它从诞生的那天起就与跨国经济贸易紧密联系在一起，是作为一种涉外宏观经济政策的实质出现，后来为各国所认同，逐步发展为一种国际惯例，或者说是一种没有权力保障基础的国际制度。

出口退税的目的是使出口商品以不含税价格进入国际市场，避免对跨国流动物品重复征税，从而促进该国家和地区的对外出口贸易。出口退税制度是一种间接的财政支出，实施的对象是出口的货物，只对出口货物的税金成本进行补偿，实施难度小，由于它是国际惯例而不至于遭受到货物进口地政府的贸易报复，同时作为一项财政激励机制，出口退税已被 WTO 诸多成员广泛应用。

**2. 出口退税政策的理论依据**

出口退税是伴随着资本主义经济的发展而出现的，并随着资本主义经济的进步而不断完善。在资本主义逐步形成的 14—15 世纪，商业资本对其形成、发展起到了极为重要的作用。商业和商业资本的发展扩大了国内的市场，同时又不断开辟新的市场，促进了欧洲各国国内市场的统一和世界市场的发展。亚当·斯密在《国富论》中做出过如下阐述："设立出口退税最初目的大概是鼓励运输贸易。外国人常以货币支付船舶的运费，因此我们认为运输贸易品特别能为国家带来金银。虽然运输贸易不应受特殊奖励，而且设立出口退税的动机也十分可笑，但这种制度本身似乎非常合理。在各种出口奖励中，称为退税的奖励似乎最合理"。[①]从税收来源及转嫁角度出发，大卫·李嘉图认为："某个国家如果对生产效率高于别国的某些出口商品课税，这种税收就会完全落在外国消费者身上，该国政府的一部分支出就由外国的土地和劳动所有者支付，这不公平也不合理"。[②]同时，由于征收赋税会提高出口商品成本，从而抬高价格，这就降低了其在国际市场上的竞争力，减少了商品输出量，进而阻碍货币流通，不利于自由贸易的发展。在资本主义早期，出口退税政策的出发点都是为了鼓励贸易的发展，增加本国产品在国际市场的竞争力。到了第二次世界大战后，不但发达国家实行出口退税政策，很多发展中国家，这一政策也得到了广泛的实施。

随着经济理论和国际贸易实践的发展，许多经济学家又从不同角度对出口退税理论进行了诠释，但总的来看，出口退税的理论依据基本上是围绕避免国际重复征税、保证国际竞争的公平性和促进一国的经济增长而展开的。由于进口国在产品的最终消费阶段还要征收间接税，而双重征税会使本国出口商品的价格在国际市场上处于不利地位。为了保证国际竞争的公平性，提高本国企业的国际竞争力和鼓励出口，各国政府愿意在WTO允许的范围内对出口产品少征税和不征税，而出口退税就是最简便易行的方法。从经济理论来说，一国净出口的增加能带动国内经济的增长，而出口退税是对出口贸易的有力支持，因此出口退税对本国GDP的增长有巨大的推动作用。同时，出口贸易的增加和经济的增长扩大了税基，使得税收收入大幅增加，客观上承担了因出口增加而需要的退税额度。只要这个循环机制不被打破，那么退税、净出口和GDP三者的互动增长关系是可长期保持的。从实际看，出口退税已成为一国国民经济增长的推进器，我国多年来通过出口退税带来了出口增长，从而推动了经济的增长。

出口退税的法律依据是《关税与贸易总协定》。WTO允许成员国采取出口退税的措施，规定只要出口退税额不超过出口商品实际所含税金，出口退税就不能被视为出口补贴。《关税和贸易总协定》(GATT)第六条规定："一缔约国领土的产品输出到另一缔约国领土上，不得因其免纳相同产品在原产国或输出国用于消费时所须完纳的税捐或因这种税捐已经退税，即对它征收反倾销税或反补贴税。"GATT附件九《注释和补充规定》第十六条明确规定："免征某项出口商品的关税，免征相同商品供内销时必须缴纳的国内税，不能视为一种补贴。"所以，出口退税制度正是WTO在维护公平、公开、公正等一般自由贸易原则下所倡导中性原则的体现。WTO坚持的中性原则的精神，是以不干预市场机制在全球范围内的有效运行为基本出发点的，出口退税一方面为了鼓励产品出口以不含税价格参与国际市场竞争，另一方面克服重复征税，实行消费地征税原则。在WTO的规则之下设置中性的出口退税制度，是各国参与国际贸易必然的选择。在反对政府补贴政策的前提下，实行出口退税政策，是增进出口最直接最有效的途径。

## 12.3.2 我国出口退税制度

### 1. 我国出口退税制度的演进

我国在1985年就初步建立了出口退税制度，到了1994年的税制改革之后我国的出口退税才真正做到与国际做法相一致。根据实际运行中出现的问题，我国不断对其进行优化与改革，尤其是在退税率方面进行不断调整。出口退税率调整是出口退税政策的中心环节，我国出口退税率的调整经过了以下四个

---

① 亚当·斯密. 国民财富的性质和原因的研究[M]. 郭大力，王亚南译. 北京：商务印书馆，1974.

② 大卫·李嘉图. 政治经济学及赋税原理[M]. 北京：商务印书馆，1962.

阶段的发展。

第一阶段（1985 年 4 月 1 日—1993 年 12 月 31 日）。退税率按出口货物的种类确定，档次多，矛盾大，比较复杂，难以掌握。

第二阶段（1994 年 1 月 1 日—1995 年 6 月 30 日）。1994 年 2 月 18 日，我国颁布《出口货物退（免）税管理办法》，我国的退税制度正式与国际接轨。在这一阶段，退税率比较简便，在实施增值税零税率的同时增加了适用消费税应税货物的退税额，从理论上讲，这一阶段的退税率或退税额在形式上体现了出口货物“征多少、退多少、不征不退、彻底退税”的原则。

第三阶段（1995 年 7 月 1 日—2003 年 12 月 31 日）。出口退税率变动比较频繁。体现了出口退税与外贸发展，国家财政收支状况之间紧密的关系。1995 年起退税率平均降低三个百分点，由原来的 17%、13%、6%[①]下调到 14%、10%、3%。1996 年进一步下调到 9%、6%、3%。到 1998 年亚洲金融危机后，开始上调为 14%、11%、9%。1999 年再次上调到 17%、5%、13%。

第四阶段（2004 年 1 月 1 日至今）。新机制实施中，出口退税率进入频繁调整阶段，为了适应结构性调整出口产品的需要，实施的出口退税率包括了 17%、16%、15%、14%、13%、11%、9%、5%共 8 个档次，其中适当调高部分劳动密集型和高技术含量、高附加值商品的出口退税率。

通过综合考虑各项影响因素的变动情况，应适时调整本国的退税率结构，在各种动态因素的影响下把握一个最佳的退税率结构，有利于增强我国企业的出口竞争力，促进国际贸易的发展。近年来，我国越来越重视出口退税政策的积极应用，相信这能在一定程度上帮助我国出口贸易灵活应对国际贸易条件的变化，但出口退税政策也有其复杂性，政府要更深入全面地学习政策的制定依据，为具体政策实施提供新的思路，促进出口退税政策发挥积极作用，保持其政策的连续性和稳定性。

从 2015 年起，出口退税（包括出口货物退增值税和营业税改征增值税出口退税）全部由中央财政负担，地方 2014 年原负担的出口退税基数，定额上解中央。同时，中央对地方消费税不再实行增量返还，改为以 2014 年消费税返还数为基数，实行定额返还。[②]

**2. 我国出口退税制度存在的问题**

通过上面出口退税和经济增长的互动关系、我国出口退税政策变动分析，我们发现，现阶段我国的出口退税制度还存在不少问题。

首先，我国历年对出口退税的调整，可以明显地体现出出口退税的政策性特征。它是如今我国变化最大、调整最为频繁的税收政策。自 1985 年我国正式实行出口退（免）税制度至今，退税产品范围、退税企业范围、退税的税种、税率范围和企业申报退税的凭证均发生了较大的变化。尤其是近年来退税率的调整频率更是十分频繁，仅仅是为了应对 2008 年金融危机，在之后的两年时间里退税率就调整了 7 次之多。出口退税政策存在着不确定性，这会给企业生产经营活动的长期规划带来非常大的危害，非常不利于企业的长久发展。降低出口退税率会增加企业的生产成本，使外贸企业出口形势发生变化，损失巨大，出口退税的相机调整也极大地降低了企业对政府的信任度。同时，出口退税政策的频繁变动也对税务部门的工作产生负面影响，使其正常工作变得繁琐，增加了税收部门的管理成本。

其次，在上面分析出口退税和经济增长的互动关系时，我们强调各个变量——退税、净出口、GDP、财政收入与外贸出口之间存在着一定的循环机制，如果变量间的互动链条遭遇阻碍，出口退税与经济增长的互动局面将会受到阻碍。目前，我国在出口退税的征、退税管理环节显现出很多问题，存在很大的弊端。在机构的设置上，征税机关和退税机关是相互分离的，二者之间互不联系，并且二者之间的信息

① 注：表示出口退税率有 17%、13%、6%三个档次，下同。
② 国务院关于完善出口退税负担机制有关问题的通知，国发〔2015〕10 号。

在传递的过程当中缺乏应有的有效性，这就不可避免地造成了信息脱节情况的发生，进而会导致国家的税务机关无法采取非常有效的措施来对企业的生产经营行为进行有效的监控。监管行为也很不到位，这就给骗税提供了可乘之机；另一方面，由于出口退税制度设计不合理，近年来连续多次出现拖欠出口退税的问题。拖欠退税款，也会打断变量之间的互动链条，削弱出口退税的经济效应。

最后，从退税政策出台开始，一些不法分子就开始想方设法地利用这一政策。近些年来，这种现象越来越猖狂，并不断变化。骗税活动多元化，骗税手段多样化，骗税涉及的范围也越来越广。例如，有些地方在引进移动通信设备时，委托一些不规范的公司做外贸代理，这些公司以“包税”或“可以享受减免税优惠政策”为由做出承诺，而实际上在进口报关时采用伪报货物品名、数量、价格等手法，公然进行违法走私活动，造成国家巨额税款流失。此外，从2004年的出口退税机制改革开始，出口退税管理部门的精力发生着转移，其精力主要是放在加快出口退税的进度上面，在退税审核、审批过程中管理措施比较宽松，存在漏洞，忽略了在日常工作中对防范出口骗税的管理。2003年，国务院出台政策改革了出口退税机制后，为了争取更有利于本地区发展的出口退税基数，促进本地的出口贸易，地方政府将出口数量和增长比例与其政绩挂钩，并进行了硬性规定。为了促进出口，政府还颁布了一系列的奖励措施。这为很多地区的出口业务不规范埋下隐患，致使骗税活动猖獗。

**3. 完善我国出口退税政策的对策**

首先，提高出口退税法律制度的立法层级，完善出口退税法律体系。西方各国的出口退税法律体系都比较完善，为本国的退税工作提供了法律保障。所以，我国也应该在这一方面进行改善。为了在保障国家财政收入的同时，也保障纳税人的合法权益，我国应该将国家税收的征收、管理和退税等环节都通过国家法律规范下来，提高政府规范性立法层次。坚持税收法定原则，完善出口退税法律制度。在税法中明确规定企业所享有的出口退税权利的细则，应具体到税率、主管部门、执行程序、优惠条件等，在法律层面上对出口退税进行规范。只有将税收征收、管理办法、出口退税等细则纳入高度权威的国家法律体系中，对出口退税的各个方面统一做出全面的规定，才能保障纳税人的合法权益，得到预期可得利益。同时有效遏制偷、逃、骗税等不法行为的发生，有利于保持规范、高效、严格的财政资金运行机制。

其次，要实行出口退税“滞退金”制度。借鉴国外经验，实施出口退税“滞退金”制度，并逐步以“滞退金”制度取代我国现有的额度管理机制，实现与出口退税时间保证制度的有机结合。“滞退金”制度的建立，对出口企业有很大的好处。一方面能够保证企业及时得到退税款，另一方面能够保护纳税人的合法权益。更重要的是可以对税务机关进行监督，降低其延迟退款的可能性，提高了工作效率，保证了退税的及时性，维护国家的信誉。

再次，完善出口退税管理办法，充分发挥税收管理员在出口退税审核中的作用。在税收征管的过程中，税收管理员的职责较为重要，在加强征退衔接方面责任重大。在审核过程中，管理员要凭借其对所辖企业联系密切、情况熟悉的优势，及时排查隐患，使征、退税之间的衔接更为流畅，从而提高出口退税审核的质量和效率，及时消除管理隐患。

最后，要加强对退税工作的检查与惩治力度，完善公开透明的出口退（免）税办事制度。为抑制骗税行为，国税总局应该加大对特定行业存在的涉嫌骗税问题的检查，采取专项检查和日常检查有机结合的办法，各部门联合协作，共同打击骗税行为，加大检查力度，将其遏制在萌芽中；另一方面，通过政策法规、典型案例，对公民进行宣传教育，加强公民对国家政府机关防范打击违法行为所采用措施的理解，得到纳税人的大力支持，最终形成一种税务部门敢于执法，公民维护税法尊严的良好氛围。完善公开透明的出口退（免）税办事制度。推行办税公开、进一步优化纳税服务，是改善税收征管质量、提高征管效率的必经之路。

# 12.4 开放经济条件下财政政策与货币政策协调

## 12.4.1 浮动汇率条件下财政政策与货币政策的协调

在开放经济条件下，各国国内的经济均衡不仅要受到国内各种经济因素的影响，而且还要受到国际物品与资本往来的影响。国内经济的各种变动不仅影响国内的经济均衡，而且还影响其他与该国有贸易关系的国家的经济，而后者的经济变动还会进一步影响本国经济。因此，一国经济调控的目标不仅是实现充分就业和物价稳定（内在均衡），还要实现国际收支平衡（外在均衡），这使得财政政策和货币政策的搭配更为复杂，其政策效应更具有不确定性。在开放经济条件下，不同的汇率制度和资本流动情况对经济政策的选用和政策效应的发挥起着不同的作用，一国的汇率制度对财政政策和货币政策的相对有效性产生重大影响。**汇率是一个国家的货币折算成另一个国家货币的比率，它表示的是两个国家货币之间的互换关系。**汇率主要有两种标价方法。**一种被称为直接标价法，它是用一单位的外国货币作为标准，折算为一定数额的本国货币来表示的汇率。**用这种标价法，一单位外币折算的本国货币量减少，即汇率下降表示外国货币贬值或本国货币升值。**另一种被称为间接标价法，它是用一单位的本国货币作为标准，折算为一定数额的外国货币来表示的汇率。**[①]用这种标价法，一单位本国货币折算的外国货币量增加，表示本国货币升值或外国货币贬值。按照汇率制度一般分固定汇率和浮动汇率。**浮动汇率是指一国货币对外币值由外汇市场的供求自由调整，不以人为政策加以固定。固定汇率是指一国货币对外币值保持不变，除非在基本经济结构失衡的情况下才能改变其汇率。**在浮动汇率制度下，汇率由市场供求力量决定，允许汇率对经济状况的变动做出反应，自由地变动。在这种情况下，汇率调整以达到产品市场与货币市场的同时均衡为目的。当某种力量改变均衡时，允许汇率运动到新的均衡值。

在浮动汇率下，财政政策是失效的。我们可以用图 12-2 加以说明。

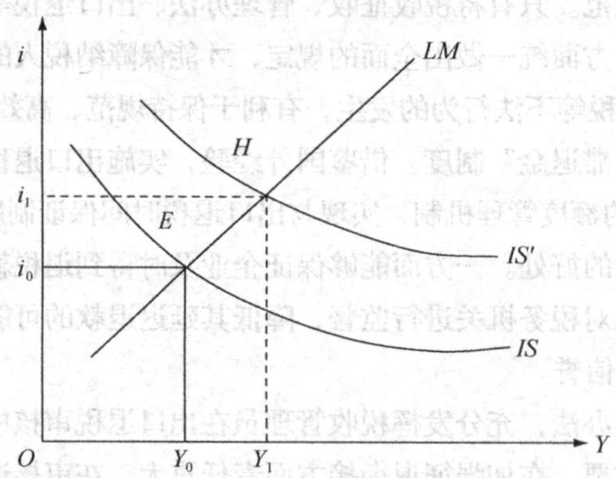


图 12-2　浮动汇率下的财政扩张

在图 12-2 中，*IS* 曲线与 *LM* 曲线相交于 *E* 点，均衡利率水平和国民收入水平分别为 $i_0$ 和 $Y_0$。政府为提高国民收入水平而利用扩张性财政政策，使 *IS* 曲线向右移动成为 *IS'* 曲线。*IS'* 曲线与 *LM* 曲线相交于 *H* 点，该均衡点所决定的利率水平和国民收入水平都有所上升。由于利率水平的提高，资本迅速从国外流入，以便从较高的回报中获益，这一资本的流入不仅使得利率下降，还有另外一个作用：由于国外投资者需要买进本币在国内投资，资本流入增加了外汇市场上对本币的需求，抬高了本币价值。本币的升值使国内产品相对于国外变得昂贵，从而减少了净出口。净出口的减少抵消了扩张性财政政策对收入

① 本章论述中，汇率均用间接标价法来表示。

的影响。$IS$曲线向左移动，退回到原来的均衡位置。因此，均衡国民收入水平$Y_1$实际上是不可能存在的。也就是说，在浮动汇率制度下，政府利用财政政策实现充分就业目标是十分困难的。

在浮动汇率制度下，如果政府利用货币政策来实现充分就业目标，一方面可以使利率水平下降，另一方面可以使国民收入水平上升，如图 12-3 所示。

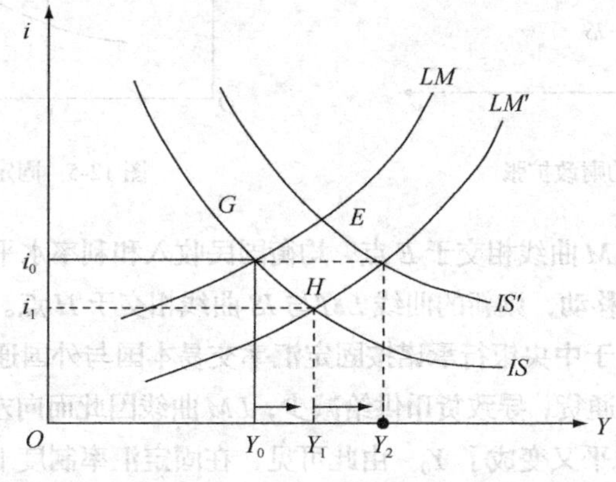


图 12-3　浮动汇率下的货币扩张

在图 12-3 中，$IS$曲线与$LM$曲线相交于$G$点，均衡利率水平和国民收入水平分别为$i_0$和$Y_0$。如果政府利用货币政策，使$LM$曲线向右移动成为$LM'$曲线，那么，$LM'$曲线与$IS$曲线的交点$H$所决定的均衡国民收入水平为$Y_1$，均衡利率水平为$i_1$，而$i_0 > i_1$。在浮动汇率制度下，由于央行增加货币供给，利率下降，此时投资者会把资金投到其他地方寻求更高的收益，资本流出该经济。资本的流出阻止了国内利率的下降。还有一个作用：由于海外投资需要把本币换成外币，资本的流出增加了外汇市场上国内通货的供给，使得本币贬值。这一贬值使国内产品相对于国外产品更为便宜，从而刺激了净出口。此时，$IS$曲线向右移动，又达到一个新的均衡点$E$。这时，最后的均衡国民收入水平是$Y_2$。

由此可见，在保持国际收支平衡的浮动汇率制度下，扩张性货币政策不但使$LM$曲线向右移动，而且通过利率的下降作用，使$IS$曲线向右移动，均衡国民收入水平提高得更多。

## 12.4.2　固定汇率条件下财政政策与货币政策的协调

在固定汇率制度下，一国中央银行宣布一个汇率值，并随时准备买卖本币把汇率保持在所宣布的水平上。此时，财政政策和货币政策又有不同的效果。

在追求充分就业目标下，政府利用扩张性财政政策将使$IS$曲线向右移动。其结果是一方面国民收入水平提高，另一方面利率水平上升。因此，在固定汇率制度下，财政政策显然是有效的，如图 12-4 所示。

在图 12-4 中，$IS$曲线与$LM$曲线相交于$G$点，均衡利率水平和国民收入水平分别为$i_0$和$Y_0$。政府为提高国民收入水平而利用扩张性财政政策，使$IS$曲线向右移动成为$IS'$曲线。$IS'$曲线与$LM$曲线相交于$H$点，该均衡点所决定的利率水平和国民收入水平都有一定程度的上升，分别从$i_0$上升至$i_1$和从$Y_0$上升至$Y_1$。由于利率水平的提高，国际资本将内流，对汇率产生向上的压力，由于中央银行随时准备按照固定汇率进行外国与本国通货的交换，套利者对汇率上升做出的反应是把外汇卖给中央银行，这就自动引起货币扩张。在这种情况下，$LM$曲线无疑要向右移动，新的$LM'$曲线与$IS'$曲线相交于$E$点。这一均衡点所决定的国民收入水平更高。

与之相对应，在固定汇率制度下，政府采取扩张性货币政策却不能促进充分就业下国民收入水平的实现，如图 12-5 所示。

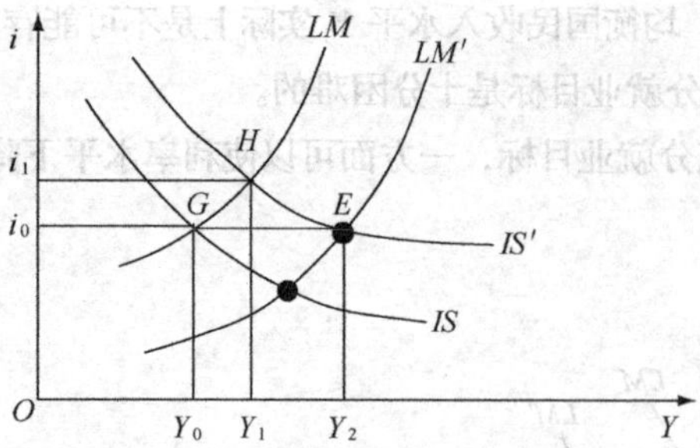


图 12-4　固定汇率下的财政扩张

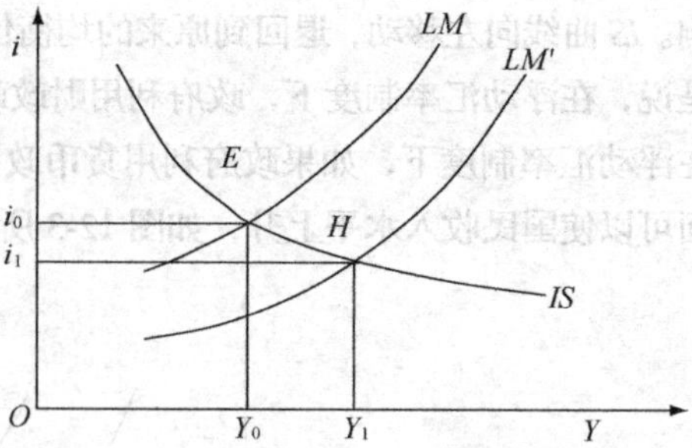


图 12-5　固定汇率下的货币扩张

在图 12-5 中，*IS* 曲线与 *LM* 曲线相交于 *E* 点，均衡国民收入和利率水平分别为 $Y_0$ 和 $i_0$。政府利用扩张性货币政策使 *LM* 曲线向右移动，则新的曲线 *LM'* 与 *IS* 曲线相交于 *H* 点。这时的利率水平低于它原来的水平，汇率下降。但是，由于中央银行承诺按固定汇率交易本国与外国通货，套利者对汇率下降出售的反应是向中央银行出售本国通货，导致货币供给减少，*LM* 曲线因此而向左移动，甚至回到原来的均衡位置 *E* 点。这时，国民收入水平又变成了 $Y_0$。由此可见，在固定汇率制度下，政府利用货币政策来实现充分就业很难成功。

## 12.4.3　内外均衡与财政政策与货币政策配合

从上述分析可知，在浮动汇率制度下，利用货币政策增加国民收入较为有效，而在固定汇率制度下，财政政策是实现这一目标的有力工具。在开放经济中，一个国家除了要实现充分就业目标外，在稳定经济政策上，还要取得国际收支平衡，实现内部平衡和外部平衡。**内部均衡是指国内的总有效需求正好等于充分就业下的总供给；所谓外部均衡是指固定汇率制度下，资本净流出等于贸易出超时的均衡状态。**但是，在某些条件下往往会出现要实现国际收支平衡就会破坏已有的内在均衡，或实现充分就业但会破坏原来的外在均衡的情况，即外在均衡和内在均衡难以同时实现。这样，就需要寻找最优的政策配合方案，使所用的一种政策的积极作用作用与另一种政策的消极作用，并运用其他政策来抵消该政策的消极作用，以使政策效应达到最优。下面我们就通过蒙代尔的“政策配合说”进一步说明财政政策与货币政策的配合。

在图 12-6 中，以 *G* 代表财政政策，以利率 *r* 代表货币政策。横轴 *G* 代表财政政策，纵轴 *r* 代表货币政策。*IB* 曲线为国内均衡轨迹，*EB* 曲线为外部均衡轨迹。蒙代尔假定，相对而言，预算支出对国民收入、就业等国内经济变量的影响较大，而利率则对国际收支影响较大。所以，*IB* 比 *EB* 更陡峭。

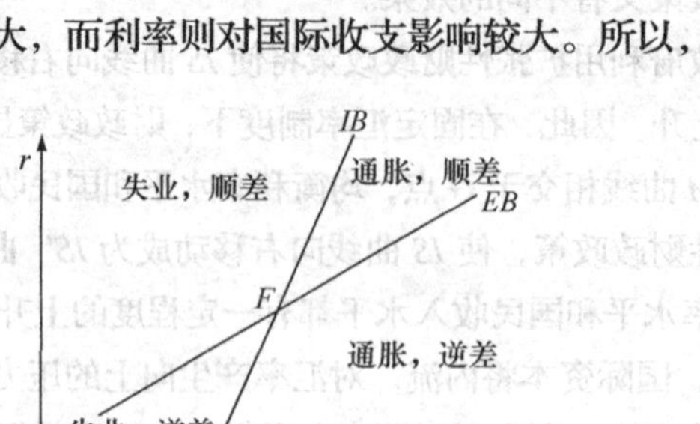


图 12-6　蒙代尔“政策配合说”

*IB* 曲线为国内均衡轨迹，其向右上方倾斜。要保持内部均衡，扩张性财政政策必须得有紧缩性货币

政策加以配合。若利率上升，则投资下降，若要内部均衡，必须扩大政府预算支出；而利率下降，投资就会增加，若要内部均衡，必须压缩政府预算支出。所以 *IB* 的左侧表示，同样的利率，同样的投资，但政府预算支出少于均衡，因此存在失业；而在 *IB* 的右侧表示，同样的利率，同样的投资，但政府预算支出大于均衡，因此存在通胀。

*EB* 曲线为外部均衡轨迹，其向右上方倾斜。扩张性的财政政策需要紧缩性的货币政策相配合才能维持外部均衡。当利率上升时，资本流入，若要外部均衡，必须增加进口，因此要求预算支出增加。当利率下降时，资本流出，若要外部均衡，必须减少进口，因此要求预算支出减少。*EB* 的左侧表示，同样的利率，同样的资本流入，较少的预算支出，较少的进口，因此呈现顺差。而 *EB* 的右侧表示同样的利率，同样的资本流入，较多的预算支出，较多的进口，因此呈现逆差。

*F* 点为 *IB* 和 *EB* 曲线的交叉点，表示国内外均达到均衡。

## 本章小结

1. 国际税收指两个或两个以上国家的政府在对跨国纳税人就跨国课税对象进行征税的过程中发生的国家之间的税收分配关系。

2. 国际税收法律的实质是协调各个国家对外征税法律的约束性规范，是处理国家之间税收分配关系的惯例，国际税法只有被世界各国所接受才具有实践意义。

3. 税收管辖权是国家管辖权的派生物，是一国政府在税收领域内的主权，表现为一国政府可以自主选择对本国有利的税收制度，它是国家主权在税收领域上的具体体现。

4. 税收管辖权交叉冲突表现：居民税收管辖权与地域税收管辖权的交叉；公民税收管辖权与地域税收管辖权的交叉；居民税收管辖权与公民税收管辖权的冲突。

5. 国际重复征税，是指纳税人的同一课税对象或同一经济来源被两个或两个以上的国家征税。

6. 避免国际重复征税的办法有：扣除法和低税法、免税法、抵免法。

7. 税收饶让是指居住国政府对于收入来源国给予外国投资者的减免税视同已经缴纳，给予抵免，不再要求本国投资者补交在非居住国得到减免的税款。

8. 国际税收协定就是指两个或两个以上的主权国家，为了协调相互间的税收分配关系和处理跨国纳税人征税事务等方面的问题，本着平等的原则，通过协商、谈判等程序签订的有法律效力的条约。

9. 国际税收协定的主要内容应包括：免除双重征税问题；保证税收无差别待遇；消除和减少国际逃税。

10. 关税指国家对进出本国国境（关境）的商品课征的一个商品课税，包括进口税、出口税、过境税或转口税。

11. 征收关税的目的主要有两个：一是增加财政收入，即财政关税。二是减少进口，避免国外的强烈竞争，保护本国产业的发展，即保护关税。

12. 我国保护关税政策的优化：建立多元化关税制度结构；完善关税税率结构；严格控制关税减免。

13. 出口退税制度是指一个国家或地区对已报关离境的出口货物，由税务机关根据本国税法规定，将其在出口前生产和流通各环节已经缴纳的国内增值税或消费税等间接税税款，退还给出口企业的一项税收制度。

14. 出口退税的目的：使出口商品以不含税价格进入国际市场，避免对跨国流动物品重复征税，从而促进该国家和地区的对外出口贸易。

15. 汇率是一个国家的货币折算成另一个国家货币的比率，它表示的是两个国家货币之间的互换关系。其表示方法有，直接标价法和间接标价法。

16. 在浮动汇率制度下，利用货币政策增加国民收入较为有效；而在固定汇率制度下，财政政策是实现这一目标的有力工具。

## 案例分析

### 新中荷税收协定的签订与蒙荷税收协定的废止

2012 年，由于无法与荷兰政府取得修改协定达成协议，从 2014 年起，蒙古共和国将终止其在 2002 年与荷兰签署的税收协定。在同一阶段，中国与荷兰于 2013 年 5 月 31 日重新签署了《中华人民共和国政府和荷兰王国政府对所得避免双重征税和防止偷漏税的协定》及议定书。新版的中荷税收协定在获得双方立法部门批准之后，预计将在 2014 年开始生效，以取代在 1987 年签署的旧版中荷税收协定。

近年来，随着蒙古境内的矿产资源被勘探发现，跨国公司开始大量投资蒙古矿业。根据蒙古税法，采矿公司所支付的股息需要负担 20%的预提税，但在蒙荷税收协定中，利息、股息和权利金的预提税都被降到了 0。因此，很多跨国煤炭企业通过荷兰子公司来投资位于蒙古的矿场（如英国与澳洲合资的力拓集团），从而规避了大量来源国税收。因此，有评论指出，蒙荷税收协定给蒙古带来了大量投资，在 2010 年，荷兰在蒙古的投资额就已经高达 100 亿欧元。但过度优待发达国家投资人的税收协定虽然会带来更多海外投资，却并不一定有利于发展中国家，更有掠夺穷国税源的疑虑。蒙古政府关注到相关问题并采取了行动。2012 年 5 月 31 日，蒙古财政部公布了一份研究报告称其现行税收协定的规定过于宽松，造成巨大的税源流失。所以，不少专家认为，蒙荷税收协定的废止，是蒙古捍卫税源的极端举措。

相较于即将废止的蒙荷税收协定，重新签署的中荷税收协定显然找到了一个平衡点，而且，正如税收协定的全名所代表的，税收协定是在追求两国之间“避免双重征税和防止偷漏税的协定”，即缔结税收协定有两个主要目标：一是避免双重课税带来的扭曲效应，维持税收的中性；二是需要防止“有心人”滥用协定从事偷税漏税的非法行为，保障税收法律的公平与正义。此外，相较之前中国签署的税收协定，重新签署的中荷税收协定具有很多新突破。例如，新议定书不仅增加了信息互换的新条款、各种反避税规定，而且将企业在对方国家投资的子公司预提税由 10%降至 5%。这些规定都会对中荷国际贸易产生重大影响。

——摘编自吴青伦《反滥用协定的重要实践，新中荷税收协定的签订与蒙荷税收协定的废止》

**分析讨论**

1. 根据案例分析，发展中国家应如何平衡吸引投资和税收利益两者的关系？
2. 中荷新国际税收协定的签署，将对两国贸易产生怎样的影响？

## 关键术语

国际税收　国际税法　税收饶让　税收管辖权　国际重复征税　国际税收协定　关税　保护关税　财政关税　名义保护率　有效保护率　出口退税　固定汇率　浮动汇率　直接标价法　间接标价法　蒙

代尔“政策配合说”

## 思考题

1. 简述国际税收的内涵。
2. 简述国际重复征税及其减除方法。
3. 简述税收饶让的政策意义。
4. 简述保护关税的政策意义。
5. 简述名义保护率和有效保护率的区别。
6. 简述出口退税的理论依据及 WTO 规则。
7. 画图说明浮动汇率下，财政政策为什么会失效。
8. 简述财政政策和货币政策相互配合的必要性。
9. 评述我国近期的财政政策与货币政策的配合。
10. 在国家税务总局 2014 年 4 月 1 日发布的“营改增”文件中，第六条规定：“境内单位和个人向中华人民共和国境外单位提供电信业服务，免征增值税。”这会对我国的电信服务贸易的进出口产生哪些影响？

# 参考文献

[1] 让．雅克．拉丰，公共经济学的过去、现在和未来[M]．北望经济学园，2004.

[2] 陈共．财政学[M]．7 版．北京：中国人民大学出版社，2012.

[3] 杨志勇．公共经济学的前沿问题[N]．人民日报，2005-03-25（15），15.

[4] 杜振华．公共经济学[M]．北京：对外经济贸易大学出版社，2010.

[5] 朱德云，李森．财政学[M]．2 版．北京：经济科学出版社，2008.

[6] 朱柏铭．公共经济学[M]．浙江：浙江大学出版社，2002.

[7] 公共经济学导言．2015．http://www.pinggu.org/html/2005-12/23/62032.html.

[8] 薛维君，梁枢．建立中国公共经济学的四大难题[N]．光明日报，2003-06-20.

[9] 郝春虹．“财政学”理论发展及研究性质综述[J]．财政与税务，2011-04.

[10] 亚当·斯密．国民财富的性质和原因的研究[M]．中译本．北京：商务印书馆，1972.

[11] 倪平松．论现代财政学的诞生．2015.

http://www.chinaacc.com/new/287/291/323/2007/1/sh29516211417002212-0.htm.

[12] 托马斯·皮凯蒂．21 世纪资本论[M]．巴曙松译．北京：中信出版社，2014.

[13] 魏礼群．正确认识与处理政府和市场关系．全球化[J]．2014-06-13.

[14] J. M. 布坎南，瓦格纳. 赤字中的民主[M]. 刘廷安，罗光译. 北京：北京经济学院出版社，1988. 1.

[15] 丹尼斯·缪勒．公共选择[M]．王成，译．北京：商务印书馆，1992.

[16] 汪翔，钱南．公共选择理论导论[M]．上海：上海人民出版社，1993.

[17] 文建东．公共选择学派[M]．武汉：武汉大学出版社，1996.

[18] 乔·B. 史蒂文斯．集体选择经济学[M]．杨晓维等译．上海：上海人民出版社，1999.

[19] 大卫·N·海曼．公共财政：现代理论在政策中的应用[M]．北京：中国财政经济出版社，2001.

[20] 张馨．公共财政论纲[M]．北京：经济科学出版社，1999.

[21] 平新乔．财政原理与比较财政制度[M]．上海：上海三联书店，1992.

[22] 詹姆斯·M. 布坎南．公共财政[M]．赵锡军等译．北京：中国财政经济出版社，1991.

[23] 斯蒂格利茨．公共部门经济学[M]．北京：中国人民大学出版社，2000.

[24] 王传伦，高培勇．当代西方财政经济理论[M]．北京：商务印书馆，1995.

[25] C. V. 布朗，P. M. 杰克逊．公共部门经济学[M]．4 版．张馨等译．北京：中国人民大学出版社，2000.

[26] 樊勇明，杜莉．公共经济学[M]．上海：复旦大学出版社，2001.

[27] Inge Kaul，Isabellle Grungerg，Marc A. Stern. Global Public Goods[M]. Oxford University press，1999.

[28] 樊丽明，石绍宾．国际公共品供给与消费的研究综述[J]．经济学动态，2003（11）.

[29] 杨龙，王骚．政府经济学[M]．天津：天津大学出版社，2004.

[30] 刘玲玲．公共财政学[M]．北京：中国发展出版社，2003.

[31] 斯蒂格勒．产业组织和政府管制[M]．潘振民译．上海：上海三联书店，1989.

[32] 王延杰．中国公共经济理论与实践[M]．北京：中国财政经济出版社，2004.

[33] 方福前．公共选择理论——政治的经济学[M]．北京：中国人民大学出版社，2000.

[34] 罗纳德・I．麦金农．经济市场化的顺序[M]．北京：中国金融出版社，1999.

[35] 中国经济学教育科研网论坛网页．http://bbs.cenet.org.cn/dispbbs.asp?boardID=92520&ID=396827&page=1.

[36] 中国经济学教育科研网论坛．http://bbs.cenet.org.cn.

[37] 刘伟忠，黄斌，凌国胜．公共经济学[M]．北京：科学出版社，2007.

[38] 樊勇明．公共经济学导引与案例[M]．上海：复旦大学出版社，2003（10）.

[39] 雷爱先．财政支出论[M]．北京：中国财经出版社，2000（4）.

[40] 阎坤，王进杰．财政支出理论前沿[M]．北京：中国人民大学出版社，2004.

[41] 汪玉凯．公共经济[M]．北京：中国人事出版社．2007.

[42] 孙开，等．公共产品供给和财政支出研究[M]．大连：东北财经大学出版社．2006.

[43] 姜杰，马全江．公共经济学[M]．山东：山东人民出版社，2003．179.

[44] 方福前．公共选择理论——政治的经济学[M]．北京：中国人民大学出版社，2000．173.

[45] 高培勇．公共经济学[M]．北京：中国人民大学出版社，2004．88.

[46] 帕特里克・敦利威．民主、官僚体制与公共选择[M]．北京：中国青年出版社，2004．240.

[47] C.V.布朗 P.M.杰克逊著．公共部门经济学[M]．4 版．北京：中国人民大学出版社，2000.

[48] 阿尔弗雷德・格雷纳．财政政策与经济增长[M]．北京：经济科学出版社，2000.

[49] 利维尔・琼・布兰查德，斯坦利・费希尔．宏观经济学[M]．北京：经济科学出版社，1998.

[50] 林毅夫．现代增长理论与政策选择[M]．北京：中国经济出版社，2000.

[51] 国家统计局．中国统计年鉴（2002）．北京：中国统计出版社，2002.

[52] 国家统计局．中国统计年鉴（2004）．北京：中国统计出版社，2004.

[53] S. Peltzman. Growth of government. Journal of Law and Economics（October 1980）.

[54] Musgrave, Fiscal Systerms，R.M.Birds. The Growth of Government Spending in Canada. Canadian Tax Foundation, Toronto, 1970.

[55] A.T.Peacock，J.Wiseman. The Growth of Expenditure in the United Kingdom. Princeton University Press，Priceton，1961.

[56] G.Warren Nuter. Growth of Government in the West. American Enterprise Institute，1978.

[57] D.Cameron. The expansion of the public economy，American Political Science Review，1978.

[58] 白重恩，李波，马骏．社会保障体制改革的方案设计．第一财经网站，2013-06-20.

[59] 国务院关于机关事业单位工作人员养老保险制度改革的决定．国发〔2015〕2 号.

[60] 邓子基．财政学[M]．2 版．北京：中国人民大学出版社，2010.

[61] 袁崇坚．财政学[M]．上海：上海财经大学出版社，2009.

[62] 储敏伟，杨君昌．财政学[M]．3 版．北京：高等教育出版社，2010.

[63] 哈维．S．罗森．财政学[M]．北京：中国财政经济出版社，1992.

[64] 邓子基，林致远．财政学[M]．北京：清华大学出版社，2005.

[65] 蒋洪，朱萍．财政学[M]．上海：上海财经大学出版社，2000.

[66] 邓子基．财政学[M]．2 版．北京：中国人民大学出版社，2010.

[67] 袁崇坚．财政学[M]．上海：上海财经大学出版社有限公司，2009.

[68] 罗鸣令．从《赋税论》看威廉・配第的税收思想[J]．铜陵学院学报，2009，8（3）：32-33.

[69] 刘佐．新中国成立 60 年：5 次重大税制改革[M]．中国税务报，2009-09-25.

[70] 新华网．《中共中央关于全面深化改革若干重大问题的决定》．2013-11-15.

[71] 刘辉，马通．国债管理[M]．天津：南开大学出版社，2005.

[72] 龚仰树．国债学[M]．上海：上海财经大学出版社，2002.

[73] 袁振宇．财政赤字研究[M]．北京：中国财政经济出版社，1995.

[74] 马斯格雷夫，美国财政理论与实践[M]．北京：中国财政经济出版社，1987.

[75] 蒋洪．财政学[M]．上海：上海财经大学出版社，2000.

[76] 李俊生，李新华．公债管理[M]．北京：中国财政经济出版社，2001.

[77] 类承曜．国债的理论分析[M]．北京：中国人民大学出版社，2002.

[78] 李新．中国国债市场机制及效率研究[M]．北京：中国人民大学出版社，2002-03.

[79] 鲍德威，威迪逊．公共部门经济学[M]．邓力平等译．北京：中国人民大学出版社，2000.

[80] 郭庆旺，赵志耘．财政学[M]．北京：中国人民大学出版社，2002.

[81] 财政部．http://www.mof.gov.cn/.

[82] 新浪财政专题．http://finance.sina.com.cn/nz/mof/.

[83] 国研网．http://www.drcnet.com.cn/.

[84] 从树海．财政支出学[M]．北京：中国人民大学出版社，2001.

[85] 张馨，陈工，雷根强．财政学[M]．北京：科学出版社，2006.

[86] 陈永良，沈肇章．财政学[M]．广东：暨南大学出版社，2002.

[87] 刘溶沧，杨之钢．财政学论纲[M]．北京：经济科学出版社，1999.

[88] 谭建立．财政学[M]．北京：人民邮电出版社，2010.

[89] 王国清，马骁，程谦．财政学[M]．北京：高等教育出版社，2010.

[90] 杨志清．国际税收[M]．北京：北京大学出版社，2010.

[91] 吴青伦．反滥用协定的重要实践新中荷税收协定的签订与蒙荷税收协定的废止[J]．国际税收，2013（5）：35-38.

[92] 高鸿业．西方经济学[M]．北京：中国人民大学出版社，2011.

[93] 李苓．中国现阶段出口退税政策研究[D]．辽宁：辽宁大学出版社，2012.

[94] 冯宗容，杨明洪．财政学[M]．四川：四川大学出版社，2010.

[95] 大卫・李嘉图．政治经济学及赋税原理[M]．北京：商务印书馆，1962.

[96] 国家税务总局．http://www.chinatax.gov.cn/.